Jürgen W. Falter · Der 'Positivismusstreit' in der
amerikanischen Politikwissenschaft

D1719323

Beiträge zur sozialwissenschaftlichen Forschung

Band 37

Springer Fachmedien Wiesbaden GmbH

Jürgen W. Falter
Der 'Positivismusstreit' in der
amerikanischen Politikwissenschaft

Entstehung, Ablauf und Resultate der
sogenannten Behavioralismus-Kontroverse
in den Vereinigten Staaten 1945-1975

Springer Fachmedien Wiesbaden GmbH

CIP-Kurztitelaufnahme der Deutschen Bibliothek

Falter, Jürgen W.:
Der "Positivismusstreit" in der amerikanischen
Politikwissenschaft : Entstehung, Ablauf u.
Resultate d. sogen. Behavioralismus-Kontroverse
in d. Vereinigten Staaten 1945-1975 / Jürgen W.
Falter.
  (Beiträge zur sozialwissenschaftlichen
  Forschung; Bd. 37)
  ISBN 978-3-663-01702-8   ISBN 978-3-663-01701-1 (eBook)
  DOI 10.1007/978-3-663-01701-1

NE: GT

© 1982 Springer Fachmedien Wiesbaden
Ursprünglich erschienen bei Westdeutscher Verlag GmbH, Opladen 1982

Umschlaggestaltung: Hanswerner Klein, Opladen

ISBN 978-3-663-01702-8

Inhaltsverzeichnis

TEIL II: SYSTEMATISCH
----

1. VORREDE

1.1. ÜBER DIE RISIKEN DES SOZIALWISSENSCHAFTLICHEN PROVINZIALISMUS

In einem gleichen sich amerikanische und deutsche Politikwissenschaft: in ihrem intellektuellen Parochialismus, d.h. der Blindheit nach außen. Doch bedeutet diese Selbstbezogenheit keinesfalls dasselbe; denn die in den Vereinigten Staaten betriebene Politikwissenschaft bestimmt weitgehend die internationale Entwicklung des Faches, während der Einfluß der deutschen Politikwissenschaft auf die internationale Diskussion durchaus gering, wenn nicht überhaupt vernachlässigbar ist.

Dies ist nicht verwunderlich, wenn man sich vor Augen hält, daß rund drei Viertel aller derzeit auf der Welt tätigen Politikwissenschaftler in den USA leben. Ein Größenvergleich der politikwissenschaftlichen Vereinigungen in den Vereinigten Staaten und der Bundesrepublik unterstreicht das Übergewicht der amerikanischen Politikwissenschaft: Die American Political Science Association (APSA) zählt gegenwärtig (1981) rund 13 000, die Deutsche Vereinigung für Politische Wissenschaft (DVPW) hingegen nur knapp 1 000 Mitglieder. Selbst wenn man die größere Einwohnerzahl der USA berücksichtigt und die Relation beider Werte daraufhin bereinigt, ist die APSA noch rund vier mal stärker als die DVPW.

Dieses Mißverhältnis, das sich nicht alleine auf den höheren Organisationsgrad der amerikanischen Politikwissenschaft zurückführen läßt, wirft ein Schlaglicht auf die relativ größere Bedeutung der Politikwissenschaft innerhalb der USA sowohl im staatlich-administrativen als auch im akademischen Bereich. Dies wird auch durch einen Vergleich mit den Nachbardisziplinen deutlich. So sind Soziologie und Geschichtswissenschaft, zumindest von der Warte ihrer wissenschaftlichen Vereinigungen aus betrachtet, in den USA kleiner als die Politikwissenschaft (in der Bundesrepublik dagegen sind sie erheblich größer), und Psychologie und Wirtschaftswissenschaft sind, auch dies anders als in der Bundesrepublik, nicht nennenswert umfangreicher.

Jede bedeutendere Universität in den USA hat ein eigenes politikwissenschaftliches Department mit, im Durchschnitt, 10 bis 20 Professuren; die größten Abteilungen haben sogar bis zu 40 und noch mehr Professoren. Man vergleiche dagegen die politikwissenschaftliche "Normalausstattung" an den deutschen Universitäten, wo zwei bis drei Lehrstuhlinhaber, und wenn es hochkommt nochmals ein oder zwei Räte, die ganze Breite des Faches vertreten sollen, was letztlich dazu führt, daß Lehre und Forschung leiden. Auf den meisten (vom Studienplan vorgeschriebenen und daher regelmäßig anzubietenden) Teilbereichen bewegt sich der durchschnittliche deutsche Politikwissenschaftler bestenfalls auf der Oberfläche, dilettierend gewissermaßen und in der Hoffnung, daß keiner seiner Studenten bemerkt, wieweit sich sein akademischer Lehrer vom "Stand der Forschung" entfernt abmüht. Die Fiktion des politikwissenschaftlichen Polyhistors, die aus finanziellen und wohl auch ideologischen Gründen von vielen deutschen Kultusbürokratien ihren Entscheidungen über die Ausstattung des Faches zugrundegelegt wird, fördert jedenfalls nicht die Qualität der Ausbildung, sondern schadet eher dem Ruf des Faches; längerfristig angelegte Forschung wird dadurch fast unmöglich gemacht.

Wen wundert es, daß bei derartigen Gegebenheiten Quantität in Qualität umschlägt: Die international führende Position der amerikanischen Politikwissenschaft auf vielen Gebieten ist sicher nicht auf eine genuin höhere sozialwissenschaftliche Begabung der amerikanischen Forscher, sondern wohl primär auf strukturelle und organisatorische Gründe zurückzuführen. Seminare mit 100 oder 150 Teilnehmern sind an den großen amerikanischen Universitäten in den Sozialwissenschaften unvorstellbar; Massenvorlesungen sind die Ausnahme; eigene Forschung ist selbstverständlich und wird entsprechend gefördert. Hinzu tritt eine nahezu vollständige Entlastung der amerikanischen Hochschullehrer von (Selbst-) Verwaltungsaufgaben. Überdies ist das System der öffentlichen und privaten Forschungsförderung sehr viel stärker entwickelt als in der Bundesrepublik.

Wichtiger vielleicht noch als diese strukturellen und organisatorischen Vorbedingungen fruchtbarer wissenschaftlicher Forschungs- und Lehrtätigkeit ist die einfache, aus dem Gedanken der Normalverteilung herzuleitende Tatsache, daß die intellektuelle Spitze des Faches in einer um den Faktor 15 größeren Wissenschaftlergemeinschaft entsprechend breiter besetzt ist und daß demzufolge die Bedingungen für geistige Auseinandersetzungen sehr viel besser sind als in der deutschen Politikwissenschaft. Entsprechend schärfer wirken die Auslese- und Konkurrenzmechanismen der Disziplin: Publish or perish - veröffentliche oder gehe unter, ein Prinzip, das zwar sicherlich für viele nutzlose und irrelevante Publikationen verantwortlich ist, andererseits aber einen nicht zu unterschätzenden Motor der wissenschaftlichen Entwicklung darstellt.

Es überrascht deshalb nicht, daß die amerikanische Politikwissenschaft, international kaum ernsthaft herausgefordert, in der westlichen Welt den Ton angibt. Verständlich überdies, wenn auch keineswegs durch die Führungsrolle legitimiert, ihre intellektuelle Insichgekehrtheit. Aus Europa werden heutzutage (noch vor wenigen Jahrzehnten war das ganz anders) im allgemeinen nur die (übersetzten) Klassiker rezipiert; von den Ergebnissen der zeitgenössischen europäischen Forschung hingegen erfährt der durchschnittliche amerikanische Politikwissenschaftler nur sehr wenig, da inzwischen die Kenntnis der Matrizenalgebra in vielen Departments die früher für den Ph.D. geforderte zweite Fremdsprache ersetzt hat und immer weniger Studenten überhaupt eine andere Sprache als Englisch verstehen. Wegen der Vorbildfunktion der amerikanischen Politikwissenschaft ist ihre "sprachgeschützte Innerlichkeit" jedoch sehr viel weniger schädlich als der politikwissenschaftliche Provinzialismus in der Bundesrepublik (und nicht nur dort, sondern fast noch stärker in Frankreich und Italien; lediglich die skandinavischen Staaten und die Benelux-Länder bilden hier in West- und Nordeuropa eine Ausnahme; die internationale Orientierung ihrer Politikwissenschaftler wird vermutlich von der Unmöglichkeit bloßer Selbstbezogenheit in kleineren Kulturen gefördert).

Im Durchschnitt hat sich die Abkehr von der internationalen Diskussion in der deutschen Politikwissenschaft während der letzten zehn Jahre eher noch verstärkt. Einer der Hauptgründe dafür dürfte im Vordringen des Marxismus an den deutschen Universitäten zu suchen sein, der an einigen Hochschulen (namentlich im nördlichen Deutschland) ganze Institute und Abteilungen zu dominieren scheint. Der auf den Marxismus zurückzuführende Parochialismus gründet einerseits wohl in der generellen Amerikafeindlichkeit dieses Lagers, zum anderen natürlich in dem größeren Gewicht außeramerikanischer Publikationen innerhalb der marxistischen Subkultur.

Aber auch im nicht-marxistischen Bereich häufen sich heute Veröffentlichungen, deren Autoren allenfalls noch sekundär, d.h. aus zweiter Hand, die meist englischsprachige internationale Diskussion kennen. Stellvertretend für viele andere seien hier zwei Beispiele genannt, das eine ein Artikel in einer (führenden) soziologischen Fachzeitschrift über Probleme der Mehrebenenanalyse (Nigsch 1977), das andere ein Buch über Wählerverhalten, das immerhin auf das Konzept der Parteiidentifikation eingeht - wenn auch ziemlich falsch und uninformiert - ohne jedoch die umfangreiche und wichtige Originalliteratur zu verarbeiten (Iwand 1972; vgl. Falter 1973). (In beiden Fällen handelt es

sich um Gebiete, wo die einschlägigen deutschen Arbeiten häufig rund fünf bis
zehn Jahre hinter dem Stand der Forschung herhinken und wo Übersetzungen von
Originalarbeiten recht selten sind).

Nach meinen eigenen Beobachtungen scheint es heute eher als früher möglich zu
sein, ein sozialwissenschaftliches Fach an einer Universität zu unterrichten,
(vom Studieren ganz zu schweigen), ohne sich mit der englischsprachigen Fach-
literatur auseinanderzusetzen. Wie ich immer wieder versichert bekomme, wird
es auch an den klassischen Universitäten und in großen Fachbereichen ständig
schwerer, selbst Fortgeschrittenenseminaren englisch- oder gar französisch-
sprachige Texte zugrundezulegen. Dies aber bedeutet nichts anderes, als daß
ganze Bereiche der politikwissenschaftlichen Diskussion aus der Ausbildung von
Politologen ausgeblendet werden müssen.

Eine derartige Praxis führt notwendigerweise zu einer Abkoppelung von der
internationalen Entwicklung und angesichts der geschilderten quantitativen
Nachteile der deutschen Politikwissenschaft auch zu einem allmählichen Rück-
schritt der Disziplin. Politikwissenschaft in der Bundesrepublik läuft damit
Gefahr, zur Sozialkunde zu verkümmern, zu einer reinen, selbstgenügsamen
Ausbildungsdisziplin, die vielleicht ihren Gegenstand gefunden, ihren Wissen-
schaftscharakter jedoch verloren hat.

1.2. ZIELSETZUNG DER UNTERSUCHUNG

Ziel der vorliegenden Studie ist es, dem oben erwähnten Provinzialismus entge-
genzuwirken und den Leser mit der wohl wichtigsten Auseinandersetzung in der
amerikanischen Politikwissenschaft über Möglichkeiten, Aufgaben und Verfahrensweisen der Disziplin bekannt zu machen: dem sogenannten Behavioralismus-
Streit, der zwar nicht immer in der intellektuellen Qualität, wohl aber in
seinen wissenschaftssoziologischen Auswirkungen dem Positivismusstreit in der
deutschen Soziologie gleichkommt, wenn er ihn nicht sogar in seinen Konsequenzen für das Fach übertrifft.

Das "Zentralorgan" der APSA ist die American Political Science Review
(APSR), die unter einer ganzen Reihe von vorzüglichen politikwissenschaftlichen Journalen als eine der angesehensten (wenn auch nicht unbedingt be-
liebtesten) Zeitschriften des Faches herausragt. Nimmt man Bände der APSR
aus den vierziger und frühen fünfziger Jahren in die Hand und vergleicht sie

mit Ausgaben der sechziger Jahre, so fällt auch dem des Englischen unkundigen Betrachter auf, daß sich die Art der Darstellung von Grund auf geändert hat. Wo früher reine Prosa dominierte und Jahres- und Seitenzahlen die am häufigsten vorzufindenden Ziffern darstellten, zeichnen sich heute die meisten Aufsätze durch ihre Formelsprache, die Verwendung von Pfaddiagrammen und Korrelationsmatrizen oder, seltener, zumindest einfachen Mehrfeldertafeln aus. Diese Änderung in der Form ist Ausdruck eines sehr viel tiefer greifenden Wandels im Inhalt, d.h. in den Gegenständen, Fragestellungen und Vorgehensweisen der Beiträge. Manche Beobachter sehen diese drastische Veränderung des Erscheinungsbildes der Disziplin als eine Art wissenschaftliche Revolution an, als sogenannte "Behavioral Revolution", die eine ähnlich tiefgreifende Umstrukturierung des politologischen Wissenschaftsgebietes zur Folge hatte wie die "behavioristische Revolution" in der Soziologie oder die "neomarxistische Revolution" in den deutschen Sozialwissenschaften (vgl. Falter 1979).

Das Hauptanliegen dieser Studie ist es, die intellektuellen Auseinandersetzungen des in den fünfziger und sechziger Jahren in der amerikanischen Politikwissenschaft mit großer Erbitterung ausgetragenen "Behavioralismus-Streits" historisch und systematisch zu rekonstruieren und die Tragweite und Qualität der Veränderungen herauszuarbeiten, denen die amerikanische Politikwissenschaft im Gefolge dieser Kontroverse unterlag. Zu diesem Zwecke soll zum einen die Entwicklung der "behavioralistischen Überzeugung" (Eulau) als einer anfangs dem methodologischen Individualismus verbundenen, später nur noch einem strikten empiristischen Erkenntnisideal verhafteten Strömung herausgearbeitet werden. Ferner soll nach den Gründen ihres Erfolges gefragt werden, wobei sowohl den geistigen Ursprüngen des Behavioralismus in der Chicago-Schule Charles E. Merriams als auch den sozialen und intellektuellen Bedingungen seiner Durchsetzung in den fünfziger Jahren nachzugehen ist. Schließlich wird im ersten Teil der Studie der Zusammenhang mit ähnlichen Entwicklungen in anderen Sozialwissenschaften, namentlich der Soziologie und der Psychologie, analysiert.

Der erste Teil der Untersuchung ist folglich stärker den genetischen und wissenschaftssoziologischen Aspekten der Behavioralismus-Kontroverse gewidmet; der zweite Teil der Studie hingegen beschäftigt sich mit der systematischen Analyse der Auseinandersetzung, d.h. mit dem "behavioralistischen Credo" selbst, seinen Grundannahmen, Kernkonzepten und wichtigsten theoretischen

Positionen, um dann, nach einer Konfrontation von traditioneller und behavioralistischer Vorgehensweise an zwei konkreten Beispielen sowie einer Analyse
der wichtigsten Kritikpunkte am Behavioralismus, zu einer zusammenfassenden
Würdigung seiner wissenschaftlichen Leistung, seiner Möglichkeiten und Grenzen zu gelangen.

Was diese Studie zu leisten versucht, ist also nicht nur eine Aufarbeitung des
Ablaufes der Behavioralismus-Kontroverse (hiermit befaßt sich das zweite
Kapitel), sondern auch eine historisch-systematische Analyse des Standortes
der "behavioralistischen Orientierung" im Rahmen der amerikanischen Politikwissenschaft von ihren Anfängen bis zur Gegenwart (Kapitel 3), eine wissen-
schaftssoziologische Analyse einiger Bedingungen ihrer Entstehung und Durchsetzung (Kapitel 4), eine Untersuchung von Parallelentwicklungen in den Nach-
bargebieten Soziologie und Psychologie (Kapitel 5) und eine systematische,
wissenschaftstheoretisch geprägte Auseinandersetzung mit den Ansprüchen und
Leistungen des Behavioralismus (Kapitel 6 - 8).

Was nicht angestrebt wird, ist eine bis in alle Einzelheiten reichende Nachzeichnung der Auseinandersetzung der fünfziger Jahre, insbesondere ihrer be-
rufs- und karrierepolitischen Aspekte. Diese oft im informellen Bereich, innerhalb der einzelnen Departments und am Rande von APSA-Tagungen stattfindenden Diskussionen sind für die vorliegende, primär systematischen Erkenntnisinteressen dienende Studie von geringer Bedeutung. Ihre Aufarbeitung, die nur in
einer stärker wissenschaftshistorisch orientierten Spezialuntersuchung mit Hilfe vieler Einzelinterviews erfolgen kann, sollte jedoch möglichst bald unternommen werden, bevor die Proponenten dieses interessanten Wissenschaftsstreits
nicht mehr greifbar sind.

Die Interviews, die ich für diese Studie durchgeführt habe, dienten größtenteils exploratorischen Zwecken sowie der Bestätigung einiger Arbeitshypothe-
sen. Sie dauerten im Schnitt zwei Stunden; insbesondere habe ich hier Karl W.
Deutsch, Samuel Eldersveld, Heinz Eulau, David Singer und Melvin Richter
für ihr freundliches Interesse, ihre Anregung, Ermunterung und Auskunfts-
freudigkeit zu danken. Die Gespräche mit ihnen haben mir viele Dinge klarer
gemacht und neue Perspektiven eröffnet.

Mein Dank gilt ferner der Fritz-Thyssen-Stiftung, die einen Teil des Projek-
tes finanzierte, und dem Center for European Studies der Harvard University,

das mir während des akademischen Jahres 1977/78 Aufnahme als Kennedy Memorial Fellow gewährte; dadurch wurde es mir ermöglicht, nach Vorarbeiten an der University of Michigan in Ann Arbor, diese Studie in der nötigen Ruhe und Abgeschiedenheit zu recherchieren und in Teilen niederzuschreiben.

Eine erheblich umfangreichere Fassung der vorliegenden Untersuchung schließlich wurde von der Rechts- und Wirtschaftswissenschaftlichen Fakultät der Universität des Saarlandes als Habilitationsschrift für das Fach "Politikwissenschaft" angenommen. Ich bin in diesem Zusammenhang insbesondere Jürgen Domes und Werner Kroebel-Riel zutiefst verpflichtet, deren Einsatz und Verständnis es mir ermöglichten, noch nachträglich diesen Schlußpunkt unter meine wissenschaftliche Ausbildung zu setzen.

2. DER BEHAVIORALISMUS-STREIT 1945-1975: ABLAUF UND GEGENWÄRTIGER STAND DER DEBATTE

2.1. STATT EINER EINLEITUNG: DER BEHAVIORALISMUS ALS AKADEMISCHE PROTESTBEWEGUNG

Die behavioralistische Position läßt sich ganz allgemein als den Versuch kennzeichnen, Politikwissenschaft nach dem Vorbild der Naturwissenschaften zu betreiben, d.h. politische Phänomene möglichst exakt zu beschreiben, zu erklären
und zu prognostizieren. Ziel des Behavioralismus ist es, wissenschaftlich vali-
dierte, das bedeutet: methodisch abgesicherte Verallgemeinerungen über seinen
Gegenstandsbereich zu gewinnen (vgl. Berelson 1968).

Damit steht er innerhalb der Sozialwissenschaften nicht allein; wie noch zu
zeigen sein wird, ist dieses Unternehmen der Ver(natur)wissenschaftlichung
der Politikwissenschaft als Teil einer größeren Bewegung zu interpretieren,
von der - wenn auch mit erheblichen Phasenverschiebungen - alle Sozialwissenschaften erfaßt wurden; der Behavioralismus ist so gesehen eine Erscheinungsform des allgemeinen sozialwissenschaftlichen Empirismus, der speziell in den
USA sehr viele Anhänger hat.

Obwohl der Behavioralismus eine im wesentlichen erst nach dem 2. Weltkrieg
einsetzende Strömung ist, weist er innerhalb der amerikanischen Politikwissenschaft wichtige Vorläufer auf, die ihm das Terrain bereiteten; ich denke hierbei namentlich an die Chicago-Schule Charles E. Merriams, an die New Science
of Politics-Bewegung der zwanziger Jahre und an Harold D. Lasswell, ohne dessen Wirken die amerikanische Politikwissenschaft vermutlich eine andere Entwicklung genommen hätte. Auch hierauf wird noch näher einzugehen sein.

Der Behavioralismus ist von seinen Interpreten und Proponenten als "Bewegung"
(Easton 1965), als "Stimmung" (Dahl 1961), als "Überzeugung" (Eulau 1963),
als "Strömung" und als "Protest" (Dahl 1961) sowie als "Revolution" (Truman
1956; Easton 1969) und als "Renaissance" (Eulau 1968a) charakterisiert worden.
Einer seiner frühesten und wichtigsten Wortführer, David Easton (1962; 1965),
unterscheidet zwischen einer intellektuellen Tendenz und einer akademischen
Bewegung: Erstere habe sehr viel mehr Anhänger aufzuweisen als letztere. Die
Identifizierung von Behavioralisten sei jedoch schwer; dies gelte sowohl für

die Anhänger der Bewegung als auch für die Praktizierenden der intellektuellen Tendenz, da die Mitgliedschaftskriterien vage und die Grenzen der behavioralistischen Überzeugung verschwommen seien. Insbesondere sei es fast unmöglich, zwischen "echten" Mitgliedern der Bewegung, Mitläufern und gelegentlichen Sympathisanten zu unterscheiden.

Er fährt fort, daß der Behavioralismus als Bewegung keine formale Organisation aufzuweisen habe; zwar hätten kurzfristig einmal derartige Pläne bestanden, die schließlich zur Gründung der Zeitschrift PROD, des späteren "American Behavioral Scientist" geführt hätten, doch seien die Bemühungen zum Zusammenschluß der Bewegung dabei stehen geblieben. Dagegen habe es immer ein loses Zusammengehörigkeitsgefühl, eine Übereinstimmung in den Grundauffassungen und wissenschaftlichen Idealen sowie eine rege gegenseitige Kommunikation gegeben; auch seien bestimmte Wortführer der Bewegung akzeptiert worden. Ich will im folgenden diese Wortführer relativ ausführlich zu Wort kommen lassen, da der Erfolg des Behavioralismus nicht zuletzt auf seine effektiven Führer, seine fähigen Anhänger und auf die Vorbildwirkung wichtiger Veröffentlichungen sowie auf eine Reihe begünstigender Bedingungen, denen wir uns in einem gesonderten Kapitel zuwenden wollen, zurückzuführen ist (vgl. Waldo 1975). Zu diesen fördernden Bedingungen zählt neben der Finanzierungspolitik der großen Stiftungen die Tatsache, daß der behavioralistischen Bewegung im Social Science Research Council und seinen Komitees organisatorische Vehikel zur Verfügung standen, deren Bedeutung für die Entwicklung der amerikanischen Politikwissenschaft nicht genug hervorgehoben werden kann (vgl. Easton 1965, S. 4).

Ob Strömung, Überzeugung oder Stimmung: Der Behavioralismus stellte ursprünglich eine aus der Unzufriedenheit mit der traditionellen Politikwissenschaft entstandene Protestbewegung dar. Eine Konferenz der APSA über Fragen der politischen Theorie formulierte dieses Mißbehagen sehr deutlich: Anders als ihre Nachbarwissenschaften Soziologie und Ökonomie zeichne sich die traditionelle Politikwissenschaft weder durch kumulative Forschung noch durch sinnvolle wissenschaftliche Kommunikation oder gar wissenschaftliche Zusammenarbeit aus. Dies sei unter anderem darauf zurückzuführen, daß die Politikwissenschaftler keine gemeinsame Sprache, keine gemeinsamen Probleme und keinerlei methodologische Übereinkunft aufwiesen. Zu erklären sei dies wiederum durch das Fehlen umfassender, allgemein akzeptierter Modelle oder Begriffsschemata des politischen Prozesses, durch die die Forschung angeleitet werde

(Eckstein 1956). Ich werde weiter unten noch ausführlich auf die Gründe
dieser Unzufriedenheit mit den Leistungen der eigenen Disziplin und ihre
Formulierung durch David Easton (1951; 1952; 1953; 1956) eingehen.

Getragen wurde der Protest vor allem von jüngeren Wissenschaftlern, die den
unterschiedlichsten intellektuellen Schulen entstammten und, anfangs recht
isoliert voneinander, auf den verschiedensten Gebieten arbeiteten (Eulau
1968). Genährt wurde er aus den Erfahrungen der verstärkten Zusammenarbeit
von Politikwissenschaftlern und Regierungsstellen im Gefolge des New Deal
und vor allem während des 2. Weltkriegs, wo auch die Kontakte mit Vertretern
anderer Sozialwissenschaften intensiviert wurden. Eines der Ergebnisse dieser
vertieften Interaktion von Politikwissenschaftlern und Politikern war die
schmerzhafte Erkenntnis der nahezu unüberwindbaren Kluft zwischen dem, was
man zur Politikberatung benötigte, und dem, was die Politikwissenschaft zur
Verfügung stellen konnte (Waldo 1975).

Diese Kluft zwischen Wissenschaft und Praxis schien bei den Nachbardisziplinen, insbesondere der Psychologie und der Ökonomie, aber auch (in geringerem
Maße) der Soziologie, nicht so ausgeprägt zu sein. Regierungsstellen jedenfalls
legten sehr viel weniger Wert auf den Rat von Politologen als auf den von
Ökonomen, Psychologen und Soziologen, deren theoretische Orientierung und
methodologische Fundierung generell höher eingestuft wurden als die der Politikwissenschaftler (vgl. Dahl 1961; Kirkpatrick 1962; Truman 1965). Insbesondere die mangelnde Prognosefähigkeit der traditionellen Ansätze der Politikwissenschaft wurde in diesem Zusammenhang immer wieder moniert.

Einige der späteren Wortführer des Behavioralismus machten diese Erfahrungen
als unmittelbar Beteiligte aus erster Hand. Harold D. Lasswell leitete während
der Kriegsjahre in Washington eine Forschungsstelle der Regierung, die sich
unter anderem mit der quantitativen Analyse der Feindpropaganda befaßte. Mitglieder dieser Forschungsgruppe waren neben anderen Heinz Eulau, S. de Grazia,
Morris Janowitz, Nathan Leites, Ithiel de Sola Pool, Edward Shils und David
Truman (Eulau 1968), von denen die meisten später für die Entwicklung und
Durchsetzung des Behavioralismus mitverantwortlich waren. Wir werden im Verlaufe der weiteren Ausführungen noch häufiger auf sie stoßen. Wie aus den
wenigen Namen für den mit der amerikanischen Sozialwissenschaft Vertrauten
bereits erkennbar, war die Arbeit in Washington interdisziplinär; die Beteiligten lernten auf diese Weise die Konzepte, Fragestellungen und

Methoden der Nachbardisziplinen kennen, eine Erfahrung, die die traditionelle politikwissenschaftliche Ausbildung nicht zu bieten hatte. Sicherlich
ist die zentrale Forderung des Behavioralismus nach Interdisziplinarität unter
anderem auf diese Erfahrungen zurückzuführen, obwohl sie andererseits in der
Person Harold D. Lasswells immer schon verwirklicht war.

Als ein weiteres Motiv für die Unzufriedenheit der behavioralistisch gestimm-
ten jungen Wissenschaftler wird die Unfähigkeit der traditionellen Politikwissenschaft genannt, das Aufkommen des Faschismus in Europa zu erklären (Somit
& Tanenhaus 1967). Aber auch auf andere Weise beeinflußte der europäische
Faschismus, insbesondere der Nationalsozialismus, das Aufkommen des Behavioralismus: durch die unterschwellige wissenschaftstheoretische Umorientierung
der amerikanischen Sozialwissenschaft unter dem Einfluß emigrierter europäi-
scher Forscher wie Paul F. Lazarsfeld, Carl Joachim Friedrich, Hans Kelsen
und Arnold Brecht, um nur einige wenige zu nennen. Von nicht zu unterschätzender Bedeutung für die damit einhergehende Aufgabe unausgesprochener pragmatistischer Grundpositionen ist vermutlich auch die Popularisierung Max Webers
durch Talcott Parsons (1937) und die Herausgabe einiger seiner wissenschaftstheoretischen Aufsätze durch Hans Gerth und C. Wright Mills (1946) sowie die
bereits einige Jahre früher veröffentlichte Darstellung der neopositivistischen
Wissenschaftstheorie durch Morris Cohen und Ernest Nagel (1934) gewesen.
Ihr Buch "Introduction to Logic and Scientific Method" ist nach meiner Beobachtung das mit Abstand am häufigsten von behavioralistischer Seite zitierte
wissenschaftstheoretische Werk. An Stelle der Auffassung der pragmatischen
Philosophie, daß Wertaussagen durch die Praxis validiert werden könnten,
trat bei vielen späteren Behavioralisten die Max Webersche Position der
Unbeweisbarkeit von Werturteilen mit erfahrungswissenschaftlichen Mitteln.

Ein weiterer Grund für das Aufkommen des Behavioralismus scheint in der veränderten internationalen Situation nach 1945 und insbesondere in der politischen Führungsrolle, die die USA in der Nachkriegszeit übernahmen, zu liegen.
Die ständig wachsende internationale Verflechtung, die Entkolonialisierung und
schließlich der Kalte Krieg stellten die politikwissenschaftlichen Subdiszipli-
nen der "Internationalen Politik" und der "Vergleichenden Politik" vor Aufgaben,
die sie mit den traditionellen Konzepten der Diplomatiegeschichte, des Völ-
kerrechts und des Vergleichs von Institutionen nicht mehr lösen konnten (vgl.
Waldo 1975).

Starken Auftrieb erhielt die Unzufriedenheit mit der traditionellen Politikwissenschaft durch die Vorbildwirkung einiger sozialpsychologischer und soziologischer Veröffentlichungen wie z.B. "The People's Choice" (1944), "The
American Soldier" (1949) und "The Authoritarian Personality" (1950), wo die
in den Zwischenkriegsjahren entwickelten Erhebungsmethoden der Zufallsstichprobe, des Fragebogens, der Einstellungsmessung oder der Panelanalyse eingesetzt und statistische Auswertungstechniken für die Beantwortung sozialwissenschaftlicher Fragestellungen nutzbar gemacht wurden, die bisher der Ökonomie
und der psychologischen Diagnostik vorbehalten zu sein schienen. Diese Studien
setzten so etwas wie Wegweiser für eine erfolgreiche politikwissenschaftliche
Verhaltensforschung, wie sie den frühen Behavioralisten vorschwebte.

Die Auseinandersetzungen zwischen Anhängern und Gegnern der behavioralistischen Position in der sogenannten Behavioralismus-Kontroverse stellen ein
Musterbeispiel einer in Monologform ausgetragenen Debatte dar: Angriffe von
behavioralistischer Seite gegen die "traditionelle" Politikwissenschaft blieben
im allgemeinen ebenso unbeantwortet wie die Gegenattacken der Anti-Behavioralisten; die wenigen Ausnahmen unterstreichen eher diesen Eindruck eines
Dialogs der Gehörlosen. Das bedeutet, daß zwar Züge der jeweiligen Gegenposi-
tion kritisiert wurden; Repliken darauf blieben hingegen meist aus. So gesehen
ist die verbale Gleichsetzung der Behavioralismus-Kontroverse mit dem (unsin-
nigerweise so genannten) "Positivismusstreit in der deutschen Soziologie", wo
immerhin ein Austausch von Argumenten stattfand, so verzerrt die Wahrnehmung der gegnerischen Position teilweise auch gewesen sein mag, sicherlich
ungerechtfertigt. Auch was die wissenschaftstheoretische Qualität der Argumente angeht, kann der politikwissenschaftliche nicht mit dem soziologischen
Methodenstreit mithalten; im Hinblick auf zumindest einige der an den Auseinandersetzungen beteiligten erkenntnistheoretischen Positionen jedoch und die
Erbittertheit der Kontroverse sowie ihre wissenschaftlichen Konsequenzen lassen sich durchaus Parallelen zwischen diesen beiden Richtungsstreiten ziehen,
was mich letztlich zu dem Titel dieser Untersuchung bewog.

Streng genommen handelt es sich bei der Behavioralismus-Kontroverse nicht um
einen einzigen Methodenstreit, sondern um eine Reihe von Auseinandersetzungen
über die Möglichkeit, die Wünschbarkeit und die Folgen einer empirisch-quantitativ vorgehenden Politikwissenschaft. Diese in mehreren Wellen ablaufende Auseinandersetzung, die ganze Departments spaltete und persönliche Freundschaften
gefährdete, dauerte rund zwanzig Jahre, und niemand ist heute in der Lage, mit

Sicherheit ein Ende der Debatte zu konstatieren. Möglicherweise sind die Jahre
relativer Ruhe seit etwa 1971 eher eine Phase des Atemschöpfens vor dem nächsten Sturm.

2.2. EXKURS: EINIGE ANMERKUNGEN ZUR PERIODISIERUNG

Es lassen sich bis heute vier Phasen des Behavioralismus-Streits unterscheiden:
(a) die von 1945 bis 1949 reichende, gewissermaßen den Charakter eines Vor-
spiels tragende Einleitungsphase, wo wie bei einem Wetterleuchten in der Ferne
die Anzeichen der kommenden Kontroverse zu beobachten waren; (b) die von
1950 bis 1959 sich erstreckende Phase der Exposition, in der das Programm des
Behavioralismus entwickelt und in ersten Auseinandersetzungen die Positionen
abgesteckt wurden; (c) die Jahre der Durchführung von 1960 bis etwa 1971,
in denen das behavioralistische Programm wenigstens teilweise in die Tat umge-
setzt wurde, aber auch gleichzeitig im Zusammenhang mit dem Vietnamkrieg und
den Studentenunruhen die Auseinandersetzung der fünfziger Jahre wieder aufgenommen und ausgeweitet wurde; und schließlich (d) das etwa ab 1972 bis zur
Gegenwart reichende Nachspiel, das so etwas wie die Ruhe nach dem großen
Sturm darstellt, wo neben den alten auch neue Themen anklingen, ohne daß es
darüber bisher zur großen Auseinandersetzung gekommen wäre.

Etwas abweichende Periodisierungen finden sich bei Eulau (1976) und bei Somit
& Tanenhaus (1967). Die Anfangs- und Endpunkte der einzelnen Phasen sind
natürlich nicht ohne Willkür zu bestimmen; teilweise überlappen sich die Perioden der Auseinandersetzung auch. Besonders deutlich wird das am Übergang von
der ersten zur zweiten Periode, wo die Jahre 1949 bis 1951 sowohl Elemente
der ersten als auch der zweiten Phase in sich vereinigen, wie wir noch sehen
werden. Dieses bei historischen Grenzziehungen häufig anzutreffende arbiträre
Moment ist darauf zurückzuführen, daß unter Bruch aller Kategorisierungsre-
geln verschiedene Kriterien der Klassenbildung verwendet wurden. Dies ist jedoch hier, wo es sich lediglich um eine Periodisierung in heuristischer Absicht
handelt, nicht sonderlich tragisch.

Anklänge der Benennung der einzelnen Phasen an musikalische Strukturen, genauer: an die klassische Sonatenform, sind kein Zufall. Die musikalische Analogie scheint mir recht gut geeignet zu sein, den Ablauf der Behavioralismus-
Kontroverse zu ordnen. Das sich ebenfalls anbietende, möglicherweise sogar
unmittelbarer einleuchtende Bild aus dem militärischen Bereich (1945-1949:

Vorbereitung des Angriffs; 1950-1959: Attacke und Sieg; 1960-1971:
Ausbau der eigenen Stellung bei gleichzeitigen Konterattacken der Gegner;
1972 bis heute Waffenstillstand und behavioralistische Vorherrschaft) könnte
als eine unnötige verbale Martialisierung intellektueller Auseinandersetzungen betrachtet werden.

Daß die musikalische Analogie nicht überspannt oder gar als Erklärung mißver-
standen werden darf, ist selbstverständlich; denn trotz gewisser Ähnlichkeiten
besteht natürlich zwischen der Sonatenform und dem Behavioralismus-Streit
keine Strukturgleichheit. Zu heuristischen Zwecken jedoch, als Gerüst gewissermaßen, an dem sich der Ablauf der Auseinandersetzung aufhängen läßt, ist die
Sonatenanalogie m.E. recht brauchbar, selbst wenn für den musikalisch weniger
Bewanderten dadurch einige erläuternde Worte nötig werden.

Die klassische Sonatenform zeichnet sich durch die Vorstellung kontrastieren-
der musikalischer Themen in der Exposition, durch die Austragung der thematischen Konflikte in der Durchführung und ihre Versöhnung in der Reprise aus.
Oft geht dabei der Exposition eine Art Vorspiel voraus, die Introduktion, in
der möglicherweise bereits die Themen der Exposition anklingen. Bei groß angelegten Sonaten, in denen nicht alle musikalischen Konflikte in der Reprise
beigelegt werden können, bildet häufig eine Coda den Schlußteil, die dann die
Aufgabe der abschließenden Zusammenfassung übernimmt.

In der Exposition werden also die Haupt- und Seitenthemen vorgestellt, wobei
die gegensätzlichen Elemente betont werden. Die verschiedenen Themen unterscheiden sich vor allem in der Stimmung, der Klangfarbe und der Tonart. Sie
sind umgeben von musikalischen Episoden und Übergängen. In der Durchführung
werden diese Themen wieder aufgenommen und dialektisch gewendet, d.h. ausgearbeitet, moduliert, auseinandergebrochen und wieder zusammengesetzt. Auch
kommt es hier vor, daß scheinbar nebensächliche Züge der Exposition heraus-
gegriffen und ausgeführt werden oder gar völlig neues Material eingeführt
wird. Insgesamt zeichnet sich die Durchführung durch eine Austragung der
thematischen Konflikte und die Ausarbeitung der in den Themen enthaltenen
Möglichkeiten aus. In der Reprise werden die ursprünglichen Themen der Exposition wieder aufgegriffen. Sie stellt die abschließende Synthese dar, eine
Art neues Gleichgewicht der Themen, die vom Zuhörer jetzt aber, als ein Ergebnis der Auseinandersetzungen in der Durchführung, in ihrer Beziehung anders
begriffen werden. Die Wirkung ist stets, in der klassischen Sonatenform, eine

andere Bewertung der in der Exposition niedergelegten und in der Durchführung ausgetragenen Gegensätze.

Diese konfliktbetonende Darstellung der Sonatenform sollte die Analogie zum
Ablauf des Behavioralismus-Streits verdeutlichen. Das dürfte im folgenden
noch klarer werden, wenn ich auf die genaueren typischen Merkmale der einzelnen Perioden der Kontroverse eingehe.

2.3. 1945 - 1949: VORSPIEL

Es handelt sich hier um eine Periode, in der sich in einer Art Wetterleuchten
die Unzufriedenheit der behavioralistischen Jungtürken am Horizont abzeichnet,
aber nur sporadisch entlädt. Das heranziehende Gewitter schlägt sich jedoch
in einigen kleineren intellektuellen Vorgefechten und Büchern nieder, so in
einer Diskussion in der American Political Science Review (APSR) 1943-1946
über die Möglichkeit und den Sinn einer dem Prinzip der Wertfreiheit ver-
schriebenen Politikwissenschaft (Whyte 1943; 1946; Hallowell 1944; 1946;
Almond 1946; Dexter 1946). Interessant ist hier die Tatsache, daß Gabriel
Almond (unter Berufung auf Max Weber!) den Einfluß des Szientismus, d.h.
des naturwissenschaftlichen Forschungsideals in der Politikwissenschaft beklagt
und für ethische Stellungnahmen des Forschers plädiert, wozu er als Sozialwissenschaftler viel besser geeignet sei als der Philosoph, da er die Konsequenzen von Stil-Mittel-Strategien besser abschätzen könne als dieser. Almond,
der zwischenzeitlich einer der führenden Vertreter des Behavioralismus vor
allem auf dem Gebiet der Comparative Politics war (vgl. Almond 1970), ist
jüngst wieder zu diesem antiszientistischen Standpunkt zurückgekehrt (Almond
& Genco 1977). Seine neuere Argumentation wird uns gegen Ende dieser Studie
noch beschäftigen.

Erneut wird die Frage intersubjektiver Beweise ethischer Urteile in einem
Bericht Arnold Brechts in der APSR über eine Konferenz zu dieser Kern-
frage des empirischen Standpunkts angesprochen (vgl. Brecht 1947). Der
Bericht zeigt, daß das Werturteilsproblem in der amerikanischen Politikwissenschaft der Nachkriegszeit zwar diskutiert worden ist, daß aber nur wenige
Personen aktiv und in Kenntnis der Argumente an diesen Diskussionen teilge-
nommen haben. Dieses Verdikt gilt ganz generell für methodologische Auseinandersetzungen in der amerikanischen Politikwissenschaft, die nach meiner Beobachtung sehr viel stärker konkrete Forschung betreibt als die eher metatheore-

tisch versierte und sozialphilosophisch engagierte deutsche Politikwissenschaft.

In das Jahr 1947 fällt auch die Publikation eines außerordentlich wichtigen
behavioralistischen Werkes dieser Vorbereitungsphase, Herbert A. Simons programmatische Studie "Administrative Behavior". Im Appendix dieser bahnbrechenden Arbeit geht Simon, der 1979 mit dem Nobelpreis für Wirtschaftswissenschaften ausgezeichnet wurde, auf die Frage ein, was Verwaltungswissenschaft
sei. Er beantwortet diese Frage von einem strikt neopositivistischen Standpunkt
aus. Im Gegensatz zu vielen seiner behavioralistischen Mitstreiter erweist sich
Simon dabei als wissenschaftstheoretisch überdurchschnittlich belesen; er vertritt die Max Webersche Werturteilsposition und wendet sich vor allem gegen
die Auffassung von der Sonderstellung der Sozialwissenschaften aufgrund ihrer
ethischen Komponente und der Komplexität ihres Gegenstandsbereiches. Eine empirische Verwaltungswissenschaft müsse menschliches Verhalten untersuchen; ihre
Aussagen müßten verifizierbar sein und sich daher auf prinzipiell Beobachtbares
beziehen; auch müsse sie alle ethischen Elemente eliminieren, da deren Wahrheitsgehalt nicht überprüft werden könne. Aus diesem Grunde sei Wissenschaft
nicht in der Lage, uns anzugeben, was wir tun sollten.

In diese vorbehavioralistische Phase gehört ferner der Bericht des APSA-Komi-
tees "On Government" (vgl. Griffith 1948), in dem sowohl Ernest Griffith selbst
in seinen beiden Beiträgen als auch vor allem William Anderson (1948) die
Aufbruchstimmung jener Jahre deutlich machen, wenn sie eine Ersetzung der
Analyse rechtlicher Strukturen durch eine solche des politischen Verhaltens
fordern, was interdisziplinäre Zusammenarbeit voraussetze (Anderson 1948:
S. 88). Andererseits wird von den verschiedenen Arbeitsgruppen des Komitees
eine stärkere Betonung der ethischen Komponente angesichts der Bedrohung der
Welt durch totalitäre Ideologien gefordert (Griffith 1948: S. 233/34). Durch
diesen empirisch-normativen Doppelaspekt wird die Übergangsfunktion des
"APSA-Research Committee on Government" unterstrichen; es ist symptomatisch
für den Geist der Zeit, daß einerseits eine kleine Gruppe von Politologen den
Aufbruch nach neuen Ufern vorbereitet, andererseits aber die überwältigende
Mehrheit der Disziplin noch dem institutionellen und normativen Erbe der
Politikwissenschaft verhaftet bleibt, gegen das sich die Unzufriedenheit der
Frühbehavioralisten richtet.

Schließlich ist in dieser Vorbereitungsperiode des Behavioralismus die Tätigkeit

des Social Science Research Council (SSRC) zu erwähnen. In seinem Committee on Political Behavior, das erstmals gegen Ende des Krieges ins Leben
gerufen wurde und 1949, nach seiner Wiederbelebung unter Vorsitz V.O. Keys,
an die gemeinsam von SSRC und APSA getragene Kommission "On Government"
anknüpfte, wurde wichtige konzeptionelle Vorarbeit für eine politische Verhaltensforschung geleistet. Ich werde im Kapitel über die Rolle der Stiftungen
noch detaillierter darauf eingehen. Auch lassen sich Querverbindungen zwischen
dem SSRC und dem Steuerungskomitee der Ford Foundation nachweisen, das
1949 einen neuen Kurs für die Förderungspolitik dieser zur größten privaten
Stiftung der Welt gewordenen Institution formulierte. Hierüber ebenfalls mehr
in einem späteren Kapitel dieser Studie. Endlich datiert aus der gleichen
Periode eine im Auftrag des SSRC erstellte Studie von Stuart Chase ("The
Proper Study of Mankind", 1948), in der die Möglichkeiten und Desiderata
einer neuen interdisziplinären Wissenschaft vom menschlichen Verhalten ausgelotet werden und eine Bestandsaufname der bisherigen Forschung vorgelegt wird.

Unter die Tätigkeit des SSRC während der Nachkriegsjahre fällt auch die Förderung der Publikation der vier Bände des "American Soldier" (Stouffer et
al. 1949) und allererster Tagungen behavioralistisch gestimmter Politikwissenschaftler. Die erste davon fand zwischen dem 27.8. und dem 2.9.1949 in
Ann Arbor, Michigan, statt, einem der späteren Zentren behavioralistisch
orientierter Politikwissenschaft. Auf diesem Treffen wurde für eine Politikwissenschaft plädiert, die auch informelle politische Beziehungen in interdisziplinärer Perspektive nach Art des "American Soldier" oder V.O. Keys
"Southern Politics" (1949) untersuchen solle. Unter den Teilnehmern dieser
Konferenz waren u.a. Pendleton Herring, der Vorsitzende des SSRC, ferner
Olivier Garceau, David Truman, V.O. Key, Paul F. Lazarsfeld, Samuel
Eldersveld, Angus Campbell, Avery Leiserson und A. de Grazia, alles
Wissenschaftler, die später eine bedeutende Rolle bei der Entfaltung des
behavioralistischen Ansatzes spielen sollten (Heard 1949).

Dominiert wurde dieser Abschnitt jedoch eindeutig von der traditionellen, institutionelle Prozesse und die Sozialgeschichte politischer Ideen analysieren-
den Politikwissenschaft, deren wichtigstes Ziel neben der staatsbürgerlichen
Erziehung die Politikberatung war; auch hierüber mehr in einem der folgenden
Abschnitte der Arbeit, wenn ich auf die geistigen Traditionen und die verschiedenen Entwicklungsphasen der amerikanischen Politikwissenschaft eingehe.
Obwohl ich versucht habe, alle wichtigen Erscheinungen des Frühbehavioralismus

in der Nachkriegszeit zu schildern, ist dieser Abschnitt im Vergleich zu den
folgenden Phasen der Auseinandersetzung sehr kurz geraten, ein deutliches Indiz
dafür, wie zaghaft die ersten behavioralistischen Regungen waren; dies jedoch
sollte sich sehr schnell ändern.

2.4. 1950 - 1959: EXPOSITION

Die fünfziger Jahre stellen gewissermaßen die revolutionäre Phase des Behavioralismus-Streits dar, in der sich die programmatischen Äußerungen häufen, in
der sich die Bataillone sammeln und die ersten Schlachten geschlagen werden.
Zu Beginn dieser zweiten bzw. am Ende der vorhergehenden Phase, einem Zeit-
abschnitt, in dem die Fundamente für den späteren Erfolg des Behavioralismus
gelegt werden, steht eine Reihe von bald ebenfalls in den Rang von Klassikern
des Behavioralismus aufrückenden Veröffentlichungen, darunter V.O. Keys
bereits erwähntes, allerdings nur teilweise dem behavioralistischen Programm
entsprechendes eindrucksvolles Werk über die Politik und das Wahlverhalten in
den amerikanischen Südstaaten ("Southern Politics", 1949), David Trumans
Analyse des Regierungsprozesses ("The Governmental Process", 1951), Alfred
de Grazias Untersuchung "Political Behavior" (1952) und die programmatische
Veröffentlichung Harold D. Lasswells und Abraham Kaplans, "Power and
Society" (1950), in der sie so etwas wie eine (allerdings längst nicht von
allen Behavioralisten geteilte und insgesamt wohl auch folgenlos bleibende)
Plattform des Behavioralismus zu formulieren versuchten.

Etwa um die gleiche Zeit beginnt David Easton mit seinen programmatischen
Aufsätzen die Unzufriedenheit mit der traditionellen Politikwissenschaft zu
schüren und, kulminierend in seinem Buch über den Stand der politologischen
Forschung ("The Political System", 1953), das Bild einer neuen, leistungs-
fähigeren Politikwissenschaft zu skizzieren. Ich will an dieser Stelle näher
auf seine Argumentation eingehen, da sie besser als viele andere die Unzufriedenheit der behavioralistischen Jungtürken mit dem Stand der Politikwissenschaft zu Beginn der fünfziger Jahre wiederspiegelt.

In einem ersten Aufsatz aus dem Jahre 1951 moniert Easton den "Niedergang der
modernen politischen Theorie"; sie sei im vorangegangenen halben Jahrhundert
von der amerikanischen Politikwissenschaft hauptsächlich in Form politischer
Ideengeschichte betrieben worden. Die Entwicklung einer eigenständigen politischen Theorie systematischen Zuschnitts sei dadurch verhindert worden. Die

in den Theorien enthaltenen Wertaspekte seien von den Ideengeschichtlern als
Fakten behandelt worden, die mit ihrem sozialen Hintergrund verbunden worden
seien. Das Ergebnis, eine historizistische Betrachtungsweise von Theorien, habe
dazu geführt, daß sowohl die präskriptiven als auch die deskriptiven Aspekte
der Theorien zu kurz gekommen seien. Was nottue, sei systematische Theoriebildung, die jedoch naturwissenschaftliche Vorgehensweisen nicht mechanisch
nachahmen dürfe, da sonst "alles Leben und alle Weisheit sogar aus den existie-
renden Einsichten über politisches Verhalten herausgepreßt würden" (Easton
1951: 57).

Eine ähnliche Position vertritt in der gleichen Ausgabe des Journal of Politics, in dem die Stellungnahme Eastons erschien, Alfred de Grazia, der sich
gegen die "Scheinexaktheit" vieler quantitativer sozialwissenschaftlicher Analysen wendet. Bestenfalls seien zum gegenwärtigen Zeitpunkt Aussagen ordina-
len Charakters möglich (A. de Grazia 1951).

In einem anderen Aufsatz aus dem Jahre 1952 über "Methodenprobleme der amerikanischen Politikwissenschaft" charakterisiert Easton seine Vorstellung von
"systematischer Theoriebildung" als die Aufstellung eines begrifflichen Bezugsrahmens, an dem sich die gesamte politikwissenschaftliche Forschung orientie-
ren könne. Nur so sei Kohärenz und Signifikanz der Forschungsergebnisse zu erreichen, denn reine Tatsachen an sich gebe es nicht. Ein Faktum stelle ein
"spezifisches Ordnen der Realität nach Maßgabe eines theoretischen Interesses"
dar, so Easton an anderer Stelle (Easton 1953: 53). Dieses Zitat belegt, daß
Easton, ebenso wie Parson (1937: 41 f.), mit dem er die Konzeption eines "deskriptiven Bezugsrahmens" (Parsons 1937: 30) teilt, kein positivistischer Sensu-
alist ist, sondern sich durchaus der "Theorieimprägniertheit der Tatsachen"
(Hanson) bewußt ist, eine Position, die später auch Eulau (1963: 112) vertreten sollte. Dies sei hier jedoch nur am Rande erwähnt, um den Vorwurf des
platten Positivismus, der so oft an die Adresse des Behavioralismus gerichtet
wird, bereits hier etwas zu relativieren.

Das Fehlen eines derartigen theoretischen Bezugsrahmens sei mitverantwortlich
für die Misere der traditionellen Politikwissenschaft, so Easton weiter. Deren
Situation werde gekennzeichnet durch die isolierte Anhäufung disparater Ergebnisse und riesiger unorganisierter, d.h. nicht miteinander verbundener Daten-
massen (Easton 1952: 109). Es dominierten "singuläre Generalisierungen", die
zwar alle irgendwie auf den Gegenstand der traditionellen Politikwissenschaft,

nämlich Regierung und Verwaltung, bezogen seien; es mangele ihnen jedoch an jeglicher theoretischer Verbindung.

Die Daten dieser von Easton etwas undifferenziert als "traditionell" charakterisierten politikwissenschaftlichen Strömung beziehen sich auf Institutionen des politischen und vorpolitischen Raumes, auf die Struktur und Funktionsweise von Regierungsstellen, Parteien, organisierten Interessengruppen und sozialen Aggregaten wie Klassen oder religiösen Bewegungen. Der politische Prozeß wird von der traditionellen Politikwissenschaft als das "Wechselspiel von politischen Institutionen und sozialen Gruppen" verstanden (Easton 1952: 113).

Da bei der Analyse dieser Beziehungen jedoch die jeder Faktenauswahl notwendigerweise zugrundeliegenden theoretischen Annahmen nicht expliziert würden, unterscheide sich die traditionelle Politikwissenschaft kaum vom Common Sense-Wissen guter politischer Journalisten. Wodurch sich die institutionelle Betrachtungsweise vor allem auszeichne, sei ihr theoretisch ungebändigter "Hyperfaktualismus", der die Sammlung und Katalogisierung von Daten im Geiste des historischen Positivismus betone und dabei zwar durchaus theoretische Lippenbekenntnisse leiste, aber die tatsächlichen Beziehungen zwischen Daten und Theorie letztlich doch nicht kläre (Easton 1953: 4).

Das unvermeidliche Ergebnis dieses Mangels an systematischer Theorie sei das Hinterherhinken der Politikwissenschaft hinter den anderen Sozialwissenschaften und ihre geringe Anerkennung durch Regierung und Verwaltung. Die gegenwärtig betriebene Politikwissenschaft in den Vereinigten Staaten zeichne sich durch "vage, schlecht definierte Begriffe" (Easton 1953: 44) aus, was notwendigerweise zu vagen und ambivalenten Generalisierungen führe. Widersprüchliche Aussagen ließen sich nicht aus dem Kanon der Politikwissenschaft ausscheiden, da ihr Wahrheitsgehalt wegen der verschwommenen Begriffe und der zu wenig trennscharfen Kategorien nicht überprüft werden könne.

Außer auf den Mangel an systematischer Theorie führt Easton den desolaten Zustand der amerikanischen Politikwissenschaft auch auf deren zu geringe methodische Reflexion zurück. Dies gelte sowohl für die wissenschaftstheoretische als auch für die forschungstechnische Ebene; allerdings sei das Theoriedefizit von größerem Gewicht. Überdies sei die politikwissenschaftliche Forschung zu stark anwendungsorientiert, was dazu führe, daß permanent "Theorie" und Reformorientiertheit verwechselt würden. Seine Forderung nach "begrifflicher Theorie" dagegen (Easton 1953: 80 f.) impliziere die Durchführung grundlagenorientierter, "reiner" Forschung.

Als vereinheitlichenden Begriff schlägt Easton das Konzept des "politischen Systems" vor, wobei er davor warnt, sich zu sehr auf die Bedingungen der politischen Stabilität zu konzentrieren. Die amerikanische Politikwissenschaft institutionalistischer Prägung betrachte das politische System der USA "so, als wäre es, trotz aller zugegebenen Unvollkommenheiten, die beste aller möglichen Welten" (Easton 1953: 43). Dieser Vorwurf, diesmal allerdings an die behavioralistische Adresse gerichtet, wird uns im Abschnitt über die Caucus-Revolte noch einmal begegnen. Interessant ist, daß er von einem der prominentesten Wortführer des Behavioralismus seinerseits gegen die von ihm bekämpfte Strömung der Politikwissenschaft, die damals das Establishment der Disziplin stellte, erhoben wurde. Dies nährt den Verdacht, daß eine Akzeptierung der jeweiligen politischen Verhältnisse möglicherweise ebenso sehr eine Funktion der Etabliertheit des einzelnen innerhalb des politischen und professionellen Bereiches ist wie das Ergebnis einer bestimmten Wissenschaftsauffassung.

David Easton stand, wie bereits erwähnt, mit seiner Charakterisierung der vorherrschenden, institutionalistisch orientierten Strömung der amerikanischen Politikwissenschaft als atheoretisch, empiristisch und parochialistisch nicht allein (vgl. z.B. Kirkpatrick 1958; Dahl 1961; Truman 1956; 1965). Ein weiterer Kritikpunkt, den er selber weniger betont als andere, ist die von den Institutionalisten oft nicht vollzogene Trennung von moralisch-präskriptiver und deskriptiv-explanatorischer Analyse; sie ist jedoch in seiner Forderung nach begrifflicher Klarheit und Eindeutigkeit impliziert und stellt einen der Kernpunkte des behavioralistischen Credos dar (vgl. Eulau et al. 1956; Oppenheim 1950; Kelsen 1951; Oppenheim 1957 etc.).

Die Charakterisierung dieser zweiten Phase des Behavioralismus-Streits als einer Periode der Exposition bezieht sich nicht nur auf die Abgrenzung zur traditionellen Politikwissenschaft, sondern auch auf die programmatische Arbeit, die vornehmlich während der ersten fünf Jahre dieses Zeitabschnitts geleistet worden ist. Es häufen sich die Konferenz- und Seminarberichte und programmatischen Stellungnahmen; gleichzeitig setzt die Förderungstätigkeit der großen privaten Stiftungen mit einem solchen Impetus ein, daß selbst nicht in der Wolle behavioralistisch gefärbte Wissenschaftler unter der Flagge des Behavioralismus zu segeln beginnen, um an den Geldtöpfen der Ford- und der Rockefeller-

Foundation sowie der Carnegie-Corporation teilhaben zu dürfen. Insbesondere
die Ausweitung der Förderungstätigkeit der Ford-Foundation, die sich eine eigene Behavioral Sciences Division zulegte, war von großer Bedeutung für den Erfolg der behavioralistischen Bewegung, zu dem in dieser Phase die entscheiden-
den Weichen gestellt wurden.

Kaum weniger wichtig war die verstärkte Organisationstätigkeit des SSRC. So erschien im Jahre 1951 ein Bericht seines Committee on Political Behavior in der
APSR, in dem so etwas wie eine offiziöse behavioralistische Stellungnahme zu
einer Reihe von Studien auf den Gebieten des Wahlverhaltens, der öffentlichen
Meinung, der Massenkommunikation und der organisierten Interessengruppen abgegeben wurde (Garceau 1951). Weiter förderte der SSRC ein "Inter-University
Research Seminar on Political Behavior Research" (1951), ein ähnlich struktu-
riertes "Seminar on Comparative Research" (1952) sowie erste Wahlstudien des
Survey Research Center der University of Michigan in Ann Arbor. Der SSRC
wirkte hierbei als Verteiler von Geldern der Carnegie-Corporation.

Über beide Sommerseminare erschienen wiederum Berichte in der APSR (Eldersveld et al. 1952; Macridis & Cox 1955), durch die das Wissenschaftsprogramm
des Behavioralismus formuliert und verbreitet wurde. Wir wollen uns hier auf die
von Eldersveld et al. dargestellte Position konzentrieren, da sie einen guten zusammenfassenden Überblick über das Anliegen des Behavioralismus bietet. Das
Seminar selbst setzte sich aus sechs Politikwissenschaftlern, einem Soziologen
und einem Berichterstatter zusammen. Teilnehmer waren unter anderem David
Truman, Avery Leiserson, Samuel Eldersveld, Samuel Huntington, Morris Janowitz
und Alexander Heard, also zum Teil die gleichen Personen wie beim Ann Arbor-
Seminar von 1949. Neben einem vorläufigen Bericht in den SSRC-Items (Leiserson 1951) wurde ein ausführlicher Beitrag über das Seminar in der APSR veröffentlicht (Eldersveld et al. 1952).

Unter den Teilnehmern herrschte Einigkeit über die Aufgaben politikwissenschaftlicher Forschung, die eher in der Suche nach systematischen Erklärungen
ihrer Forschungsgegenstände als in der Reform des politischen Systems zu bestehen habe. Dies jedoch gewährleiste der "political behavior approach", der kein
eigenes Feld der Politikwissenschaft darstelle, sondern eine besondere Art der
Erforschung politischer Phänomene. Regierung und Verwaltung stellten einen aus
den Aktionen und Interaktionen von Menschen gebildeten Prozeß dar, dessen Regelmäßigkeiten untersucht werden müßten.

Ihr Verständnis von politischer Theorie als systematischer empirischer Theorie impliziere zum einen die Formulierung von empirisch überprüfbaren Konzepten und
Hypothesen und zum anderen die Verwendung adäquater empirischer Forschungsmethoden. Nötigenfalls sei dafür auch auf die Konzeptionen und Vorgehensweisen
anderer Sozialwissenschaften zurückzugreifen. Normative Fragestellungen könnten vom Ansatz der politischen Verhaltensforschung aus nicht beantwortet werden. Allerdings seien Werte ebenso wie Institutionen, die im Gegensatz zur traditionellen Politikwissenschaft nicht im Brennpunkt des behavioralistischen
Erkenntnisinteresses stünden, wichtige Determinanten menschlichen Verhaltens,
weshalb beide in die Analyse mit einbezogen werden müßten. Um Überprüfbarkeit
zu gewährleisten, sollten sich die Untersuchungseinheiten stets auf beobachtbares Verhalten und menschliche Beziehungen reduzieren lassen. Ziel politikwissenschaftlicher Forschung nach dem Verhaltensansatz sei die Gewinnung von
Gesetzesaussagen über politisches Verhalten. Dabei wolle man soweit wie möglich quantitativ vorgehen, was jedoch nicht die Möglichkeiten der Analyse
einschränken oder gar zu Lasten der Relevanz gehen dürfe (vgl. Eldersveld et
al. 1952). Wie stark das Programm der politischen Verhaltensforschung in jenen
Tagen vom Vorbild der Sozialpsychologie beeinflußt war, zeigt ein Zitat aus
dem vorläufigen Seminarbericht, der in den SSRC-Items erschien: "Die Teilnehmer waren überrascht über das Ausmaß der Anwendbarkeit sozialpsychologischer Begriffe auf den politischen Prozeß." (Leiserson 1951: 32)

Die vorstehende Referierung offenbart, wie sehr der Behavioralismus der frühen
fünfziger Jahre ein logisch-empirisches, dem methodologischen Individualismus
verpflichtetes Forschungsprogramm propagierte. In den SSRC-Items gab David
Truman (1951) eine Definition des Verhaltensbegriffs. Das Konzept "politisches
Verhalten" gehe über das des Wahlverhaltens und der öffentlichen Meinung hinaus. Grob definiert umfasse es "jene Aktionen und Interaktionen von Menschen
und Gruppen, die am Prozeß des Regierens beteiligt seien" (Truman 1951: 37).
Die politische Verhaltensforschung sei kein eigenes Gebiet der Politikwissenschaft, sondern eine Orientierung, "die darauf abzielt, alle mit Regierung
und Verwaltung (government) verbundenen Phänomene in Begriffen beobachteten
und beobachtbaren menschlichen Verhaltens auszudrücken" (Truman 1951: 37).
Diese Orientierung betreffe daher alle Gebiete der Politikwissenschaft, die
sie ergänzen solle ohne die traditionellen Ansätze deshalb zu verdrängen. Auch
Truman beschwört die Priorität der Relevanz: Es sei wichtiger, die richtigen
Fragen zu stellen als sich auf quantifizierbare Phänomene zu beschränken. Der
Politikwissenschaftler sei dazu "angehalten, seine Aufgaben immer dann mit

qualitativen Mitteln zu bearbeiten, wenn es nicht anders geht" (Truman, 1951: 39).

Gleichzeitig mit diesen programmatischen und organisatorischen Vorbereitungen einer behavioralistischen Politikwissenschaft entbrennen erbitterte Auseinandersetzungen zwischen den Anhängern der politischen Verhaltensforschung und den Vertretern der verschiedenen traditionellen Ansätze. Diese Auseinandersetzungen, die man als den ersten, von behavioralistischer Seite offensiv geführten Behavioralismusstreit bezeichnen könnte, schlugen sich jedoch literarisch, von wenigen Ausnahmen abgesehen (u.a. Voegelin 1952; Cobban 1953; Crick 1954; Cook 1955; Morgenthau 1955), kaum nieder. Die Auseinandersetzungen fanden eher im Saale statt, auf Tagungen und in den jeweiligen Departments, wo die Anhänger der behavioralistischen Position zum Teil erbitterten Anfeindungen und bestenfalls achselzuckendem Unverständnis gegenüberstanden. Ein expliziter Methodenstreit entstand nicht, da von behavioralistischer Seite auf eine Antwort verzichtet wurde; man wollte nach eigenem Bekenntnis lieber durch substantielle Forschung überzeugen als durch programmatische Äußerungen.

2.4.1. Argumente der Expositionsphase gegen den Behavioralismus

Die vom Behavioralismus provozierte starke, geradezu wütende Opposition kam sowohl von der traditionell-institutionalistisch geprägten Politikwissenschaft als auch von philosophisch-ethisch und legalistisch orientierten Forschern. Ihre Argumente (notwendigerweise holzschnittartig vereinfacht) zusammenzufassen, tut ihnen Gewalt an, ist aber hier unumgänglich und erscheint insbesondere deshalb gerechtfertigt, weil die dahinterstehenden Positionen im zweiten, systematisch orientierten Teil nochmals ausführlicher zu Wort kommen sollen.

Viele stärker an der Praxis orientierte Politikwissenschaftler betrachteten die behavioralistische Forschung für die Politikberatung als ungeeignet - ein Vorwurf, der wiederum der traditionellen Politikwissenschaft von behavioralistischer Seite gemacht wurde, wie wir gesehen haben. Für den Behavioralismus handelte es sich hierbei allerdings eher um eine Frage der Perspektive; viele seiner Anhänger hätten dem Vorwurf der mangelnden Praxisrelevanz für die damalige Gegenwart uneingeschränkt beipflichten können, da sie eine Verbesserung erst von der Zukunft, nach Jahren intensiver Grundlagenforschung, erwarteten.

Andere Kritiker des Behavioralismus, die stärker an staatsbürgerlicher Erziehung als an Politikberatung interessiert waren, lehnten ihn wegen seines vorgeblichen "Wertnihilismus", zu dem ihn die Position der Wertneutralität verpflichtete, ab. Wieder andere waren stärker an der Ausbildung von Regierungs- und Verwaltungsfachleuten interessiert und betrachteten ihre Departments als eine Art "Professional Schools", wie sie die amerikanischen Business und Law Schools darstellen; sie sahen im Behavioralismus keine Unterstützung ihrer Auffassung, sondern eher ein Hemmnis (vgl. Waldo 1975).

Insgesamt war die antibehavioralistische Opposition sehr uneinheitlich und weder koordiniert noch organisiert. Sie sprach jedoch für das politikwissenschaftliche Establishment jener Tage.

Argumente, die in der Auseinandersetzung immer wieder aufgetaucht sind, sollen im folgenden in idealtypischer Überspitzung wiedergegeben werden. Ähnliche, wenn auch im Detail differierende Zusammenfassungen sind bei Somit & Tanenhaus (1967), Waldo (1975) und Smith et al. (1976) zu finden. Es handelt sich (a) um Argumente ontologischer Natur, die die prinzipielle Unmöglichkeit einer Verwirklichung des behavioralistischen Forschungsprogramms aus der Struktur des politikwissenschaftlichen Gegenstandsbereiches heraus belegen wollen; diese Argumente beziehen sich vor allem auf die Bedeutung des Unmeßbaren und Unwägbaren im politischen Bereich; (b) ferner handelt es sich um Argumente, die sich auf Fragen der Relevanz und der Wünschbarkeit behavioralistisch vorgehender Forschung und dabei vor allem auf die Vernachlässigung politischer und sozialer Zielsetzung und Zielverfolgung richten; (c) schließlich geht es um Argumente, die sich weniger auf die prinzipiellen als auf die forschungspraktischen Schwierigkeiten des Behavioralismus, die Kluft von Daten und Theorie sowie auf die Unfähigkeit, seine methodologisch strikten Forderungen zum damaligen Zeitpunkt einzulösen, richten.

Diese verschiedenen Klassen von Einwänden tauchen bei den einzelnen Autoren praktisch nie analytisch sauber voneinander getrennt auf, sondern sind im allgemeinen in unterschiedlichen Kombinationen miteinander verbunden. Aus Gründen der Klarheit jedoch und wegen des unterschiedlichen erkenntnistheoretischen Status der drei Kritikkategorien sollen sie im folgenden gesondert behandelt werden.

2.4.1.1. Ontologische Argumente

Die Politikwissenschaft, so eines der Standardargumente des antibehavioralistischen Lagers, könne niemals eine "richtige Wissenschaft" nach Art der Physik
oder auch nur der Biologie werden, da ihre Gegenstände sich nicht den rigorosen
Forschungsmethoden des naturwissenschaftlichen Erkenntnismodells unterwerfen
ließen. Insbesondere sei eine experimentelle Erforschung politischer Ereignisse
unmöglich, denn es handele sich hierbei um historisch einmalige, ständig im
Wandel begriffene Phänomene (Perry 1950; v. Hayek 1952; Schoeck 1960). Auch
seien ihre Gegenstände zu komplex, um jemals wissenschaftlich adäquat erfaßt
werden zu können. Die Kontingenz politischer Phänomene, d.h. ihre kausale Indeterminiertheit, ließe allenfalls den Nachweis allgemeiner Regelmäßigkeiten
zu; die Regeln jedoch seien von Menschen gemacht, deren Vorstellungen sich
ständig veränderten. Allgemeines Gesetzeswissen sei daher nur im Bereich der
Natur, nicht jedoch im Bereich des Sozialen zu gewinnen, wo mit Hilfe interpre-
tativer und intuitiver Vorgehensweisen vorgegangen werden müsse (Winch 1958).

Das "behavioristische" (gemeint ist das behavioralistische) Erkenntnismodell,
das mit dem Erklärungsbegriff der Naturwissenschaften arbeite, sei daher dem
Gegenstand der Politikwissenschaft nicht angemessen. Insbesondere versäume es,
den freien Willen der Menschen zu berücksichtigen. Als denkendes, planendes
und lernfähiges Wesen sei der Mensch in der Lage, sein Schicksal selbst zu ge-
stalten, weswegen er sich allen blinden Gesetzmäßigkeiten entziehe (Rothbard
1960; Smith 1957; Morgenthau 1955; House of Representatives 1954 etc.).

Ferner entzögen sich die Gegenstände der Politikwissenschaft jeglicher Quantifizierung, von Trivialitäten einmal abgesehen; ihr Charakter sei grundsätzlich
qualitativer Natur (Roche 1958). Oft sei Quantifikation auch gar nicht er-
wünscht, da der Preis statistischer Signifikanz häufig genug der Verzicht auf
theoretische Relevanz sei (Morgenthau 1955). Alles, was sich zählen lasse,
zähle nicht; und alles, was zähle, lasse sich nicht zählen, wie ein von den
Gegnern des Behavioralismus häufig benutzter Aphorismus behauptet.

Auch sei die vom Behavioralismus geforderte Position der Wertneutralität nicht
einzuhalten, da zum einen der Forscher selbst unmittelbar von seinem Forschungsgegenstand betroffen sei, weswegen die totale Unparteilichkeit und emotionale Unbeteiligtheit des Naturwissenschaftlers nicht erreicht werden könne.
Zum anderen sei der Gegenstand der Politikwissenschaft selbst nicht wertneutral,

sondern stelle eine untrennbare Verbindung von Fakten und Wertaspekten dar. Der Versuch, wertfrei vorzugehen, bedeute daher eine Verfälschung des Gegenstandes (Voegelin 1952; Strauss 1953; 1957: 101; Cobban 1953; Berns 1961).

Die vom Behavioralismus betriebene Beschränkung der empirischen Forschung auf die Analyse direkt beobachtbaren Verhaltens schließlich führe notwendig zur Oberflächlichkeit. Oft genug repräsentiere unmittelbar zugängliches Verhalten nur die halbe Wahrheit (Voegelin 1948). Worauf es ankomme, sei die Erkenntnis der "wahren Motive" politischen Handelns, die nicht durch die Methoden der Rattenpsychologie erfahren werden könnten, sondern nur durch einfühlendes Verstehen.

2.4.1.2. Argumente zur Zielsetzung und zur Relevanz

Die geradezu zwanghafte Beschäftigung des Behavioralismus mit methodologischen Fragen und seine Zahlenbesessenheit gehe tendenziell zu Lasten der Substanz. Gegenstände, die sich nicht messen ließen, gerieten leicht außerhalb des Blickfelds des behavioralistischen Forschungsinteresses (Sorokin 1956; Mills 1956; Redford 1961). Der typische Behavioralist ähnele dem Betrunkenen, der seine Uhr irgendwo im Dunkeln verloren hat, jedoch im Lichte der nächsten Straßenlaterne nach ihr sucht, weil es da heller ist. Ein Gutteil der behavioralistischen Politikwissenschaft beschäftige sich analog mit politisch und wissenschaftlich völlig unerheblichen Problemen, weil sich hier statistisch leicht manipulierbare Daten anböten (Schoeck 1960). Der Politikwissenschaft gelinge es auf diese Weise, ständig genauere Kenntnisse über immer unbedeutendere Gegenstände anzuhäufen (Cobban 1953). Substanzielle Irrelevanz sei der hohe Preis statistischer Eleganz. Das Schlimmste sei, daß dies die Behavioralisten gar nicht wahrnähmen, sondern für Grundlagenforschung hielten.

Diese Verdrängung der angewandten durch die grundlagenorientierte Forschung schade sowohl der Politikwissenschaft als auch der Gesellschaft: der Politikwissenschaft, da sie sich damit völlig aus dem Beratungsgeschäft ausblende und so den unmittelbaren Kontakt mit der Welt der Politik verlöre; der Gesellschaft, weil sie ihr damit den Dienst aufkündige. "Intelligente Vermutungen" seien immer noch besser als dumpfe Sprachlosigkeit; Politikwissenschaftler könnten selbst dann der Gesellschaft dienen, wenn sie nur einen Teil der zur Politikberatung notwendigen Kenntnisse besäßen. Anwendungsorientierte Forschung sei daher aus praktischen wie aus ethischen Gründen unabdingbar.

Überdies sei die behavioralistische Doktrin der Wertfreiheit, die ganz besonders häufig von den Gegnern des Behavioralismus aufs Korn genommen wird, nicht nur (wie oben erwähnt) illusorisch, sondern sie sei auch gar nicht wünschbar, weil bedeutende politische Probleme stets auch moralische und ethische Positionen mit einschlössen. Die Politikwissenschaft müsse sich daher, wolle sie ihre Aufgabe der Anleitung zum richtigen Handeln erfüllen, stets auch mit der Frage nach dem Gemeinwohl und dem guten Staatszweck befassen (Smith 1957; Couch 1960), selbst wenn sich diese Fragen nicht mit der gleichen Sicherheit entscheiden ließen wie Tatsachenbehauptungen. Härtere Vertreter dieser Position allerdings bestreiten überhaupt die Überzeugung des Behavioralismus, daß Werte sich nicht wissenschaftlich beweisen ließen (Voegelin 1952; Strauss 1957; 1961).

Ferner gefährde die Forderung nach interdisziplinärer Forschung, d.h. nach der Verwendung von Methoden und Konzepten der Nachbarwissenschaften, die Identität der Politikwissenschaft. Sie laufe Gefahr, zu einer Art Sozialpsychologie des Politischen zu verkümmern (Berns 1961), wo zwar der Gegenstand noch existiere, die Eigenständigkeit der Disziplin jedoch verloren gegangen sei. Auch sei die Aufstellung von Hypothesen nicht immer, wie die Behavioralisten das vermuteten, erkenntnisfördernd; häufig schränkten Hypothesen den Gang der Forschung ein, indem sie das Denken über den Gegenstand reglementierten. Reine Beschreibung sei daher oft unumgänglich, weil einfach keine adäquaten Theorien existierten.

2.4.1.3. Forschungspraktische Argumente

Der zum Beispiel von David Easton erhobene Ruf nach der großen, alles übergreifenden Theorie des politischen Systems erscheint angesichts des fast vollständigen Fehlens von Theorien mittlerer und geringerer Reichweite vielen Gegnern des Behavioralismus als verfrüht, wenn nicht als gänzlich verfehlt (Cook 1953; Wilson 1961). "Große" Theorie à la Easton werfe zumindest derzeit noch unlösbare Operationalisierungsprobleme auf und sei daher eher fortschrittshemmend als -fördernd. Diese Skepsis gegenüber umfassender Theoriebildung wird übrigens von vielen empirisch arbeitenden Behavioralisten geteilt.

Dies gilt auch für den folgenden Einwand: Wenn sich die Gegenstände der Politikwissenschaft schon nicht prinzipiell der Quantifizierung entzögen, so täten sie das in weitem Ausmaße doch zumindest heute noch (d.h. in den fünfziger

Jahren). Es gebe einfach nicht genügend präzise Meßinstrumente und trennschar-
fe Begriffe, um den politischen Bereich quantitativ hinreichend adäquat erfassen
zu können.

Endlich berücksichtige der Behavioralismus zuwenig die institutionellen Bedingungen menschlichen Handelns, durch die Verhalten überhaupt erst politisch relevant werde. Einen ähnlichen Standpunkt vertritt übrigens der "aufgeklärte
Erzbehavioralist" Heinz Eulau (1963: 15), der zwischen institutioneller und
behavioralistischer Analyse keinen unüberwindbaren Gegensatz sieht, sondern
ein sich gegenseitig befruchtendes Unterfangen.

Was die forschungspraktischen Argumente gegen den Behavioralismus angeht,
unterscheiden sich Gegner und Befürworter des Behavioralismus folglich nicht
prinzipiell, sondern nur graduell; dies gilt jedoch nicht für die ontologischen
und finalen Argumente, die den Behavioralismus als ein undurchführbares oder
unerwünschtes Unterfangen hinstellen. Ich werde auf einige von ihnen nochmals
im systematischen Teil der Studie eingehen.

Soweit also einige der häufigsten Kritikpunkte, die dem Behavioralismus während
seiner Expositionsphase entgegengehalten wurden; sie nehmen, wie wir noch sehen
werden, einen großen Teil der in den sechziger Jahren lautwerdenden Kritik vorweg. Verblüffend ist, daß sie von behavioralistischer Seite nur am Rande und
auch nur zum Teil beantwortet wurden. Auffassung der Behavioralisten war es
jedoch immer, daß substantielle Forschung fruchtbarer sei als methodologische
Streitigkeiten (vgl. Eulau 1968a). Vielleicht liegt in dieser Haltung ein Teil
des Geheimnisses des behavioralistischen Erfolges. Stärker auf die Vorbildwirkung beispielhafter Untersuchungen zu vertrauen als auf methodologische Schat-
tengefechte, für die empirische Politikwissenschaftler im allgemeinen ohnehin
schlecht gerüstet sind, wirkt wie eine Vorwegnahme des Kuhnschen Paradigmen-
konzepts, das sich ja in erster Linie auf die schulenstiftende Funktion beispielhafter Musterlösungen (exemplars) bezieht (vgl. Falter 1979). Im folgenden Unterabschnitt wollen wir uns mit einigen speziellen für den Behavioralismus wegweisenden Veröffentlichungen und dem allgemeinen Ertrag der behavioralistischen Forschung während der fünfziger Jahre befassen.

2.4.2. Einige Anmerkungen zum Forschungsertrag der fünfziger Jahre

Dem behavioralistischen Forschungsprogramm verschriebene Studien mit nicht zu
unterschätzender Vorbildwirkung waren während der Expositionsphase auf dem
Gebiet der empirischen Wahlforschung vor allem "Voting" (Berelson et al. 1954)
und "The Voter Decides" (Campbell et al. 1954), die erstere größere Untersuchung des Survey Research Center der University of Michigan (SRC).

"Voting" stellt eine lineare Fortführung der in "The People's Choice" (Lazarsfeld et al. 1944) begonnenen, auf den lokalen Kontext beschränkten Wahlstudien
des Bureau of Applied Social Research der Columbia University dar (s.u. Kap.
5.2.). In ihm werden die in der Vorgängerstudie entwickelten Kernkonzepte des
aktivierenden, jedoch nicht konvertierenden Effekts von Wahlkämpfen, der in-
teressen- und engagementmindernden Wirkung von sich kreuzenden sozialen Einflüssen, des vermittelnden Einflusses von Meinungsführern und der Rolle von
Bezugsgruppen für die eigene Wahlentscheidung wieder aufgegriffen, weiterverfolgt und ergänzt.

Mit "The Voter Decides" wurde die bis heute praktisch unangefochtene Führungs-
position der Ann-Arbor-Schule in der empirischen Wahlforschung begründet. Im
Gegensatz zu den lokalen Wahlstudien der Columbia-Gruppe um Paul F. Lazarsfeld, die sich stärker (wenn auch nicht ausschließlich) soziologischer Fragestellungen und Konzepte bediente, konzentrierten sich die amerikaweit angelegten Untersuchungen der SRC-Forscher stärker auf Motivationsfaktoren. In "The
Voter Decides" wurden die Konzepte der Parteiidentifikation, der Kandidaten-
und der Problemorientierung eingeführt, die bis heute die Eckpfeiler der in
den folgenden Jahren weiterentwickelten sozialpsychologischen Theorie des Wählerverhaltens bilden. Die große Bedeutung der Studie wird allerdings durch das
sechs Jahre später publizierte monumentale Werk "The American Voter" (Campbell et al. 1960) überschattet, das auf den in "The Voter Decides" entwickelten Konzepten aufbaut.

Weitere sich der Mittel der Umfrageforschung bedienende Untersuchungen dieser
Expositionsjahre waren Gabriel Almonds Bücher über öffentliche Meinung und
Aussenpolitik (Almond 1950) und die Anziehungskraft des Kommunismus für Amerikaner (Almond 1954), Samuel Stouffers "Communism, Conformity and Civil Liberties" (Stouffer 1955), die Untersuchung der amerikanischen Druckergewerkschaft
durch Lipset, Coleman und Trow (1956), die Sekundäranalyse der SRC-Daten zur

Präsidentschaftswahl 1952 durch Morris Janowitz und Dwaine Marvick (1956) und
eine Reihe weiterer, das politische Verhalten bestimmter sozialer Gruppen wie
der Juden (Fuchs 1956), der Neger (Price 1957) und der Alten (Pinner, Jacobs
& Selznick 1959) untersuchender Studien. Bereits aus dieser knappen, keineswegs
vollständigen Aufzählung wird deutlich, daß viele behavioralistisch orientierte
Veröffentlichungen aus soziologischer Feder stammten. Eine der Konsequenzen des behavioralistischen Programms war die Durchlöcherung von Fachgebiets-
grenzen: Politische Soziologie wurde sowohl von Politikwissenschaftlern als
auch von Soziologen betrieben, politische Psychologie von Soziologen, Politologen und Sozial- sowie Individualpsychologen, wobei oft Vertreter der verschiedenen Disziplinen eng zusammenarbeiteten.

Andere herausragende Studien dieser Jahre mit teilweise geradezu schulenbilden-
der Langzeitwirkung sind Karl W. Deutschs "Nationalism and Social Communication " (1953), der eine Theorie des internationalen Systems nicht mittels der
Biologie entlehnter, sondern mittels kommunikationstheoretischer Konzepte zu
entwerfen versuchte, Robert A. Dahls und Charles E. Lindbloms Analyse alternativer gesellschaftlicher Entscheidungsmodelle in "Politics, Economics and
Welfare" (1953), Roy Macridis Kritik der vergleichenden Politikwissenschaft
"The Study of Comparative Government" (1955) und die Nutzbarmachung des
Entscheidungsansatzes für die Analyse internationaler Beziehungen durch Richard
C. Snyder, H.W. Bruck und Burton Sapin (1954). Erwähnt gehört schließlich in
diesem Zusammenhang Anthony Downs "An Economic Theory of Democracy"
(1957), eine überaus innovative Veröffentlichung, durch die eine ganze Schule
von Wählerstudien begründet wurde, die auf dem ökonomischen Rationalitäts- und
Präferenzordnungsmodell aufbauen. Eine ähnliche innovative Rolle spielten die
beiden Untersuchungen von H. Pritchett (1948) und Glendon Schubert (1959)
zum richterlichen Verhalten sowie die Untersuchung legislativen Verhaltens durch
Duncan Mac Rae (1958).

Auf dem Gebiet der politischen Theorie bleiben zwei für den Behavioralismus
bedeutsame Werke zu erwähnen: Thomas Weldons "The Vocabulary of Politics"
(1953), wo vom logisch-empirischen Standpunkt aus die klassische politische
Theorie wegen ihres Essentialismus, ihrer Vermischung von Wert- und Tatsachenaussagen und ihrer Immunisierung gegenüber empirischen Tests scharf kritisiert
wird und Arnold Brechts umfassende Analyse "Political Theory" (1959), mit der
eine - vielleicht weniger der Brechtschen Intention als der Aufnahme durch die
Behavioralisten nach - wissenschaftstheoretische Grundlegung des Behavioralismus vorgelegt wurde.

Trotz der erwähnten substantiellen Studien wie z.B. der Wahlanalysen der Ann
Arbor- und der Columbia-Gruppe war die Dekade zwischen 1950 und 1960 eher
von programmatischen Entwürfen als von der Veröffentlichung empirischer Untersuchungen geprägt. Es wurden Haupt- und Seitenthemen skizziert, die dann in der
folgenden Phase zwischen 1960 und 1971 zur Durchführung gelangten. So tragen
die Arbeiten an einer Neustrukturierung der "Comparative Politics", die größtenteils ein Ergebnis von Diskussionen im gleichnamigen Ausschuß des SSRC unter Leitung von Gabriel Almond (vgl. Almond 1970) darstellen, eindeutig programmatischen Charakter. Diese in den fünfziger Jahren in Angriff genommene
und in den sechziger Jahren schließlich realisierte Neuorientierung der "Comparative Politics" war von größter Bedeutung für die gesamte Politikwissenschaft der folgenden Jahre, da durch den zwischenstaatlichen Vergleich die
Theoriebildung erheblich befruchtet wurde (vgl. Almond 1956; Coleman 1958;
Pye 1956 etc.). Von programmatischer Bedeutung waren schließlich auch die
1959 publizierten Studien Herbert Hymans zur politischen Sozialisation und
Robert E. Lanes zur politischen Partizipation; beide lieferten eine Zusammenfassung der verfügbaren Erkenntnisse auf ihrem jeweiligen Gebiet und wiesen
für weitere Forschungen den Weg.

Vom Standpunkt der Veröffentlichung empirischer Resultate nennt Heinz Eulau
(1976) die fünfziger Jahre eine Dekade der Täuschung. Der quantitativ geringe
Ausstoß von behavioralistisch orientierten Publikationen habe die Tatsache ver-
deckt, daß während dieser Phase die Grundlagen für eine 1960 plötzlich einsetzende Veröffentlichungslawine gelegt worden seien. Unter dem Schleier programmatischer Aktivitäten und methodologischer Auseinandersetzungen seien empirische Untersuchungen ins Feld gegangen, deren Ertrag erst im darauf folgenden
Jahrzehnt sichtbar werden sollte. Der Expositionscharakter der Jahre zwischen
1950 und 1960 wird dadurch noch betont.

1956 gaben Eulau, Eldersveld und Janowitz die erste Bestandsaufnahme der noch
jungen politischen Verhaltensforschung heraus ("Political Behavior"), in der allerdings die Forschungslücken fast deutlicher aufscheinen als die bisherigen
Forschungserträge. Während es bereits damals an Studien über das Wählerverhalten nicht mangelte, was vorübergehend im antibehavioralistischen Lager zu
einer Gleichsetzung von Wahlforschung und Behavioralismus führte, existierten
auf fast allen anderen Gebieten wie z.B. dem der politischen Sozialisation,
der internationalen Beziehungen, der Comparative Politics oder des richter-

lichen und legislativen Verhaltens empfindliche Lücken, die jedoch, wenn auch
unterschiedlich intensiv, inzwischen weitgehend geschlossen worden sind; darüber später mehr, wenn wir uns mit dem Forschungsertrag der sechziger Jahre
befassen.

Im Jahre 1956 wurden zum ersten Mal eigene Diskussionsgruppen über politisches
Verhalten auf dem jährlich stattfindenden Kongreß der American Political
Science Association eingerichtet; bereits 1959 gab es dann auf praktisch allen
Gebieten derartige behavioralistisch orientierte Arbeitsgruppen (vgl. Kirkpatrick 1962). Gleichzeitig begann sich in den Jahren nach 1956 das Gesicht der
American Political Science Review zu verändern, ein Symptom für die damals
einsetzende Wandlung der ganzen Disziplin. Die quantitative Betrachtungsweise
schiebt sich allmählich in den Vordergrund. Praktisch alle politikwissenschaftlichen Abteilungen der größeren amerikanischen Universitäten berufen in diesen
Jahren Behavioralisten als Hochschullehrer. Teilweise handelt es sich dabei
wohl eher um Konzessionsschulzen, die in der Absicht eingestellt wurden, sie
durch Umarmung zu zähmen; dies mißlang jedoch unter anderem deshalb, da die
politische Verhaltensforschung jener Jahre beanspruchte, kein eigenes Feld der
Politikwissenschaft, sondern ein alle Gebiete umfassender eigener Ansatz zu
sein.

In einer Art Kettenreaktion verbreitete sich während der letzten Jahre der
Expositionsphase die behavioralistische Überzeugung nun immer stärker, um
bereits in den ersten Jahren der Durchführungsphase das Bild der APSR und
allmählich auch die Politik der APSA zu bestimmen. Der dadurch heraufbe-
schworene, nun nicht mehr vereinzelte, sondern koordinierte Widerstand der
verschiedenen antibehavioralistisch eingestellten Strömungen der amerikanischen Politikwissenschaft wird uns bei der Abhandlung der Jahre zwischen
1960 und 1971 noch eingehender beschäftigen.

2.4.3. Die Ziele des Behavioralismus: Eine Skizze

Am Ende der Expositionsphase angekommen, will ich nochmals zusammenfassend
das Bild des Behavioralismus nachzeichnen, wie es sich während der fünfziger
Jahre allmählich herauszukristallisieren begann. Diese Rekonstruktion erhebt
weder Anspruch auf Vollständigkeit noch auf Originalität; eine umfassendere und
systematischere Diskussion dessen, was man heute unter Behavioralismus zu ver-

stehen hat, erfolgt im zweiten Teil dieser Studie, wo dann auch näher auf verschiedene behavioralistische Strömungen und ihre Kernkonzepte eingegangen werden soll. Hier geht es lediglich um einen zusammenfassenden Überblick, der die
Grundlage für die weitere genetische Rekonstruktion der Behavioralismus-Kontroverse liefern soll. Ich lehne mich dabei u.a. an Waldo (1975), Bowen (1968),
Easton (1965) und Dahl (1961) an.

Bereits in der Expositionsphase wird deutlich, daß der Behavioralismus kein
festumrissenes Überzeugungssystem, sondern eine - überwiegend dem logischen
Empirismus verpflichtete - Stimmung ist. Zwar präsentiert er gegenüber seinen
Gegnern eine recht einheitliche Fassade; nach innen jedoch ist er in verschiedene Strömungen zerfallen, die sich teilweise geradezu bekämpfen. So haben zum
Beispiel die stärker theoretisch orientierten, auf das politische System als
begrifflichen Bezugsrahmen gerichteten Forscher mit ihren empirisch interessierten, an konkreten Fragestellungen arbeitenden Brüdern im Geiste des Behavioralismus zwar die Ablehnung der traditionellen Politikwissenschaft und die wissenschaftstheoretische Grundüberzeugung gemein, sonst aber wenig mehr. Ihre Fragestellungen, Erkenntnisinteressen, theoretischen Konzepte und Untersuchungseinheiten unterscheiden sich beträchtlich. Deshalb fällt eine Negativabgrenzung des
Behavioralismus gegenüber anderen politikwissenschaftlichen Strömungen leichter
als eine positive Bestimmung seiner Grundelemente.

Negativ grenzt sich der Behavioralismus nach eigener Überzeugung ab von reiner,
nicht theoriegeleiteter Beschreibung und Faktensammlung, dem sogenannten Hyperfaktualismus, aber auch von Metaphysik, abstrakter Spekulation und Deduktion
aus historisch übergreifenden Prinzipien, von großräumiger Geschichtsinterpreta-
tion und Zukunftsspekulation, von legalistischen und institutionalistischen Analysearten und von philosophischer Ethik. Insbesondere wendet er sich gegen die
Vermischung von Wert- und Tatsachenaussagen und die Vermengung von Politikwissenschaft und Moral.

Positiv läßt sich der Behavioralismus als Versuch kennzeichnen, nach dem Vorbild erfolgreicher Wissenschaften wie z.B. der Naturwissenschaften oder der
empirischen Psychologie und der Wirtschaftswissenschaft zu arbeiten. Politikwissenschaft wird dabei als theoretisch orientierte empirische Wissenschaft
definiert, deren Hauptaugenmerk auf beobachtbarem Verhalten und empirisch
überprüfbaren Theorien liegt. Als grundlegende empirische Analyseeinheit wird
im allgemeinen das Individuum betrachtet; es ersetzt damit die Institution als

Beobachtungseinheit, wenn auch nicht als Forschungsobjekt. Im Mittelpunkt behavioralistisch orientierter Forschung steht die möglichst genaue und vollständige
Datensammlung nach theoretischen Gesichtspunkten. Dabei wird starkes Augenmerk auf präzise Messung, statistische Analyse und mathematische Modelle gelegt; die Alltagssprache wird als essentialistisch und normativ befrachtet abgelehnt. Die Konzepte behavioralistischer Forschung schließlich sollen möglichst genau definiert und operationalisierbar sein, da sich anders die theoretischen Aussagen nicht überprüfen ließen.

Weiter zeichnet sich der Behavioralismus durch die Forderung nach Interdisziplinarität aus; gemeinsamer Gegenstand der Sozialwissenschaften sei das menschliche Verhalten, dessen unterschiedliche Aspekte von den verschiedenen sozialwissenschaftlichen Disiplinen, deren Abgrenzungen voneinander rein konventio-
neller Natur seien, im allgemeinen entlang bestimmter Rollen analysiert wurden.
Aufgabe der Politikwissenschaft ist es nach behavioralistischer Ansicht, die
"politische" Rolle zu untersuchen. Hierbei sei auf Konzepte, Verfahrensweisen
und Theorien der anderen Sozialwissenschaften, namentlich der Soziologie und
der Psychologie, immer dort zurückzugreifen, wo dies notwendig oder fruchtbar
sei.

Allgemein besteht die wissenschaftliche Zielsetzung des Behavioralismus in der
Aufdeckung empirischer Regelmäßigkeiten und in der Formulierung abstrakter Generalisierungen, d.h. von Gesetzesaussagen nach naturwissenschaftlichem Muster,
mit deren Hilfe politische Phänomene erklärt und vorhergesagt werden können.

Das Ausmaß der Interdisziplinarität, das Verhältnis von reiner und angewandter
Forschung und insbesondere die Notwendigkeit und Wünschbarkeit eines die Forschung leitenden theoretischen Kernkonzeptes wie das des politischen Systems
(Easton 1953) jedoch sind ebenso umstritten wie die Frage der Identität der
Politikwissenschaft (vgl. Narr 1969). Als kleinster gemeinsamer Nenner der
behavioralistischen Bewegung läßt sich ihr Beharren auf der "Verwissenschaftlichung" der Politikwissenschaft und ihre Betonung der Nachprüfbarkeit, d.h.
der Verifikation und der Falsifikation ihrer Aussagen hervorheben. Dadurch
alleine unterscheidet sie sich bereits grundlegend von allen anderen Strömungen der Politikwissenschaft.

Soweit also die Darstellung der Expositionsphase, die 1959/60 relativ abrupt endete, als eine wahre Springflut von behavioralistischen Publikationen auf nahezu

allen Gebieten der Politikwissenschaft einsetzte und die bis heute andauernde
Dominanz des Behavioralismus (oder besser: der logisch-empirisch orientierten
Politikwissenschaft) in den USA zu etablieren half. Wir wollen uns bei der Behandlung der Durchführungsphase, die etwa 1960 begann und 1971 oder 1972
endete, sowohl mit diesem Forschungsertrag als auch mit den verstärkt einsetzenden Auseinandersetzungen über das behavioralistische Forschungsprogramm
beschäftigen.

2.5. 1960 - 1971: DURCHFÜHRUNG

Daß der zahlenmäßig relativ geringe Literaturausstoß des behavioralistischen
Lagers während der fünfziger Jahre ein verzerrtes Bild über das Ausmaß der
in dieser Phase stattfindenden Forschungstätigkeit liefert, beweist das jähe
Anschwellen behavioralistisch orientierter Publikationen im Verlauf des Jahres
1960 und danach. Als wären lange versperrte Schleusen plötzlich geöffnet worden, erschien alleine auf dem Gebiet der amerikanischen Politik in diesem Jahr
ein halbes Dutzend "wegweisender" Studien, während laut Eulau (1976) in den
eineinhalb Jahrzehnten seit Beendigung des zweiten Weltkrieges nur insgesamt
zehn solcher "Meilensteine" der Forschung auf den Markt kamen.

Daß diese Publikationsflut kein einmaliges Überschwappen aufgestauter Forschungsprojekte war, sondern einen kaum noch überschaubaren Strom behavioralistischer Literatur auf praktisch allen Gebieten der Politikwissenschaft einleitete, zeigen die beiden Literaturberichte Eulaus von 1970 und 1976. Auf dem
Gebiet der amerikanischen Politik verlieh er das Signum "Meilenstein" an weitere 19 zwischen 1960 und 1972 erscheinende Werke, wobei man bedenken sollte, daß es ungleich schwerer ist, auf einem bereits bearbeiteten als auf einem
weitgehend brach liegenden Feld "Meilensteine" zu setzen. Wir werden auf die
wichtigsten noch eingehen. Die Jahre nach 1960 waren also tatsächlich aus der
Perspektive des Forschungsertrags eine Phase der Durchführung des behavioralistischen Programms.

Aber sie waren auch noch in einer zweiten Hinsicht eine Periode der Durchführung: Die in den fünfziger Jahren sich diffus abzeichnenden methodologischen
Konflikte werden nun bewußt und organisiert wieder aufgenommen und ausgetragen; sie führen in der zweiten Hälfte dieser Periode beinahe zu einem Ausein-
anderbrechen der Disziplin. Im Verlaufe der Durchführungsperiode wird der Behavioralismus von einem Herausforderer zum "Titelträger". Seit 1964, der Wahl

David Trumans zum APSA-Präsidenten, sind alle Vorsitzenden des amerikanischen Politologenverbandes Anhänger oder doch zumindest keine Gegner des behavioralistischen Standpunktes. Führende Vertreter der politischen Verhaltensforschung bilden nun das politikwissenschaftliche Establishment, gegen das sich im Gefolge der Campusrevolte, der Rassenunruhen in den amerikanischen Großstädten und der Auseinandersetzung über das Engagement in Vietnam neue Koalitionen bilden. Die methodologische Kontroverse erhält nun einen politischen Grundton, das Klima zwischen Behavioralisten und Anti-Behavioralisten wird eisig. Gleichzeitig aber gehen die empirischen Forschungsarbeiten weiter, neue behavioralistisch geprägte Ansätze werden ausprobiert, so zum Beispiel das erwähnte, an Downs (1957) orientierte Modell rationalen Wählerverhaltens oder die oft ökonometrisch vorgehenden Public-Policy-Studien (Dye 1966). Am Ende dieser Durchführungsphase zeigt sich, daß sich der Behavioralismus allen Anfeindungen zum Trotz in der amerikanischen Politikwissenschaft als "Primus inter pares" durchgesetzt hat, auch wenn er bei den Auseinandersetzungen um Ziel und Relevanz politikwissenschaftlicher Forschung Federn lassen mußte. Die Jahre nach 1971 zeichnen sich durch die friedliche, wenn auch gelegentlich zähneknirschende Koexistenz der verschiedenen Ansätze bei gleichzeitiger behavioralistischer Dominanz zumindest auf bestimmten Gebieten aus; wir werden darauf im nächsten Abschnitt dieses Kapitels eingehen.

Wie die Expositionsphase läßt sich auch die Durchführungsphase in zwei Unterabschnitte aufgliedern. Während sich die Jahre vor 1956 stärker durch die Unzufriedenheit mit der traditionellen Politikwissenschaft und das Aufbegehren des Behavioralismus, durch seine Versuche der Abgrenzung und der Selbstdarstellung auszeichnen, sind die Jahre zwischen 1956 und 1960 eher durch Bestandsaufnahmen, Forschungsentwürfe und die Inangriffnahme größerer Projekte charakterisiert. Ähnlich zerfällt die Durchführungsphase in einen ersten, zwischen 1960 und 1964 zu lokalisierenden Abschnitt, während dem sich der Behavioralismus, nicht zuletzt unterstützt durch eine Reihe beispielgebender Publikationen, die Vorherrschaft in der amerikanischen Politikwissenschaft eroberte, und die Phase von 1965 - 1971, die von politischen und methodologischen Auseinandersetzungen gezeichnet war, so daß man schon von einer nachbehavioralistischen Ära zu sprechen begann - verfrüht, wie es heute scheint.

Da viele der während der Durchführungsphase gegenüber dem Behavioralismus geäußerten Kritikpunkte bereits während der fünfziger Jahre ausgesprochen wurden und die Positionen der Strauss-Schule und der Caucus-Sprecher im systematischen

Teil dieser Studie nochmals eingehender und im Zusammenhang dargestellt und diskutiert werden sollen, können wir uns im folgenden kürzer fassen als im vorangegangenen Abschnitt. Insbesondere wird es nur möglich sein, sehr arbiträr und wohl auch auf der zufälligen Kenntnis des Verfassers beruhend, einige wegweisende oder besonders typische behavioralistische Studien herauszugreifen und zu diskutieren.

2.5.1. Die Durchführung des behavioralistischen Forschungsprogramms im Spiegel der Literatur

Der Durchbruch des Behavioralismus erfolgte unzweifelhaft auf dem Gebiet der amerikanischen Politik (Eulau 1970: 187). Ein wichtiger Grund hierfür ist vermutlich in der banalen Tatsache zu suchen, daß die amerikanische Politik gewissermaßen vor der Haustür der amerikanischen Politikwissenschaft lag, daß Sprachprobleme nicht auftraten, statistisch auswertbare Daten zur Verfügung standen oder doch mit relativ geringem Aufwand erhoben werden konnten und daß dafür Förderungsgelder bereitstanden, die für andere Gebiete erst noch erschlossen werden mußten. Daß Forschungsmittel verfügbar waren, lag wiederum nicht nur am größeren Interesse der Geldgeber an den Problemen des eigenen politischen Systems - namentlich die großen Stiftungen scheinen relativ frei von derartigen amerikazentrischen Beschränkungen gewesen zu sein -, sondern vor allem auch an der Tatsache, daß hier der neue Ansatz seine Leistungsfähigkeit bereits mehrfach bewiesen hatte, was eine Förderung weniger risikobelastet erscheinen ließ als etwa der fiktive Plan einer Repräsentativumfrage unter sowjetischen Kolchosbauern oder chinesischen Parteifunktionären. Diese Interpretation darf jedoch nicht dahin verstanden werden, daß die großen Stiftungen nicht bereit gewesen wären, auch vom Erfolg her gesehen ungewisse Projekte zu finanzieren; eher das Gegenteil trifft zu, wie wir im Kapitel über die Forschungsförderung noch sehen werden. Mein Punkt hier ist, daß es dennoch einfacher war, Geldgeber von der Förderungswürdigkeit innenpolitischer Fragestellungen zu überzeugen, die mit halbwegs akzeptierten Forschungsmethoden angegangen werden konnten.

Unter der kaum noch überschaubaren Zahl von Veröffentlichungen jener Jahre über Probleme des amerikanischen Regierungssystems ist an erster Stelle der "American Voter" (Campbell et al. 1960) zu nennen, jenes alle vorangegangenen und bis zum heutigen Tage auch alle nachfolgenden Wahlstudien überschattende Werk, das die psychologischen Aspekte der individuellen Wahlentscheidung mit den Prozessen und Strukturen des politischen Gesamtsystems verband. Die damit angesprochenen Fragen des politischen Wandels und der politischen Stabilität griffen die Autoren des "American Voter" in ihrem zweiten Gemeinschaftswerk, "Elections and the Political Order" (Campbell et al. 1966), nochmals intensiver auf. Die in beiden Studien verwendeten Konzepte, insbesondere die Konstrukte "Parteiidentifikation" und "normal vote" wurden mittlerweile zwar heftig kritisiert (vgl. Norpoth 1978); sie sind jedoch noch immer unersetzliche Kernelemente der sozialpsychologischen Theorie des amerikanischen Wählerverhaltens, auch wenn der motivierende Einfluß von Issuepositionen auf das Wählerverhalten als Resultat der Politisierung der amerikanischen Wählerschaft durch den Vietnamkrieg zeitweilig zugenommen hatte, wodurch der Effekt der Parteiidentifikation automatisch zurückgedrängt wurde (vgl. Nie et al. 1976); inzwischen ist mit dem Abflauen der politischen Auseinandersetzungen die relative Bedeutung der Parteiidentifikation für das individuelle Wählerverhalten in den USA jedoch wieder gestiegen (vgl. Miller 1977; Converse & Markus 1979). Die theoretische Bedeutung des Identifikationskonzeptes und des Instrumentes der Normalwahlanalyse wird überdies dadurch unterstrichen, daß es sich auch auf andere als die amerikanischen Verhältnisse übertragen läßt (vgl. Falter 1977; Falter & Rattinger 1982).

Mit den psychischen und sozialen Einflüssen, die auf das politische Verhalten einwirken, beschäftigen sich auch die Studien von Donald R. Matthews und James W. Prothro ("Negroes and the New Southern Politics") oder Seymour Martin Lipset und Earl Raab (1970) über den amerikanischen Rechtsextremismus. Diese beiden Untersuchungen zeichnen sich sowohl durch ihre Berücksichtigung institutioneller Bedingungen politischen Verhaltens als auch durch die Verbindung von Befragungsmethoden, Aggregatdatenanalysen und historischer Perspektive aus. Sie repräsentieren damit einen neuen Typ behavioralistischer Forschung. Robert A. Dahls Gemeinstudie "Who Governs?" (1961) und Samuel Eldersvelds umfassende Analyse lokaler Parteikader und ihrer Beziehungen zur Wählerschaft (Eldersveld 1964) zählen ebenfalls zu diesen institutionalistisch und historisch dimensionierten Untersuchungen behavioralistischen Zuschnitts.

Kennzeichnend für die politische Verhaltensforschung der sechziger Jahre sind ferner die Studien zur politischen Persönlichkeit und zur politischen Sozialisation. In langen Intensivinterviews analysierte Robert E. Lane die ideologischen Überzeugungssysteme von fünfzehn Neuengländern vor dem Hintergrund ihrer Persönlichkeit (Lane 1962). Persönlichkeitsattribute wie "Ängste" und "Selbstzweifel" verwendet auch Lucian W. Pye (1962) in seiner Elitestudie über

Burma. Die von Herbert Hyman (1959) vorgezeichnete Erforschung der Herausbildung von politischen Einstellungen bei Kindern und Jugendlichen wurde in den
sechziger Jahren ebenfalls energisch in Angriff genommen. Fred I. Greensteins
Studie "Children and Politics" (1965) und David Eastons und Jack Dennis' Buch
"Children in the Political System" (1969) sind herausragende Beispiele für eine
ganze Reihe von Untersuchungen zur politischen Sozialisation.

Auch auf dem Gebiet der Erforschung richterlichen und legislativen Verhaltens
wurden während der Durchführungsphase wegweisende Studien veröffentlicht, darunter Glendon Schuberts Untersuchung des Supreme Court und seiner Rechtspre-
chung (Schubert 1960) oder seine Längsschnittanalyse der Einstellungen und
Überzeugungen von Richtern des Supreme Court (Schubert 1965), beides Bücher,
die sich sowohl durch ihre methodische Finesse als auch durch ihre interdisziplinäre Betrachtungsweise auszeichnen. Auf dem Gebiet der Erforschung legislativen Verhaltens ragt das umfassende Werk von Wahlke, Eulau, Buchanan und
Ferguson ("The Legislative System", 1962) heraus, in dem nicht nur das Verhalten von Abgeordneten, sondern auch deren Sicht des politischen Systems, ihr
Werdegang, ihre Beziehungen zu ihren Parteien und ihrem Wahlkreis u.a. mehr
untersucht werden.

Gleichzeitig wurden mehrere großangelegte Versuche unternommen, das behavioralistische Forschungsprogramm auch auf dem Gebiet der politischen Theorie zu
verwirklichen. Dies geschah hauptsächlich in zwei Richtungen: zum einen in der
von David Easton vorgezeichneten Theorie des politischen Systems, zum anderen
in der von Anthony Downs (1957) vorgeschlagenen, an ökonomischen Denkmodel-
len orientierten Analyse individuellen und kollektiven Verhaltens (Riker 1962;
Downs 1967).

Easton selbst legte einen derartigen Entwurf einer empirisch einzulösenden
Theorie des politischen Systems in seinen beiden 1965 publizierten Büchern vor.
In "A Framework for Political Analysis" und "A Systems Analysis of Political Life" versucht er, mit großem konzeptuellem Aufwand den bereits 1953 in
"The Political System" angekündigten begrifflichen Bezugsrahmen politischer
Analyse zu liefern. Ob ihm dies gelungen ist, erscheint allerdings fraglich;
mehr als ein - meiner Beobachtung nach nicht sehr häufig benutztes, außerordentlich komplexes - Vokabular zur Organisation von Forschungstätigkeit und
zur Lokalisierung unerforschter Gebiete hat er nach Eulaus Ansicht (1970: 181)
nicht vorgelegt. Dies gelte ebenfalls für Karl W. Deutschs ähnlich gerichteten,

wenn auch sich stärker kybernetischer und kommunikationstheoretischer Konzepte bedienenden Versuch "The Nerves of Government" (1963). Bedeutsamer für die empirische Forschung jener Tage sei Robert A. Dahls bescheideneres, aber analytisch durchdringenderes Büchlein über "Modern Political Analysis" (1963) gewesen.

Aus dieser Einschätzung wird die Kluft zwischen den Vertretern "großer Theorie" und den Verfechtern vorgängig zu leistender konkreter empirischer Forschungsarbeiten deutlich. Sicher ist es zu früh, den Stab über Eastons oder Deutschs Entwürfe zu brechen, denn es ist durchaus vorstellbar, daß mit Fortschritten in der Operationalisierung und Messung politikwissenschaftlicher Kernkonzepte auch ihre Systementwürfe, die ja in empirischer Absicht erfolgten, überprüft und bestätigt werden können oder sich zumindest als heuristisch fruchtbar erweisen werden.

Auf zwei Gebieten wirkte die behavioralistische "Revolution" besonders umwälzend: auf dem Feld der "Comparative Politics" und dem der Internationalen Beziehungen. Vor allem auf die "Vergleichende Regierungslehre", wie die Comparative Politics manchmal etwas mißverständlich, da legalistisch und institutionalistisch vorbelastet, auf Deutsch genannt wird, wirkten sich die organisatorischen und programmatischen Vorarbeiten der Expositionsphase nachhaltig und tiefgreifend aus. Aus einer weitestgehend atheoretischen Disziplin des Institutionenvergleichs wurde eine stark theoretisch orientierte Forschungsrichtung, wie die Studien James Colemans, Lucian W. Pyes und vor allem Gabriel Almonds und seiner Mitarbeiter zeigen. Die Analysen dieser eng mit dem SSRC-Ausschuß für "Comparative Politics" verbundenen Forschungsgruppe waren durch ihr gemeinsames strukturfunktionales Vokabular und ihr Interesse an Fragen der Entwicklung, der Modernisierung und der Nationenbildung charakterisiert. Am bekanntesten wurde vermutlich die Untersuchung Gabriel Almonds und Sidney Verbas (1963) zu den attitudinalen Bedingungen politischer Systemstabilität in fünf Ländern: den USA, Großbritannien, Italien, Mexiko und der Bundesrepublik Deutschland. Der in dieser Studie entwickelte theoretische Ansatz und insbesondere sein zentrales Konzept der "Politischen Kultur" dienten einer großen Zahl von vergleichenden Untersuchungen als Bezugsrahmen. Der Begriff der "Politischen Kultur" verselbständigte sich und wurde, losgelöst von seinem theoretischen Hintergrund, zu einem handlichen Schlagwort politologischer Oberflächenanalyse, ähnlich wie die um die gleiche Zeit entwickelten Konzepte des (Forschungs-)Paradigmas (Kuhn 1962) oder des politischen Systems.

Die Entwicklung auf dem Gebiet der "Internationalen Beziehungen" verlief weniger geradlinig behavioralistisch; dies mag unter anderem daran liegen, daß
hier das Problem der Beschaffung adäquater Daten besonders schwierig ist. Auch
ist der Gegenstand der "Internationalen Beziehungen" von einschüchternder Komplexität. Es ist daher nicht verwunderlich, daß hier theoretische Entwürfe von
großer Kompliziertheit und Abstraktheit, oft angelehnt an die Systemtheorie
Talcott Parsons oder David Eastons, sehr viel häufiger noch während der sech-
ziger Jahre anzutreffen sind als auf anderen, empirisch leichter zugänglichen
Gebieten. Der von Klaus Knorr und Sidney Verba herausgegebene Sammelband
"The International System: Theoretical Essays" (1961) liefert dafür eine Menge
Anschauungsmaterial. Spieltheoretische Modelle zur Erfassung des internationalen
Geschehens wenden Thomas Schelling (1960) und Kenneth Boulding (1960) an,
Entscheidunsansätze schlagen Snyder et al. (1963) als geeignetes Instrument der
Analyse internationaler Beziehungen vor, Simulationsverfahren Guetzkow et al.
(1963). Behavioralistische Forschung im engeren Sinne, die sich auf Individuen
als Akteure der internationalen Politik konzentriert, propagieren Herbert Kelman in seinem Sammelband "International Behavior: A Social-Psychological Analysis" (1965) und David Singer in "Quantitative International Politics" (1968)
sowie in seinem groß angelegten "Correlates of War"-Projekt. Insgesamt wird
das Gebiet der "Internationalen Beziehungen" während der sechziger Jahre immer stärker vom Behavioralismus durchdrungen, wie auch die umfassenden Daten-
sammlungen von Arthur Banks und Robert Textor (1963) und Bruce Russett u.a.
(1964) belegen. Doch war diese Durchdringung keineswegs vollständig, sondern
erfaßte nur einen Teil der Profession, wie die verschiedenen Beiträge in einem
der häufigst zitierten Sammelbände über "International Politics and Foreign Policy" (Rosenau 1961; 1969) zeigen.

Am Ende dieses mehr als kursorischen Überblicks über den behavioralistischen
Forschungsertrag der Durchführungsperiode läßt sich festhalten, daß während
der sechziger Jahre praktisch keines der traditionellen Gebiete der Politikwissenschaft nicht wenigstens teilweise von der "behavioralistischen Revolution" erfaßt worden ist. Insoweit ist Dahls Charakterisierung der behavioralistischen Bewegung als einer erfolgreichen Unternehmung, die aus der Politikwissenschaft nicht mehr wegzudenken sei, zuzustimmen (Dahl 1961).

2.5.2. Die Stellung des Behavioralismus in der amerikanischen Politikwissen-
schaft während der sechziger Jahre

Dahls - von seinem Standpunkt aus - optimistische Hypothese war es, daß die
behavioralistische "Stimmung" über kurz oder lang verschwinden werde, da sie
erfolgreich gewesen sei und es nur noch eine Frage der Zeit sein könne, bis sie
zum "Normalfall" politikwissenschaftlichen Denkens werde (Dahl 1961). Der behavioralistische Protest sei ein notwendiges, wenn auch verspätet eingetretenes
Stadium, durch das die Politikwissenschaft hindurch müsse, um nicht den Anschluß an die anderen Sozialwissenschaften zu verlieren.

Heute, fast zwanzig Jahre nach Dahls "Grabinschrift für einen erfolgreichen
Protest", erscheint seine Annahme, Politikwissenschaft und Behavioralismus
würden allmählich eins, als ungerechtfertigt. Die amerikanische Politikwissenschaft der sechziger wie der siebziger und wohl auch der achtziger Jahre ist
von einem Nebeneinander traditioneller und behavioralistischer Ansätze geprägt
(Eulau 1969). Zwar hat die empirisch-quantitativ orientierte Forschung während
der sechziger Jahre nicht nur eine quantitative, sondern auch eine qualitative
Steigerung verzeichnen können, doch wurde der behavioralistische Ansatz gleichzeitig einer so schonungslosen methodologischen und wissenschaftspolitischen
Kritik unterzogen, sammelten, organisierten und verbalisierten sich seine Gegner in einem derartigen Maße, daß viele bereits von einer "nachbehavioralistischen Ära" sprechen zu müssen glaubten (Easton 1969; Graham & Carey 1972;
Sandoz 1972). Wenn man jedoch auf die Forschungspraxis, die Veröffentlichungen
in den wichtigsten politikwissenschaftlichen Zeitschriften und die Abstimmungs-
ergebnisse bei den jährlich stattfindenden APSA-Vorstandswahlen schaut, wird
deutlich, daß diese Annahme ebenso ungerechtfertigt war wie die entgegengesetzte Aussage Dahls (vgl. Wahlke 1979).

Die im vorstehenden Abschnitt skizzierte empirische Forschungs- und Veröffent-
lichungstätigkeit wurde während der Durchführungsjahre von einer nicht abrei-
ßenden Kette von Publikationen über die Möglichkeiten, Grenzen und Resultate
des behavioralistischen Ansatzes begleitet. So waren im Jahre 1961 alleine
zwei Sammelbände einer Bestandsaufnahme der bis dahin vorliegenden Ergebnisse
der politischen Verhaltensforschung gewidmet (Fiszman 1961; Ulmer 1961), hielt
die American Academy of Political and Social Science im Jahre 1962 und noch
einmal 1966 Tagungen über "The Limits of Behavioralism in Political Science"
(Charlesworth 1962) und über "A Design for Political Science: Scope, Objectives,

and Methods" (Charlesworth 1966) ab, bei denen Gegner und Befürworter des behavioralistischen Ansatzes miteinander diskutierten, lieferten Somit und Tanenhaus (1964) ein auf einer Repräsentativbefragung von APSA-Mitgliedern basieren-
des Selbstporträt der Disziplin, veröffentlichte Austin Ranney, der langjährige Herausgeber der APSR und spätere Vorsitzende der APSA, von dem eine der
wichtigsten Einführungen jener Jahre in die Politikwissenschaft stammt ("The
Governing of Men", 1958, 1966 und 1971), einen vielzitierten Sammelband über
die Möglichkeiten behavioralistischer Forschung auf verschiedenen Gebieten der
Politikwissenschaft (Ranney 1962), gaben Ithiel de Sola Pool (1967) und Marian
D. Irish (1968) zwei weitere Sammelbände heraus, die sich mit den Leistungen
der behavioralistischen Forschung beschäftigten und sie im ganzen sehr positiv
beurteilten usw. usf.

Eine gewissermaßen "offiziöse" Darstellung des behavioralistischen Standpunkts
unternahm von einer gemäßigten, institutionelle Momente berücksichtigenden Position aus Heinz Eulau ("The Behavioral Persuasion in Politics", 1963). Dieses
aus der Feder eines der Wortführer der behavioralistischen Bewegung stammende Werk liefert, obwohl völlig unprätentiös und für ein breiteres Publikum geschrieben, die bis dahin umfassendste Einführung in behavioralistische Denkan-
sätze, Kernkonzepte, Untersuchungseinheiten, Fragestellungen und Probleme. In
diametralem Gegensatz zu Easton verhehlt Eulau dabei nicht seine Skepsis gegenüber der Möglichkeit und Wünschbarkeit "großer", das gesamte Gebiet der Politik
umfassender Theorie.

Wie sehr die Politikwissenschaft jener Tage gespalten ist - ihre Umfrage ging
im Frühjahr 1963 ins Feld -, zeigen Somit und Tanenhaus in ihrem Buch "American Political Science: A Profile of a Discipline" (1964). Über 40% der befragten Politikwissenschaftler sind zum Beispiel der Ansicht, daß die APSR, das
offizielle Organ der amerikanischen Politikwissenschaft und (zumindest damals)
die angesehenste Zeitschrift der Disziplin, behavioralistisch orientierten Aufsätzen zu viel Platz einräume. Ein fast ebenso hoher Prozentsatz der Befragten
ist der Ansicht, daß die "wirklich bedeutsamen" Probleme vom behavioralistischen Ansatz nicht angemessen erfaßt werden könnten. Ebenfalls rund 40% glauben, daß vieles von dem, was in der politischen Verhaltensforschung untersucht
werde, mit Politikwissenschaft nur am Rande zu tun habe. Der Prozentsatz
derer, die diese antibehavioralistischen Aussagen ablehnen, ist nicht sehr viel
höher, als der der Zustimmungen.

Trotz gewisser technischer Mängel der Umfrage - so werden zum Beispiel Stellungnahmen zu einer Reihe von Tatsachenbehauptungen abgefragt und dann als
Meinungsäußerungen interpretiert (in den Items 3, 12, 14, 16, 17, 18, 21, 24,
26 des Fragebogens) - zeigen die drei oben referierten, hoch miteinander kor-
relierenden Aussagen, daß von einem Konsensus innerhalb der amerikanischen Politikwissenschaft während dieser Periode ebensowenig die Rede sein kann wie
heute (vgl. Wahlke 1979). Anhänger und Gegner des Behavioralismus sind fast
gleich stark, wobei entschiedene Widersacher sogar geringfügig stärker vertreten sind als entschiedene Befürworter; gemäßigte Behavioralisten hingegen sind
mit rund einem Drittel der Respondenten deutlich häufiger anzutreffen als gemäßigte Anti-Behavioralisten, die etwa ein Viertel der Befragten ausmachen.
Dieses Übergewicht der "Gemäßigten" über die "Radikalen" von rund 2:1 zeigt
aber auch, daß die amerikanische Politikwissenschaft im Jahre 1963 durchaus
nicht von Konflikten zersprengt zu werden drohte. Binnen kurzer Zeit sollte
sich dies jedoch drastisch ändern.

Bevor wir darauf näher eingehen, will ich noch einige weitere im Zusammenhang
mit unserer Fragestellung interessierende Ergebnisse dieser Erhebung referie-
ren. Sie beziehen sich auf das Prestige der wichtigsten politikwissenschaftlichen Abteilungen in den Vereinigten Staaten, auf die Bedeutung der in den verschiedenen Gebieten der Disziplin geleisteten Arbeit und auf die Prestigeord-
nung von Politikwissenschaftlern vor und nach dem 2. Weltkrieg. Von Bedeutung
für unsere Fragestellung sind diese Aspekte, da sie ebenfalls, wenn auch ver-
decktere Anhaltspunkte für das Ansehen der behavioralistischen Position und
ihrer Proponenten innerhalb der Disziplin liefern.

Die zehn in der amerikanischen Politikwissenschaft am höchsten eingestuften
Departments waren 1963, nicht sehr überraschend, die von Harvard, Yale, Berkeley, Chicago, Princeton, Columbia, Michigan (Ann Arbor), Stanford, Wisconsin und Los Angeles (UCLA). Natürlich sind bei derartigen Rangordnungsverfah-
ren immer mehrere Entscheidungskriterien beteiligt wie: Qualität des Lehrkör-
pers, Qualität der Studenten, Image der Gesamtinstitution, Bewertung der Her-
kunftdepartments der Respondenten etc. Überzeugte Behavioralisten und Antibe-
havioralisten waren sich in der Einstufung der politikwissenschaftlichen Abteilungen von Berkeley, Chicago, Princeton, Michigan, Stanford und Los Angeles
relativ einig; uneinig waren sie sich hingegen über den Rang der als behavioralistisch geltenden Yale und Wisconsin und der eher mit dem Image traditioneller Politikwissenschaft versehenen Harvard und Columbia (vgl. Somit & Tanenhaus 1964: 34 ff.).

Die wissenschaftlich bedeutsamste Forschungstätigkeit findet nach Ansicht der Befragten gegenwärtig, d.h. 1963, auf den Gebieten "Comparative Government" und "General Politics and Political Processes" statt. Die am wenigsten herausragenden Leistungen würden in den Feldern "Politische Theorie" und "Public Law" erbracht. Die beiden am höchsten eingestuften Teilgebiete der Politikwissenschaft zeichnen sich dadurch aus, daß der Behavioralismus in ihnen eine besonders starke Position einnimmt. Auf den Gebieten des öffentlichen Rechts und der politischen Theorie fand in diesen Jahren so gut wie keine behavioralistisch orientierte Forschung statt; allerdings ist hierbei zu berücksichtigen, daß unter "Politischer Theorie" der traditionellen Definition zufolge sowohl Ideengeschichte als auch politische Ethik zu verstehen ist, also zwei vom Behavioralismus explizit abgelehnte Ansätze, und daß ferner die behavioralistisch orientierte Theoriebildung eher unter "general politics" zu rubrizieren ist. Das Gebiet "American Government and Politics", wo ja ebenfalls eine große Zahl von empirischen Studien behavioralistischen Zuschnitts publiziert wurde, erreichte einen Platz im oberen Mittelfeld der Rangordnung, hinter den "Internationalen Beziehungen" und vor dem in den USA zur Politikwissenschaft gerechneten Gebiet der "Public Administration" (vgl. Somit & Tanenhaus 1964: 56 ff.).

So umstritten der Behavioralismus als Ansatz war, so unumstritten wird die wissenschaftliche Leistung der Wortführer des Behavioralismus anerkannt. Des Einzugs in die Ruhmeshalle der amerikanischen Politikwissenschaft für würdig befunden wurden, in der Reihenfolge der Zahl ihrer Nennungen: V.O. Key, Jr., David B. Truman, Hans J. Morgenthau, Robert A. Dahl, Harold D. Lasswell, Herbert A. Simon (der spätere Nobelpreisträger für Wirtschaftswissenschaften), Gabriel A. Almond, David Easton, Leo Strauss und Carl J. Friedrich, um nur die zehn Erstplazierten aufzuzählen. Lediglich Morgenthau, Strauss und Friedrich waren hiervon keine Behavioralisten. Unter den sieben Nächstgenannten waren Charles Hyneman, Richard C. Snyder, Karl W. Deutsch und Heinz Eulau, allesamt ebenfalls Wortführer der behavioralistischen Bewegung. Die Liste der prominentesten Vorkriegspolitologen wurde von Charles E. Merriam, Harold D. Lasswell und Leonard D. White angeführt, den vor- oder frühbehavioralistischen Köpfen der Chicago-Schule der Politikwissenschaft, die ähnlich wie die gleichnamige Schule der Soziologie Vorreiter einer empirisch betriebenen Sozialwissenschaft war.

So sehr die amerikanische Politikwissenschaft als Disziplin in ihrer Einschätzung des behavioralistischen Ansatzes auch gespalten war: Über den Rang seiner

führenden Köpfe herrschte also weitgehend Einigkeit. Waldo (1975), ebenfalls
einer der für die Ruhmeshalle vorgeschlagenen "Unsterblichen", führte denn
auch den Erfolg des Behavioralismus in den Universitäten und der APSA geradezu auf das wissenschaftliche Ansehen seiner Wortführer und die Qualität ihrer
Forschungsergebnisse zurück. Die Resultate von Somit & Tanenhaus sind ein
Indiz dafür (1964: 66).

2.5.3. Die methodologischen und wissenschaftspolitischen Kontroversen der Durchführungsphase

Leider liefern Somit & Tanenhaus keine getrennte Auszählung der Prestigerang-
ordnungen nach pro- und antibehavioralistischen Einstellungen ihrer Befragungs-
personen; ihre Ergebnisse sind jedoch eindeutig genug, um zu zeigen, daß die
Führer der behavioralistischen Bewegung als Wissenschaftler auch von Kollegen
anerkannt werden, die den Behavioralismus als Forschungsprogramm ablehnen.
Dies trifft sicherlich für Mulford Q. Sibley zu, der auf der im Jahre 1962 stattfindenden ersten der beiden erwähnten Tagungen der American Academy of Political and Social Science in einem äußerst fairen und informierten Referat versuchte "The Limitations of Behavioralism" (Sibley 1962) aufzuzeigen.

Seine Argumentation bezieht sich in erster Linie auf die Wertbasis des Behavioralismus und seine Unfähigkeit, Wertaussagen mit empirischen Mitteln zu begründen. Empirische Forschung, so Sibley, basiere stets auf bestimmten implizit ge-
troffenen normativen Entscheidungen, die ebenso unvermeidlich seien wie bestimmte letzte Annahmen über die Natur der untersuchten Gegenstände (Sibley
1962: 71). Sowohl die Fragestellungen als auch die Definitionen seien wertgeleitet; sie könnten beide nur unter Bezug auf das politische Gemeinwesen und
die Vorstellung von dessen "richtiger" Zielsetzung gewonnen werden. Diese notwendigerweise normative Vorstellung jedoch sei nur unempirisch, unter Rückgriff auf vorwissenschaftliche Positionen, zu legitimieren.

Die speziellen Forschungsfragen seien abhängig vom verwendeten begrifflichen
Bezugsrahmen; dieser wiederum hänge letztlich von außerwissenschaftlichen Erfahrungen und Entscheidungen ab, z.B. von der stillschweigend vorausgesetzten Annahme, daß sich Menschen voneinander unterscheiden ließen. Wegen seiner inhärenten Beschränkungen, insbesondere aber wegen seiner Unfähigkeit, Werturteile
zu begründen, sei der Behavioralismus nur in der Lage, "theoretisches" Wissen
zu liefern; "praktische" politikwissenschaftliche Erkenntnis jedoch umfasse zu-

sätzlich historische und normative Aussagen. Da der Behavioralismus diese nicht
zur Verfügung stellen könne, führe er von den aktuellen politischen Problemen
weg; er sei daher nur in sehr begrenzter Weise in der Lage, zu konkreten politischen Entscheidungen beizutragen.

Soweit Sibleys notwendigerweise nur sehr verkürzt wiedergegebene Argumentation,
die sich stark von der auf der gleichen Tagung vorgetragenen Attacke Russel
Kirks (1962) gegen den Behavioralismus abhebt. Weniger der Substanz als der
Kuriosität halber will ich im folgenden einige der Kirkschen Kritikpunkte refe-
rieren; um nicht in eine Karikatur seiner Position zu verfallen, lehnt sich die
Schilderung seiner Generalabrechnung mit dem behavioralistischen Teufelswerk
möglichst eng an den Text an. Dennoch ist es in diesem Falle schwer, keine
Satire zu schreiben. Doch lassen wir Kirk für sich selbst sprechen; seine Ausfüh-
rungen tragen durchaus eine neue Qualität in die bisherige Auseinandersetzung;
ich werde mich auf diese "innovativen Aspekte" in meiner Darstellung seiner
Position beschränken.

Kirk charakterisiert den Behavioralismus als den Glauben an die Verwissenschaftlichung von Regierungs- und Verwaltungtätigkeit auf der Grundlage der
Theorie, daß Theorie irrelevant sei. So wie der Pragmatismus die Negierung der
Philosophie darstelle, sei der Behavioralismus die Verneinung politischer Rationalität (Kirk 1962: 51). Er zeichne sich durch doktrinäre Verachtung "politischer Weisheit" aus und mache die Politikwissenschaft zu einer "antiintel-
lektuellen, antimoralischen und letztlich unwissenschaftlichen" Disziplin (Kirk
1962: 53). Durch seine Ablehnung von Werturteilen werde der Behavioralist
zu einem Gefangenen seiner Vorurteile. Volkstümliche Schlagworte und seine
Eigeninteressen dienten ihm als Modell einer besseren Gesellschaft, wohinter
sich Demokratie, Chancengleichheit und soziale Einheit als unausgesprochene
und unreflektierte Leitbilder versteckten. Auf der theoretischen Ebene ent-
spräche die behavioralistische Doktrin letztlich moralischem Nihilismus, auf
der praktischen Ebene einem humanitären "Vorurteil" (S. 54).

Überdies lasse der Behavioralismus in seinen Untersuchungen "religiöse Überzeugungen und ihre politischen Konsequenzen" außer acht. Dabei hätten Religion
und "präskriptive Moralität" auch das Menschenbild des Behavioralismus geformt. Die von Lasswell zitierte Würde des Menschen rühre aus der Tatsache,
daß Gott den Menschen nach seinem Ebenbilde geformt habe, ihn für die Ewig-
keit geschaffen und mit einem unsterblichen Wesen versehen habe, das ihn von

den vergänglichen Tieren unterscheide. Aber das zu erfassen sei der Behaviora-
lismus nicht in der Lage, da er grundsätzlich unfähig sei, das Phänomen der
Transzendenz oder auch nur den sozialen Wert der Frömmigkeit zu verstehen
S. 56/57).

Zugunsten seines vagen vorgefaßten Demokratismus verzichte der Behavioralismus auf die Analyse intellektueller und politischer Führung im Staatswesen. Als
abschreckendes Beispiel zitiert Kirk hierfür das Projekt "Aimscales", das eine
stärkere Beteiligung der "Massen" am politischen Entscheidungsprozeß durch re-
gelmäßige Meinungsbefragungen, die dann zur politischen Zielbestimmung herangezogen werden sollten, vorsah.

Ärger noch: die typische behavioralistische Vorstellung von Gerechtigkeit sei
im Kern nichts anderes als "vulgarisierter Marxismus" (S. 60), der von der
Chancengleichheit als absolutem Gut ausgehe, auf das der Staat hinzuarbeiten
habe. Kirk illustriert das mittels eines hilfreichen Beispiels: dem von einem
"theoretischen Illiteraten" aus dem behavioralistischen Lager im Dienste seiner "sentimentalisierten Wissenschaft" (S. 61) gemachten Vorschlag, künftig
alle Schulsteuern zentral zu erheben und an die einzelnen Schuldistrikte nach
Maßgabe von "Bedürfnis und Verdienst" zu verteilen! Zu dieser Vorstellung von
den behavioralistischen Gesellschaftsveränderern (wenig später sollte ihnen von
der Caucus-Seite aus der Vorwurf des unheilbaren Konservativismus gemacht
werden) paßt auch die Insinuation, daß sie teilweise antikapitalistisch eingestellt seien; Lasswells ideale Gesellschaft jedenfalls, so Kirk abschließend,
erinnere fatal an eine Erziehungsdiktatur.

Soweit die - zugegebenermaßen nach Art der Emser Depesche durch die Zusam-
menfasssung überspitzte, aber doch den Ton der Argumentation wiedergebende -
Darstellung der Kritik Russel Kirks am Behavioralismus bzw. an dem, was er darunter versteht. In ihrer Feindseligkeit, ihrer mangelnden Informiertheit, ihrem
ideologisierenden Eifer und ihrer Polemik übertrifft sie sogar noch die von
Schaar & Wolin (1963) ähnlich charakterisierte Attacke der Strauss-Schule auf
den Behavioralismus, der wir uns im folgenden zuwenden wollen.

In ihrem Sammelband "Essays on the Scientific Study of Politics: A Critique"
(Storing 1962) nehmen die Strauss-Schüler Herbert Storing, Michael Horwitz,
Leo Weinstein und Walter Berns den wissenschaftlichen Ansatz und das Werk von
Herbert A. Simon, Harold D. Lasswell, Arthur Bentley und der Wahlforscher der

Columbia-Gruppe um Paul F. Lazarsfeld aufs Korn. Schaar & Wolin kritisieren
unter anderem die Auswahl der Autoren, insbesondere die Hereinnahme Arthur F.
Bentleys, dessen Werk über Politik als Gruppenprozeß aus dem Jahre 1908 stammt
und erst durch David Trumans Buch "The Governmental Process" (1951) für die
moderne Politikwissenschaft nutzbar gemacht wurde. Legt man eine enge Definition des Behavioralismus zugrunde, gehören auch die Soziologen der Columbia-
Gruppe und möglicherweise sogar Harold D. Lasswell nicht zur behavioralistischen Hauptströmung. Insofern geht die Kritik der Strauss-Schule, die derart
massiert und intellektuell wohlorganisiert bis dahin noch nicht vorgetragen worden war, teilweise an ihrem Ziel vorbei.

Die fünf Autoren der "Essays" sind sich darüber einig, daß der Behavioralismus
trotz beträchtlicher methodologischer und empirischer Anstrengungen letztlich
keine neuen Erkenntnisse geliefert habe; seine Resultate seien weitgehend trivial
und unterschieden sich wenig von dem, was gute politische Journalisten ohnehin schon immer gewußt hätten. Dieser minimale Ertrag bei maximalem Aufwand sei vor allem auf das falsche Verständnis des Behavioralismus von empirischer Forschung zurückzuführen. Um fruchtbar zu sein, müsse sich der Empiriker
der grundlegenden Rolle der Alltagserfahrung bewußt sein, die vom Behavioralismus jedoch verneint werde. Damit unterminiere der "logische Positivismus", wie
Strauss den Behavioralismus nennt, seine eigene erkenntnistheoretische Basis,
da er seinen Empirismus nicht selbst wieder empirisch, sondern nur durch "das
vorwissenschaftliche Bewußtsein von den politischen Dingen" (Strauss 1962: 315)
begründen könne. Die neue Wissenschaft von der Politik sei daher gezwungen,
ständig Alltagswissen zu borgen und damit zuzugeben, daß es vorwissenschaftliche Kenntnis der politischen Gegenstände gebe. Natürlich bedeute diese Erkenntnis von der Verwurzelung jeder Wissenschaft in der Alltagserfahrung nicht ein
Verharren auf dem "gesunden Menschenverstand"; die Frage, um die es gehe, sei
vielmehr, wie er zu überwinden sei, ob mit der Naturwissenschaft entlehnten Vorgehensweisen, wie das die Behavioralisten vorschlügen, oder "durch die Erforschung menschlicher Ziele, auf die der Alltagsverstand hindeute, die er alleine jedoch nicht untersuchen könne" (Storing 1962: 126). Aufgabe der Politikwissenschaft sei es, Handlungsprinzipien zu entwickeln, d.h. die natürlichen Ziele
des Menschen, denen er von Natur aus zuneige und von denen er partiell Kenntnis habe, aufzudecken.

Die Erkenntnis der Alltagserfahrung sei nicht nur unoperational, sondern auch
wertend (Storing 1962a: 142). Es trete nun die Frage auf, woher der Behaviora-

lismus wisse, welche Fragestellungen bedeutsam seien und welche nicht; der logische Positivismus jedenfalls könne das nicht entscheiden. Was man dazu benötige, sei ein substantieller Wertmaßstab, eine Vorstellung vom Gemeinwohl etwa,
der nur durch Akzeptierung der Alltagserkenntnis gewonnen werden könne. Leider
bleiben die Verfasser der "Essays" hier zu vage, um eine nachvollziehbare Alternative zu liefern. Worum es ihnen vermutlich geht, ist der bereits von Sibley (1962) versuchte Nachweis, daß auch der Behavioralismus notwendig auf Wertentscheidungen basiert, die er, im Gegensatz zur offen normativen Position der
Strauss-Schule, lediglich nicht kenntlich mache. Das mangelnde Eingeständnis
der impliziten Wertentscheidungen, so die Argumentation der Straussianer weiter, sei verantwortlich für die Sterilität des Behavioralismus, der keine Relevanzkriterien für seine Forschung aufzuweisen habe, von einer unzureichenden
Konzeption des "Politischen" ausgehe und daher politisch desorientiert sei. Zur
Irrelevanz seiner Forschungsergebnisse trage ferner sein Reduktionismus, d.h.
seine Erklärung politischer durch "subpolitische" Faktoren bei. Hierunter sei
etwa der Versuch zu verstehen, Wahlverhalten nicht auf individuelle Ansichten
vom Gemeinwohl, sondern auf soziale und psychische Einflüsse zurückzuführen
(Berns); dies bedeute jedoch eine Erklärung des ontologisch "Höheren" durch das
ontologisch "Niedrigere" (Strauss 1962: 311). Überdies sei die vom logischen
Positivismus vertretene Unterscheidung von Tatsachen und Werten irrig; Werte
würden über die Hintertreppe als liberal-demokratische Ideologie wieder eingeschmuggelt. Kennzeichnend für den Behavioralismus seien neben seinem "dogmatischen Atheismus" (Strauss 1962: 322), seiner Beschränkung des Denkens durch
die Ablehnung jeglicher Metaphysik und seiner Ersetzung des Gemeinwohlkonzepts
durch "Spielregeln" eines radikalen, objektive öffentliche Interessen ablehnen-
den Individualismus sein auf westliche Massengesellschaften konzentrierter Parochialismus.

Mit der Esoterik ihrer Konzepte und der Verschwommenheit und Bürgerferne
ihres Fachjargons erkenne die behavioralistische Politikwissenschaft nicht die
Zeichen an der Wand; statt sich den drängenden politischen Fragen der Zeit zu-
zuwenden (worunter Leo Strauss, soweit ich erkennen kann, in erster Linie die
Auseinandersetzung mit dem Kommunismus versteht), sitze sie auf den Zinnen
ihres Elfenbeinturms und musiziere wie weiland Nero, während Rom in Flammen
stünde. Das Schlimme daran sei, daß die Behavioralisten weder wüßten, daß Rom
brenne, noch, daß sie musikalisch ihre Zeit vertändelten. (Leider läßt sich der
im englischen Verb "to fiddle" enthaltene Doppelsinn von "fiedeln" und "tän-
deln" nicht wörtlich ins Deutsche übertragen, wodurch die Eleganz des Bildes
etwas leidet).

Dem behavioralistischen Wissenschaftsideal einer wertfreien Tatsachenfor-
schung, die den Bürgern Informationen über politische Entscheidungen zur Verfügung stellt ohne selbst Einfluß nehmen zu wollen, setzt Strauss die aristotelische Vorstellung vom Wissenschaftler als Schiedsrichter entgegen, der unparteiisch aufgrund seiner umfassenderen Kenntnisse der "natürlichen Ziele" der
Menschen und ihrer "natürlichen Ordnung" gewissermaßen politisches Recht sprechen muß, indem er über konkurrierende Auffassungen unter den Bürgern entschei-
det. Hier stehen sich also die Auffassung von der Wissenschaft als Dienerin und
als Richterin der Gesellschaft gegenüber, ein Konflikt, der allein auf Grund von
Argumenten m.E. nicht zu entscheiden ist.

Auf diese literarische Breitseite der aristotelisch-normativ ausgerichteten Politikwissenschaft gegen den Behavioralismus, die mit durchaus unterschiedlichem
intellektuellem Kaliber bestritten wurde - die Differenzen in Stil und Qualität der Argumentation zwischen Leo Strauss und seinen Gefolgsleuten sind nur
allzu offensichtlich - antworteten nun nicht etwa irgendwelche Wortführer der
behavioralistischen Bewegung, sondern zwei erklärte "Nichtbehavioralisten",
John H. Schaar und Sheldon S. Wolin (1963). In ihrer Kritik der Essays bemän-
geln sie vor allem den Stil der Auseinandersetzung, der durch Destruktivität,
Humorlosigkeit und Fanatismus charakterisiert sei. Inhaltlich kritisieren sie
unter anderem die Unzuverlässigkeit der Argumentation und die politisch-ideolo-
gische Komponente, die durch die Autoren in die Debatte gebracht worden sei.
An keiner Stelle thematisierten Storing und seine Mitverfasser das Problem der
Evidenz von Alltagserfahrung und politikwissenschaftlicher Forschung. Dies lege
den Verdacht nahe, daß das Evidenzproblem als zweitrangig, wenn nicht gar als
unwichtig angesehen werde. Außerdem lieferten die Autoren in diesem Zusammenhang keine expliziten Alternativen und Definitionen, was ihre Position der kritischen Analyse entziehe. Die Begründung schließlich, die Strauss für seine
aristotelische Selbstgenügsamkeit gebe, sei zirkulär: Da laut Strauss die aristotelische Wissenschaft das Wesen alles Politischen erkannt habe, gebe es
nach seiner Auffassung keine Notwendigkeit für eine neue Politikwissenschaft.
Sollte sich dennoch einmal eine völlig neue, nie gehabte Situation ergeben, so
wäre diese politisch uninteressant, da nicht wesentlich politisch; denn das
"Wesen des Politischen" sei ja von Aristoteles bereits erschöpfend bestimmt
worden.

Soweit die Gegenkritik an den Autoren der "Essays", deren Antwort darauf nichts

Neues ergab. Es ist bedauerlich, daß diese Auseinandersetzung mit dem Behavioralismus nicht ernsthafter ausgetragen worden ist, sondern mit dem nicht unbedingt immer der Wahrheitsfindung dienenden Eifer der "wahren Gläubigen" (Eric
Hoffer 1951) betrieben wurde. Die Position von Leo Strauss hat intellektuell
mehr zu bieten als die "Essays" glaubhaft machen konnten; Strauss argumentiert
in seinen Schriften auf einem philosophischen Niveau, das von keinem seiner
Schüler in den "Essays" erreicht wird. Eine zusätzliche Chance fruchtbarer Auseinandersetzung wurde durch die unglückliche Auswahl der Angriffsobjekte vergeben. Insofern ist die Weigerung der behavioralistischen Seite, sich der Herausforderung zu stellen, durchaus verständlich und die Kennzeichnung des normativen Angriffs auf "die" behavioralistische Position als unglücklich und unfruchtbar (Eulau) gerechtfertigt.

Wenige Jahre später sah sich der Behavioralismus einem politisch sehr viel
ernsthafteren, wenn auch intellektuell erheblich weniger konsistenten, aus vielerlei Quellen gespeisten Angriff ausgesetzt, der die APSA kurzzeitig sogar zu
sprengen drohte. Vor dem Hintergrund dieser primär politisch motivierten Opposition gegen den Behavioralismus erhält die Kritik der Strauss-Schule Übergangscharakter: Zwar war sie noch primär innerwissenschaftlich geprägt, ihre
politischen Aspekte waren jedoch nicht zu übersehen. Die Anprangerung des Behavioralismus als liberal- bis radikaldemokratisch und egalitär erfolgte auf der
Basis zutiefst konservativer und elitärer Wertvorstellungen, die bei Russel Kirk
(1962) allerdings deutlicher werden als bei Storing und seinen Mitautoren.
Die etwa ab 1965 einsetzende "radikale" Kritik am Behavioralismus hingegen,
der wir uns nun zuwenden wollen, zielt gegen dessen ihm von dieser Position
unterstellte konservative und elitäre Züge.

2.5.4. Caucus-Revolte und "linke" Behavioralismus-Kritik

Die amerikanische Politikwissenschaft wurde durch die radikal-demokratische Be-
havioralismuskritik der zweiten Hälfte der sechziger Jahre und die Gründung
des "Caucus for a New Political Science" (1967) umso stärker erschüttert, als
die Fundamente, auf denen sie wie alle Sozialwissenschaften ruht, die Universitäten und das politische und gesellschaftliche System der USA, während der
sechziger Jahre selbst ins Wanken zu geraten schien; zumindest sah das aus der
akademischen Sicht, die für derartige tektonische Erschütterungen vielleicht
ein allzu fein reagierender Seismograph ist, so aus. Gründe des Bebens waren

die von vielen als Campusrevolte interpretierte Studentenbewegung, die blutigen
Unruhen in den schwarzen Gettos der amerikanischen Großstädte und die Opposition gegen das wachsende Engagement der USA in Indochina.

Bereits 1964, noch bevor Präsident Johnson sich für ein stärkeres Eingreifen
amerikanischer Truppen in Vietnam entschied, organisierte sich in Berkeley das
sogenannte "Free Speech Movement". Der Anlaß erscheint aus der heutigen Perspektive als relativ gering: Die Ankündigung von Universitätssprechern, daß ein
nur wenige Meter breiter Streifen Land vor dem Campustor, der bisher dazu ge-
dient hatte, Flugblätter zu verteilen, Stände von politischen und kulturellen
Gruppen zu beherbergen und politische und karitative Geldsammlungen zu ver-
anstalten, unter die bestehenden Universitätsverordnungen zur Einschränkung
politischer Tätigkeit auf dem Campus falle und daher künftig nicht mehr unkon-
trolliert benutzt werden dürfe. Protestversammlungen, Sit-ins, Gebäudebesetzun-
gen, Polizeieinsatz, Sympathiestreiks, Auseinandersetzungen in der Öffentlichkeit und eine weitgehende Lahmlegung des Lehrbetriebs waren die bekannten Folgen dieser administrativen Entscheidung. Die amerikanische Studentenbewegung
war geboren; 1964 arbeitete sie noch unter dem Vorzeichen von akademischen
Bürgerrechten (vgl. Lipset & Wolin 1965), bald jedoch traten andere Anliegen
an ihre Stelle: Chancengleichheit und Integration von Negern, kulturelle "Be-
freiung" (die Hippies) und Rückzug aus Vietnam (vgl. Wallerstein & Star 1971:
XXI ff.).

Das entscheidende Jahr für die weitere Entwicklung der Studentenbewegung war
wohl 1965, in dem die Wellen der Getto-Unruhen hochschlugen, der schwarze Führer Malcolm X ermordet wurde, die Vereinigten Staaten sich stärker in Vietnam
zu engagieren begannen und amerikanische Truppen in der Dominikanischen Repu-
blik intervenierten. Im Laufe weniger Jahre breitete sich die Protestbewegung
der Studenten auf die meisten größeren Universitäten aus, darunter Columbia,
Harvard, Wisconsin, MIT und Northwestern University.

Ihre Führer forderten nun nicht mehr eine Ausweitung liberaler Rechte, sondern
begannen den Liberalismus selbst in Frage zu stellen, da unter seiner Herr-
schaft die Ungerechtigkeiten der amerikanischen Gesellschaft, ihr Rassismus,
ihr Militarismus und ihre interventionistische und "neokolonialistische" Außenpolitik sich nicht weniger entfaltet hätten als unter konservativen Regierun-
gen. Träger des Liberalismus, der in den Vereinigten Staaten eine stärker wohl-
fahrtsstaatliche Komponente enthält als in Europa, waren die Demokratische Par-

tei, die Universitäten und die Professoren. Die Universitäten erschienen der amerikanischen Studentenbewegung zugleich als ein Mikrokosmos und als ein Eckpfeiler der inzwischen so verhaßten Gesellschaft; wenn es gelänge, sie zu verändern, führe das auch zu einer Veränderung der Gesellschaft. Der Liberalismus als ein verkappter Sozialkonservativismus verhindere die dringend notwendigen Reformen. Ihn anzugreifen und zu vernichten sei die oberste Bürgerpflicht.

Die Attacken auf die Universitäten und hier wiederum vor allem auf die Sozialwissenschaften als wichtige Stützen und gleichzeitige Schwachstellen des liberalen Systems fanden in derartigen Überlegungen ihren Ursprung. Objekte der Auseinandersetzung waren dabei vor allem die Erziehungsfunktion der Universität, die Verbindung von Wissenschaft und Regierungsstellen, die numerische Benachteiligung von Minoritäten in den Universitäten und die Art der Forschung, die von den einzelnen Departments betrieben wurde (vgl. Wallerstein & Star 1971: Einleitung).

Insbesondere wurde der empirischen Sozialwissenschaft von studentischer Seite vorgehalten, daß sie mit all ihrem technischen Aufwand nicht in der Lage gewesen sei, die Entwicklung, die die amerikanische Gesellschaft genommen habe, die Gettounruhen, Studentenproteste und insbesondere den Krieg in Vietnam vorauszusagen. Das liege vor allem daran, daß man zugunsten methodischer Eleganz Aspekte der politischen Relevanz vernachlässigt habe. Die bereits während der fünfziger Jahre vorgebrachte Kritik, die behavioralistische Politikwissenschaft beschäftige sich in ihrem Quantifizierungswahn lieber mit Trivialitäten als mit zwar bedeutsamen, statistisch jedoch weniger erfolgversprechenden Fragestellungen, schwoll jetzt zu einem mächtigen Chor an, der - das Relevanzbekenntnis auf den Lippen - eine neue Form "politisch bewußter" Politikwissenschaft forderte.

Doch lassen wir die Kritiker jener Tage selbst zu Wort kommen. Einer der ersten, der die Stimme erhob, war Christian Bay, später einer der Wortführer und APSA-Präsidentschaftskandidaten des "Caucus for a New Political Science". In seinem häufig zitierten Aufsatz in der APSR über "Politics and Pseudopolitics" (Bay 1965) bemängelte auch er, wie andere vor und nach ihm, das Versäumnis vieler behavioralistischer Studien, ihre Wertprämissen offenzulegen. Die meisten Behavioralisten zeichneten sich durch eine Akzeptierung des Status quo aus, d.h. durch eine konservative Bejahung liberaler Werte. Der Politikbegriff des Behavioralismus müsse neu definiert werden; er sei dabei stärker auf öffentli-

che Güter und "Wohlfahrt" zu beziehen, also auf normative Elemente, als auf
Machtaspekte. Die Erforschung der Politik dürfe sich nicht nur auf unmittelbar
beobachtbares Verhalten beschränken, sondern müsse auch die Grundbedürfnisse
der Menschen berücksichtigen. Dies bedeute, daß sich die Politikwissenschaft
stärker als bisher auf die wirklich wichtigen Probleme der Zeit konzentrieren
müsse. Unabdingbar für die Erreichung dieses Zieles sei die Entwicklung einer
befriedigenden Theorie menschlicher Bedürfnisse und Wünsche.

Im Gegensatz zu den meisten anderen Autoren dieses Lagers lehnt Bay allerdings
den Behavioralismus nicht prinzipiell ab, sondern plädiert für "mehr und bessere behavioralistische Forschung" (Bay 1967: 213). Dazu sei es jedoch notwendig, die amerikanische Politikwissenschaft von einigen hinderlichen Annahmen
zu befreien: 1) daß das gegenwärtige politische System als gegeben zu akzeptieren sei; 2) daß die USA "politisch entwickelt" seien; 3) daß es nicht möglich
sei, Vorstellungen über nationale Ziele zu entwickeln und ihre empirischen Folgen zu untersuchen; und 4) daß es unmöglich sei, psychologische Modelle von
Bedürfnishierarchien zu entwerfen und als Grundlage empirischer Studien über
ihre Konsequenzen zu benutzen (Bay 1967: 214).

Der eigentliche Zweck der Politikwissenschaft sei identisch mit dem der Medizin:
den Tod hinauszuzögern und Leid zu mindern. Hierzu sei es notwendig, zusätzlich zur formalen Rationalität der Mittelwahl (bei gegebenen Zielen) Kriterien
substantieller Rationalität zu entwickeln, die sich auf ethische Probleme wie
Recht, Freiheit etc. bezögen (vgl. Bay 1965). Substantielle Rationalität impliziere die Forderung, Ziele ebenso genau zu formulieren und zu überprüfen,
wie das heute mit den Mitteln zur Erreichung gegebener Ziele üblich sei (Bay
1967: 224). Politikwissenschaft, die sich auf formale Rationalität beschränke,
sei eine "trostlose Wissenschaft" (Bay 1967: 208).

Erheblich kritischer als Christian Bay gehen die Autoren des 1967 von Charles
McCoy und John Playford herausgegebenen Sammelbandes "Apolitical Politics - A
Critique of Behavioralism" mit dem Behavioralismus ins Gericht. Die darin abgedruckten Beiträge gehen nach Ansicht der Herausgeber von einem gemeinsamen
Standpunkt aus, der sich durch drei "Einsichten" auszeichne: daß das behavora-
listische Schrifttum von konservativen Werten geprägt sei, daß sich die Behavioralisten vor einer vom Volk getragenen Demokratie (popular democracy) fürch-
teten und daß sie in ihren Arbeiten lebenswichtige Probleme vermieden.

So seien zum Beispiel die Studien David Trumans, Robert Dahls und Nelson Polsbys, des späteren APSR-Herausgebers, von implizitem und unerkanntem Konservativismus durchsetzt. Politische Reformen und sozialer Wandel würden von diesen Autoren zwar nicht abgelehnt, müßten ihrer Auffassung nach aber schrittweise und im Rahmen der etablierten Institutionen erfolgen, so daß sie von den politischen Eliten akzeptiert werden könnten (vgl. Petras 1965). Vor allem das pluralistische Gleichgewichtsmodell der Gesellschaft sei eindeutig konservativ orientiert.

Typisch für diesen inhärenten Konservativismus sei die Beschäftigung vieler Behavioralisten mit dem Konzept der Stabilität. So gelte für Berelson et al. (1954), Lipset (1960) und andere mehr die Apathie der Wähler als Schutz gegen Extremismus und politische Unruhe. Aus dieser "Erkenntnis" heraus seien auch so viele Behavioralisten gegen die Ausweitung von Partizipationschancen in großem Stile. Zwar hätten sie herausgearbeitet, daß das klassische Demokratieideal des aktiven, aufgeklärten und informierten Bürgers in der Praxis bisher niemals verwirklicht worden sei. Das Schlimme sei jedoch, daß sie diese Spannung von Ideal und Realität begrüßten und damit demokratische Grundvorstellungen aufgäben. Das behavioralistische Demokratiemodell habe mit "echter" Demokratie sowenig gemein wie Maos "Neue Demokratie" (McCoy & Playford 1967: 7).

Es sei zu fragen, ob empirische Wissenschaft, die nun einmal nur untersuchen könne, was ist, nicht unausweichlich zum Konservativismus tendieren müsse, wie dies bereits C. Wright Mills (1959: 178 f.) behauptet hat. Zu dieser konservativen Schlagseite des Behavioralismus stehe sein Streben nach Wertfreiheit in ironischem Gegensatz. Mit diesem Programm habe er die Politik gleich mit dem Bade ausgeschüttet: Die Auswahl der Forschungsgegenstände erfolge nicht nach dem Kriterium der politischen Bedeutsamkeit, sondern nach der methodologischen Maxime, daß die Untersuchungsgegenstände Quantifizierung und Verifizierung erlauben müßten. Auf diese Weise hätten sich die Behavioralisten zu "politischen Eunuchen" gemacht, denen die Kundschaft davonliefe (McCoy & Playford 1967: 9). Der einzige Ort, wo in Amerika gegenwärtig nicht über Politik gesprochen werde, seien die politikwissenschaftlichen Seminare und Forschungsinstitute. (Diese Bemerkung erinnert an ein ganz ähnliches Apercu Alfred Cobbans aus dem Jahre 1953, der Politikwissenschaft als ein von Universitätslehrern erfundenes Mittel definierte, mit dem der gefährliche Gegenstand Politik vermieden werden solle; vgl. Cobban 1953: 335).

Die Behavioralisten müßten sich, so McCoy und Playford weiter, ihrer berufli-
chen Verantwortung wieder bewußt werden und sich mit den "großen, bewegen-
den Streitfragen" der Zeit auseinandersetzen; dies könne jedoch nur gelingen,
wenn sie ihren methodologischen Elfenbeinturm verließen. Die gegenwärtige
Betonung der Methodologie stelle eine Pathologie der Politikwissenschaft dar,
durch die die behavioralistische Orthodoxie daran gehindert werde, die amerikanische Realität zu erkennen wie sie sei: als partiell undemokratisch und unfähig, auf gesellschaftliche Bedürfnisse angemessen zu reagieren (Petras 1965:
93).

Diese Bemerkungen geben recht gut die Stimmung wieder, die 1967 zur Gründung
des inzwischen schon mehrfach erwähnten "Caucus for a New Political Science"
führte, in dem die Unzufriedenheit mit der amerikanischen Politikwissenschaft
im allgemeinen und ihren behavioralistischen Tendenzen im besonderen ihren
organisatorischen Niederschlag fand. Der Caucus for a New Political Science,
im folgenden kurz "Caucus" genannt, wurde während der APSA-Tagung 1967 in
Chicago gegründet; mit seiner Adressenkartei, seinen Amtsträgern, seiner Ge-
schäftsordnung und später auch seinem in einer gemeinsamen Stellungnahme formulierten Programm war er die erste organisierte Potestbewegung innerhalb der
APSA (vgl. Lowi 1972). Ausgangspunkt des Zusammenschlusses war vor allem die
Unzufriedenheit über den Vietnamkrieg, die amerikanische Intervention in Santo
Domingo, die Rassenunterdrückung, den Niedergang der amerikanischen Städte und
die Armut, die in einem der reichsten Länder der Erde noch immer unübersehbar
das Schicksal vor allem der Minderheiten bestimmte, alles Probleme, zu denen
die Politikwissenschaft nach Ansicht der Caucus-Anhänger wenig oder nichts zu
sagen hatte (vgl. Surkin & Wolfe 1970; Lowi 1972: 11). Der Caucus ist so gesehen als ein Symbol der Krise zu betrachten, in der sich die amerikanische
Politikwissenschaft und das politische und gesellschaftliche System der USA
während der sechziger Jahre befanden.

Die Revolte gegen die etablierte Politikwissenschaft wurde vor allem von Angehörigen der politischen Linken getragen, denen sich jedoch auch antibehavioralistisch gesonnene Konservative anschlossen. Gefördert wurde der Zusammenschluß durch Enthüllungen über Verbindungen von APSA-Offiziellen mit verschiedenen von amerikanischen Geheimdiensten unterstützten Organisationen (vgl. Wolfe 1969) und die Teilnahme von Politikwissenschaftlern an Projekten des CIA und
des Pentagon in Südvietnam, die unter dem Zeichen der Reform die Ausbildung
von Geheimpolizisten und die Unterstützung von konterrevolutionären Aktivitäten
betrieben (Engler 1967: 202).

Theodore Lowi, einem der prominentesten Caucus-Sprecher der ersten Stunde
zufolge vereinigten sich im Caucus anfangs zwei Elemente des Protests: die
Unzufriedenheit über die Diktatur der Methodologie und die "Pseudoneutralität"
einer sich wertfrei gebenden Wissenschaft auf der einen und die Opposition gegen die politische Enthaltsamkeit der APSA auf der anderen Seite. Während das
antibehavioralistische Unbehagen von praktisch allen Caucus-Anhängern geteilt
wurde, bestand von Anfang an Uneinigkeit über die politische Rolle der APSA,
d.h. über die Frage, ob sie gegen Vietnamkrieg und Rassendiskriminierung Stellung beziehen solle oder nicht. In den ersten beiden Jahren nach Gründung des
Caucus dominierte die intellektuelle Revolte, die der behavioralistischen Politikwissenschaft vorwarf, als Gefangene ihrer blinden, nicht-hinterfragten ideologischen Grundannahmen nichts zu den großen Krisen der sechziger Jahre zu sagen zu haben und, als eine Konsequenz der Trennung von Tatsachen und Werten,
nicht in der Lage zu sein, die inhärenten Schwächen des amerikanischen politischen Systems kritisch zu untersuchen.

Im Verlaufe des Jahres 1968 begann sich dann immer stärker das zweite Element
des Protestes, die organisatorisch orientierte Revolte, durchzusetzen, deren
Hauptziel eine Reform der APSA war, insbesondere ihrer "bürokratischen und un-
demokratischen" Struktur, ihrer "akademischen Irrelevanz" und ihrer dem "Establishment" verbundenen politischen Ausrichtung (Lowi 1972: 15). Eine reformierte
Politikwissenschaft müsse den Armen und Unterdrückten der Welt dienen, nicht
einer moralisch korrumpierten Regierung und dem ausbeuterischen System des
amerikanischen Kapitalismus (Surkin & Wolfe 1970).

Die Durchsetzung des auf Organisationsreform und Machtübernahme ausgerichteten
Kurses führte zu der Entscheidung, sich um Ämter innerhalb der APSA zu bemühen und sich mit einer eigenen Liste an den jährlichen Vorstandswahlen zu beteiligen, was 1969 die erste umkämpfte Wahl in der APSA-Geschichte nach sich zog
(vgl. Wolfe 1971). Gleichzeitig wurde eine Wahlplattform verabschiedet, die
als Ziel die Entwicklung einer neuen Politikwissenschaft nannte. Die Aufstellung
und Verabschiedung des Programms erfolgten dabei, Theodore Lowi zufolge, nach
althergebrachtem oligarchischem Muster (Lowi 1972: 17). In der Plattform selbst
sei weniger eine intellektuelle Neubesinnung der Disziplin als eine politische
Umorientierung der Forschungsförderung impliziert gewesen. Tatsächlich habe
es in der Absicht des Caucus gelegen, so Lowi weiter, die APSA zu übernehmen,
um sie in den Dienst der eigenen Sache zu stellen; der Caucus for a New

Political Science sei auf diese Weise zu einem "Caucus for a New Political Science Association" degeneriert.

Die Entscheidung des Caucus, 1969 mit einer eigenen Liste an den Vorstandswahlen der APSA teilzunehmen, führte zur Gründung einer Gegengruppierung, des sogenannten Ad Hoc Committee, das nicht nur Wahlempfehlungen (zumeist für behavioralistisch orientierte Kandidaten) abgab, sondern auch die Einführung der Briefwahl und die Beschränkung der APSA-Aktivitäten auf berufspolitische Fragen propagierte (vgl. Wolfe 1970). In allen Punkten erwies sich das Ad Hoc Committee als erfolgreich. Bei den Vorstandswahlen seit 1969 erhielt die Caucus-Liste im Durchschnitt nur rund ein Drittel der Stimmen; die vom Ad Hoc Committee vorgeschlagenen Kandidaten hingegen konnten sich, von ganz wenigen Ausnahmen abgesehen, praktisch immer durchsetzen. Die vom Caucus unterstützten Kandidaten wurden dagegen, trotz gelegentlicher Prominenz und wissenschaftlicher Wertschätzung, durch die Aufnahme auf die Caucus-Liste faktisch zur Erfolglosigkeit verdammt.

Die APSA-Führung selbst reagierte organisatorisch flexibel bis hin zur Umarmungstaktik auf die Caucus-Revolte, indem sie die Einrichtung separater Arbeitsgruppen auf den APSA-Tagungen förderte, ein eigenes Organ, "PS", gründete, das fast ausschließlich berufsständischen Problemen und Auseinandersetzungen gewidmet ist, und eine Reihe von Satzungsänderungen einleitete, durch die das Wahlverfahren der APSA (Briefwahl!) grundlegend neu geregelt wurde. Die vom Caucus durchgeführten getrennten Arbeitssitzungen auf den APSA-Tagungen führten schließlich nach Ansicht Theodore Lowis zu seiner intellektuellen Isolierung, da auf diese Weise die notwendige Auseinandersetzung mit dem behavioralistischen Lager verhindert wurde: "Die Caucus-Botschaft wurde vor allem von denen vernommen, die ohnehin dazu neigten, ihr zuzustimmen." (Lowi 1972: 16).

Als organisatorische Revolte kann die Caucus-Bewegung als gescheitert angesehen werden; ob sie intellektuell erfolgreicher war, ist noch zu untersuchen: Alan Wolfe, einer der stärker linksgerichteten Wortführer des Caucus, dem er 1970 den Rücken kehrte, sieht es inzwischen als einen Fehler an, die amerikanische Politikwissenschaft durch organisatorische Arbeit verändern zu wollen. Die Politikwissenschaft in den USA sei im Grunde konservativ; im Gegensatz zur Soziologie etwa gebe es kaum Radikale, die das Paradigma des pluralistischen Liberalismus in Frage stellten. Dies sei eine Folge der Verflechtung der Politikwissenschaft mit dem sie umgebenden System und der feingesponnenen Unterdrük-

kungsnetze, mit denen die APSA Protest und Kritik auffange (Wolfe 1970). Änderungen der Forschungsprioritäten seien nur als Folge von Veränderungen unseres Denkens möglich, und diese wiederum seien abhängig von Veränderungen in
der Gesellschaft (Wolfe 1971: 401).

Der "Caucus for a New Political Science" existiert heute noch; er hat jedoch
viel von seiner intellektuellen Stoßkraft verloren, nachdem sich einige seiner
prominenteren Wortführer wie Theodore Lowi und Alan Wolfe zurückgezogen haben und sich die etablierte Politikwissenschaft als organisatorisch stärker erwies
als erwartet. Die Wahlergebnisse der APSA zeigen, daß der Behavioralismus in
den sechziger Jahren weiter Boden gut machen konnte und heute das Erscheinungsbild der amerikanischen Politikwissenschaft weitgehend bestimmt; sie zeigen
aber auch, daß ein bemerkenswert stabiler Prozentsatz der APSA-Mitglieder mit
dem politikwissenschaftlichen Establishment, das bis heute überwiegend behavioralistisch orientiert ist, nicht einverstanden ist.

Als methodologische Alternative zum Behavioralismus war das Caucus-Programm
aus vielerlei Gründen nicht konkurrenzfähig. Der wichtigste Grund dürfte in der
Tatsache zu suchen sein, daß der Caucus trotz seiner meist der "Neuen Linken"
verbundenen Wortführer eine Koalition verschiedener politikwissenschaftlicher
Auffassungen darstellte, die hauptsächlich durch ihre Gegnerschaft zum Behavioralismus zusammengehalten wurde. Folglich bestand zwar Einigkeit im Negativen,
der Vorstellung, was Politikwissenschaft nicht sein solle, jedoch keine Übereinstimmung darüber, was an die Stelle der behavioralistischen Überzeugung zu treten habe. Im Caucus seien, so wiederum Alan Wolfe, marxistische, phänomenologische, strukturalistische und politisch-philosophisch orientierte Ansätze vertreten, d.h. alles außer "den Torheiten", die sie als Studenten gelernt hätten,
"der gedankenlosen reaktionären Sozialwissenschaft der fünfziger Jahre" (Wolfe
1971: 544).

Die Charakterisierung der APSA-Mehrheit als rein behavioralistisch ist sicherlich verfehlt, da auch die gegen den Caucus gerichteten Kräfte eine Koalition
darstellten; seit 1969 ging es ja weniger um eine Zurückdrängung des Behavioria-
lismus, dem auch heute vermutlich nicht mehr als 40 - 50% der amerikanischen
Politikwissenschaftler anhängen, als vielmehr um eine Politisierung der APSA,
eine Forderung, der sich aus den verschiedensten Gründen politische Verhaltensforscher, Institutionalisten, Ideengeschichtler und Politikphilosophen entgegen-
stellten. Die Chance einer erneuten, ernsthafteren intellektuellen Auseinander-

setzung über Ziele, Methoden und Möglichkeiten politikwissenschaftlicher Forschung wurde vermutlich 1968 vertan, als sich der Caucus gegen die intellektuelle und für die organisatorische Rebellion entschied, was nach Ansicht Lowis
(1972) durchaus den Absichten der APSA-Führung entgegenkam, da sie damit den
Protest organisatorisch auffangen und ihm seinen Schwung nehmen konnte. Dies
ist, wie gesagt, auch weitestgehend gelungen.

2.5.5. Die Antwort des behavioralistischen Lagers

Daß dennoch kurzfristig die Ansicht aufkam, mit der Caucus-Revolte trete die
Politikwissenschaft in eine neue, nachbehavioralistische Phase ein, war nicht
zuletzt David Easton zu verdanken, der in seiner Presidential Address von 1969
über "The New Revolution in Political Science" dem Anliegen der Caucus-Bewegung mit viel (für manchen Behavioralisten allzuviel) Verständnis begegnete.
Während die klassische, traditionalistische Opposition gegen den Behavioralismus an die Vergangenheit appeliert habe und die Ergebnisse vorbehavioralistischer Forschung bewahrt wissen wollte, sei die neue Revolte zukunftsorientiert.
Sie negiere nicht die Möglichkeiten einer wissenschaftlichen Erforschung des
Politischen, sondern versuche, ihr eine neue Richtung zu geben. Aus der Sicht
des Behavioralismus sei die Caucus-Revolte daher nicht konterrevolutionär, sondern reformistisch eingestellt.

Zwar erkennt Easton durchaus die politische und wissenschaftstheoretische Vielfalt der Caucus-Bewegung, deren Einheit vor allem durch das "Relevanzcredo",
den Ruf nach bewußter Wertbezogenheit der Forschung und nach stärkerer Anwendungsorientiertheit charakterisiert sei; er unterschätzt jedoch vermutlich die
Divergenzen der im Caucus (teilweise) zusammengefaßten Positionen, durch die
eine systematische Darstellung der programmatischen Grundlagen der Bewegung
sehr erschwert, wenn nicht gar unmöglich gemacht wird.

Das Zugeständnis Eastons, die empirische Politikforschung habe sich in der Tat
nicht genügend mit ihren zugrundeliegenden Wertannahmen beschäftigt, ein Versäumnis, das sie daran gehindert habe, die "richtigen" Fragen zu stellen, wurde
nur von wenigen Behavioralisten geteilt (vgl. Lehner 1974; Stinnes 1975). Heinz
Eulau zum Beispiel sprach davon, daß Easton vom "bug of relevance" (auf Deutsch
vielleicht als "Relewanze" zu übersetzen) gebissen worden sei (Eulau 1976: 114).
Der theoretisch orientierte Empiriker hänge immer hinter der Zeit zurück;
selbst wenn er sich als wichtig erachteten aktuellen Problemen zuwende, dauere

es im allgemeinen viele Jahre, bevor er seine Ergebnisse veröffentlichen könne; ernsthafte Forschung bedürfe nun einmal der Muße. Der Einwand, daß die Politikwissenschaft nicht auf die Probleme der sechziger Jahre vorbereitet gewesen sei, verfehle ebenfalls sein Ziel, da Prophetie vonnöten gewesen sei, um die Erschütterungen jener Jahre vorauszusehen; Prophetie aber könne wohl kaum als Basis für wissenschaftliche Entscheidungen über Forschungsprojekte und Fragestellungen dienen (Eulau 1976: 133).

Eng verbunden mit dem von Easton akzeptierten Vorwurf der Irrelevanz von Forschungsfragen ist die Kritik der Trivialität von Forschungsergebnissen: Triviale Ergebnisse sind für die Kritiker des Behavioralismus gewissermaßen die Kehrseite irrelevanter Fragestellungen. Ob ein Ergebnis empirischer Forschung als trivial zu bezeichnen sei, so Eulau an anderer Stelle (1963: 8 - 10), hänge jedoch davon ab, was man für bedeutsam halte. Für die politische Verhaltensforschung liege die Bedeutung eines Forschungsergebnisses im Wissenszuwachs, den es uns vermittele. "Wissen" definiert Eulau dabei als eine Sammlung von widerspruchsfrei miteinander verbundenen, empirisch bestätigten Aussagen über die Realität. Da jedoch unser Wissen sich in ständiger Veränderung befinde, könne man niemals im Vorhinein entscheiden, ob eine Fragestellung wichtig oder unwichtig, ob ein Forschungsergebnis trivial oder erhellend sei und ob eine Beantwortung der Forschungsfrage Erkenntniszuwachs gebracht habe oder nicht. Ohne eine Antwort in Form eines Forschungsergebnisses lasse sich eine Fragestellung nur dann als irrelevant bezeichnen, wenn man voraussetze, daß alles Wissenswerte bereits bekannt sei. Dann entfällt aber auch die Notwendigkeit, überhaupt noch Fragen zu stellen.

Aufgabe der Wissenschaft sei es, die Welt zu erkennen, nicht sie zu verändern (Eulau 1963: 9). Die Vorwürfe, die sowohl von der traditionellen Politikwissenschaft als auch von Forschern wie Christian Bay gegen den Behavioralismus wegen seiner vorgeblichen Wertneutralität und seiner dadurch bedingten Vernachlässigung von Wertaspekten erhoben würden, seien deshalb verfehlt. Niemand vertrete heute mehr den Standpunkt einer "wertfreien" Wissenschaft. Werte drängten vielmehr an vielen Stellen in den Wissenschaftsprozeß hinein: bei der Auswahl und der Formulierung von Forschungsproblemen und signifikanten Variablen, bei der Interpretation und der Anwendung von Forschungsresultaten, als kulturelle Determinanten von Sinn, als wissenschaftliche Standards, als Forschungsgegenstände und nicht zuletzt als Vorurteile (Eulau 1968b: 162).

Dessen seien sich die Behavioralisten jedoch bewußt. Insbesondere der Einfluß
von Vorurteilen ließe sich nicht vollständig beseitigen. Gerade deshalb aber
sei das Konzept der Wertneutralität als Orientierungsprinzip besonders wichtig;
Wissenschaftler, die der Wahrheit und der Objektivität verpflichtet seien,
könnten auf das Leitbild der Wertneutralität nicht verzichten. "Wertneutralität" wird dabei von Eulau als "Neutralisierung von Vorurteilen" verstanden; sie
dürfe nicht mit Wertindifferenz verwechselt werden. (Interessant ist in diesem
Zusammenhang Eulaus Behandlung von Werturteilen im Geiste des amerikanischen
Pragmatismus als instrumentelle Zwischenglieder in Ziel-Mittel-Relation; durch
diese Position unterscheidet er sich von der empirisch-analytischen Betrachtungsweise, die wohl von den meisten anderen Behavioralisten vorgezogen wird).

Eulau argumentiert weiter, daß Bays Konzeption einer Aufdeckung menschlicher
Grundbedürfnisse mit behavioralistischen Mitteln letztlich am Problem der empirischen Unbeweisbarkeit von Werturteilen scheitern müsse. Der behavioralistische Wissenschaftler sei Diener zweier Herren: der sozialen und der wissenschaftlichen Werte. Letztere verpflichteten ihn zu soviel Wahrheit und Objektivität wie möglich, erstere verlangten, daß er auf eine möglichst realistische
und rationale Verwendung seiner Erkenntnis durch die Abnehmer seines Wissens
achte. Mehr sei vom Wissenschaftler beim besten Willen nicht zu verlangen, mehr
sei auch mit den Mitteln der Wissenschaft nicht zu erreichen (Eulau 1968b).

Einen ähnlichen Standpunkt wie Eulau nimmt Ithiel de Sola Pool in seinem Beitrag "Some Facts about Values" (Pool 1970) ein, in dem er eine Antwort auf
einen Artikel Marvin Surkins aus dem Jahre 1969 zu geben versucht (Surkin
1970). Surkin, einer der existentialphänomenologisch orientierten Caucus-Sprecher, gab zusammen mit Alan Wolfe die sog. Caucus-Papers (Surkin & Wolfe
1970) unter dem programmatischen Titel "An End to Political Science" heraus. In
seinem Artikel versucht er zu zeigen, daß die Forderung des Behavioralismus
nach Objektivität und Wertneutralität die ideologische Rolle, die die Sozialwissenschaften im Dienste der herrschenden Institutionen der amerikanischen Gesellschaft spielten, nur verdecke (Surkin 1970: 4).

Pool hält, ähnlich argumentierend wie Eulau, Surkin entgegen, daß er sich mit
seiner Annahme, die moderne Politikwissenschaft versuche, wertfrei vorzugehen,
im Irrtum befinde. Die weitaus meisten behavioralistisch orientierten Politikwissenschaftler seien nicht auf Wertfreiheit aus, sondern verträten starke moralische Anliegen. Dies beweise ihre Beschäftigung mit so demokratischen Gegen-

ständen wie politischer Teilnahme und Wahlverhalten. Die zugrundeliegenden Werte seien egalitär und partizipatorisch. Dies gelte auch für die Beschäftigung der
Comparative Politics mit politischer und sozialer Entwicklung, der Internationalen Beziehungen mit Friedensforschung oder der Politischen Soziologie mit Ras-
senproblemen und sozialen Vorurteilen. Diese Wertpositionen würden keineswegs
versteckt, wie das Beispiel Harold D. Lasswells wohl am deutlichsten zeige, der
die Politikwissenschaft als "Demokratiewissenschaft" verstanden wissen wolle.

Surkin und andere Mitglieder des Caucus hielten diese Position für falsch, was
ihr volles Recht sei. Dies sei jedoch eine ganz andere Art der Kritik als der
Vorwurf einer vorgeblich wertfreien, tatsächlich aber dem Status quo verhafteten, stark wertgeladenen Politikwissenschaft. Der Mythos von der Wertfreiheit
der Politikwissenschaft behavioralistischen Zuschnitts sei zum einen aus psychologischen, zum anderen aus logischen Gründen entstanden. Die psychologische
Grundlage sei in der Tatsache zu suchen, daß sich nun einmal Wissenschaft besser betreiben lasse, wenn man nicht Sklave seiner Leidenschaften, sondern zu
einem gewissen Abstand gegenüber seinen Forschungsgegenständen fähig sei. Der
logische Grund bestünde darin, daß Wertaussagen einen anderen Status als Tatsachenaussagen hätten. Erstere, im Gegensatz zu letzteren, ließen sich nicht empirisch validieren; da sich Sollensaussagen aber auch nicht aus Tatsachenaussagen ableiten ließen, seien sie nicht in gleichem Maße wahrheitsfähig wie diese.
Dieses auch von Surkin nicht umzustoßende Faktum bedeute jedoch keine Wertabstinenz der empirischen Forschung, sondern lediglich eine gewisse unüberwind-
bare Beschränkung.

Soweit die Antworten von Pool und Eulau auf die Herausforderung des Behavioralismus durch die Caucus-Bewegung; ich bin deshalb recht ausführlich darauf eingegangen, weil sie nochmals die empiristische Grundhaltung des Behavioralismus
mit systematischen Argumenten verdeutlichen. Im folgenden möchte ich auf wenigstens eine (wenn auch noch recht verschwommene) programmatische Äußerung zum
sog. Nachbehavioralismus eingehen: den Beitrag von Michael Haas und Theodore L.
Becker (1970) über "The Behavioral Revolution and After", der übrigens ebenfalls nicht ohne Widerspruch von behavioralistischer Seite geblieben ist (vgl.
Schubert 1969).

Im Gegensatz zu den weitaus meisten Caucus-Mitgliedern fühlen sich Haas und
Becker noch dem Behavioralismus verpflichtet, den sie jedoch durch Berücksichtigung der Debatte der sechziger Jahre auf eine höhere, "multimethodologisch"

aufgeklärte Stufe der Entwicklung überführen wollen. Der behavioralistischen
Überzeugung, daß die Politikwissenschaft empirisch, quantitativ und theoretisch
vorgehen solle, stimmen sie zu. Sie kritisieren jedoch die Spaltung der behavioralistischen Bewegung in eine theoretische und eine "positivistische" Strömung; während sich die theoretische Orientierung des Behavioralismus mit Sy-
stem-, Kommunikations- und Entscheidungsansätzen befaßt habe, sei sie forschungstechnisch immer mehr ins Hintertreffen geraten; die positivistische
Spielart des Behavioralismus hingegen sei in kruden, durch die Entwicklung der
elektronischen Datenverarbeitung forcierten Empirismus zurückgefallen. Die
Kluft zwischen diesen beiden Richtungen sei tiefer als die zwischen Behavioralisten und Traditionalisten während der fünfziger Jahre, da nicht einmal mehr
eine gemeinsame Sprache existiere.

Der von ihnen skizzierte "Multimethodologismus" (sic!) will diese Kluft überbrücken und die beiden behavioralistischen Strömungen wieder zusammenführen.
Hierbei sei allerdings eine Reihe von Kritikpunkten zu berücksichtigen, die
während der sechziger Jahre von den theoretischen gegenüber den positivistischen Behavioralisten (und umgekehrt) erhoben worden seien:

(a) Der Behavioralismus beschäftige sich zu stark mit den Regelmäßigkeiten
menschlichen Verhaltens, ohne auf dessen Einzigartigkeiten einzugehen. Abweichende Fälle würden zu wenig untersucht; denn auch aus individuellen Fallstudien ließe sich, durch Vergleich, theoretischer Gewinn ziehen.

(b) Die Behavioralisten beachteten zuwenig die Nützlichkeit impressionistischer
Berichte über politische Ereignisse. Man könne sehr viel stärker auf traditiona-
listisch gewonnene Ergebnisse zurückgreifen, da die Arbeiten von Historikern,
Philosophen, Dramatikern oder Journalisten im allgemeinen von empirisch überprüfbaren Hypothesen nur so wimmelten. Die theoretische und praktische Bedeutung einer Studie sei nun einmal wichtiger als ihre methodische Strenge.

(c) Die Modelle, die der Behavioralismus für die Realität entwickele, seien
oft zu unflexibel und daher unangemessen; als Beispiel nennen Haas und Becker
die Anwendung eindimensionaler statt multidimensionaler Skalierungsverfahren
und den Gebrauch faktorenanalytischer Techniken mit ihrer Linearitätsannahme
auf nichtlineare Daten.

(d) Der esoterische Jargon vieler Behavioralisten behindere die Kommunikation

und die Überprüfung ihrer Forschungsergebnisse; fast jeder Wissenschaftler füh-
le sich zu terminologischen Innovationen berufen und trage damit zusätzlich zur
ohnehin schon bestehenden Verwirrung bei.

(e) Der Behavioralismus sei nicht in der Lage, brauchbare Vorschläge zur Politikberatung zu machen; diese Abstinenz sei u.a. auf die Ansicht vieler Behavioralisten zurückzuführen, zur Politikberatung benötige man sichere Erkenntnisse.
Was bei dieser Überlegung unberücksichtigt bleibe, seien die möglichen ungün-
stigen Folgen dieser Enthaltsamkeit für das politische System. Die Politik könne auf wissenchaftliche Beratung nicht verzichten. Weiterhin falle auf, daß
viele Behavioralisten sich politisch extrem wenig exponiert hätten.

(f) Als weitere bei der multimethodologischen Versöhnung des behavioralistischen Schismas zu berücksichtigende und auszuräumende Kritikpunkte nennen
Haas und Becker die mangelnde Validitätskontrolle vieler Konzepte und die Vernachlässigung wichtiger sozialer Probleme durch den Behavioralismus.

Leider zeigen die beiden Autoren jedoch nicht konkret, wie ihr Multimethoden-
Ansatz den Behavioralismus und die Kritik daran aufheben und auf einer höheren
Stufe in einer neuen Synthese vereinigen will. Auch die übrigen Beiträge des
von Haas und Kariel (1970) herausgegebenen Sammelbandes, in dem der referierte Aufsatz eine Schlüsselstellung einnimmt, geben hierauf kaum Hinweise. Vielleicht schwebt den Autoren eine Politikwissenschaft im Stile Kariels (1970a;
1970b) vor, der im gleichen Band von der Entwicklung der "beträchtlichen Möglichkeiten" des Behavioralismus spricht, die er in der Aufdeckung "unserer
Grenzen, unserer Zwänge, unserer Laster und unserer außerpolitischen Beschränkungen" sieht (Kariel 1970b: 113).

Glendon Schuberts Kritik an diesem Entwurf einer multimethodologischen Überwindung behavioralistischer 'Schwachstellen' war ursprünglich als Vorwort für den
Sammelband von Haas und Kariel gedacht, wurde aber wegen der scharfen Ablehnung der darin propagierten Position von den Herausgebern nicht akzeptiert (vgl.
Schubert 1969); er bezieht sich im übrigen auf eine frühere, wenn auch nicht
grundlegend geänderte Version des Buches als die uns vorliegende, schließlich
gedruckte Fassung. Schubert bezeichnet Haas, Becker und andere als normativ
orientierte, behavioralistisch ausgebildete Politikwissenschaftler, als selbster-
nannte Neotraditionalisten, die die erfolgreiche behavioralistische -Gegenwart
mit der fruchtbaren traditionalistischen Vergangenheit versöhnen wollten. Diese

Versöhnung sehe so aus, daß der normative Theoretiker die Ziele setze, für die er dann die "moralisch wachen" Behavioralisten einsetze; diese wiederum griffen auf die Fallstudien ihrer traditionalistischen Kollegen als Datenquelle zurück. Traditionalisten würden von den Multimethodologen als Leute geschildert, die wüßten, was zu tun sei; die Behavioralisten hingegen verstünden bestenfalls, wie es zu tun sei. Diese Kooperation bringe nach Ansicht der Vertreter des Multimethodologismus Werte und Tatsachen wieder zusammen, was ihrer Auffassung zufolge die Politikwissenschaft politikorientierter gestalte. Schubert sieht dieses Vorhaben als zutiefst reaktionär und unwissenschaftlich an; was die Multimethodologen vorschlügen, sei ein Rückgriff auf den "deskriptiven Empirismus" traditionalistischer Fallstudien, die auf der "naturalistischen Beobachtung unkontrollierter Variablen" beruhten (Schubert 1969: 593).

Inwieweit Schuberts Nachzeichnung des multimethodologischen Credos, die von den Vertretern dieser Position als Karikatur verstanden wurde und wohl auch von Schubert so beabsichtigt war, der von Haas und Becker angezielten "neuen Politikwissenschaft" gerecht wird, läßt sich nicht abschließend beurteilen, da - wie gesagt - die nachbehavioralistische "Alternative" aus den Beiträgen des Haas-Kariel-Bandes nicht deutlich wird. Dies ist auch bei einem zweiten Sammelband, der die Konzeption einer nachbehavioralistischen Ära sogar im Titel trägt (Graham & Carey 1972), nicht der Fall, da hier anscheinend nach dem Feyerabend-Motto "anything goes" (außer dem Behavioralismus, versteht sich) Beiträge aus den unterschiedlichsten wissenschaftlichen Lagern versammelt wurden, die stärker an eine vor- als eine nachbehavioralistische Periode erinnern.

Damit will ich die Nachzeichnung des Behavioralismusstreits, die eher als intellektuelles Porträt denn als lückenlose genetische Rekonstruktion angelegt war, vorläufig abschließen und erst wieder im systematischen Teil auf einige Aspekte der Auseinandersetzung zurückkommen. Zwar ging die Kontroverse auch nach 1970 noch weiter, doch ergaben sich nach meiner Beobachtung weder prinzipiell neue Argumente noch spielte die methodologische Debatte nach dem Scheitern der Caucus-Revolte eine herausragende Rolle. Neu in die Arena trat nach 1970 schwerpunktmäßig die phänomenologische, sich auf Alfred Schütz berufende Position; doch spielte sich ihre Kritik am Behavioralismus eher am Rande der Kontroverse ab (Jung 1971; Reid 1972; Reid & Yamarella 1975). Die nach dem Abklingen der literarischen Auseinandersetzung natürlich nicht plötzlich beigelegten methodologischen Zwiste schwelten in den Leserbriefspalten, namentlich von PS, weiter; sie entfachten jedoch nach 1970 nicht mehr das Feuer der späten sechziger Jahre.

2.6. 1971 FF.: NACHSPIEL (CODA)

Weitergegangen war während der Auseinandersetzungen die empirische Forschungstätigkeit, die sich dann in den siebziger Jahren in einer Reihe wichtiger Veröffentlichungen niederschlug. Ich will im folgenden nur einige herausragende
Studien erwähnen; soweit ich sehen kann, spiegeln sich die Diskussionen der
Caucus-Revolte in ihnen kaum wider; sie stellen vielmehr eine - theoretisch
vielleicht aufgeklärtere und forschungstechnisch souveränere - lineare Fortführung des behavioralistischen Forschungsprogramms dar. Neue Forschungsrichtun-
gen beginnen sich erst in der zweiten Hälfte der siebziger Jahre herauszukristallisieren, etwa in Form eines ethologisch und psychophysiologisch orientierten "Biobehavioralismus" (vgl. Wahlke 1979); empirische Forschungsergebnisse
stehen hier jedoch noch aus; die sich allmählich intensivierende Diskussion verharrt bisher weitgehend im Programmatischen; ob es sich um eine Mode oder
um einen ernstzunehmenden Ansatz handelt, läßt sich daher heute noch nicht
entscheiden.

Mehr als bloß eine Modeerscheinung scheinen die in den siebziger Jahren immer
zahlreicher durchgeführten Untersuchungen konkreter politischer Entscheidungen
und ihrer Konsequenzen für den Bürger, die sogenannten Policy-Studien, zu sein.
Sie stellen einen rasch expandierenden Zweig der empirischen Politikforschung
dar, dessen Erkenntnisprogramm als Versuch charakterisiert werden kann, die Re-
levanzforderungen der Kritiker des Behavioralismus mit dessen strikten Vorgehensweisen zu versöhnen.

Gegenstand der Public-Policy-Studien sind sämtliche staatlichen Handlungen einschließlich der sogenannten Nicht-Handlungen und ihre praktischen Folgen. Ihre
potentiellen Forschungsobjekte reichen folglich von Trivialitäten wie der Kre-
ierung staatlicher Symbole bis zu solch lebenswichtigen Bereichen wie der Entscheidung über atomare Kriegsführung (vgl. Dye 1972: 2). Forschungsgebiete
sind u.a. die Wirtschafts-, Sozial-, Rassen-, Gemeinde- und die Außenpolitik
oder auch Aspekte der Schul-, der Ausgaben- oder der Haushaltspolitik. Welchen
Raum die policy-orientierten Untersuchungen bereits Mitte der siebziger Jahre
einnehmen, belegt auch die Tatsache, daß ein ganzer Band des achtteiligen Handbook of Political Science dieser Forschungsrichtung gewidmet ist (vgl. Greenstein & Polsby 1975).

Wohl die Mehrzahl der Public-Policy-Programmatiker versteht sich ganz expli-

zit als Exponent einer eigenständigen, sowohl von der traditionellen als auch
von der behavioralistischen Politikwissenschaft zu unterscheidenden Richtung.
Während sich die traditionalistische Politikwissenschaft, so einer der prominentesten Wortführer der Public-Policy-Richtung, zu sehr auf Regierungsinstitutionen und Entscheidungsstrukturen konzentriert habe, befasse sich der Behavioralismus zu stark mit den Verhaltensweisen und Prozessen, die mit dem
Zustandekommen politischer Entscheidungen verbunden seien. Die Ergebnisse dieser Prozesse, d.h. die Entscheidungsinhalte und ihre konkreten Folgen blieben
hingegen außerhalb des Erkenntnisinteresses beider Lager. Genau hier setze die
Public-Policy-Forschung ein, der es um Politikberatung und die Evaluierung von
Regierungsaktivitäten, d.h. um praktisch relevante Fragen ginge, indem sie zum
Beispiel den Einfluß bestimmter Erziehungsprogramme auf die Lernbereitschaft
und die Leistungsfähigkeit schwarzer Schüler oder die Nützlichkeit staatlicher
Sozialpolitik für die Empfänger untersuche (vgl. Dye 1972: 2 ff.).

Politische Entscheidungen könnten dabei sowohl als unabhängige als auch als abhängige Variablen untersucht werden. Wichtig sei es, die Verbindungslinien zum
politischen System, dem sozialökonomischen Umfeld und zu den Bürgern als den
eigentlich Betroffenen herzustellen. Hierbei sei die Anwendung strikter wissenschaftlicher Verfahrensweisen ebenso hilfreich wie die Entwicklung allgemeiner
Theorien, die sich sowohl auf verschiedene politische Agenten als auch auf unterschiedliche Anwendungsbereiche beziehen sollten. So gesehen stellen die Public-Policy-Studien m.E. eine Fortsetzung des Behavioralismus mit den gleichen
Mitteln, aber teilweise anderen, nämlich stärker praxisorientierten Zielsetzungen dar. Einen qualitativen Sprung vermag ich, zumindest aus wissenschaftstheoretischer Perspektive, hierin nicht zu sehen. Wenn man von einer nachbehavioralistischen Forschung überhaupt sprechen will, so würde sicherlich den
Policy-Studien, als deren großer Anreger wiederum Harold D. Lasswell gelten
muß, dieser Titel gebühren (vgl. Lerner & Lasswell 1951). Es handelt sich
allerdings eher um Forschungen im Sinne der Presidential Address David Eastons
als um kritische Politikwissenschaft im Sinne des Caucus for a New Political
Science.

Die nach 1970 publizierten Studien behavioralistischen Zuschnitts beschäftigen
sich unter anderem mit Fragen der politischen Partizipation (Verba & Nie 1972),
mit Problemen der Beziehung von Regierenden und Regierten auf der lokalen Ebene (Eulau & Prewitt 1973), mit Aspekten der politischen Sozialisation (Jennings &

Niemi 1974; 1981), mit den Einstellungen der akademischen Eliten an den Universitäten und Forschungsinstitutionen der USA (Ladd & Lipset 1973) sowie mit dem sich wandelnden amerikanischen Wähler (Nie, Verba & Petrocik 1976), um nur einige der wichtigeren Arbeiten zu zitieren.

Daß die behavioralistische "Revolution" zwar erfolgreich war, daß aber - analog zu den "echten" Revolutionen des politischen Bereichs - die in ihrem Gefolge und ihrem Namen vollzogenen Veränderungen keineswegs total oder auch nur so tiefgreifend waren, wie das ein oberflächlicher Blick auf das Erscheinungsbild der Disziplin vielleicht vermuten läßt, zeigt eine Analyse der in der APSR zwischen 1930 und heute publizierten Aufsätze. Die Beschränkung auf ein einziges - wenn auch das offizielle und meistgeachtete Publikationsorgan - mag mißlich erscheinen, doch wird der APSR von nichtbehavioralistischer Seite so oft behavioralistische Voreingenommenheit vorgeworfen, daß wahrscheinlich die Konzentration auf die APSR eher noch die Auswirkungen des behavioralistischen Erfolges überbetont.

Eine von Deil Wright unternommene Inhaltsanalys von Aufsätzen in der APSR zeigt deutlich die über drei Jahrzehnte erst allmählich, dann sehr schnell vor sich gehende, aber eben doch keineswegs vollständige Umorientierung der amerikanischen Politikwissenschaft in Richtung auf mehr Quantifizierung. So waren zwischen 1930 und 1939 etwa 15%, zwischen 1940 und 1949 rund 17% und zwischen 1950 und 1959 ca. 19% aller Aufsätze empirisch-quantitativ orientiert; zwischen 1960 und 1966 verdoppelte sich diese Zahl: Nun waren plötzlich 38% der in der APSR veröffentlichten Aufsätze quantitativer, d.h. im weitesten Sinne behavioralistischer Natur; in der zweiten Hälfte der sechziger Jahre, für die keine Auszählung dieser Art vorliegt, dürfte sich dieser Prozentsatz sogar eher noch erhöht haben (vgl. Keech & Prothro 1968: 152).

Eine zweite inhaltsanalytische Auswertung von APSR-Aufsätzen zwischen 1968 und 1977 beschränkt sich auf behavioralistische Publikationen im engeren Sinne, d.h. auf quantitativ-empirische Untersuchungen, bei denen Individuen die Erhebungseinheiten (wenn auch nicht notwendigerweise die Aussageeinheiten) bilden. Sie belegt, daß zwischen 1968 und 1970 rund 40% und zwischen 1971 und 1977 sogar nur rund 35% aller APSR-Beiträge (außerhalb des Literaturteils) einem strikt behavioralistischen Erkenntnisideal verpflichtet waren; selbst wenn man die (relativ seltenen) empirisch-quantitativen Untersuchungen nicht-behavioralistischer Provenienz nochmals mit etwa zehn bis fünfzehn Prozent ansetzt, zeigt

sich, daß der Behavioralismus in den sechziger und siebziger Jahren zwar die
mit weitem Abstand stärkste Strömung der amerikanischen Politikwissenschaft
ist, diese aber beileibe nicht dominiert (vgl. Wahlke 1979).

Unter den 35 bis 40% behavioralistischen Untersuchungen überwiegen Analysen,
die sich mit politischem Massenverhalten wie z.B. dem Wählerverhalten beschäftigen. Über zwei Drittel der behavioralistisch orientierten Aufsätze befassen
sich mit dem politischen System der Vereinigten Staaten; nur wenig mehr
als 5% sind vergleichend angelegt, auch dies ein Beleg für den eingangs (und
nicht nur von mir) monierten Parochialismus der amerikanischen Politikwissenschaft im allgemeinen und des Behavioralismus im besonderen (vgl. Wahlke 1979).

In der zweiten Hälfte der siebziger Jahre hat sich der Behavioralismus auf dem
Gebiet der Erforschung der amerikanischen Politik stärker durchgesetzt als in
den anderen Zweigen der Politikwissenschaft. Während sich replikative und kumulative Untersuchungen über das politische System der Vereinigten Staaten, die
mit behavioralistischen Mitteln unternommen werden, häufen, zeichnet sich die
amerikanische Politikwissenschaft als Ganze noch immer durch die verwirrende
Vielfalt der Ansätze, Uneinigkeit über methodologische Normen und Ungewißheit
über die einzuschlagende Richtung der Forschung aus. Möglicherweise befindet
sich die in den USA betriebene Politikwissenschaft heute, rund zehn Jahre nach
dem Abklingen der Behavioralismus-Kontroverse und trotz des relativen Erfolges
der behavioralistischen "Revolution", die sich in den einzelnen Teilgebieten
allerdings sehr unterschiedlich durchsetzte und auswirkte, in einem uneinige-
ren Zustand als vor 25 Jahren (vgl. Eulau 1976: 144 f.).

3. DIE ENTWICKLUNG DER AMERIKA-NISCHEN POLITIKWISSENSCHAFT VON DER MORALPHILOSOPHIE ZUM BEHAVIORALISMUS

Der im folgenden unternommene Rückblick auf rund 100 Jahre amerikanischer Politikwissenschaft von Francis Lieber bis zu Harold D. Lasswell will zeigen, welche Strömungen den Behavioralismus vorbereitet haben; er erfolgt also nicht aus enzyklopädischem Ehrgeiz, sondern in der Absicht, den Hintergrund zu erhellen, um den Vordergrund in Perspektive zu bringen (Waldo 1956). Dieser knappen, im Zeitraffer verdichteten Darstellung der Entwicklungsgeschichte der amerikanischen Politikwissenschaft liegt die Annahme zugrunde, daß der Behavioralismus eine Weiterführung von Ansätzen ist, die im ersten Viertel dieses Jahrhunderts entstanden sind: des politikwissenschaftlichen Realismus und des Empirismus der Chicago-Schule um Charles E. Merriam.

Die historische Perspektive erlaubt uns, die neuen und die traditionalistischen Elemente des Behavioralismus besser zu erkennen und ihn als Antwort auf frühere Entwicklungen zu verstehen. Weiter ermöglicht sie uns nachzuweisen, daß die Kritik am Behavioralismus inhaltlich so alt ist wie der Versuch einer Verwissenschaftlichung der Politologie selbst und zu zeigen, daß viele der in der Behavioralismuskontroverse auftauchenden Argumente bereits während der Auseinandersetzungen der zwanziger Jahre über die von der Chicago-Schule vertretenen "Neue Wissenschaft von der Politik" verwendet worden sind.

Natürlich wird hier nicht der Gedanke vertreten, alles sei schon einmal dagewesen und weder der Behavioralismus noch seine Alternativen könnten uns etwas Neues bieten; vielmehr versuche ich, die innovativen Elemente der Behavioralismus-Kontroverse als Etappe der "immerwährenden", Jahrhunderte alten Auseinandersetzung um den sozialwissenschaftlichen Empirismus herauszuarbeiten (vgl. ähnlich Miller 1972). Darauf und auf Parallelentwicklungen in anderen Sozialwissenschaften soll in den folgenden Kapiteln noch näher eingegangen werden.

Im Vordergrund der Darstellung stehen also in diesem Abschnitt der Arbeit der Gedanke der Kontinuität und die Vorstellung einer andauernden Auseinandersetzung, die allerdings immer wieder auf anderer Ebene und mit anderen Schwerpunkten geführt wird. Weiter nehme ich an, daß der Behavioralismus bestimmte technologie- und wissenschaftsgläubige Züge der amerikanischen Gesellschaft

widerspiegelt, deren Fortschrittsoptimismus erst seit etwa zehn bis fünfzehn
Jahren ernsthaften Selbstzweifeln ausgesetzt zu sein scheint: Der Glaube an
die Gestaltungsfähigkeit der Welt und die Erkennbarkeit des Politischen mittels naturwissenschaftlich orientierter Verfahren stellt sicherlich den notwendigen Nährboden für das Aufkommen des Behavioralismus und seiner Vorläufer
dar. Gleichzeitig läßt sich damit erkennen, warum der Behavioralismus in anderen Ländern, vornehmlich den lateinischen Staaten, so wenig erfolgreich war.

Wegen der direkt nachweisbaren Patenschaft der Chicago-Schule am Behavioralismus und der von ihr getragenen Bewegung zur Verwissenschaftlichung der Politik
- es gibt Autoren, die sie als positivistischen Behavioralismus bezeichnen (Haas
1970) - soll im folgenden spezielles Augenmerk auf diese Strömung und die
Argumente ihrer Kritiker gerichtet werden; besonderes Schwergewicht ist dabei
auf das Werk Harold D. Lasswells zu legen, der wohl wie kein zweiter die Entwicklung der amerikanischen Politikwissenschaft nach dem zweiten Weltkrieg beeinflußt hat.

Die Nachzeichnung der Entwicklung zum Behavioralismus wirft die gleichen Probleme der Periodisierung und der Heraushebung von typischen Ereignissen auf
wie die Schilderung der inneren Entwicklung des Behavioralismus und der sich
um ihn entspinnenden Kontroverse im vorstehenden Kapitel; sie enthält Willkür-
elemente und ist ebenso von der hier verfolgten Fragestellung wie vom Stoff
geprägt. Die auch von Easton, Eulau oder Parsons akzeptierte Theorieimprägniertheit der Fakten schließt andererseits eine theorieübersteigende "Logik
der Tatsachen" (Rousseau) nicht aus. Das bedeutet, daß die Willkürfreiheit
der Einteilung der Realität in Kategorien nicht uneingeschränkt ist; der Stoff
fügt sich nicht allen Kategorisierungen gleichermaßen; die Zahl und die Art
der möglichen Aufteilungen sind durch die Struktur der Realität begrenzt. Diese positivistische Restüberzeugung, die etwa auch von Karl W. Deutsch (persönliche Mitteilung 1978) und vielen anderen theoretisch orientierten Empirikern geteilt wird, könnte erklären, warum so viele Chronisten ganz unterschiedlicher Provenienz zu recht ähnlichen Periodisierungen gelangen; dies gilt auch
für die Entwicklungsgeschichte der amerikanischen Politikwissenschaft.

Ihre Darstellung in diesem Kapitel lehnt sich an eine Reihe von Studien an, die
sich zwar in den Einzelheiten der Chronologie, weniger jedoch in ihrer Kennzeichnung der politologischen Hauptströmungen als normativistisch, legalistisch,
realistisch, empiristisch und behavioralistisch unterscheiden (vgl. Easton 1968;

Somit & Tanenhaus 1967; Waldo 1956; 1975; Sorauf 1965; Smith et al. 1976; Almond 1966; Truman 1965; Haas 1970; Landau 1968 etc.).

Ich bediene mich im folgenden ebenfalls dieser Typisierung, die ich aus den angegebenen Untersuchungen, wo sie teilweise nur implizit oder mit anderer Nomenklatur enthalten ist, herausdestilliert habe. Leider erwies sich die Arbeit Bernard Cricks über die Ursprünge des Behavioralismus als eine zwar brillante, aber unnötig polemische, von kritischer Leidenschaft manchmal allzusehr getrübte Quelle, in der der Verfasser oft weniger den Stoff als seine Abneigung gegen die "Neue Wissenschaft von der Politik" zu Wort kommen läßt (Crick 1959). Kritik ist legitim und notwendig, besonders am Behavioralismus; wo sie jedoch die Darstellung der kritisierten Position bis zur Unkenntlichkeit verzerrt, ist sie unfruchtbar. Trotz aller Brillianz der Formulierung ist Crick (vgl. auch 1954) dieser Vorwurf nicht zu ersparen.

Die Politikwissenschaft hat sich im Verlaufe des 18. und 19. Jahrhunderts aus der Moralphilosophie, der Geschichte, der Rechtswissenschaft und der Politischen Ökonomie ausdifferenziert. Die Grenzen waren anfangs zwischen den Ursprungsfächern und der neuen Disziplin noch nicht fest definiert, was die naturrechtlich-philosophische, historisch-komparative und legalistische Färbung der politikwissenschaftlichen Strömungen des 19. Jahrhunderts erklärt (vgl. Waldo 1956). Im Gegensatz zu den Naturwissenschaften, wo ein Paradigmawechsel zu einer vollständigen Umstrukturierung des jeweiligen Gebiets und zu einem Verschwinden der alten Ansätze führt (vgl. Kuhn 1962; Wolin 1969), zeichnet sich die Entwicklung der amerikanischen Politikwissenschaft nicht durch diskrete Phasen aus. Die älteren Ansätze und Theorien verschwanden nach der Herausbildung und Durchsetzung neuer Strömungen nicht einfach, sondern blieben weiterbestehen, teilweise bis zum heutigen Tage (Smith et al. 1976).

Die im folgenden vorgestellten Phasen der politikwissenschaftlichen Entwicklung in den USA sind daher speziell im 20. Jahrhundert, wo sich die Politikwissenschaft bis zur Unübersichtlichkeit weiter ausdifferenzierte, als Tendenzen zu verstehen, die eine bestimmte Periode oder zumindest deren methodologische Diskussion geprägt haben. Üblicherweise waren die ersten Jahre des Aufkommens und der Entfaltung einer neuen Konzeption noch von den traditionellen Ansätzen beherrscht, die - da etabliert - jedoch unauffälliger wirkten: Neue Ideen brauchen wie junger Wein Zeit, um heranzureifen und die Qualität des Alten zu erreichen.

3.1. POLITIKWISSENSCHAFT ALS MORALPHILOSOPHIE - DIE ZEIT BIS ZUM ENDE DES BÜRGERKRIEGS

Die Entstehung der amerikanischen Politikwissenschaft wird gewöhnlich in das Jahr 1880 gelegt, als John W. Burgess die Columbia School of Political Science gründete, die für die spätere Entwicklung des Faches in den Vereinigten Staaten von großem Einfluß war (Waldo 1975; Somit & Tanenhaus 1967).

Auf akademischer Ebene war vor dem Bürgerkrieg die Politikwissenschaft allenfalls als politische Philosophie vertreten (Crick 1959; Haddow 1939). Sie wurde an den amerikanischen Colleges jener Tage, die allgemein ein sehr niedriges Niveau gehabt haben sollen (Somit & Tanenhaus 1967), hauptsächlich im Rahmen der klassischen Studien als "demokratische Staatsbürgerkunde" unterrichtet. Ihre Aufgabe bestand in der Verbreitung und Auslegung von Verfasssungsprinzipien und der Förderung patriotischen Gedankengutes (Crick 1959; Waldo 1975).

Als erster Inhaber eines politikwissenschaftlichen Lehrstuhls in den Vereinigten Staaten gilt Francis Lieber, ein liberaler preußischer Emigrant, der von 1835 bis 1857 eine Professur für "Geschichte und Politische Ökonomie" am South Carolina College und von 1858 bis 1865 einen Lehrstuhl für "Geschichte und Politische Wissenschaft" am New Yorker Columbia College innehatte (Brown 1951: 24). Lieber betrieb anfangs Politikwissenschaft im Geiste der deutschen politischen Philosophie, insbesondere der Immanuel Kants (Waldo 1975; Crick 1959; Brown 1951). Zwei seiner bekanntesten Bücher tragen die Titel "A Manual of Political Ethics" (1838) und "On Civil Liberty and Self-Government" (1853); in anderen Arbeiten beschäftigte sich Lieber mit dem "Character of the Gentlemen" (1846) und "On Continued Self-Education" (1851), Veröffentlichungen allesamt, die typisch sind für das damals herrschende Verständnis von Politikwissenschaft als politischer Ethik.

Diese moralphilosophische Tradition der amerikanischen Politikwissenschaft wurde aus den Quellen des Naturrechts, d.h. der klassischen und der christlichen Sozialphilosophie und vor allem des Rationalismus der Aufklärungsperiode gespeist. Wert- und Tatsachenaussagen wurden noch nicht voneinander getrennt; vielmehr wurde ständig von Fakten zu Wertungen hinübergewechselt und umgekehrt (vgl. Waldo 1956). Die Humesche These der Unableitbarkeit des Sollens aus dem Sein wurde erst von Max Weber für die Sozialwissenschaft adaptiert. Daß zur Erreichung wissenschaftlicher Objektivität eine Trennung von Tatsachen- und Wertaussagen notwendig sein könne, scheinen allerdings bereits vor Max Weber die beiden amerikanischen Politikwissenschaftler William W. Crane und Bernard Moses (1884: 3) erkannt zu haben; allerdings blieb diese Erkenntnis für die Forschungspraxis der kommenden Jahrzehnte ohne Folgen (vgl. Waldo 1975).

Das Vorgehen der politischen Philosophie jener Tage war normativ-deduktiver Natur (Easton 1968); aus allgemeinen Grundannahmen über das "Wesen" des Guten, der Gerechtigkeit oder der Natur des Menschen wurden spezielle Schlußfolgerungen über den "guten Staat", das "gute Leben" oder die Rechtfertigung politischer Werte gezogen. Die Beweisführung war weniger empirisch als rationalistisch, die Fragestellung breit und philosophisch formuliert (vgl. Leiserson & Wahlke 1971). Ziel der politikwissenschaftlichen Betätigung dieser moralphilosophisch orientierten Phase waren die Kritik bzw. die Rechtfertigung staatlichen Handelns und die Ableitung von Maximen der Staatskunst mit Hilfe allgemeiner ethischer Prinzipien. Objekte dieser auf Reform und Anwendung gerichteten Analyse waren Regime und Institutionen.

Kennzeichnend für das Ende dieser Phase und die Abkehr vom deduktiv-normativen Modell der politischen Ethik ist die Auflösung des politikwissenschaftlich-historisch definierten Lehrstuhls Liebers im Jahre 1865, die übrigens gegen seinen Willen erfolgte. Als Kompensation erhielt Lieber einen in der Columbia Law School angesiedelten Lehrstuhl für "Constitutional History and Public Law", der seinen sich zu dieser Zeit stärker entwickelnden staatsrechtlichen Interessen entgegen kam (Brown 1951: 24), auch dies ein Symbol für den Wandel der Politikwissenschaft von der Moralphilosophie zur Staatswissenschaft. Lieber hatte diesen Lehrstuhl bis zu seinem Tode im Jahre 1872 inne.

3.2. POLITIKWISSENSCHAFT ALS STAATSWISSENSCHAFT - VOM ENDE DES BÜRGERKRIEGS BIS CA. 1890

Nach dem Ende des Bürgerkriegs wurde das amerikanische höhere Bildungswesen in raschem Tempo ausgebaut. Politikwissenschaftliche Lehrstühle wurden u.a. in Yale, Cornell, Ann Arbor und an der University of Pennsylvania eingerichtet (Crick 1959). Die beiden wichtigsten Gründungen dieser Jahre waren jedoch die Graduierten-Schulen an der Columbia (1880) und an der Johns Hopkins University (1883), an denen praktisch die gesamte nachfolgende Generation von amerikanischen Politikwissenschaftlern ausgebildet wurde.

Beide Ausbildungsstätten waren mehr an (rechtlichen) Fakten als an Philosophie
interessiert und stark forschungsorientiert; die von ihnen gepflegten Methoden
waren legalistisch-deskriptiver Natur; mit ihrer Hilfe sollten die "grundlegenden Gesetze des politischen Lebens" entdeckt werden, die man sich als Aussagen
über die Möglichkeiten und rechtlichen Beschränkungen gouvernementaler Institutionen vorstellte (Waldo 1975; Easton 1952). Es wurde dabei vor allem auf
schriftliche Originalquellen zurückgegriffen, beispielsweise auf Dokumente zur
Verfassungsentstehung, die unter vergleichenden Aspekten analysiert wurden.

Stark beeinflußt waren die Leiter beider Abteilungen, John W. Burgess an der
Columbia und Herbert Baxter Adams an der Johns Hopkins University, durch die
deutsche Staatswissenschaft, die sie während ihrer Studienaufenthalte an deutschen Universitäten kennengelernt hatten. Die Staatswissenschaft jener Zeit
zeichnete sich durch eine gewissermaßen naturwissenschaftliche Genauigkeit der
Analyse und eine scharfe Definition der verwendeten Begriffe aus. Burgess und
Adams wurden dadurch methodisch deutlich geprägt. Ihr Anliegen war dabei durchaus empirischer Natur: die Untersuchung der Grenzen staatlicher Machtausübung
durch gesetzliche Vorschriften (vgl. Easton 1952). Ein gutes Beispiel hierfür
ist die Analyse von John W. Burgess über "Political Science and Comparative
Constitutional Law" (1890), ein anderes Theodore Woolseys Untersuchung "Political Science, or the State Theoretically and Practically Considered" (1879).

Doch nicht nur das Vorgehen der damaligen Politikwissenschaft, sondern auch
die Ausbildungsstruktur wurde vom Vorbild der deutschen Universität geprägt;
die Einrichtung der Graduierten-Abteilungen und die Form des Doktorats als einer selbständigen wissenschaftlichen Arbeit waren nach deutschem Muster organisiert. Für Burgess war überdies noch das Beispiel der französichen Politikwissenschaft als Vorbereitungsstudium für den Staatsdienst von Bedeutung (Crick
1959); dieses Vorbild schlägt sich bis heute im Verständnis mancher politikwissenschaftlicher Departments als "Professional Schools" mit dem Schwerpunkt
"Public Administration" nieder. Ein Beispiel hierfür ist die "Kennedy School
of Government" der Harvard University.

So fruchtbar Burgess als Autor und als Organisator war - so gründete er 1886
die erste politikwissenschaftliche Zeitschrift der USA von Dauer: Political
Science Quarterly -, so wenig erfolgreich war er letztlich als akademischer
Lehrer. Im Gegensatz zu Herbert B. Adams hatte er keine Schüler im engeren
Sinne (vgl. Crick 1959: 31) und geriet dadurch relativ schnell in Vergessen-

heit, aus der er erst wieder durch das Buch von Somit & Tanenhaus (1967)
über die Entwicklung der amerikanischen Politikwissenschaft "von Burgess zum
Behavioralismus" herausgeholt wurde. Ausschlaggebend für die geringe Langzeitwirkung von Burgess war aber die Abkehr schon der nächsten Generation der
amerikanischen Politikwissenschaftler von der legalistisch-staatswissenschaftlich
orientierten Politikwissenschaft der Gründungsväter.

3.3. DIE REALISTISCHE WENDE (1890 - 1920)

Die "realistische Wende" (Waldo 1956) der amerikanischen Politikwissenschaft
wurde durch die Untersuchungen des späteren Präsidenten der Vereinigten Staaten, Woodrow Wilson, über "Congressional Government" (1885), des schottischen
Politikwissenschaftlers, Parlamentariers und Diplomaten Viscount James Bryce
über das "American Commonwealth" (1888) und A. Lawrence Lowells "Essays
on Government" (1892) vorbereitet; sie setzte sich jedoch nicht vor der Jahrhundertwende und auch dann nur zögernd im Forschungsalltag durch (vgl. Somit
& Tanenhaus 1967: 76). Beeinflußt wurde sie durch eine ähnliche Entwicklung,
die einige Jahre früher bereits in der englischen Politikwissenschaft stattgefunden hatte und deren hervorragendster Vertreter Walter Bagehot war (vgl. Easton
1953: 162).

Die Schriften Wilsons, Lowells, Henry Jones Fords und anderer Vertreter des
politikwissenschaftlichen Realismus ersetzten die legalistische Betrachtungsweise eines Burgess oder Henry B. Adams durch ein stärker empirisches Vorgehen.
Statt des literarischen Quellenstudiums forderte z.B. Lowell in seiner Presidential Address von 1909 vor der damals noch sehr jungen und kleinen APSA
die Durchführung politikwissenschaftlicher Feldstudien, die Verwendung statistischer Techniken, eine Schärfung der verwendeten Terminologie und eine Verstärkung grundlagenorientierter Forschung sowie allgemein größere wissenschaftliche Objektivität. Mit diesen Forderungen reiht sich Lowell unter die "Paten"
des Behavioralismus ein (vgl. Somit & Tanenhaus 1967).

Auch wenn andere Vertreter des Realismus nicht so weit gehen wollten wie
Lowell, waren sie sich doch einig in ihrer Forderung nach einer stärkeren Erforschung der Realität, d.h. nach einer möglichst genauen Beschreibung politischer Vorgänge anstelle der Analyse rechtlicher Regelungen. Was die Politikwissenschaft benötige, seien Tatsachen, Tatsachen und nochmals Tatsachen, so

James Bryce, der wie Woodrow Wilson trotz seiner Faktengläubigkeit allerdings
stets mindestens ebensosehr ein politischer Reformist wie ein Realist blieb
(Easton 1953: 82).

Hierin unterschied er sich wenig von anderen politikwissenschaftlichen Realisten; der Realismus kann geradezu als Kapitel der reformistischen Bewegung angesehen werden, von der damals die amerikanische Politik erfaßt wurde. Sogenannte Muckrakers, journalistische und wissenschaftliche Korruptionsschnüffler,
konfrontierten die demokratischen Ideale der Verfassung mit der nicht ganz so
demokratischen Wirklichkeit. Die Bücherweisheit des legalistischen Ansatzes
konnte hierbei wenig helfen. Vor diesem gesellschaftlichen Hintergrund wird
das positive Echo, auf das die frühen Realisten bei ihren politikwissenschaftlichen Kollegen stießen, verständlich; daß die Forschungspraxis trotz der realistischen Lippenbekenntnisse weitgehend legalistisch und präskriptiv orientiert blieb, ist wissenschaftssoziologisch und von der Ausbildung der amerikanischen Politologen der Jahrhundertwende her zu erklären (vgl. Somit & Tanenhaus 1967: 70; Waldo 1975; Sorauf 1965).

Während sich die Untersuchungen der ersten Phase des Realismus vor der Jahrhundertwende noch hauptsächlich auf Regierungsinstitutionen bezogen, beschäftigten sich die Forschungsarbeiten der zweiten Phase des Realismus stärker mit politischen Gruppen wie den Parteien und vor allem den Interessenverbänden. Der
aus der heutigen Perspektive wichtigste Vertreter des Gruppenansatzes war
Arthur F. Bentley mit seiner Untersuchung "The Process of Government" (1908),
die allerdings bei seinen Zeitgenossen auf Unverständnis und Ablehnung stieß;
sie geriet daher schnell in (relative) Vergessenheit. Erst David Truman griff
dann die Analyse Bentleys in seinem Buch "The Governmental Process" (1951)
wieder auf und machte sie für die behavioralistische Politikwissenschaft nutzbar (vgl. Easton 1953: 176). Im Gegensatz zu den meisten anderen Realisten war
Bentley nicht nur an der Sammlung von Fakten und an bloßer Beschreibung,
sondern auch an der Aufstellung theoretischer Aussagen interessiert. Sein Verständnis des politischen Prozesses als ein Resultat andauernder Auseinandersetzungen zwischen den sozialen Gruppen, durch deren Interaktionen das politische
System in einem labilen Gleichgewichtszustand gehalten würde, war für die politikwissenschaftliche Diskussion der frühen fünfziger Jahre von großer Bedeutung (Easton 1953: 270 - 272). Daß Bentley bei seinen wenn überhaupt theoretisch, dann eher normativ interessierten Zeitgenossen auf wenig Gegenliebe
stieß, verwundert angesichts der anders gelagerten Erkenntnisinteressen der
Realisten kaum.

Die Entwicklung der amerikanischen Politikwissenschaft jener Zeit als Disziplin zeichnet sich durch einen schnellen Ausbau des Faches aus. Im Jahre 1903
wurde die American Political Science Association in New Orleans gegründet;
1904 hatte sie bereits mehr als 200 und 1914 sogar schon über 1 500 Mitglieder,
d.h. wesentlich mehr, als die Deutsche Vereinigung für Politische Wissenschaft
heute aufzuweisen hat! 1906 wurde erstmals die American Political Science Review herausgegeben, nachdem fünfzehn Jahre vorher bereits die "Annals of the
American Academy of Political and Social Science" publiziert worden waren. Die
Zahl der abgeschlossenen Promotionen verfünffachte sich zwischen 1885 - 1900
und 1915 - 1921 jeweils, wenngleich die Zahl der politikwissenschaftlichen Abteilungen an den amerikanischen Universitäten im Jahre 1920 noch immer unter
50 lag, während sie in unseren Tagen rund 1 400 beträgt, von denen über 100
das politikwissenschaftliche Doktorat verleihen (Waldo 1975).

Gleichzeitig waren die Jahre zwischen 1900 und 1920 durch eine rapide Amerika-
nisierung des Faches charakterisiert. Im Gegensatz zu den Gründungsjahren vor
der Jahrhundertwende, in denen es quasi zum guten Ton gehörte, einige Semester
an einer ausländischen, vor allem einer deutschen Universität zu studieren, gingen kaum noch junge Politikwissenschaftler zum Studium nach Europa. Während
des gleichen Zeitraumes verringerten sich die Zitierungen fremdsprachiger Quellen in der APSR und der Political Science Quarterly drastisch (vgl. Somit &
Tanenhaus 1967). Die Isolierung der amerikanischen Politikwissenschaft von der
europäischen Entwicklung, die erst durch die Emigrationswelle aus Hitlers
Deutschland unterbrochen wurde, setzte ein. Der politische Isolationismus der
Zwischenkriegsjahre fand hier sein politikwissenschaftliches Korrelat (Waldo
1975).

Die Charakteristika dieser Periode zusammenfassend läßt sich festhalten, daß
trotz der relativ geringen Professionalisierung und Spezialisierung des Faches
sich kommende Entwicklungen und Probleme noch vor der Jahrhundertwende ab-
zuzeichnen begannen; die allgemeine empiristische und atheoretische Grundstimmung, die Ablehnung sozialphilosophischer Ansätze, die (hier nicht referierte)
gleichzeitig stattfindende Debatte über die Beziehung der Politikwissenschaft
zu anderen sozialwissenschaftlichen Disziplinen und schließlich die Diskussionen über die grundlagen- oder anwendungsorientierte Ausrichtung des Faches.
Zur gleichen Zeit begann sich die Vorstellung von der Vorbildwirkung der Naturwissenschaften, die bereits bei Burgess, Munroe Smith und Jess Macy, um nur

einige Namen zu nennen, anzutreffen war, weiter auszubreiten. Der Boden war
bereitet für die Entwicklungen und Debatten der kommenden Jahre.

3.4. DER POLITIKWISSENSCHAFTLICHE EMPIRISMUS DER ZWISCHEN-
KRIEGSZEIT

3.4.1. Die New Science of Politics und die Chicago-Schule Charles E. Merriams

Nach dem 1. Weltkrieg wurde der Ausbau der Politikwissenschaft an den amerikanischen Universitäten beschleunigt vorangetrieben. Gleichzeitig wurden die Bemühungen um eine Verwissenschaftlichung des Faches durch eine stärkere Berufung auf naturwissenschaftliche Vorbilder wieder aufgenommen; sie stießen auf
den erbitterten Widerstand einer Gruppe, die eher die Anwendungs- und vor allem die Erziehungsaspekte der Politikwissenschaft betont haben wollte und gegenüber den Möglichkeiten einer nach naturwissenschaftlichem Muster vorgehenden Politikforschung äußerst skeptisch eingestellt war. Träger des (natur)wis-
senschaftlich ausgerichteten Umorientierungsversuchs waren Charles E. Merriam
und die Mitglieder der von ihm begründeten Chicago-Schule der Politikwissenschaft; Vertreter des auf Politikberatung und staatsbürgerliche Erziehung ausgerichteten Kurses waren Thomas Reed, William Y. Elliott und Edward S. Corwin.
Zwar gelang es keiner der beiden Richtungen, sich gegenüber der anderen entscheidend durchzusetzen, aber sie hinterließen genügend Zündstoff, um damit
die Auseinandersetzungen um den Behavioralismus nach 1945 zu versorgen (vgl.
Somit & Tanenhaus 1967).

Allgemein war die Zwischenkriegsperiode durch einen weiteren Rückgang des Einflusses von Recht und Geschichte und die gleichzeitig steigende Bedeutung von
Soziologie, Psychologie und Statistik für die politikwissenschaftliche Forschung gekennzeichnet. Die (im allgemeinen normativ ausgerichtete) politische
Theorie wurde zur politischen Ideengeschichte (Waldo 1975); an die Stelle der
philosophischen Reflexion trat immer stärker die reine Klassifikation von Ansätzen; bestenfalls wurde die politische Theorie jener Jahre wissenssoziolo-
gisch betrieben, wie das z.B. Sabine in seinem monumentalen Werk über "A
History of Political Theory" (1937) so brillant vorführte (vgl. Easton 1953:
249 ff.; Crick 1959). Theoretische Analysen in empirischer Absicht blieben die
Ausnahme.

Der wichtigste Vertreter einer "New Science of Politics", mit der Betonung auf "science", ist Charles E. Merriam, der - selber von der politischen Philosophie herkommend - sich gegen Ideengeschichte und unsystematisch betriebene Politikforschung wendet. Sein wichtigstes Anliegen ist die Verbesserung des politikwissenschaftlichen Methodenarsenals und die Berücksichtigung vor allem statistischer und psychologischer Verfahren bei der Untersuchung politischer Phänomene (Merriam 1921: 184). Er verweist dabei auf das Vorbild des naturwissenschaftlichen Meßfortschritts und die fruchtbare Entwicklung von Ökonomie, Biologie, Anthropologie und Ingenieurwissenschaften (Merriam 1925: 10 - 13).

Die Politikwissenschaft sei von diesen Disziplinen "im Wettstreit um moderne Ausrüstung, die eine schnelle, umfassende und systematische Analyse von ... Tatsachen gestattet" (Merriam 1921: 175), ausgestochen worden. Eine methodische Neubesinnung der Disziplin sei daher unumgänglich. Insbesondere plädiert Merriam für eine bessere Forschungsorganisation und die Erstellung von Gesetzes- und Verordnungssammlungen sowie von Datenbanken nach Art der Statistischen Jahrbücher (Merriam 1922: 316). An anderer Stelle beklagt er den Mangel an geeigneten Meßstandards und die Tendenz vieler Politikwissenschaftler, ethnische, nationale oder klassenbedingte Vorurteile in die Interpretation ihrer Daten einfließen zu lassen (Merriam et al. 1923: 287 f.). Politikwissenschaftliche Analyse müsse objektiv und vorurteilsfrei betrieben werden, da sonst die Hauptaufgabe der Forschung, die Förderung des menschlichen Wohlergehens, nicht erfüllt werden könne (vgl. Hall et al. 1924: 119).

In dieser letzten Forderung klingt Merriams Reformorientierung an, die wohl die Haupttriebfeder seines programmatischen "Kreuzzugs" (Waldo 1975) für eine "neue Wissenschaft von der Politik" darstellte. Im Gegensatz etwa zu George E. Catlin (1927; 1930: 50) und William Bennet Munro, die ungefähr zur gleichen Zeit eine Verwissenschaftlichung der Politologie nach dem Vorbild der Ökonomie bzw. der Physik (Munro 1928) propagierten, war Merriams Anliegen stets die Vorantreibung politischer Reformen und die staatsbürgerliche Erziehung der Amerikaner mit Hilfe politikwissenschaftlich gewonnener Erkenntnisse. Seine Vorstellung einer neuorientierten Politikwissenschaft ist daher anwendungsbezogen: Die drängenden politischen und sozialen Probleme der Zeit machten seiner Ansicht nach eine minutiöse deskriptive Erforschung des Politischen notwendig.

Crick (1959) führt das Engagement Merriams für eine Neubesinnung des Faches auf seinen typisch amerikanischen Fortschrittsglauben und sein Vertrauen in die Verwissenschaftlichung aller Lebensbereiche, auch der sozialen und der

politischen, zurück sowie auf seine tiefverwurzelte demokratische Einstellung.
Barry D. Karl (1974), der Biograph Merriams, charakterisiert dessen Vorstellung von Demokratie als "wissenschaftlichen Prozeß des Regierens" und von Wissenschaft als "Verlängerung einer demokratischen Tradition". Als Beleg und zur
Illustration seiner demokratischen Einstellung referiert Karl (1974: 121 f.)
die Auffassung Merriams, daß die Einführung der Darwinschen Evolutionslehre an
den amerikanischen Schulen vom Willen der Wähler abhängig gemacht werden sollte, obwohl Merriam selbst als Anhänger des "Progressive Movement" ein Verfechter der Theorie Darwins war.

In seiner Presidential Address vor der Jahrestagung der American Political
Science Association im Dezember 1925 beklagte Merriam, daß die Politikwissenschaft oft von Nachbarwissenschaftlern und Politikern mit Geringschätzung betrachtet werde (Merriam 1926: 4). Er entwirft dann die Vision einer künftigen
politischen Verhaltensforschung, die sich interdisziplinär und im Verband mit
den Naturwissenschaften an die größte Aufgabe der Menschheit heranwagen könne:
"das Verständnis und die Steuerung menschlichen Verhaltens" (Merriam 1926:
12). Eines Tages werde die Politikwissenschaft "von einem anderen als dem
formalen Ansatz aus ... politisches Verhalten als einen der wesentlichen Forschungsgegenstände zu betrachten beginnen" (1926: 7). Regierung und Verwaltung
bestünden schließlich nicht aus Gesetzen und Verordnungen oder formalen Strukturen, sondern aus "Handlungsmustern in verschiedenen Situationen" (1926: 7).

Bei anderen Gelegenheiten verweist Merriam auf die Beobachtung von Regelmäs-
sigkeiten des politischen Prozesses als einer wichtigen Aufgabe der Politikwissenschaft (Merriam 1922). Eines der Haupthindernisse für die Verwirklichung der
"New Science of Politics" liege in der Abwesenheit kontrollierter Experimente
begründet. Es seien jedoch durch wiederholte Beobachtung wiederkehrender Prozesse und Verhaltensweisen auch in der Politikwissenschaft Hypothesentests vorstellbar (Merriam et al. 1923: 289). Phantasie und Präzision müßten hierbei
Hand in Hand gehen (ebda.: S. 294).

Eine genaue Messung und quantitative Bestimmung politischer Verhaltensphäno-
mene hielten auch die Teilnehmer der "Third National Conference on the Science
of Politics", die im September 1925 in New York tagte, für möglich (vgl. Report 1926: 125). Auf die Analyse von Verhaltensaspekten bei der Erforschung politischer Phänomene stellt schließlich der vom psychologischen Behaviorismus
stark beeinflußte George Catlin (1927: 255) ab, von dem der kohärenteste Pro-

grammentwurf einer politischen Verhaltensforschung stammt (Catlin 1930: 41).
Stärker als Merriam betont Catlin hierbei den theoretischen Charakter einer
nach Verhaltensregelmäßigkeiten suchenden Politikwissenschaft, die er als "Gesetzeswissenschaft" kennzeichnet, mit deren Hilfe allgemeine und verifizierba-
re Aussagen aufgestellt werden könnten (Catlin 1930: 19 - 23). Eine so ver-
standene Politikforschung, in deren Mittelpunkt analog zum "homo oeconomicus"
der Wirtschaftswissenschaft der "homo politicus" stünde, sei nichts anderes
als eine "Naturwissenschaft der menschlichen Dinge" (1930: 44; für einen ähnlichen Standpunkt vgl. auch Rice 1928: 20 f.).

Doch zurück zu Merriam, der im Gegensatz zu Catlin oder Rice zwar ein methodologischer Eklektiker war, dem es mehr auf Substanz als auf methodischen Puris-
mus ankam, der jedoch kraft seines Organisationstalents, seiner Überzeugungs-
fähigkeit und der schulenbildenden Integrationskraft seiner Persönlichkeit die
Entwicklung der amerikanischen Politikwissenschaft nachhaltiger beeinflußte
als Catlin, Rice und Munro (vgl. Karl 1974).

Merriam war stets eher ein Programmatiker und genialer Organisator der "New
Science of Politics-Bewegung" als ihr Vollstrecker; in seinen substantiellen
Schriften argumentierte er häufig stärker impressionistisch als systematisch;
seine Bücher enthielten mehr "politische Literatur als politische Theorie", so
Arnold Bennett Hall, einer seiner frühesten Schüler (zitiert nach Karl 1974:
114), und seine Wissenschaftstheorie war eine Art "Positivismus zweiter Hand"
(Crick), der stark von pragmatischen Elementen und Einflüssen des symbolischen
Interaktionismus durchsetzt war. Zum Beispiel betonte der symbolische Interaktionismus George Herbert Meads die Notwendigkeit der empirischen Erfassung der
Persönlichkeit; der Pragmatismus eines William James und John Deweys unter-
strich die Fruchtbarkeit deskriptiven Vorgehens und die Trennung von Tatsachen-
und Wertaussagen, die auch von Merriam gefordert wurde (vgl. Crick 1959: 158).
Ideen und Handlungen können nach Ansicht des Pragmatismus nur durch ihre Konsequenzen, nicht jedoch durch ihre Übereinstimmung mit anderen Ideen legitimiert werden, eine Vorstellung, die - soweit erkennbar - auch von Merriam geteilt wurde (vgl. Smith et al. 1976).

Die New Science of Politics-Bewegung wurde 1921 von Merriam mit seinem oben
zitierten Aufsatz über den Stand der Politikwissenschaft eingeleitet; er stieß
mit seinen Ausführungen in der Disziplin auf soviel Widerhall, daß noch im
gleichen Jahr ein APSA-Committee on Political Research gegründet wurde, zu

dessen Vorsitzendem Merriam selbst bestellt wurde (vgl. Merriam et al. 1922).
Der Bericht des Ausschusses führte zur Abhaltung von insgesamt drei "National
Conferences on the Science of Politics", die 1923 in Madison, Wisconsin, 1924
in Chicago und 1925 in New York unter der Leitung von Arnold Bennett Hall,
des bereits erwähnten frühen Merriam-Schülers und Robert T. Crane, eines Anhän-
gers stärker grundlagenorientierter Forschung, stattfanden. Leiter der Arbeits-
gruppe "Psychologie und Politikwissenschaft" war auf der ersten Tagung Merriam
selbst; auf der zweiten Tagung wurde er in dieser Funktion von dem Psychologen
L.L. Thurstone abgelöst. Kennzeichnend für den Geist der Konferenzen war, daß
auf dem 1924 stattfindenden zweiten Treffen alle Arbeitsgruppen darauf drängten, mindestens einen Psychologen und einen Statistiker an ihren Sitzungen teilnehmen zu lassen (Report 1925).

Etwa zur gleichen Zeit wurde der bereits im vorhergehenden Kapitel erwähnte
Social Science Research Council auf Vorschlag Merriams (vgl. Merriam et al.
1923) nach Überwindung mancher Hindernisse in den Jahren 1923 und 1924 gegründet. Eine wichtige Bedingung für die Schaffung und den raschen Erfolg des
SSRC war die Abneigung vieler Stiftungen und Philanthropen, einzelne Wissenschaftler zu fördern. Merriam erkannte sehr klar, daß ohne großzügige Förderung das Forschungsprogramm der New Science-Bewegung nicht durchgeführt werden könnte. Der SSRC sollte die hierfür erforderlichen organisatorischen Voraussetzungen schaffen. Neben Politikwissenschaftlern waren in ihm auch Psychologen, Soziologen, Anthropologen und Wirtschaftswissenschaftler sowie später
noch Historiker beteiligt. Nach dem 2. Weltkrieg sollte der SSRC, wie schon
an einer früheren Stelle der Arbeit erwähnt, ein wichtiges Instrument zur Vorbereitung und Förderung des behavioralistischen Ansatzes in den Sozialwissenschaften, insbesondere in der Politikwissenschaft, werden. Zum ersten Vorsitzenden wurde niemand anders gewählt als Charles E. Merriam.

Eines der größten Talente Merriams war seine Fähigkeit, Forschungsgelder lok-
ker zu machen. Hierbei half ihm seine Freundschaft mit einem der wichtigsten
Männer der Rockefeller-Foundation, Beardsley Ruml (vgl. Karl 1974: 134). Ein
Ergebnis dieser Freundschaft und natürlich auch Merriams beträchtlicher persön-
licher Überzeugungskraft war die jahrzehntelange Unterstützung des SSRC aus
Rockefeller-Mitteln. Das SSRC wirkte dabei als Verteiler von Stiftungsgeldern
an einzelne Wissenschaftler und Forschungsinstitute. Karl (1974: 135 f.) nennt
eine Summe von vier Millionen Dollar, die auf diese Weise, vor allem gespeist
aus Zuwendungen der Russel Sage Foundation, der Rockefeller Foundation und

der Carnegie Corporation, innerhalb von zehn Jahren nach Gründung des SSRC zur
Förderung sozialwissenschaftlicher Forschungsprojekte ausgeschüttet worden sei.
Ferner wurde in den Jahren 1926 und 1927 ein Committee on Scientific Method
durch den SSRC eingerichtet, aus dem das von Stuart Rice herausgegebene Kom-
pendium "Methods in Social Science - A Case Book" (1931) hervorwuchs, die
meines Wissens erste Sammlung von Vorgehensweisen und Anwendungen der "New
Science" auf die verschiedenen Teilgebiete der Sozialforschung.

Für das Aufkommen des Behavioralismus nach 1945 vermutlich nicht weniger bedeutsam als die Gründung des SSRC war die Tätigkeit Charles E. Merriams an der
University of Chicago, wo er 1923 zum Vorsitzenden des Departments of Political Science ernannt wurde. Er erreichte schon bald den Ausbau der politikwissenschaftlichen Abteilung und verpflichtete unter anderem Quincy Wright sowie
später seine besten Doktoranden, darunter Harold D. Lasswell, Frederick Schu-
mann und Harold F. Gosnell, an sein Department. Barry D. Karl (1974: 145)
berichtet, daß Merriam das Department als eine Gemeinschaft von Forschern betrachtete, die alle demselben Ziel dienten: der Untersuchung der politischen
Sphäre mit wissenschaftlichen Methoden und gesellschaftsreformerischen Vorzeichen. Seine Studenten und Mitarbeiter förderte Merriam in außerordentlichem
Maße und kümmerte sich selbst um Probleme im privaten Bereich; dadurch schuf
er eine Art Familiensinn unter den Angehörigen des Departments, der sicherlich die Entstehung der "Chicago-Schule" begünstigte.

Den Beginn der Chicago-Schule setzt Karl (1974) mit der Publikation von "Non-
Voting" (1924) an, das von Merriam und Harold F. Gosnell gemeinsam verfaßt
worden war. Als erste politikwissenschaftliche Untersuchung überhaupt verwendete es die Techniken der Zufallsstichprobe und der Attributenstatistik; es
verband die Reformorientierung der Verfasser mit den Vorgehensweisen der New
Science of Politics-Bewegung, blieb dabei aber weitgehend atheoretisch (vgl.
Merriam & Gosnell 1924); die verwendete Statistik bewegte sich - etwa im Gegensatz zu dem 1942 publizierten Buch Gosnells über "Grass Root Politics",
wo bereits Partialkorrelationen und Faktorenanalysen berechnet wurden - auf
einem relativ niedrigen Niveau.

"Non-Voting" war eine Untersuchung der Stimmbeteiligung in Chicago, auf das
sich auch spätere Arbeiten der Merriam-Schule häufig bezogen. Diese Konzentration auf den lokalen Kontext ist einerseits auf forschungspraktische Erwägungen,
andererseits auf die kommunalpolitische Tätigkeit Merriams - er bekleidete

während der zwanziger Jahre mehrere politische Ämter in der Stadtverwaltung
von Chicago - sowie auf die Zusammenarbeit Merriams und Leonhard D. Whites
im Local Community Research Committee mit Angehörigen der soziologischen
Chicago-Schule und Ökonomen zurückzuführen (vgl. Karl 1974: 152).

Die University of Chicago avancierte während der Blütezeit der beiden Schulen,
neben denen die gleichfalls sehr angesehene sozialpsychologische Chicago-Schule Herbert Meads räumlich und sachlich unmittelbar benachbart ihre einflußrei-
che Tätigkeit ausübte, zu einem der führenden Zentren sozialwissenschaftlicher
Forschung und Ausbildung in den Vereinigten Staaten, von dem sich eine Reihe
der besten Studenten des Landes angezogen fühlte. Auf die Wertschätzung, die
die politikwissenschaftliche Chicago-Schule vor dem 2. Weltkrieg genoß, deutet
auch das Abschneiden ihrer wichtigsten Vertreter bei der Kürung der Spitzenpo-
litologen vor 1945 in der Erhebung von Somit & Tanenhaus (1964: 66) hin: Charles E. Merriam und Harold D. Lasswell nahmen mit großem Abstand die beiden
Spitzenplätze vor ihrem ebenfalls in Chicago beheimateten Kollegen Leonhard D.
White ein; weitere Mitglieder der Chicago-Schule unter den 17 Auserkorenen waren Quincy Wright als 9. und Harold F. Gosnell als 17.

Unter den rund achtzig zwischen 1920 und 1940 in der politikwissenschaftlichen
Abteilung der University of Chicago promovierten Doktoranden waren die später
in der behavioralistischen Bewegung so herausragenden Harold D. Lasswell (Ph.D.
1926), V.O.Key (1934), Gabriel Almond (1938), David Truman (1939) und Herbert A. Simon (1943), um nur diejenigen zu nennen, die unter die siebzehn Unsterblichen der politikwissenschaftlichen Ruhmeshalle von 1963 gelangten (vgl.
Irish 1968: 15 f.). Andere prominente Behavioralisten, die ihr Doktorat in
Chicago ablegten, sind Alfred de Grazia und Ithiel de Sola Pool. Alleine diese
(unvollständige!) Aufzählung weist auf die intellektuelle Bedeutung der Chicago-
Schule für die amerikanische Politikwissenschaft der Gegenwart hin.

Eulau (1976) bezeichnet die Jahre nach dem 2. Weltkrieg als die Phase des stärksten Einflusses der Chicago-Schule, und in der Tat wurde die erste behavioralistische Welle weitgehend von ehemaligen Angehörigen des Departments of Political
Science der University of Chicago getragen: von Herbert A. Simon, C. Herman
Pritchett, V.O. Key, Jr., Gabriel Almond, David Truman und Harold D. Lasswell. Fast die gesamte frühbehavioralistische Literatur der Jahre 1947 - 1951
wurde von Forschern veröffentlicht, die ihre wissenschaftliche Ausbildung in
Chicago unter Merriam, Lasswell, Gosnell oder Leonhard D. White erhalten

hatten und auf diese Weise direkt mit der "New Science of Politics" verbunden waren (vgl. auch Irish 1968).

Soweit der Versuch der New Science-Bewegung, durch eine "Rückbesinnung" auf die wissenschaftlichen Ambitionen der Gründungsphase und des Realismus die amerikanische Politikwissenschaft umzuorientieren, ein Versuch, der vor dem 2. Weltkrieg nicht von Erfolg gekrönt war, wie wir heute wissen. Das Programm der New Science of Politics war so vielgestaltig wie das des Behavioralismus dreißig Jahre später; im Kern war es jedoch atheoretisch, auf Anwendung ausgerichtet und einem naiven Empirismus verpflichtet, der die Fakten aus sich selbst heraus sprechen lassen wollte (Somit & Tanenhaus 1967). Dadurch unterscheidet es sich von der Wissenschaftsauffassung des Behavioralismus, der das Ideal eines theoretisch orientierten Empirismus zugrundeliegt, beträchtlich, obwohl die Ähnlichkeiten und der Vorläufercharakter der New Science-Bewegung für den Behavioralismus unverkennbar sind und die geistige Ahnenschaft der Chicago-Schule für die moderne Politikwissenschaft außer Frage steht.

Auf der Habenseite hat der Reformversuch Merriams und seiner Mitstreiter kurzfristig einen Klimawechsel in der amerikanischen Politikwissenschaft zu verzeichnen, der jedoch bereits Ende der zwanziger Jahre einer gegenreformatorischen Strömung, die eher den pädagogischen Aspekt der Politikwissenschaft betonte, Platz machte. Auch entstanden einige heute noch lesenswerte Arbeiten im Geiste der neuen Strömung, so von Stuart Rice "Farmers and Workers in American Politics" (1924), von Gosnell "Getting out the Vote" (1927), eines der wenigen politikwissenschaftlichen Feldexperimente und seine bereits erwähnte Untersuchung "Grass Root Politics" (1942). Der eigentliche Ertrag der Bewegung sollte erst nach 1945 heranreifen, wenn man vom Werk Harold D. Lasswells absieht, dem wir uns im folgenden kurz widmen wollen, bevor wir auf die Kritik an der New Science of Politics eingehen.

3.4.2. Die Bedeutung Harold D. Lasswells

Lasswell war nach Ansicht Heinz Eulaus (1968c: 3 ff.) während der späten zwanziger und der gesamten dreißiger Jahre der kompromißloseste und für die traditionelle Politikwissenschaft bedrohlichste Verfechter der "behavioralistischen Revolution", die damals noch auf einen Campus beschränkt gewesen sei: die University of Chicago. Man muß nicht mit Eulaus Gleichsetzung der Chicago-Schule mit der späteren behavioralistischen Bewegung einverstanden sein - ich habe

weiter oben die Unterschiede zwischen den beiden Strömungen herauszuarbeiten
versucht und werde am Ende dieses Kapitels nochmals näher darauf eingehen -,
um seiner Einschätzung der Bedeutung Harold D. Lasswells beipflichten zu
können.

Eulau schildert Lasswell als Wegbereiter der amerikanischen Nachkriegspolitik-
wissenschaft, in dessen frühem Werk bereits die meisten Vorstellungen des Behavioralismus angelegt gewesen seien: das Interesse an der Systemtheorie, der
funktionalen Analyse politischer Prozesse, der Untersuchung von Rollenverhal-
ten, der Aufschlüsselung symbolischen politischen Verhaltens und der wissenschaftlichen Vorbereitung der praktischen Politik. Darüber hinaus beschäftigte
sich Lasswell mit einer Reihe methodischer Fragen, etwa der quantitativen Inhaltsanalyse, der teilnehmenden Beobachtung, des objektivierenden Interviews
und der experimentellen Erforschung politischer Phänomene. "Viele Politikwissenschaftler hätten sich eine Menge Arbeit sparen können, wenn sie seinen Bot-
schaften mehr Aufmerksamkeit gewidmet hätten." (Eulau 1968c: 4).

Im Gegensatz zu den meisten Behavioralisten, so Eulau in seiner Eloge weiter, habe sich Lasswell intensiv mit den philosophischen Grundlagen seiner
theoretischen, methodologischen und substantiellen Untersuchungen befaßt.
Ja, die einzige durchgängige und konsistente Beschäftigung mit den methodologischen Problemen der empirischen Politikwissenschaft vor 1950 sei, wenn
auch in zahlreichen Aufsätzen und Büchern verstreut, in den Schriften Lasswells zu finden (Eulau 1958: 229). Bereits in seinem ersten größeren Werk,
"Psychopathology and Politics" (1930) sprach Lasswell "das mühselige Problem
der Beziehung zwischen der Erforschung des Individuums und der Erforschung der
Gesellschaft" an (Lasswell 1930: 240; hier zitiert nach Eulau 1968c: 7); d.h.
schon damals warf er die Frage auf, wie unsere Kenntnisse über individuelles
Verhalten für das Verständnis sozialer Systeme nutzbar gemacht werden können,
ein Problem, das erst jetzt mit Hilfe der mehrebenenanalytischen Betrachtungsweise intensiver angegangen wird (vgl. Falter 1978).

Besondere Bedeutung im Lichte der Fragestellung dieser Arbeit erhält Lasswells
Begründung der Verwendung quantitativer Verfahren. Er geht damit über das übliche Präzisionsargument hinaus: Die quantitative Betrachtungsweise lenke die Aufmerksamkeit des Forschers auf Ereignisse, die sich oft genug wiederholten, um
die Annahme einer allgemeinen Regelmäßigkeit zu fördern. Damit andere Wissenschaftler vergleichbare Phänomene identifizieren könnten, müßten diese Ereig-

nisse operational definiert werden (vgl. Lasswell 1930: 251 sowie Eulau 1968c: 16). Das Schwergewicht, das Lasswell auf quantitative Methoden legte, schlug sich in seinen Inhaltsanalysen der Propaganda des 2. Weltkriegs und der Wertvorstellungen politischer Eliten nieder, d.h. in Studien von beträchtlicher Vorbildwirkung, durch die eine Reihe weiterer inhaltsanalytischer Untersuchungen angeregt wurde, so z.B. über den Ausbruch des 1. Weltkriegs (North et al. 1963; Holsti et al. 1968), über die amerikanische Presse am Vorabende der Unabhängigkeitserklärung (Merritt 1966) oder über die Entwicklungsgeschichte der Federalist Papers (Mosteller & Wallace 1964), um nur ganz wenige unter den Hunderten von Nachfolgestudien zu nennen.

Lasswell hat jedoch die behavioralistische Politikwissenschaft nicht nur durch seine Betonung quantitativer Verfahrensweisen, sondern auch durch seine Untersuchungen zur politischen Persönlichkeit und seine Bemühungen um die Erarbeitung eines theoretischen Bezugsrahmens für die Politikforschung, in dessen Zentrum die Kategorie der Macht steht, beeinflußt. In seiner bereits erwähnten frühen Studie "Psychopathology and Politics" (1935) übertrug er Konzepte und Verfahren der Psychoanalyse auf die Erforschung politischen Verhaltens und die Untersuchung des Einflusses von neurotischen Aspekten der Persönlichkeit auf das politische Leben. Für den Behavioralismus waren diese Veröffentlichungen weniger durch die Anlehnung Lasswells an die Psychologie Sigmund Freuds als durch seine Konzentration auf das Individuum und seine Persönlichkeitsmerkmale wichtig.

Einen theoretischen Bezugsrahmen für die empirische Erforschung politischer Phänomene entwickelte Lasswell in seinem wohl am häufigsten zitierten Werk "Politics: Who Gets What, When, How" (1936). Er behandelt hierin die Politikwissenschaft als eine eigenständige Disziplin, die zwar interdisziplinär vorgehen müsse, jedoch nicht auf angewandte Psychologie reduziert werden dürfe. Als Gegenstand weist er der politikwissenschaftlichen Forschung die auf sozialen Einflußprozessen beruhenden Veränderungen in der Form und der Zusammensetzung von gesellschaftlichen Wertmustern zu. Die zentralen Konzepte, die die politikwissenschaftliche Forschung leiteten, seien daher "Werte" und "Macht", deren wechselseitigen Beziehungen vom Politikwissenschaftler zu analysieren seien. Aufgabe der Forschung sei es mithin, zu zeigen, "wer was wie und wann bekommt" (Lasswell 1936; 1958: 181 ff.).

In "Politics" geht Lasswell nach Ansicht David Eastons (1953: 119 ff.) zwar auf die Frage ein, wie soziale Werte, d.h. in erster Linie Ansehen, Wohlstand und Sicherheit, zu denen sich später noch moralische Verantwortlichkeit, Fähigkeit, Aufgeklärtheit und Affektion gesellen sollten (vgl. Lasswell 1958: 202), erworben werden - das bedeutet, wann und wie bestimmte Gruppen, die Eliten, Anteile an den Werten erringen; Lasswell geht jedoch nicht auf die Verteilungsaspekte allgemein ein. Eastons inzwischen wohl generell akzeptierter Ansicht zufolge läßt Lasswell die vom Behavioralismus bevorzugt untersuchten Massenaspekte in seiner Konzeption des Politischen von 1936 zugunsten der oligarchischen Aspekte außer acht (Easton 1953: 121).

Von großer Bedeutung für die Entwicklung des Behavioralismus war Lasswells Analyse ferner wegen ihrer Betonung der Machtkategorie und der Notwendigkeit theoretischer Dimensionierung der empirischen Forschung. Die Frühphase der behavioralistischen "Revolution" war denn auch durch eine Reihe von Macht- und Eliteuntersuchungen gekennzeichnet, die allerdings längerfristig nicht mit der gleichen Intensität weiterverfolgt worden sind. Lasswells eigener, zusammen mit Abraham Kaplan unternommener Versuch einer Kodifizierung von Hypothesen zum Machtkonzept ("Power and Society", 1950) gilt zwar als eine wichtige behavioralistische Stellungnahme; die empirische Forschung blieb jedoch, entgegen den Intentionen des Werkes, weitgehend davon unbeeinflußt.

Den Exkurs über Lasswell abschließend möchte ich meine im vorangegangenen Kapitel eher am Rande aufgestellte Behauptung, Lasswell sei zwar einer der wichtigsten Vorkämpfer und Wegbereiter des Behavioralismus gewesen, aber nicht zu dessen Hauptströmung zu zählen, kurz begründen. Diese Bemerkung bezieht sich auf das Gesamtwerk Lasswells, also auch auf die frühen und späten Veröffentlichungen. Die Publikationen Lasswells während der zwanziger und dreißiger Jahre sind durch ihre Anlehnung an psychoanalytische Vorbilder geprägt; die von Lasswell gewählten Titel "Psychopathology and Politics" (1930) und "World Politics and Personal Insecurity" (1935) unterstreichen das. Diese Verwendung psychoanalytischer Konzepte und Vorgehensweisen verträgt sich jedoch nur schwer mit der behavioralistischen Auffassung von der intellektuellen Nachvollziehbarkeit und empirischen Überprüfbarkeit aller verwendeten Konzepte und Verfahren. Psychoanalytische Konstrukte sind im allgemeinen weder ausreichend operationalisiert noch hinreichend validiert. Insbesondere leidet die Psychoanalyse unter dem mangelhaften Ausschluß real möglicher Fälle durch ihre Hypothesen; eine Falsifikation vieler ihrer Aussagen ist daher praktisch unmöglich (vgl. Eysenck 1953: 221 ff.; 1974/75; Popper 1974: 999 ff.).

Psychoanalytische Theorien mögen zwar richtig sein, mit der vom Behavioralismus vertretenen Methodologie sind sie jedoch größtenteils unvereinbar
und daher aus behavioralistischer Sicht unakzeptabel. Lasswell fand denn auch
nur wenige Nachfolger für seine Persönlichkeitsuntersuchungen im behavioralistischen Lager; die beiden wichtigsten sind Robert E. Lane (1962; 1972) und
James Barber (1965), die in ihren Untersuchungen der politischen Persönlichkeit jedoch insgesamt weniger dem freudianischen Ansatz verpflichtet sind als
Lasswell.

In seinen späten, nach 1950 verfaßten Schriften betont Lasswell immer wieder
die Notwendigkeit angewandter, auf Fragen der praktischen Politik bezogenen
Wissenschaft (Lasswell 1956; 1964). Er unterscheidet sich hierin ebenfalls von
der behavioralistischen Hauptströmung, die - wie wir gesehen haben - stärker auf Grundlagenforschung abstellt. Die Lasswellsche Konzeption einer
"Policy Science" setzt eine Verbindung von zielvorgebender politischer Philosophie und mittelorientierter Politikforschung voraus, eine Kombination, die
auch während der "postbehavioralistischen Revolte" der späten sechziger Jahre
propagiert worden ist (vgl. Easton 1969; Haas & Becker 1970); sie widerspricht
behavioralistischen Vorstellungen zwar im Prinzip nicht, deckt sich aber auch
nicht vollständig mit ihnen.

Wegen dieser Unterschiede, der Verwendung psychoanalytischer Konzepte und
Verfahren und der starken Anwendungsorientiertheit, sollte Lasswell m.E. zwar
als Vorläufer oder als "Speerspitze" (Eulau) des Behavioralismus, nicht jedoch
als Behavioralist im engeren Sinne angesehen werden.

3.5. DIE KRITIK DER NEW SCIENCE OF POLITICS: POLITIK ALS STAATSBÜRGERKUNDE (1930 - 1945)

Die Anhänger der New Science of Politics-Bewegung verstanden sich als Träger
einer Reformbewegung; kaum eine Reform bleibt jedoch ohne eine Gegenreforma-
tion: Bereits gegen Ende der zwanziger Jahre begann sich die Kritik an den
Doktrinen der Chicago-Schule und ihrer an anderen Universitäten lehrenden Ge-
folgsleute unüberhörbar zu regen. Sie wurde von so angesehenen Gelehrten wie
Charles A. Beard, Edward S. Corwin und W.Y. Elliott formuliert, die gegenüber der Möglichkeit einer nach naturwissenschaftlichem oder behavioristisch-
psychologischem Muster vorgehenden Politikwissenschaft äußerst skeptisch eingestellt waren.

Politologie könne niemals zu einer (Natur)Wissenschaft des Politischen werden,
so Charles A. Beard, einer der bekanntesten amerikanischen Historiker und Politikwissenschaftler seiner Zeit, der nach dem Kriegseintritt der Vereinigten
Staaten 1917 aus Protest gegen die damit verbundenen Einschränkungen der akademischen Freiheit seinen Lehrstuhl an der Columbia University aufgegeben hatte
und als Privatgelehrter außerhalb New Yorks lebte. Falls eine solche Verwissenschaftlichung wider Erwarten doch gelingen sollte, wäre dies nicht unbedingt
wünschenswert. Der Versuch, auf dem Gebiet der Politik wissenschaftliche Prognosen zu liefern, sei von vornherein zum Scheitern verurteilt, da politische
Phänomene ständig im Wandel begriffen seien. Voraussagen zu wollen, welcher
von zwei Kandidaten bei einer anstehenden Wahl die meisten Stimmen auf sich
vereinigen werde, münde in reines Raten; die Chance einer richtigen Prognose
sei dabei 1:1 000 (Beard 1929: 274). Was überhaupt nur im Bereich des Politischen möglich sei, sei intelligente Reflexion und der Einsatz der "sokratischen
dialektischen Methode".

Die von der New Science-Bewegung geforderte reine Beschreibung von Tatsachen
sei undurchführbar, da die politische Realität sich nicht ohne philosophische
Implikationen erfassen lassen (S. 272). Auch seien in der Politik stets emotionale und intellektuelle Unwägbarkeiten beteiligt, die sich mit logischen und
statistischen Mitteln nicht erschließen ließen. Ferner sei der Glaube irrig,
mit Hilfe von Logik und Statistik die Politische Wissenschaft objektivieren zu
können; dafür ließen sich Logik und Statistik allzusehr zurechtbiegen (S. 285).
Ganz abgesehen davon seien einige der wichtigsten sozialwissenschaftlichen Entdeckungen der Brillanz einzelner Forscher und nicht der Anhäufung von Daten zu
verdanken.

Angesichts dieser Einwände, die übrigens im Falle der politikwissenschaftlichen
Prognose von Wahlverhalten sehr bald durch die Entwicklung von Massenbefragung
und Zufallsstichprobe widerlegt werden sollten, ist Beards Abqualifizierung
der empirisch-quantitativen Politikwissenschaft kaum verwunderlich: Es habe
zwei Typen von Politikwissenschaftlern in der Vergangenheit gegeben, solche,
die einen Zustand möglichst genau und unparteiisch beschreiben wollten und solche, deren Anliegen es gewesen sei, einen Zustand zu kritisieren oder zu legitimieren; die mit Abstand wichtigeren politikwissenschaftlichen Werke stammten
von letzteren (Beard 1929: 270).

Ähnlicher Argumente, die sich auf die Natur des politikwissenschaftlichen Gegen-

standsbereichs beziehen, bediente sich der an der Harvard University lehrende
W.Y. Elliott (1928; 1931). Er hielt den Versuchen, eine politische Gesetzeswissenschaft nach Art des psychologischen Behaviorismus zu entwickeln, entgegen, daß politische Gegenstände den Charakter des Einmaligen besäßen. Geschichte wiederhole sich nicht; deswegen gebe es zwar Ähnlichkeiten zwischen Personen, Institutionen oder Regimen, aber keine Uniformität oder gar Identität.

Ferner seien deterministische Gesetzesaussagen wegen des freien Willens und des
zweckhaften Handelns der beteiligten Personen auf den Bereich des Politischen
nicht anwendbar. Politikwissenschaft ließe sich aus diesem Grunde nur als eine
klassifikatorische Wissenschaft betreiben, die sich mit den Regierungsformen
und den politischen Verbänden befasse (Elliott 1931: 79). Tatsächlich stelle
sie eine Verbindung von politischer Philosophie und politischer Wissenschaft im
engeren Sinne dar; als theoretische Disziplin beschäftige sich Politikwissenschaft mit ethischen Prinzipien und der Kritik an den durch die Institutionen
verkörperten Werten; als empirische Wissenschaft befasse sie sich zwar auch mit
Regelmäßigkeiten, aber nur soweit sich die Fakten dazu hergäben. Von den empirischen Studien, die sich möglichst auf das institutionalisierte Verhalten in bestimmten Gruppen mit einer vorgegebenen politischen Orientierung beschränken
und die Untersuchung von Individuen der Psychologie überlassen sollten, müsse
man Wertbewußtsein verlangen, denn oft genug würden Werte unkritisch und unbemerkt in empirische Untersuchungen eingeschmuggelt (Elliott 1931: 89 f.).

Elliott wendet sich in seinem insgesamt sehr maßvollen Artikel vor allem gegen
eine nach behavioristisch-psychologischem Muster vorgehende Politikwissenschaft.
Allerdings ist er, vermutlich aufgrund einer nachträglichen Überarbeitung seiner
Ausführungen in Antwort auf einige kommentierende Anmerkungen G.E.C. Catlins (1931: 92 - 94), in seiner Kritik nicht sehr kohärent. So gibt er eingangs
zustimmend das ontologische Standardargument gegen eine erfahrungswissenschaftlich orientierte Politikforschung wieder: die historische Einmaligkeit der politischen Ereignisse und die Existenz eines freien Willens machten eine empirische Gesetzeswissenschaft des Politischen unmöglich, um später selbst von den
(wenn auch begrenzten, so doch immerhin vorhandenen) Möglichkeiten einer politischen Verhaltensforschung im Sinne der New Science-Position zu sprechen
(S. 87).

Ein weiterer prominenter Kritiker dieser Auffassung, Edward S. Corwin (1929),
führt die New Science of Politics unmittelbar auf das Vorbild der behavioristi-

schen Psychologie zurück. Es liege ihrem Programm folgende Annahme zugrunde:
Wenn es gelänge, menschliches Verhalten zu messen, so müsse das auch mit seinen politischen Aspekten möglich sein (Corwin 1929: 570). Zurückzuverfolgen
sei diese Auffassung bis zu Graham Wallas, der in seiner Studie "Human Nature
in Politics" (1908; lt. Corwin 1909) die Erforschung der politischen Persönlichkeit unter Verwendung quantitativer Methoden propagiert hatte; Politikwissenschaft könne Wallas zufolge nur so zu einer "richtigen Wissenschaft"
werden (Corwin 1929: 582).

Die Hauptschwierigkeit einer Verwissenschaftlichung der Politikforschung liege
jedoch in dem Problem, daß sich kaum Versuche durchführen ließen, da im politischen Bereich nicht beliebig experimentelle Situationen hergestellt werden
könnten. Man müsse vielmehr natürliche Entwicklungen abwarten, bei denen sich
jedoch üblicherweise nicht nur ein einziger Faktor wie im psychologischen oder
naturwissenschaftlichen Experiment, sondern ganze Faktorenbündel veränderten.
Die für wichtig erachteten Variablen ließen sich daher praktisch niemals iso-
lieren (S. 588).

Bis zu diesem Punkt kann Corwin vermutlich jeder Vertreter einer New Science
of Politics zustimmen; Corwin überschätzt allerdings die Notwendigkeit von
Experimenten für die Durchführung des Programms der Chicago-Schule, Catlins
oder Munros. Er geht dann auf die bisherigen wissenschaftlichen Leistungen der
New Science ein, die sich vor allem in statistischen Studien auf dem Gebiet
der "politischen behavioristischen Psychologie" niedergeschlagen hätten.
Corwin bestreitet den Verfassern dieser Untersuchungen nicht die methodische
Kompetenz, wohl aber den von ihnen erarbeiteten Ergebnissen die Relevanz. Das
Methodenarsenal der politischen Verhaltensforschung werde hauptsächlich um
seiner selbst willen eingesetzt; die Probleme, die damit untersucht würden,
seien alles andere als weltbewegend; und die Ergebnisse, die sie zustandege-
bracht hätten, wären auch mit dem Einsatz des gesunden Menschenverstandes
zu erzielen gewesen (S. 588 f.).

Corwin fragt dann weiter, warum die empirische Politikwissenschaft angesichts
ihrer öffentlich eingestandenen Unfähigkeit, gleichzeitig beschreibend und
wertend vorzugehen, ihre Zeit damit verbringen solle, Stereotypen zu messen,
die der öffentlichen Meinung durch andere eingepflanzt worden seien, wenn sie
selber solche Stereotypen implementieren könne. Warum solle die Politikwissenschaft ihren normativen Kuchen für ein empirisches Linsengericht (mess of

potage) aufgeben, oder, anders formuliert: mit welchem Recht solle der Gesellschaft ihr wissenschaftlich ausgebildetes Gewissen entzogen werden? (Corwin 1929: 590 f.)

Hauptaufgabe der Politikwissenschaft sei staatsbürgerliche Erziehung in normativer Absicht. Angesichts der Blindheit der Nachbarwissenschaften gegenüber ethischen Problemen sei es nicht einzusehen, warum es noch eine weitere, auf die Politik bezogene Naturwissenschaft geben solle. Die einzige Hoffnung, die sich die "new political science" machen könne, so Corwin abschließend in einer Zitierung André Siegfrieds, sei die Tendenz der Amerikaner, stets alles zu akzeptieren, von dem sie annähmen, daß es Wissenschaft darstelle (Corwin 1929: 591).

Unter dem Eindruck dieser Kritik und dem Einfluß der einsetzenden Weltwirtschaftskrise mit ihrer Arbeitslosigkeit und den damit verbundenen sozialen und politischen Problemen ebbte die Welle der New Science of Politics gegen Ende der zwanziger Jahre merklich ab. Die dreißiger Jahre waren geprägt von der auf staatsbürgerliche Erziehung und Politikberatung ausgerichteten Gegenströmung zur New Science-Bewegung, deren wichtigster Sprecher Thomas H. Reed war. Die 1930 erfolgende Einsetzung eines APSA-Committees on Policy unter seiner Leitung symbolisiert diese neuerliche Tendenzwende der amerikanischen Politikwissenschaft während der Zwischenkriegsjahre.

Eine von Somit & Tanenhaus (1967: 128) vorgenommene Auszählung von Aufsätzen unterschiedlicher Orientierung, die zwischen 1921 und 1935 in der APSR erschienen waren, illustriert den Rückgang der New Science-Bewegung: Zwischen 1921 und 1925 waren nur rund 7% der APSR-Beiträge statistisch-quantitativ im Sinne der New Science of Politics orientiert; zwischen 1926 und 1930 wuchs dieser Anteil auf knapp 14%, um im Zeitraum zwischen 1931 und 1935 wieder auf 10% zu sinken. Im Vergleich mit den fünfziger und vor allem den sechziger und siebziger Jahren wird deutlich, wieviel geringer der Erfolg der New Science-Bewegung gegenüber dem des Behavioralismus gewesen ist.

Durch das Einsetzen des New Deal und die Verschärfung der weltpolitischen Situation während der dreißiger Jahre begünstigt war jetzt politisches Engagement und die Stärkung der Demokratie die Losung des Tages. So beteiligte sich die APSA an der Einrichtung eines Radioprogramms für staatsbürgerliche Erwachsenenbildung mit dem Titel "You and Your Government", das vier Jahre

lang über rund 200 Sendungen hinweg das demokratische Credo während der
besten Sendezeiten über den Äther verbreitete (vgl. Somit & Tanenhaus 1967:
137). Über seine Wirksamkeit darf man angesichts der Ergebnisse der Massen-
kommunikationsforschung wohl eher skeptisch sein.

Bereits 1940 begann sich dann erneuter Widerstand gegen die Konzeption einer
politischen Handlungs- und Erziehungswissenschaft, wie sie von Thomas Reed und
seinen Anhängern propagiert wurde, zu regen; die behavioralistische Bewegung begann, wenn auch vorerst nur als ein sehr zartes Pflänzchen, zu keimen. Benjamin
Lippincott beklagte in einem Aufsatz im Journal of Politics (1940: 125 - 139)
"The Bias of American Political Science". Die amerikanische Politikwissenschaft
zeichne sich nicht nur durch ihr Mittelklassenvorurteil und ihre unkritische Bejahung des Kapitalismus aus, sondern sie sei auch positivistisch orientiert, wolle die Fakten aus sich selber sprechen lassen und lehne ihre theoretische Ver-
knüpfung ab. Dies erkläre ihren insgesamt sehr unbefriedigenden Zustand, der
nur mittels systematischer empirischer Theoriebildung verbessert werden könne.

Lippincott, dem sich 1943 William F. Whyte mit seiner Forderung nach Trennung
von politischer Ethik und empirischer Forschung anschloß, war einer der ersten
Kritiker der traditionellen Politikwissenschaft im Geiste des heraufziehenden
Behavioralismus; seine programmatischen Bemerkungen stellen eine frühe Formulierung behavioralistischer Kernkonzeptionen dar, wie sie zehn Jahre später
von David Easton vorgelegt werden sollten. Damit sind wir wieder an dem Punkte
angelangt, mit dem wir das vorhergehende Kapitel begannen. Ich will die Schilderung der Entwicklung der amerikanischen Politikwissenschaft bis zum Behavioralismus hier abschließen und mich im Rest dieses Kapitels mit der weiter oben
aufgeworfenen Frage beschäftigen, in welchem Ausmaße Positionen des Behavio-
lismus und seiner Alternativen von der Auseinandersetzung um die New Science
of Politics vorweggenommen worden sind.

3.6. FAZIT: DIE (TEILWEISE) VORWEGNAHME DES BEHAVIORALIS-
MUS-STREITS DURCH DIE AUSEINANDERSETZUNGEN UM DIE NEW
SCIENCE OF POLITICS

Die Beantwortung dieser Frage wird durch die Tatsache erschwert, daß es sich
weder beim Behavioralismus noch bei der New Science of Politics-Bewegung um
in sich geschlossene Überzeugungssysteme handelt, sondern um vielgestaltige Er-
scheinungsformen einiger gemeinsamer Kernkonzeptionen. Es ist daher nur mög-

lich, im folgenden auf die Haupttendenzen beider Strömungen und der an ihnen
geübten Kritik einzugehen und Nebenströmungen ohne Langzeitwirkungen, wie sie
wohl Catlins oder Munros Position darstellen, beiseite zu lassen.

Unzweifelhaft wird die Betonung des empirischen Elements, durch das der Behavioralismus zuvörderst charakterisiert ist, bereits durch den politikwissenschaftlichen Realismus und die New Science-Bewegung vorweggenommen. Die allen
gemeinsame Orientierung am Vorbild der Naturwissenschaft wird sogar schon von
Burgess propagiert. Sicherlich liegt dieser Konzeption von Politikwissenschaft
der in den USA stärker als in Europa verbreitete Glaube an die Verwissenschaft-
lichbarkeit und Technisierbarkeit des Politischen zugrunde, wobei dieses szientifische Vorurteil mit der Überzeugung verbunden zu sein pflegt, daß die Verwissenschaftlichung des menschlichen Zusammenlebens zu einer Rationalisierung
und Humanisierung der Gesellschaft führt. Die mit dem Voranschreiten sozialwissenschaftlicher Forschung verbundenen Gefahren einer "Brave New World",
wie sie Aldous Huxley schildert, werden in den Vereinigten Staaten anscheinend
weniger empfunden als in Europa.

Die vom Behavioralismus geforderte Trennung von politischer Philosophie und empirischer Forschung, die Auseinanderhaltung von Tatsachen- und Wertaussagen,
die Betonung der Interdisziplinarität, die Konzentration auf das politische
Verhalten und Aspekte der politischen Persönlichkeit, die Durchführung quanti-
tativ-statistischer Forschung und die Ablehnung legalistischer, institutionalistischer und deduktiv-normativer Vorgehensweisen, dies alles wird bereits von
der New Science-Bewegung vertreten und teilweise auch praktiziert. Gemeinsam
ist ferner den Vertretern der beiden empiristischen, jeweils nach einem Weltkrieg auftretenden Strömungen die implizite (bzw. im Falle Merriams, Lasswells
oder de Sola Pools und Eulaus auch explizite) Bejahung liberaldemokratischer
Werte.

Kein Zweifel, der Behavioralismus wurde vom Realismus und vor allem vom
Empirismus der New Science-Bewegung in vielen Aspekten vorweggenommen oder
zumindest vorbereitet. Sie gleichzusetzen wäre dennoch verfehlt, da sie sich
gerade in zentralen Überzeugungen doch grundlegend unterscheiden. So weist der
Behavioralismus - zumindest programmatisch - nicht den positivistischen Grund-
zug der New Science-Bewegung auf; seine wichtigsten Vertreter sind sich der
Theoriedurchtränktheit ihrer Fakten bewußt; ihre Forderung läuft überdies eher
auf grundlagen- als auf anwendungsorientierte Forschung hinaus; ferner ist der

Behavioralismus nicht, wie die New Science-Bewegung, atheoretisch eingestellt,
sondern streicht immer wieder die Bedeutung systematischer Theoriebildung
heraus. In einem der kommenden Kapitel werden wir endlich sehen, daß der Behavioralismus erheblich weniger mit dem psychologischen Behaviorismus eines
Watson gemeinsam hat als die New Science of Politics. Falls der behavioralistischen Strömung in der Politikwissenschaft überhaupt Anlehnungen an den psychologischen Behaviorismus nachgewiesen werden können, dann an solche des Neo-
behaviorismus Tolmans oder Hulls.

Zusammenfassend läßt sich festhalten, daß zwar der Einfluß der New Science-Bewegung und der Chicago-Schule auf den Behavioralismus unübersehbar ist, daß
aber nicht von einer Identität beider Strömungen ausgegangen werden kann. Der
Behavioralismus stellt eine eigenständige, vor allem durch ihr theoretisches
Element charakterisierte Überzeugung dar, die nicht alleine mit den Argumenten
der zwanziger Jahre kritisiert werden kann.

Bedingt durch die partielle Kontinuität der beteiligten Positionen und die
teilweise Übereinstimmung von Überzeugungen des Behavioralismus und der New
Science-Bewegung werden viele der in den fünfziger und sechziger Jahren gegen
die politische Verhaltensforschung vorgebrachten Argumente in den Auseinandersetzungen der zwanziger Jahre vorweggenommen. Dies gilt vor allem für Wider-
legungsversuche, die sich auf die Natur des politikwissenschaftlichen Gegenstandsbereiches beziehen, d.h. für Argumente, mit denen unter Berufung auf
den freien Willen, die Zweckgerichtetheit politischen Handelns und die historische Einmaligkeit politischer Ereignisse die Unmöglichkeit einer politologischen Gesetzeswissenschaft nachgewiesen werden soll. Auch die Charakterisierung empirischer Politikforschung als trivial taucht bereits während der zwanziger Jahre auf, ebenso die Apostrophierung einer erfahrungswissenschaftlich
vorgehenden Disziplin als unerwünscht und der Hinweis auf unbewußt einge-
schmuggelte Wertpositionen.

Neu an den Auseinandersetzungen der sechziger Jahre ist der Vorwurf des inhärenten Konservativismus behavioralistischer Forschung, durch die der gesellschaftliche und politische Status quo gefestigt werde. So gesehen weist auch die
Kritik am Behavioralismus durchaus eigenständige Züge auf, die teilweise wohl
auf die veränderte politische Situation und teilweise auf eine allgemeine
Linksdrift der amerikanischen Politikwissenschaft während der Auseinandersetzungen der sechziger Jahre zurückzuführen ist.

Zweck dieses Kapitels war es, die Kontinuität und die Diskontinuität der Entwicklung der amerikanischen Politikwissenschaft von den Anfängen bis zum Behavioralismus herauszuarbeiten und dabei die Cricks Buch (1959) zugrundeliegende Hypothese zu überprüfen, der Behavioralismus stelle streng genommen nichts
Neues, sondern lediglich eine Fortführung der Chicago-Schule mit verfeinertem
technischem Instrumentarium dar. Die Darstellung hat, wie ich glaube, zu einer
Zurückweisung dieser Annahme geführt; der Behavioralismus weist durchaus ori-
ginäre Züge auf, die ihn zu einer wissenschaftlichen Bewegung sui generis
machen.

Im folgenden Kapitel will ich auf die wissenschaftssoziologischen Bedingungen
und insbesondere auf die Rolle der großen Stiftungen und des Social Science
Research Council für die Durchsetzung der behavioralistischen Position nach
dem 2. Weltkrieg eingehen.

4. WISSENSCHAFTSSOZIOLOGISCHE BEDINGUNGEN DES BEHAVIORALISTISCHEN ERFOLGS: DIE ROLLE DER STIFTUNGEN UND DES SSRC

In den vorangegangenen beiden Kapiteln über den Verlauf der Behavioralismus-Kontroverse und die Entwicklung der amerikanischen Politikwissenschaft bis zur "behavioralistischen Revolution" wurde eine Reihe von Gründen für die Entstehung der behavioralistischen Überzeugung genannt: die Vorarbeiten durch die New Science-Bewegung und die Chicago-Schule Charles E. Merriams; der Einfluß Harold D. Lasswells vor und während des Zweiten Weltkrieges; die durch die Kriegserfahrung in Beraterstäben und die erhöhten Kontakte mit weiterentwickelten Nachbarwissenschaften genährte Unzufriedenheit mit den Leistungen der eigenen Disziplin; die Vorbildwirkung wichtiger soziologischer und sozialpsychologischer Studien der Nachkriegszeit; der Einstieg der USA in die Weltpolitik und die damit entstehende Nachfrage nach zuverlässigen politikwissenschaftlichen Erkenntnissen; und schließlich die generell höhere Aufgeschlossenheit des kulturellen Klimas der Vereinigten Staaten gegenüber Versuchen einer Verwissenschaftlichung der Regierungstätigkeit.

Als Gründe für den zumindest auf Teilgebieten nicht hinwegzudiskutierenden Erfolg des Behavioralismus wurden unter anderem angeführt: die Aktivität effektiver Führer und fähiger Anhänger; die Veröffentlichung wichtiger Arbeiten behavioralistischen Zuschnitts; und die Wirkung begünstigender Bedingungen, zu denen neben der steigenden Nachfrage von Regierungsstellen nach empirischen Arbeiten nicht zuletzt die Forschungspolitik des Social Science Research Council (SSRC) und die Förderungspolitik der großen philanthropischen Stiftungen zu zählen sind.

Mit ihnen wollen wir uns in diesem Kapitel eingehender beschäftigen, was auf die Bedeutung hinweist, die ich ihrer Aktivität beimesse. Das behavioralistische Forschungsprogramm hätte ohne das Mitwirken der Ford-, der Rockefeller- und der Russel Sage-Foundation sowie der Carnegie Corporation niemals erfolgreich in Angriff genommen werden können. Darüber hinaus versuche ich im vorliegenden Kapitel zu zeigen, daß die Stiftungen nicht nur "mitgemacht", sondern die Entwicklung einer behavioralistisch orientierten Politikwissenschaft in Zusammenarbeit mit dem SSRC teilweise sogar gesteuert haben. Vom Blickwinkel der Stiftungen aus gesehen erscheint die behavioralistische Revolution,

von der auch einige der Nachbardisziplinen erfaßt wurden, als eine Revolution
von oben.

Dieses Bild verzerrt die Realität jedoch meiner Ansicht nach ebensosehr wie die
aus der Perspektive der beteiligten Wissenschaftler verständliche Vorstellung,
es handle sich bei bei der behavioralistischen Revolution um einen primär wis-
senschaftsinternen Vorgang, bei dem die Förderungspolitik der Stiftungen zwar
einen begünstigenden, aber keinen notwendigen Einflußfaktor dargestellt habe.
Es ist unzweifelhaft richtig, daß die Gründe für die Entstehung des Behavioralismus weitgehend wissenschaftsinterner Natur waren; die Ursachen seines Erfolges jedoch sind auch in der Förderungspolitik der Stiftungen zu suchen, die andererseits ohne die sich allmählich durchsetzenden behavioralistischen Überzeugungen auf der Wissenschaftlerseite nicht zu verwirklichen gewesen wäre; denn
eine z.B. nach normativ-aristotelischen Kriterien vorgehende empirische Wahlforschung ist nur schwer vorstellbar - die in einem derartigen Geiste erfolgende Auseinandersetzung von Walter Berns mit den Wahlstudien der Columbia-
Gruppe (Storing 1962) verstärkt dieses Urteil nur noch.

Nicht nur die Verbreitung der Konzeption, sondern auch des Namens der neuen
Verhaltensforschung, "Behavioral Science", ist hauptsächlich auf die Tätigkeit der Ford Foundation zurückzuführen. Wir werden uns deshalb in einem gesonderten Abschnitt dieses Kapitels mit der Frage beschäftigen, wie es zur
Etikettierung der politischen Verhaltensforschung als "Behavioralismus" ("behavioralism" im Englischen) kam.

Schließlich befaßten sich während des antikommunistischen Hexensabbats der Mc
Carthy-Ära zwei Untersuchungsausschüsse des Repräsentantenhauses mit der Förderungspolitik der großen Stiftungen, denen subversive Absichten, insbesondere
eine Unterminierung abendländischer Werte und eine Tendenz zur Gesellschaftsveränderung vorgeworfen wurde. Weniger wegen ihres unbestreitbaren Unterhal-
tungswertes als wegen der Angriffe gegen das empiristische (und ganz explizit
auch gegen das behavioralistische) Forschungsprogramm, das als unamerikanische
Aktivität mit zersetzerischer Wirkung aufgefaßt wurde, wollen wir uns im Rahmen dieses Kapitels auch mit dieser Facette der Behavioralismus-Kontroverse
befassen. Einige Argumente, die von traditionalistischer Seite aus gegen die
behavioralistischen Auffassungen geäußert wurden, werden uns in diesem Zusammenhang wieder begegnen.

In erster Linie aber, dies sei hier nochmals unterstrichen, dient dieses Kapitel der Untersuchung des Einflusses der Förderungspolitik von SSRC und Stiftungen auf die Entwicklung des Behavioralismus. Ich werde mich dabei weitgehend auf die vierziger und fünfziger Jahre beschränken, da hier die Weichen für den behavioralistischen Erfolg gestellt worden sind.

4.1. DER SOCIAL SCIENCE RESEARCH COUNCIL (SSRC)

Der SSRC war meines Wissens die erste Förderungsorganisation, die sich nach dem 2. Weltkrieg mit den Aussichten einer politischen Vehaltensforschung beschäftigte. Er wurde, wie bereits erwähnt, 1923 auf Initiative Charles E. Merriams mit dem Ziel gegründet, die wissenschaftliche Entwicklung der Sozialforschung voranzutreiben. Dies sollte einerseits durch die Erschließung neuer Geldquellen für die sozialwissenschaftliche Forschung und andererseits durch die Kanalisierung von Fördermitteln in für wichtig erachtete Forschungsschwerpunkte erfolgen. Der SSRC ist als ein Zusammenschluß von akademisch tätigen Sozialwissenschaftlern eine private, ohne Gewinn arbeitende Institution, die mittels inhaltlich definierter Ausschüsse tätig wird. Die Ausschüsse werden eingerichtet, sobald innerhalb des SSRC Einigkeit über einen Förderungsschwerpunkt erzielt ist (Riecken 1971: 109).

Gegen Kriegsende berief der SSRC, in dessen Direktorium damals noch Charles E. Merriam saß, ein Committee on Political Behavior, zu dessen Mitgliedern der spätere langjährige Präsident des SSRC, Pendleton Herring, sowie Charles S. Hyneman und V.O. Key, Jr. gehörten. Die beiden letztgenannten sollten wenig später, wie wir gesehen haben, eine führende Rolle in der behavioralistischen Bewegung spielen. Der förderungspolitische Einfluß Pendleton Herrings, der in den fünfziger Jahren auch APSA-Vorsitzender war, kann gar nicht hoch genug eingeschätzt werden. In seiner Presidential Address auf dem APSA-Jahrestreffen 1953, wo er das geringe empirisch-statistische Wissen über politische Prozesse beklagte, gab er zum Beispiel eine eindeutig behavioralistische Stellungnahme ab, eine Position, die er natürlich auch innerhalb des SSRC vertrat (vgl. Herring 1953).

Im Jahresbericht 1944/1945 des SSRC wurde die Aufgabe des Committee on Political Behavior näher erläutert: Es sollte die "Möglichkeit der Entwicklung eines neuen Ansatzes zur Erforschung politischen Verhaltens untersuchen". Das Hauptaugenmerk sei dabei auf das Verhalten von Individuen zu legen. Ziel des "neuen Ansatzes" solle die Formulierung und Überprüfung von Hypothesen über Verhaltensregelmäßigkeiten unter verschiedenen institutionellen Bedingungen sein (SSRC-Reports 1944/1945: 35). Das Komitee selbst nahm 1945/1946 seine Arbeit auf, indem es "Fallstudien über administrative Entscheidungen" analysierte (SSRC-Reports 1945/1946: 51). Es scheint aber wenig später wegen anderweitiger Verpflichtungen seiner Mitglieder wieder eingeschlafen zu sein, denn in den Jahresberichten des SSRC von 1946/1947 und 1947/1948 finden sich keine Hinweise mehr auf seine Tätigkeit.

1948 wurde Pendleton Herring, der vorher Professor of Government an der Harvard University und "Officer" der Carnegie Corporation gewesen war, Präsident des SSRC. Diese Berufung führte zu einer Neubesetzung des Committee on Political Behavior. Vorsitzender wurde nun V.O. Key, Jr.; zu Mitgliedern wurden Angus Campbell, Olivier Garceau, Alfred de Grazia, Avery Leiserson, M. Brewster Smith und David Truman berufen. M. Brewster Smith war ein bekannter Sozialpsychologe, der unter anderem an den Hovland-Experimenten über Kommunikationseffekte mitarbeitete, während Angus Campbell, ursprünglich ein Psychologe, 1948 mit seinen Wahlstudien im Rahmen des Survey Research Center der University of Michigan begann, die später in den "American Voter" münden sollten. Auf ihn wie auf die übrigen Mitglieder des Ausschusses sind wir bereits mehrfach im Verlaufe der beide vorangehenden Kapitel gestoßen.
Das neue, zweite Committee on Political Behavior war bewußt interdisziplinär besetzt worden, "um vielversprechende Wege der Förderung von politischer Verhaltensforschung zu erkunden"; dabei sollte besonderes Augenmerk "auf den möglichen Nutzen von Konzepten, Hypothesen und Forschungsmethoden, die auf anderen sozialwissenschaftlichen Gebieten entwickelt wurden", gelegt werden (SSRC-Reports 1948/1949: 33). Dieser Ausschuß, der erheblich aktiver gewesen zu sein scheint als sein gleichnamiger Vorgänger, lud in den kommenden Jahren zu seinen Sitzungen häufig Experten ein, die zu speziellen Problemen ihres Fachgebiets sprachen und Anregungen für die Forschungsförderung und den fruchtbarsten Weg einer künftigen politischen Verhaltensforschung gaben.

Eines der ersten literarisch dokumentierbaren Ergebnisse der Ausschußtätigkeit war die Abfassung eines Memorandums über "Research in the Political Process", das 1951 in der APSR erschien (Garceau 1951). Unter anderem ging dieses Memorandum auf die verschiedenen Gebiete der Erforschung politischen Verhaltens ein, darunter auf Wählerstudien, Untersuchungen zur öffentlichen Meinung und zur Massenkommunikation, zu den politischen Interessengruppen und zu Problemen der sozialen Schichtung. Die Analyse des vorliegenden Materials deute darauf

hin, daß die Erforschung des politischen Verhaltens nicht Aufgabe einer ein-
zigen Wissenschaft sein könne, sondern interdisziplinär betrieben werde müsse.
Die Politikwissenschaft solle dabei, trotz der leichteren Verfügbarkeit von
Daten, nicht bei der Untersuchung individuellen Verhaltens stehen bleiben.

Mit dieser letzten Bemerkung deutet sich eine interessante Entwicklung an, die
das behavioralistische Programm im Verlaufe seiner Realisierung nehmen sollte. Während am Anfang eindeutig das Augenmerk auf der Erforschung individuellen Verhaltens lag, was auf den Einfluß der behavioristischen Psychologie und
der Sozialpsychologie auf den frühen Behavioralismus hindeutet, verschob sich
im Laufe der Jahre immer stärker das behavioralistische Erkenntnisinteresse
vom Individuum zum Kollektiv. In der ursprünglichen Formulierung der Ausschuß-
ziele wurde die Aufgabe der politischen Verhaltensforschung als die Untersuchung individuellen Verhaltens definiert (SSRC-Reports 1944/1945: 35).

David Truman spricht dann 1951 bereits vom Gegenstand der politischen Verhaltensforschung als den "Handlungen und Interaktionen von Menschen und Gruppen,
die am Regierungsprozeß beteiligt sind" (Truman 1951: 37; meine Hervorhebung).
Allerdings wird aus dieser Formulierung nicht ganz klar, ob er mit ihr den Boden des methodologischen Individualismus zu verlassen beabsichtigt, da er auf
der selben Seite die behavioralistische Forschung als eine Orientierung bezeichnet, "die darauf abzielt, alle Erscheinungen ... mittels beobachteten oder
beobachtbaren Verhaltens von Menschen auszudrücken" (wiederum meine Hervorhebung). Von Gruppenverhalten, das natürlich auch letztlich menschliches Verhalten darstellt, spricht er hier nicht mehr. Auch aus seiner Brookings Lecture
von 1955 wird nicht ganz klar, wie er die Vorgehensweise und den Gegenstand
einer behavioralistisch orientierten Politikwissenschaft, die er jetzt bereits
von den allgemeinen Verhaltenswissenschaften abhebt, definiert (Truman 1956).

Diese (mögliche) Inkonsistenz ist eventuell eine Folge der mangelnden Unterscheidung zwischen dem Erhebungs- und dem Aussagengegenstand. Eulau, Eldersveld und Janowitz bezeichnen 1956 in der Einleitung ihres Sammelbandes "Political Behavior" als "Analyseeinheit" das Verhalten von Personen und sozialen Gruppen, wobei die strukturellen und situationalen Aspekte des Politischen jedoch nicht
vernachlässigt werden dürften. Ereignisse, Institutionen und Ideologien dienten
lediglich als Kategorien der Analyse.

Daß diese Differenzierung mehr ist als bloßes Wortgeklingel, zeigt die glückliche Unterscheidung, die dann Eulau einige Jahre später zwischen "empirischer" und "theoretischer Analyseeinheit" trifft (vgl. Eulau 1963: 14 ff.). Empirische Analyseeinheit ist das Individuum, denn nur dessen Verhalten und Eigenschaften ließen sich, so Eulau damals, beobachten. Theoretische Analyseeinheiten können alle aus Individuen gebildeten sozialen Aggregate und Gruppen sein; Aussagen über diese theoretischen Analyseeinheiten müßten sich jedoch stets auf Aussagen über individuelles Verhalten zurückführen lassen.

Mit dieser Aussage beginnt meines Erachtens das behavioristische Erbe des Behavioralismus an Bedeutung zu verlieren. In der Forschungspraxis war dies auf Gebieten, wo Makrogrößen im Mittelpunkt des Erkenntnisinteresses standen, etwa in den Internationalen Beziehungen oder der Public Policy, bereits stillschweigend geschehen. Einen weiteren programmatischen Schritt zur Überwindung der mikroanalytischen Voreingenommenheit der politischen Verhaltensforschung unternahm Eulau dann wenige Jahre später im Rahmen seines kontextanalytisch arbeitenden Forschungsprojekts über die Tätigkeit von Stadträten und Gemeindeverwaltungen in der San Francisco Bay Area (Eulau & Prewitt 1973; Eulau 1969a), wo er eine ganzheitliche Position einnimmt und institutionell organisierte Gruppen, die wegen ihrer Regelungs- und Entscheidungsmechanismen mehr als bloße Personenaggregate darstellten, als irreduzible empirische Analyseeinheiten behandelt; sie seien auf ihrer eigenen und nicht etwa auf der Mitgliederebene zu beobachten.

Vom Gegenstand animiert begann der Behavioralismus allmählich seine mikroanalytischen Beschränkungen abzuschütteln und zu dem zu werden, was er den Intentionen seiner Wortführer und der Forschungspraxis seiner Anhänger nach stets war: der Versuch, Politikwissenschaft möglichst genau und nachvollziehbar als eine Erforschung von Gesetzmäßigkeiten des Politischen durchzuführen; daß diese Gesetze sich auf individuelle Verhaltensregelmäßigkeiten beziehen müßten, war das psychologisch-reduktionistische Vorurteil vieler früher Behavioralisten, die sich als methodologische Individualisten begriffen. Eulaus Kehrtwendung in Raten, die für die Gegenstandsverpflichtetheit des Behavioralismus über methodologische Doktrinen hinweg spricht, ermöglicht nun die Konzentration auf "Kompositionsgesetze" (Brodbeck 1958), die möglicherweise dem sozialen Gegenstandsbereich der Politikwissenschaft angemessener sind als individualistische Gesetze (vgl. hierfür allgemein: Falter 1978). Einen anderen Standpunkt nimmt Wahlke (1979) ein, der Behavioralismus gerade durch seinen methodologischen Individualismus definiert und ihn dadurch von der allgemeinen empirisch-quantitativen Strömung in der Politikwissenschaft abzugrenzen ver-

sucht; dies würde allerdings bedeuten, daß der gesamte Bereich der Mehrebenenanalyse, der vor allem von erklärten Behavioralisten bearbeitet worden ist,
außerhalb der behavioralistischen Überzeugung läge; Wahlke berücksichtigt hier
m.E. die Entwicklung, die der Behavioralismus in den sechziger und siebziger
Jahren genommen hat, zu wenig.

Nach diesem Exkurs über die Veränderung des behavioralistischen Verhaltensbegriffs zurück zur Tätigkeit des SSRC und seines Committee on Political Behavior. Der Einfluß des SSRC auf die Entwicklung der amerikanischen Politikwissenschaft nach dem Kriege wird deutlich, wenn man sich vor Augen hält, daß die in
Kapitel 2 erwähnten Seminare in Ann Arbor (Heard 1949) und Chicago (Leiserson
1951; Eldersveld et al. 1952) ebenso vom Committee on Political Behavior initi-
iert und gefördert worden sind wie die Wahlstudien des Survey Research Center
der University of Michigan anläßlich der Präsidentenwahl 1952 (Campbell et al.
1954) und die große zusammenfassende Darstellung des Standes der empirischen
Wahlforschung in der ersten Auflage des Handbook of Social Psychology (Lipset
et al. 1954).

Stärker vielleicht noch macht sich der Einfluß des SSRC auf die amerikani-
sche Politikwissenschaft durch die Tätigkeit des Committee on Comparative
Politics bemerkbar, das nach zwei vorbereitenden Tagungen an der Northwestern
University (Macridis 1952) und in Princeton (Almond 1954) unter Leitung von
Gabriel Almond gegründet wurde und 1954 seine Arbeit aufnahm. Durch die hier
geleistete programmatische und empirische Arbeit wurde das gesamte Gebiet der
Comparative Politics im wahrsten Sinne des Wortes revolutioniert. Was wir
heute als "Comparative Politics" kennen, ist weitgehend ein Resultat der Aktivität dieses Ausschusses und damit des SSRC, der die Ausschußmitglieder aus-
wählte und den Ausschußzweck festlegte.

Ein weiterer vom Committee on Political Behavior geförderter und aus Mitteln
der Carnegie Corporation finanzierter Forschungsschwerpunkt war die Politik der
amerikanischen Einzelstaaten und Kommunen, deren Untersuchung von der Politikwissenschaft bis dahin stark vernachlässigt worden war (vgl. SSRC-Reports 1954/
1955: 38). Ferner wurde vom SSRC, diesmal mit Unterstützung der Ford Foundation,
der Forschungsschwerpunkt "Analyse des amerikanischen Regierungsprozesses" gefördert (vgl. SSRC-Reports 1955/1956· 47). Durch beide Forschungsprogramme
wurde eine Reihe wichtiger Studien angeregt. Gefördert wurden unter anderem
Projekte von Herbert McClosky, Charles Hyneman, Avery Leiserson, Peter Rossi,
Dwaine Marvick etc., sämtlich Wissenschaftler mit behavioralistischer Überzeugung.

Doch nicht nur direkt, über seine beiden Committees on Political Behavior und
Comparative Politics, sondern auch indirekt, über die Unterstützung methodisch wichtiger Studien beeinflußte der SSRC, dessen Tätigkeit ganz im Zeichen der Förderung behavioralistisch orientierter Projekte stand, die politikwissenschaftliche Forschung der fünfziger Jahre. Zu den geförderten Untersuchungen gehört die Analyse des Debakels der amerikanischen Meinungsforschungs-
institute anläßlich der Präsidentenwahl 1948, als fast alle Demoskopen nicht
Truman, sondern seinen Gegenkandidaten Dewey als Wahlsieger voraussagten (vgl.
Mosteller et al. 1949). Vom SSRC gefördert wurde ferner die Publikation des
"American Soldier" (Stouffer et al. 1949), die Durchführung der Hovland-Expe-
rimente über den Ablauf und die Wirkung von Massenkommunikationsprozessen und
die 1954 von Hyman und anderen veröffentlichten Studien zum Interview, durch
die das Methodenarsenal der empirischen Sozialforschung erheblich verbessert
wurde.

1951 schließlich richtete der SSRC "Faculty Research Fellowships" ein, Stipendien, die eine teilweise Lehrbefreiung von Wissenschaftlern an ihren Heimat-
universitäten ermöglichten, damit sie mindestens 50% ihrer Tätigkeit der Forschung widmen konnten. "Forschung" war dabei eindeutig im verhaltenswissenschaftlichen Sinne definiert. Unter den ersten Stipendiaten waren Herbert Mc
Closky, der später mit Arbeiten zur politischen Persönlichkeit hervortreten
sollte, Milton Rokeach, ein Sozialpsychologe, von dem die Theorie der dogmatischen Persönlichkeit stammt, und Allen L. Edwards, dessen Arbeiten über Skalierungsverfahren, Persönlichkeitsmessung und Antwortstilverhalten (Response
Set) sehr bekannt geworden sind (vgl. SSRC-Items 1951: 21 f.).

Diese etwas pointilistisch formulierte Darstellung des SSRC-Einflusses auf
die Entwicklung der amerikanischen Politikwissenschaft der fünfziger Jahre
möge genügen, um die programmatische und förderungspolitische Bedeutung des
SSRC für den Erfolg des Behavioralismus zu beleuchten. Verglichen mit den För-
derungsbeträgen, die vor allem der Ford Foundation, aber auch den anderen großen Stiftungen zur Unterstützung des verhaltenswissenschaftlichen Ansatzes zur
Verfügung standen, wirkt der SSRC-Beitrag auf finanziellem Gebiet geradezu
zwergenhaft. Ich will mich daher im folgenden Abschnitt, der sich mit der Förderungspolitik der großen privaten Stiftungen befaßt, vor allem auf das Anliegen und die Unterstützungspraxis der Ford Foundation, der weitaus größten Stiftung ihrer Art in der Welt, konzentrieren.

4.2. DER ANTEIL DER GROSSEN STIFTUNGEN, INSBESONDERE DER FORD FOUNDATION, AM BEHAVIORALISTISCHEN ERFOLG

Der SSRC verfügt, wie wir gesehen haben, praktisch über keine eigenen Mittel; seine Tätigkeit wird hauptsächlich von den großen Stiftungen finanziert, für die der Council eine Art Verteilerfunktion übernimmt. So erhielt er zwischen 1923/24 und 1951 von der Rockefeller Foundation, seinem lange Zeit wichtigsten Mäzen, rund zehn Millionen Dollar, von denen alleine 1,5 Millionen im Jahre 1951 ausgeschüttet wurden (Rockefeller Foundation 1951: 58 ff.). Von der Ford Foundation wurden dem SSRC zwischen 1950 und 1957 ebenfalls Mittel von über einer Million Dollar zur Vergabe von Stipendien, zur Durchführung von Konferenzen und zur Förderung von Forschungsprojekten zur Verfügung gestellt (Ford Foundation, Annual Report 1957: 32 - 34).

Aus dem vorangehenden Abschnitt wissen wir weiter, daß die Wahlstudie der Ann Arbor-Gruppe über die Präsidentenwahl 1952 auf Veranlassung des SSRC durch die Carnegie Corporation finanziert wurde. Diese Daten belegen die Wichtigkeit, die der SSRC als Verteiler von Stiftungsmitteln besitzt. Der größte Teil der von den Stiftungen ausgeschütteten Finanzmittel allerdings wird direkt, d.h. unabhängig vom SSRC, vergeben. So flossen aus den Erträgen der Ford Founddation insgesamt 24 Millionen Dollar in ihr verhaltenswissenschaftliches (und nochmals 14,5 Millionen Dollar in ihr psychiatrisches) Programm während der sechs Jahre seines Bestehens. Die Ford Foundation war damit der mit Abstand wichtigste Mäzen des behavioralistischen Ansatzes (vgl. Ford Foundation, Behavioral Sciences Division, Report 1953; Annual Report 1957).

Zur größten philanthropischen Stiftung der Welt wurde die Ford Foundation, die zuvor eher zu den kleineren Unternehmungen dieser Art gezählt hatte, nach der Vervielfachung ihres Kapitals durch die Überschreibung der Vermögen von Henry Ford I und Edsel Ford gegen Ende der vierziger Jahre. Eine Studiengruppe, die nach Aussage ihres Vorsitzenden nicht von der Ford Familie, sondern völlig unabhängig bestallt worden war (vgl. House Hearings 1952: 195 ff.), unternahm eine Untersuchung möglicher Forschungsschwerpunkte, mit denen der generelle Stiftungszweck, die "Förderung des menschlichen Wohlergehens", verfolgt werden könne. Als politikwissenschaftliches Mitglied der Studiengruppe wurde Peter Odegard berufen, ein Wissenschaftler, der dem behavioralistischen Forschungsprogramm zuneigte.

Nach Anhörung buchstäblich tausender von Sachverständigen (House Hearings 1952:

195 f.) gab die Studiengruppe, von der Über- und Transdisziplinarität gefordert war, ihren Bericht in Form von Empfehlungen an den Aufsichtsrat der Stiftung weiter, der ihn 1949 akzeptierte und zum Programm der Ford Foundation erklärte (Ford Foundation 1949). Der Bericht analysiert eingangs, was unter "menschlichem Wohlergehen" zu verstehen sei, das er als weitgehend deckungsgleich mit der Verwirklichung "demokratischer Ideale" ansieht. Anschließend befaßt er sich mit den möglichen Gefährdungen des menschlichen Wohlergehens, die er anhand des demokratischen Konzepts messen will.

Er kommt dabei zu dem Schluß, daß die kritischen Probleme der Menschheit heute (1949) eher auf sozialem als auf physikalischem Gebiet liegen; gerade dort aber sei bisher der geringste wissenschaftliche Fortschritt erzielt worden. Die Studiengruppe macht dann breite Programmvorschläge für Förderungsschwerpunkte der Stiftung; Problemgebiete, auf denen die Ford Foundation bedeutsame Fortschritte initiieren könne, seien: die Herstellung des Friedens, die Stärkung der Demokratie, die Stärkung der Wirtschaft, die Verbesserung der Erziehung und ein besseres Verständnis des Menschen.

Der letzte, von mir herausgehobene Punkt bildet das Programmgebiet V, unter das der Löwenanteil der Förderung der behavioralistischen Forschung fällt. Der Bericht der Studiengruppe führt dazu aus: Ziel des Programmgebiets sei es, "mehr über den Menschen zu lernen, zu erfahren, was er benötigt und was er wünscht, welcher Ansporn für ein produktiv und sozial nützliches Leben notwendig ist, welche Faktoren seine Entwicklung und sein Verhalten beeinflussen, wie er lernt und mit anderen Menschen kommuniziert und, endlich, was ihn davon abhält, mit sich und seinen Mitmenschen in Frieden zu leben" (Ford Foundation 1949: 51). Als generelles Ziel von Programmgebiet V, das den Titel "Individuelles Verhalten und menschliche Beziehungen" trägt, gilt eine Steigerung des "Wissens über Faktoren, die menschliches Verhalten beeinflussen oder bestimmen" (ebenda: 90).

Interessant für uns ist die in diesem Zusammenhang im Bericht der Studiengruppe festgehaltene Meinung, die bisherige sozialwissenschaftliche Forschung sei zu anwendungsorientiert; man müsse daher stärker die Grundlagenforschung fördern; diese Forderung wurde auch von den Vertretern des Behavioralismus um die selbe Zeit in den Universitäten erhoben. Genau wie diese geht die Studiengruppe von der "Ähnlichkeit der wissenschaftlichen Methoden in den Natur- und Verhaltenswissenschaften" aus (ebda.: 93 f.), betont sie die Rolle der Theorie, der Interdisziplinarität und der Replizierbarkeit der Untersuchungen.

An Förderungskriterien für beantragte Projekte werden von der Studiengruppe
genannt: (a) die Beschäftigung mit grundlegenden Konzepten mit dem Ziel kumulativer Forschung; (b) die Entwicklung, Verfeinerung und Überprüfung theoretischer Formulierungen, wobei zu beachten sei, daß adäquate Theorien enger sein
müßten als die umfassenden spekulativen Theorien der Vergangenheit; (c) aus-
gearbeitete Forschungspläne, die Verwendung präziser Methoden und die Spezialisierung der beteiligten Variablen; (d) eine gewisse Wahrscheinlichkeit, daß
das beantragte Forschungsprojekt durch die Entwicklung neuer Forschungsinstrumente einen Beitrag zur Methodologie leistet; (e) die Verwendung relevanter
Konzepte, Theorien, Techniken und Resultate aus benachbarten Disziplinen;
(f) die Integration in verwandten Forschungsvorhaben; (g) die Möglichkeit der
Ausbildung weiterer Forscher und (h) die Wiederholung von Untersuchungen zur
Überprüfung ihrer Verallgemeinerungsfähigkeit, insbesondere in interkulturel-
ler Hinsicht (Ford Foundation 1949).

Als wissenschaftliche Disziplinen im Sinne des Programmbereiches V waren im
Bericht der Studiengruppe in erster Linie Anthropologie, Soziologie und Psychologie angesprochen worden; zusätzlich genannt wurden Psychiatrie, Psychoanalyse und Genetik. Allerdings bezog sich das verhaltenswissenschaftliche Konzept
der Stiftung nicht auf die traditionellen Disziplinen, sondern auf "alle die
intellektuellen Aktivitäten, die mehr oder weniger unmittelbar zum wissenschaftlichen Verständnis von Problemen individuellen Verhaltens und menschlicher Beziehungen beitragen" (Ford Foundation 1953: 13).

Im Geschäftsjahr 1951/52 wurde die "Behavioral Sciences Division" der Ford Foundation zur Durchführung der in Programmbereich V niedergelegten Zielsetzungen
geschaffen. An ihre Spitze wurde Bernard Berelson berufen, der Mitverfasser
von "The People's Choice" (1944) und "Voting", jener beiden "klassischen"
Wahluntersuchungen, mit denen die moderne Wahlforschung eingeleitet wurde.

In einem "Vorschlag zur Entwicklung des verhaltenswissenschaftlichen Programms" vom Dezember 1951 wurden neun Forschungsgebiete innerhalb von Programmbereich V aufgezählt, darunter auch das Gebiet "Politisches Verhalten",
das sich nicht nur auf die formalen Aspekte von Institutionen, sondern auch
auf Machtbeziehungen im allgemeinen erstrecken sollte. Andere Gebiete waren:
Kommunikation, Werte und Überzeugungssysteme, Verhalten in Primärgruppen und
formalen Organisationen, Soziale Klassen und Minderheiten, Sozialer und kultureller Wandel etc. (vgl. Ford Foundation 1953).

In einem anderen innerhalb der "Behavioral Sciences Division" erstellten Positionspapier aus dem Jahre 1952 wird eine weitere Abgrenzung der behavioralistischen Aspekte sozialwissenschaftlicher Forschung vorgenommen. "Verhaltenswissenschaft" wird dabei als ein Forschungsprogramm definiert, das auf lange Sicht hin angelegt ist und das Ziel verfolgt, unser Grundwissen über menschliches Verhalten zu erweitern. Dieses Wissen solle sich auf menschliche Bedürfnisse und soziale Belange beziehen, um bei der Bewältigung von persönlichen oder politischen Problemen helfen zu können. Der verhaltenswissenschaftliche Ansatz zeichne sich durch sein Bemühen um Objektivität, Verifizierung und Allgemeinheit seiner Aussagen aus; sein Vorgehen sei interdisziplinär, um zur Beantwortung seiner Fragestellungen alle notwendigen Quellen unseres Wissens ausschöpfen zu können. Der Gegenstandsbereich der Verhaltenswissenschaften sei breit und komplex; unter Verhalten seien auch Einstellungen, Überzeugungen, Erwartungen, Motive und Wünsche zu verstehen; er beziehe sich dabei sowohl auf das Individuum als auch auf den Menschen als Mitglied kleiner und großer sozialer Gruppen (referiert nach Berelson 1968).

Ich referiere die Programmvorstellungen, die die Ford Foundation ihrer Förderungstätigkeit zugrundelegte, unter anderem deshalb so ausführlich, um zu zeigen, wie sehr sich die Vorstellungen von SSRC, Stiftungen und universitärer Politikwissenschaft in jenen Jahren entsprachen. Diese Kongruenz der Vorstellungen ist natürlich nicht zufällig; sie ist vermutlich auch auf den Geist jener behavioralistischen Aufbruchsjahre zurückzuführen; primär jedoch dürfte sie aus der personellen Verflechtung von Stiftungsexperten und Wortführern der neuen Bewegung resultieren: Wie wir gesehen haben, waren die Ausschüsse des SSRC weitgehend von ehemaligen Angehörigen oder Anhängern der Chicago-Schule besetzt; zum Teil die gleichen Personen spielten als Gutachter oder als Berater der großen Stiftungen eine Rolle. So wurde Harold D. Lasswell zu den Sitzungen der Studiengruppe, die das neue Förderungsprogramm der Ford Foundation entwarf, hinzugeladen. Er war nicht der einzige Politikwissenschaftler behavioralistischer Orientierung, der als Sachverständiger gehört wurde.

Dies erklärt jedoch nicht, warum der Aufsichtsrat der Ford Foundation, in dem bis 1950 die Ford-Familie und ihre Vertrauten die Mehrheit stellten - nach Aussagen des späteren Stiftungsvorsitzenden änderte sich das ab 1950, obwohl Henry Ford II Vorsitzender des Board of Trustees blieb - dies also erklärt nicht, warum der Aufsichtsrat und die Ford-Familie einem so offensichtlich behavioralistisch geprägten Programm zustimmten. Daraus eine Verschwörung zur

Unterminierung der kulturellen Werte der Vereinigten Staaten zu konstruieren,
wie das der Berichterstatter eines Untersuchungsausschusses des amerikanischen
Repräsentantenhauses versucht - ich werde darauf zurückkommen - erscheint
absurd. Vermutlich spielte auch hier jenes damals noch ungebrochene amerikanische Urvertrauen in die Fähigkeiten der Wissenschaft, bei der Bewältigung
aller, auch der sozialen und politischen Probleme nützlich zu sein, die aus-
schlaggebende Rolle.

Die Behavioral Sciences Division sah ihre Aufgabe nicht nur in der Förderung
von Forschungsprojekten; man hatte hier klar erkannt, daß der Aufbau einer
adäquaten Infrastruktur innerhalb der Universitäten eine notwendige Vorbedingung für die Durchführung des Förderungsprogramms darstellte. Ein großer Teil
der während der ersten Jahre nach ihrer Gründung verwendeten Mittel floß daher
in den Personalausbau der Universitäten und die Schaffung von Forschungsmög-
lichkeiten. So wurden in einem Überbrückungsprogramm 1950 rund drei Millionen
Dollar für die "Entwicklung von Universitätsressourcen zur Erforschung individuellen Verhaltens und menschlicher Beziehungen" bereitgestellt (Ford Foundation 1953: 8). Je 300 000 Dollar erhielten davon die University of California
in Berkeley, die University of Chicago, die University of Michigan in Ann Arbor
sowie die Universitäten Harvard, Yale, Cornell und Columbia; auch dem SSRC
wurde die gleiche Summe bewilligt. Eine Reihe von weiteren Hochschulen, darunter Stanford und Princeton, erhielten zum Ausbau ihrer Forschungsinfrastruk-
tur je 100 000 Dollar.

Im ersten regulären Geschäftsjahr der Behavioral Sciences Division, 1952/53,
wurden bereits Förderungsmittel in Höhe von mehr als sieben Millionen Dollar
für die Finanzierung verhaltenswissenschaftlich orientierter Forschung ausgeschüttet. Der weitaus größte Einzeltitel wurde für die Planung, die Errich-
tung und den Betrieb eines "Advanced Center for the Behavioral Sciences" bereitgestellt. Insgesamt wurden für dieses auf dem Gelände der Stanford University in Palo Alto gelegene sozialwissenschaftliche Paradies bis 1957 fast
10,5 Millionen Dollar zur Verfügung gestellt! Aufgabe des Center war es, Wissenschaftler aus den verschiedenen sozialwissenschaftlichen Disziplinen für die
Dauer eines Jahres zusammenzubringen, sie zu beherbergen und ihnen die notwendige organisatorische Unterstützung zur Durchführung ihrer frei gewählten Forschungsarbeiten zur Verfügung zu stellen. Fast alle prominenten politikwissenschaftlichen Verhaltensforscher waren Gast dieses idyllisch über dem großzügi-

gen Campus der Stanford University gelegenen, einen Teil der San Francisco Bay Area überblickenden, in seiner Art einzigartigen Instituts (vgl. Reif 1966). Nach Aussagen von Karl W. Deutsch, Samuel Eldersveld und Heinz Eulau waren es vor allem die zwanglose Interdisziplinarität und die Diskussion mit Vertretern anderer sozialwissenschaftlicher Disziplinen, die den Reiz und die intellektuelle Anziehungskraft des Center ausmachten.

Neben den bereits erwähnten Beträgen wurden während der ersten Jahre ihres Bestehens von der Behavioral Sciences Division für europäische Verhältnisse riesige Summen für die Förderung vielversprechender Doktoranden ausgegeben, die man mittels großzügig dotierter Stipendien für den verhaltenswissenschaftlichen Ansatz zu gewinnen hoffte. Überdies wurden jeweils rund 50 000 Dollar im Jahre 1953 an die Universitäten Harvard, Chicago, Michigan (Ann Arbor), North Carolina (Chapel Hill) und Stanford für Studien über den Stand der verhaltenswissenschaftlichen Forschung in diesen Institutionen vergeben. Ergebnisse dieser Untersuchungen waren fünf Berichte, die in seltener Einhelligkeit die Notwendigkeit der Entwicklung personeller und institutioneller Voraussetzungen für die Durchführung verhaltenswissenschaftlicher Programme betonten und Vorschläge für die mögliche Förderung solcher infrastruktureller Maßnahmen innerhalb der fünf Universitäten unterbreiteten. Diese Anregungen wurden 1955 von der Ford Foundation mit über 1,5 Millionen Dollar honoriert, von denen Harvard und Stanford zusammen mehr als die Hälfte zugewiesen erhielten.

Im Jahre 1956, dem vorletzten Jahr der Tätigkeit der Behavioral Sciences Division, wurde ein kleinerer Förderungsbetrag von rund 20 000 Dollar an die University of Chicago für ein Projekt überwiesen, das der "Analyse der Beziehungen zwischen politischer Theorie und empirischer Forschung" gewidmet war. Als Leiter des Projekts firmierte Leo Strauss! Der im 2. Kapitel geschilderte normativistische Frontalangriff der Strauss-Schüler gegen die behavioralistische Politikwissenschaft (vgl. Storing 1962) scheint zum Teil aus Mitteln des verhaltenswissenschaftlichen Programms der Ford Foundation gefördert worden zu sein. Dies aber, der Kuriosität wegen hier berichtet, nur am Rande.

Während 1956 die bisherigen Aktivitäten der Behavioral Sciences Division fortgeführt wurden, begann sich der Anteil der individuellen Förderung allmählich auszuweiten. Gleichzeitig wurden politikwissenschaftliche Forschungsprojekte aber auch aus Mitteln anderer Programmbereiche finanziert, so zum Beispiel aus dem "Public Affairs Program" einige Wahlstudien. Im Jahre 1957 schließlich

wurde das Behavioral Sciences Program dann, wie bereits erwähnt, abgeschlossen.
Mehr als die Hälfte der insgesamt 38,5 Millionen Dollar, die während der sechs
Jahre, in denen es in Kraft war, ausgeschüttet worden waren, flossen in das
Stanford Center und in die allgemeine Entwicklung des Feldes innerhalb der Uni-
versitäten. Der Rest wurde für Forschung und Ausbildung auf dem Gebiet der
Psychiatrie ausgegeben.

Die Behavioral Sciences Division der Ford Foundation war angetreten, "um das
allgemeine Gebiet der Verhaltenswissenschaften so weit und so intensiv wie
möglich innerhalb einer relativ kurzen Zeit zu entwickeln, indem sie sich auf
... hochkreative und produktive Verhaltenswissenschaftler mit bereits etablier-
tem Ruf und vielversprechende jüngere Forscher, deren Karriere noch vor ihnen
lag, konzentrierte" (Ford Foundation 1957: 301). Mit ihrem Erfolg zufrieden,
stellte sie nach dem Auslaufen der Schwerpunktförderung fest: "Das Programm
hat einen starken Einfluß ... ausgeübt. Viele der Förderungen reichen in die
Zukunft. Viele Aspekte der Untersuchung menschlichen Vehaltens werden weiterhin von anderen Programmen der Stiftung im Auge behalten werden." (Ford Foundation 1957: 13) Die Einstellung des Förderschwerpunktes "Verhaltenswissenschaft" sollte mithin keineswegs das Ende der Förderung behavioralistischer
Forschungsprojekte bedeuten, was auch die Zukunft zeigt.

Der Erfolg des Behavioral-Sciences-Programms der Ford Foundation steht außer
Frage; nicht nur die politikwissenschaftliche, sondern auch die soziologische
und die psychologische Forschung wurden durch eine förderungspolitische Entscheidung der größten privaten Stiftung der Welt außerordentlich beeinflußt.
"Ein administratives Arrangement wurde intellektuell institutionalisiert."
(Berelson 1968: 43) Ohne die entsprechende Nachfrage aus den Universitäten
wäre dies jedoch kaum möglich gewesen.

Die Entscheidung der Ford Foundation, die Entwicklung der Sozialwissenschaften
nach naturwissenschaftlichem Muster und unter Konzentration auf Verhaltensas-
pekte an den amerikanischen Universitäten voranzutreiben, wurde stillschweigend von den beiden anderen großen Stiftungen, der Rockefeller Foundation und
der Carnegie Corporation, mitgetragen. Sie schuf diesen Ansatz nicht neu, sondern formulierte in ihrem Programm Vorstellungen, die sich im Verlaufe der
ersten Hälfte des 20. Jahrhunderts in allen Sozialwissenschaften herauszuformen
begannen. Ihr Förderungsprogramm verhalf jedoch dem verhaltenswissenschaftlichen Ansatz in der Sozialforschung zum Durchbruch.

Einerseits war die Finanzierung behavioralistischer Projekte, deren Kosten
sich häufig der 100 000 Dollar-Grenze näherten oder diese sogar überstiegen,
eine notwendige Vorbedingung für die Durchführung des verhaltenswissenschaftlichen Programms. Die daraus hervorgegangenen Studien waren, wie wir gesehen
haben, von wichtiger Vorbildwirkung. Zum anderen bereitete die Förderungspolitik der großen Stiftungen und des SSRC die Durchsetzung des verhaltenswissenschaftlichen Ansatzes an den amerikanischen Universitäten durch die Bereitstel-
lung von infrastrukturellen Vorbedingungen empirischer Forschung vor.

Schließlich darf in diesem Zusammenhang auch die Proselyten schaffende Kraft
reichlich vorhandener Finanzmittel nicht übersehen werden. Ohne die Vorbereitung des Geländes durch die Chicago-Schule und die Verbreitung der behavioralistischen Botschaft durch die Wortführer der Bewegung, ohne die intellektuelle
Qualität ihrer Anhänger, und schließlich ohne die Anziehungskraft seines Forschungsprogramms hätte sich der Behavioralismus andererseits innerhalb der
amerikanischen Politikwissenschaft wohl kaum durchsetzen können. Daran hätte
vermutlich auch die Förderungspolitik der Stiftungen nichts zu ändern vermocht.

4.3. DER BEHAVIORALISMUS AUF DER ANKLAGEBANK: DIE HOUSE
HEARINGS DER JAHRE 1952 UND 1954

Während der Jahre, in denen Senator Joseph McCarthy den Senatsausschuß für
"Unamerikanische Angelegenheiten" leitete und das politische Klima der Vereinigten Staaten mit seinem blindwütigen Antikommunismus vergiftete, einer
Zeit, in der der Kalte Krieg so eisig war wie niemals zuvor und in Korea in
eine militärische Auseinandersetzung mündete, in dieser von den meisten Ameri-
kanern heute als eines der düstereren Kapitel ihrer Geistesgeschichte betrachteten Periode, waren geheimdienstliche Gesinnungsschnüffelei, schwarze Listen
mit echten und angeblichen Sympathisanten des Kommunismus und peinliche politische Verhöre an der Tagesordnung. Vestigia terrent! Auch die Stiftungen und
der SSRC blieben davon nicht verschont. Es erstaunt, wie wenig man im einschlägigen Schrifttum über die Entwicklung des Behavioralismus in den USA von diesen
Verhören liest, obwohl doch gewissermaßen die empirische Sozialwissenschaft mit
auf der Anklagebank saß.

Gleich in zwei Hearings, während der 82. und der 83. Kongreßperiode, nahmen
sich Untersuchungsausschüsse des Repräsentantenhauses der steuerbegünstigten
Stiftungen an. Das erste Hearing fand im November und Dezember 1952 unter Lei-

tung des Kongreßabgeordneten Cox statt, das zweite Hearing im Jahre 1954 unter
Leitung des Kongreßabgeordneten Carroll Reece. Beide Ausschußvorsitzende waren Konservative, Reece ein strikter Anhänger des McCarthyismus, wie aus seiner Verhandlungsführung und insbesondere dem Abschlußbericht von 1954 hervor-
geht. Ziel des 2. Untersuchungsausschusses, der praktisch den Auftrag des Cox-
Komitees aus dem 82. Kongreß wieder aufnahm, war es, festzustellen, welche
privaten Stiftungen ihre Mittel für "unamerikanische und subversive Aktivitäten,
für politische Zwecke, für Propaganda oder für Versuche, die Gesetzgebung zu
beeinflussen" verwendeten (House Hearings 1954: 1). Beide Untersuchungsausschüsse beschränkten sich hierbei auf die Sozialwissenschaften, da deren Forschungstätigkeit nahezu vollständig von den Stiftungen abhänge (House Report
1954: 31). Überdies seien, so der Abschlußbericht von 1954 weiter, die Stif-
tungsdirektoren und ihre Mitarbeiter auch an der Formulierung der Forschungspolitik von Regierungsstellen beteiligt, was ihren Einfluß auf die Sozialwissenschaften verstärke.

Die beiden Untersuchungsausschüsse hatten keine ganz leichte Aufgabe zu bewältigen. Immerhin gab es 1954 in den USA rund 7 000 steuerbegünstigte Stiftungen mit einem Gesamtkapital von etwa 7,5 Milliarden und einem jährlichen Einkommen von fast 675 Millionen Dollar. Die weitaus meisten dieser Stiftungen
waren kleine und kleinste Organisationen mit zum Teil äußerst schrulligen oder
auch recht eigennützigen Zielsetzungen. So bestand der Stiftungszweck einer
kleinen "Foundation", die auf diese Weise Steuerbefreiung anstrebte, einzig
und allein in der Bezahlung eines Geschäftsführers, der niemand anderes war
als die Ehefrau des edelmütigen Stifters; die Rendite, die das Stiftungskapi-
tal abwarf, blieb auf diese Weise in der Stifterfamilie.

Von den 65 Stiftungen mit einem Kapital von mehr als 10 Millionen Dollar war
die Ford Foundation die mit Abstand größte; sie hatte rund dreimal so hohe
jährliche Erträge wie die nächstkleinere Stiftung, die Rockefeller Foundation,
und diese wies wiederum ein rund doppelt so hohes Jahreseinkommen wie die
Carnegie Corporation auf, die als drittgrößte Stiftung des Landes im Jahres-
durchschnitt zwischen 1946 und 1951 rund sechs Millionen Dollar erwirtschafte-
te (vgl. House Hearings 1954). Die beiden Untersuchungsausschüsse beschränkten
sich in ihren Hearings auf diese großen Stiftungen, zu denen auch der Twentieth
Century Fund zählte, und den SSRC. Als Zeugen wurden vom ersten Ausschuß
unter anderem der ehemalige Vorsitzende der Studiengruppe, die das Programm
der Ford Foundation von 1949 vorbereitet hatte, Gaither, und der Präsident der

Ford Foundation, sein Stellvertreter sowie der Präsident des SSRC, Pendleton
Herring, geladen. Als Experten wurden hauptsächlich Wissenschaftler gehört,
die - vor allem gilt dies für den zweiten Ausschuß - dem behavioralistischen
Ansatz mit Ablehnung gegenüberstanden.

Der Anschlußarbeit des Reece-Komitees von 1954 lag ein von seinem Forschungs-
direktor erstelltes Exposé zugrunde, in dem die "gefährliche" Konsequenz empirischer Sozialforschung, moralische Normen zu mißachten und zu unterminieren, beklagt wurde. Die Erfahrung zeige, daß die empirische Erforschung gesellschaftlicher Probleme zur Tyrannei führen könne. Die Stiftungen, unter denen
die Behavioral Sciences Division der Ford Foundation besonders hervorgehoben
wurde, hätten es versäumt, auf diese Gefahr aufmerksam zu machen (House Hearings 1954: 48 - 50). Die Förderungspolitik der großen Stiftungen, die darauf
abziele, den gesamten Kurs der Sozialwissenschaften zu ändern, beruhe auf einem Komplott oder stelle eine "koordinierte Koinzidenz" (sic!) dar (ebda.: 90).

Der Abschlußbericht des Reece-Komitees, mit dem sich der wenig fachkundige
Kongreßabgeordnete ein Denkmal von unfreiwilliger Komik setzte, übernimmt
diese Charakterisierung weitgehend. Die Stiftungen hätten ihre Finanzmittel als
"Risikokapital" eingesetzt, für ein Experiment mit ungewissem Ausgang. Mit
menschlichem Material zu experimentieren sei jedoch eine höchst bedenkliche
Angelegenheit, insbesondere, wenn dadurch die USA institutionell umgestülpt
werden sollten (House Report 1954: 31).

Als stärkste Macht innerhalb der amerikanischen Sozialwissenschaften bezeichnet der Abschlußbericht den SSRC, der vor allem durch seine Verteilerrolle bei
der Weitergabe von Stiftungsgeldern und, durch seine beratende Funktion, bei
der Vergabe von Regierungsmitteln Einfluß ausübe. Er gehe sogar soweit, die Er-
nennung von Professoren steuern zu wollen. Sein Einfluß werde verstärkt durch
enge personelle Querverbindungen zu anderen sozialwissenschaftlich orientierten Stiftungen wie der Ford Foundation, dem Twentieth Century Fund und der
American Academy of Political and Social Science, mit denen er die liberale
ökonomische und soziale Grundhaltung teile (House Report 1954: 90). Wir schreiben das Jahr 1954, und "liberal", das in Amerika ohnehin eher als sozialliberal
oder sozialdemokratisch zu interpretieren ist, galt damals bei den Konservativen beider Parteien schon fast als staatsgefährdend. Vom Liberalismus zum
kommunistischen Sympathisantentum war es in der verzerrten Weltsicht McCarthys
und seiner Anhänger nur noch ein winziger Schritt.

Dieser politische und ökonomische Liberalismus der Stiftungen schlage sich in ihrer Überbetonung der empirischen Forschung nieder, so der Ausschußbericht weiter. Wegen der "natürlichen" Vernachlässigung von Moral und Ethik und der inhärenten Linkstendenzen des empirischen Ansatzes (House Report 1954: 85) verstoße seine aus öffentlichen Mitteln, nämlich durch gesparte Steuern, finanzierte Bevorzugung gegen das öffentliche Interesse. (ebda.: 61)

Weiter beklagt der Ausschußbericht die Faktenmanie der Stiftungen, die nicht genügend theoriegeleitet dächten. Die von Pitrim Sorokin, dem bekannten Harvard-Soziologen, in einem Brief an das Reece-Komitee bemängelte Verengung des Empiriebegriffs auf das quantitativ-statistische Element (House Report 1954: 64) und die geringen Möglichkeiten der Durchführung geplanter Experimente verführten dazu, Fliegenbeine zu zählen, wie das Kinsey in seinen von der Rockefeller Foundation geförderten Sexualbefragungen unternommen habe; Kinseys Untersuchung wird von der "Ausschußmehrheit" (wegen der Anführungsstriche s.u.) wegen der normativen Kraft ihrer Faktenaussagen, durch die die öffentliche Moral unterminiert werde, scharf kritisiert (ebda.: 70 f.).

In bedenkliche Nähe zum Kommunismus begebe sich die empirische Forschung, wenn sie auf der Suche nach Kausalbeziehungen das Konzept des Freien Willens verwerfe. Dies münde in eine materialistische Wissenschaftskonzeption, "deren natürliches Ergebnis eine Annäherung an den Marxismus darstellt; es ist nicht verwunderlich, daß soviele Sozialwissenschaftler zum Kollektivismus tendieren" (House Report 1954: 73). Ich erinnere daran, daß derartige Anschuldigungen in der damaligen Zeit, unabhängig davon, ob sie zutrafen oder nicht, schwerwiegende Konsequenzen für die Betroffenen nach sich ziehen konnten. Man ist noch heute in den Vereinigten Staaten dabei, das Erbe der McCarthy-Ära zu "bewältigen"; ich denke hierbei etwa an Woody Allens Film "Der Strohmann", der sich mit der Wirkung informeller "schwarzer Listen" beschäftigte, auf denen der Sympathie mit dem Kommunismus verdächtigte, nicht mehr zu verpflichtende Künstler standen.

Als ein weiteres abschreckendes Beispiel des Verhaltensansatzes in den Sozialwissenschaften nennt der Ausschußbericht den vom SSRC geförderten "American Soldier" (Stouffer et al. 1949), jene nun schon klassische monumentale sozialpsychologische Studie über die amerikanische Armee während des 2. Weltkriegs. Sie sei der Ausfluß der traurigen Geschichte des Eindringens von Sozialwissenschaftlern in den militärischen Bereich, gegen das sich viele verantwortungsbe-

wußte Offiziere - leider erfolglos - gesträubt hätten. Die Abrüstung nach dem
2. Weltkrieg sei praktisch von den Sozialwissenschaftlern erzwungen worden;
dies gelte vor allem für die Art und Weise ihrer Durchführung und ihre Größen-
ordnung.

Der von den Stiftungen so großzügig geförderte sozialwissenschaftliche Empirismus resultiere wegen seiner fehlenden normativen Dimension in moralischem Re-
lativismus; er stelle damit das moralische Fundament der amerikanischen Gesellschaft in Frage; darüber hinaus unterminiere er religiöse Überzeugungen, was
ihn in Gegensatz zum öffentlichen Interesse bringe (House Report 1954: 77).
"Das Beweismaterial läßt diesen Ausschuß zu dem Schluß kommen, daß die von den
Stiftungen unterstützte sozialwissenschaftliche Forschung stark nach links ten-
diert" (ebda.: 85; im Original kursiv). Als Beleg dafür zitiert der Ausschußbericht eine Reihe von "sozialistischen" Kontakten und Äußerungen von prominenten Vertretern des Empirismus. Genannt wird in diesem Zusammenhang zum Beispiel Stuart Chase, der 1948 im Auftrage des SSRC einen Überblick über die sozialwissenschaftliche Forschung aus verhaltenswissenschaftlicher Perspektive
verfaßt hatte (Chase 1948; 1962); es handelt sich hier um einen Überblick, in
dem der Verfasser nach Ansicht des Ausschusses seine szientistische Grundhaltung ganz offen vertrete.

Hierzu ein kleiner Exkurs: "Szientismus" bezeichnet die Auffassung, Sozialforschung nach dem naturwissenschaftlichen Erkenntnismodell betreiben zu wollen. Der Ausdruck, der fast ausschließlich von Gegnern dieser Auffassung verwendet wird (z.B. Schoeck, 1960 etc.), geht vermutlich in seiner heutigen Bedeutung auf v. Hayek (1943) zurück. Es ist bedauerlich, daß er derartige de-
nunziatorische Untertöne trägt, da er vom Wortstamm her die Intentionen des
verhaltenswissenschaftlichen Forschungsprogramms m.E. besser kennzeichnet als
der Begriff "Behavioralismus" oder "behavioral science". Wie ich weiter oben
zu zeigen versucht habe, ist der Verhaltensbegriff im Verlaufe der Entwicklung
und Durchführung des behavioralistischen Forschungsprogramms derart ausgeweitet worden, daß "Behavioralismus" in der amerikanischen Politikwissenschaft
heute im allgemeinen nichts anderes bedeutet als die Verwirklichung der For-
schungsprinzipien des logischen Empirismus.

Abwertend wird der Begriff des Szientismus natürlich auch im Abschlußbericht des
Reece-Komitees gebraucht: Szientistische Forschung "scheint Linkstendenzen zu
produzieren oder ein Verbündeter von ihnen zu sein", heißt es dort zum Beispiel

(House Report 1954: 86). Typisch szientistisch sei die Betonung des kulturellen Determinismus, der eine Waffe sowohl des Faschismus (sic!) als auch des
Kommunismus sei. Nun gilt als "typisch faschistisch" im allgemeinen nicht der
kulturelle, sondern der biologische Determinismus, aber solche feinen Unterschiede haben die "Ausschußmehrheit" nicht angefochten, wenn es um das Hauptziel der Hearings, die Entlarvung der empirischen Sozialforschung und der sie
finanzierenden Stiftungen als "unamerikanisch" und "undemokratisch" im Sinne
des McCarthyismus, ging. Das amerikanische Wertesystem werde ferner durch
die Theorie des "cultural lag", was man wohl am besten mit kulturellem Rück-
stand übersetzt, unterminiert. Ein Vertreter dieser Theorie sei die Rockefeller
Foundation, die ein Hinterherhinken der moralisch-humanistischen hinter der
technisch-naturwissenschaftlichen Entwicklung unserer Zivilisation sehe. Eine
derartige Ansicht ist nach Ansicht des Ausschusses traditionsfeindlich und
relativistisch (ebda., S. 88).

Als ein herausragendes Beispiel für die subversive Tätigkeit der Stiftungen
wird schließlich Gunnar Myrdals voluminöse Studie "An American Dilemma"
(1944) genannt, die von der Carnegie Corporation mit rund 250 000 Dollar unterstützt worden war. Myrdal sei ein "Antikonservativer", schlimmer noch, ein
Sozialist, der es unternommen habe, in seiner Untersuchung die amerikanische
Verfassung zu kritisieren. Ein weiteres Beispiel für den vorgeblichen Linksdrall
der Stiftungen ist für die "Ausschußmehrheit" die (Vorkriegs-)Encyclopedia
of the Social Sciences, deren Herausgeber, Alvin Johnson, selber ein Lin-
ker gewesen sei und Kommunisten unter seinen Mitherausgebern und Verfassern
geduldet habe. Als solche nennt der Ausschußbericht, man lese und staune,
Harold Laski, Werner Sombart, Max Lerner und einige Vertreter des "New Deal".
Viele Beiträge über "linke Gegenstände" seien auch an "linke Autoren" vergeben
worden, was nach Ausschußansicht wohl schon schlimm genug ist; schwerwiegender
aber noch: auch bei "rechten Gegenständen" sei dies der Fall gewesen, so daß
von weltanschaulicher Ausgewogenheit nicht die Rede sein könne (vgl. House
Report 1954: 91 ff.).

Abschließend kritisiert der Ausschußbericht das Konzept des "social engineer-
ing", das untrennbar mit Planung als formalem Mittel und Sozialismus als zu-
grundeliegender Weltanschauung verbunden sei (ebda.: 123 ff.). Reformismus
wird dabei von der Ausschußmehrheit anscheinend als verfassungswidrig eingestuft. Als herausragendes Beispiel für diese Tendenz wird Charles E. Merriam
angeführt, der Begründer der Chicago-Schule und erste Präsident des SSRC, der

in den dreißiger Jahren eng an der Konzipierung des New Deal mitgearbeitet hatte (vgl. Karl 1974). Der Abschlußbericht des Reece-Komitees bezeichnet ihn nicht nur als Verfechter einer neuen Ordnung, sondern auch als Anhänger einer revolutionären Gesellschaftsveränderung, was durch seine Vorliebe für Planung belegt werde (über die sich mit ihm übrigens schon der spätere Nobelpreisträger F.A. v. Hayek während einer Rundfunkdiskussion stritt). Soweit also der Abschlußbericht des "Special Committee to Investigate Tax-Exempt Foundations and Comparable Organizations" von 1954, über das man schon deswegen keine Satire zu schreiben braucht, weil einem der Bericht selbst diese Aufgabe abnimmt. Nicht erwähnt habe ich die gegen die Stiftungen erhobenen Vorwürfe des Internationalismus und des Globalismus; unerwähnt ist auch geblieben, daß nur eines der fünf Ausschußmitglieder, der Abgeordnete Hays, ein Demokrat aus Ohio, der zwei Jahrzehnte später über eine Affäre mit seiner als Sekretärin angestellten Geliebten stürzen sollte, das antikommunistische Schattenboxen nicht mitmachte, sondern Verständnis für die Förderungspolitik der Stiftungen und die Probleme der empirischen Sozialforschung zeigte.

Unerwähnt geblieben ist ferner, daß der Abschlußbericht des Reece-Komitees nur von drei der fünf Ausschußmitglieder unterzeichnet wurde; eines der drei zog später seine Unterschrift, die es nur unter Vorbehalt geleistet hatte, praktisch wieder zurück und erklärte, es schließe sich der Auffassung des Cox-Komitees von 1952 an. Dessen Bericht enthielt jedoch genau entgegengesetzte Schlußfolgerungen wie der Abschlußbericht des Reece-Ausschusses: Für irgendwelche politischen und insbesondere marxistische Tendenzen der Stiftungen sei, mit einer einzigen Ausnahme, keinerlei Beweis vorhanden. Im Lichte dieser Tatsache, der durch ihre nachträgliche Qualifikation praktisch widerrufenen Unterschrift des dritten Unterzeichners, dessen Name dennoch unter dem gedruckten Ausschußbericht steht (!), wurde die Mehrheits- praktisch zu einer Minderheitsmeinung (vgl. Macdonald 1956: 28 f., 34). Der Bericht selbst allerdings läßt davon nichts erkennen.

Während das Cox-Komitee von 1952 sich durch eine insgesamt faire Verhandlungsführung, die geduldige Anhörung wichtiger Zeugen und einen maßvollen und knappen Abschlußbericht auszeichnete - nur der Abgeordnete Carroll Reece aus Tennessee, der spätere Vorsitzende des Nachfolgeausschusses, fiel durch dogmatische Voreingenommenheit auf - versuchte das Reece-Komitee die politischen Veränderungen seit der Jahrhundertwende und insbesondere die Politik des New Deal auf ein Komplott der Stiftungen mit den Sozialwissenschaften zurückzuführen.

Reece wollte anscheinend beweisen, daß empirische Sozialwissenschaft wenn
schon nicht gleich Sozialismus ist, so doch zu ihm führt.

Wer die rund 2 000 Seiten Protokollaufzeichnungen der beiden Anhörungen durch-
geht, was stellenweise eine wegen ihrer Aberwitzigkeit amüsante, stellenweise
aber auch wegen ihrer Gesinnungsschnüffelei höchst deprimierende Tätigkeit
ist, wird von dem hier sichtbar werdenden antikommunistischen Verfolgungswahn
und der inquisitorischen Hexenjagd kaum unberührt bleiben. Von der amerikanischen Tugend der fairen und unvoreingenommenen Prozeßführung wird vor allem
in der Mitschrift des zweiten Hearings so gut wie nichts sichtbar.

Am deprimierendsten jedoch ist die Leporello-Liste von angeblichen oder tatsächlichen sozialistischen und kommunistischen Äußerungen, Kontakten, Mitgliedschaften und Spenden der Stiftungsrepräsentanten und Wissenschaftler am
Ende des Reece-Reports. Das vorgelegte Material ist hierbei von so zweifelhaf-
ter Qualität und Herkunft, das Motiv so niedrig, daß das Übergehen des Hearings und des Berichtes des Reece-Komitees in der Literatur über den Behavioralismus als ein Akt der Pietät und der Verdrängung verständlich wird.

Der Reece-Report erreichte übrigens das Gegenteil der angezielten Wirkung; er
stieß in der amerikanischen Öffentlichkeit auf nahezu einhellige Ablehnung;
neun von zehn Zeitungen kritisierten ihn heftig. Die Popularität und der Be-
kanntheitsgrad der Ford Foundation nahmen durch diesen Angriff eher zu (vgl.
Macdonald 1956: 34). Anzunehmen, daß das Förderungsprogramm der Behavioral
Sciences Division im Jahre 1957 wegen der Angriffe des Reece-Berichts und
gleichgesonnener Kräfte eingestellt wurde, erscheint angesichts dieser Entwicklung und der Entmachtung Joseph McCarthys durch den Senat als unbegründet.

Ich habe den beiden Hearings und dem Abschlußbericht des Reece-Komitees deshalb so viel Platz eingeräumt, um zu zeigen, gegen welche außerwissenschaftlichen Kräfte der Behavioralismus in jenen Jahren zu kämpfen hatte. Eine Gegenüberstellung der Ausschußmeinung mit den teilweise diametral entgegengesetzten
- intellektuell erheblich ernster zu nehmenden und stärker in der Sache begründeten - Argumenten aus dem Caucus-Lager kann dazu dienen, die Leistungen und
Mängel sowie die akzidentellen und inhärenten Beschränkungen des Behavioralismus in ein helleres Licht zu tauchen. Ich bin zwar nicht der Überzeugung, daß
die Wahrheit immer in der Mitte liegt, doch glaube ich, daß die schlaglicht-
artige Beleuchtung eines so komplexen Gegenstandes wie des Behavioralismus von

zwei diametral entgegengesetzten Seiten aus zu einer klareren Erkenntnis seiner
Charakteristika führt.

4.4. ZUR GESCHICHTE DER BEGRIFFE "BEHAVIORALISMUS" UND "VERHALTENSWISSENSCHAFT" ("BEHAVIORAL SCIENCE"): EIN EXKURS

Der Versuch, in den Hearings des Repräsentantenhauses eine Verbindung zwischen
Sozialwissenschaft und Sozialismus herzustellen, scheiterte also. Dennoch
scheinen immer wieder durch den Gleichklang und den gemeinsamen Stamm der
Worte derartige Assoziationen bei Uninformierten geweckt zu werden. Die Verwendung des Begriffs "Verhaltenswissenschaft" (behavioral science) durch die
Ford Foundation erfolgte nach Aussage Bernard Berelsons (1968) unter anderem
deshalb, um der Verwechslung von Sozialwissenschaft und Sozialismus vorzubeu-
gen, eine Verwechslung, durch die mögliche Geldgeber zurückgeschreckt werden
könnten. Nach einer persönlichen Information Karl W. Deutschs an den Verfasser
war es Harold D. Lasswell, von dem der Namensvorschlag stammte. Inzwischen
hat der Terminus "Verhaltenswissenschaft" einen fast noch größeren Siegeszug
angetreten als die damit verbundene Wissenschaftskonzeption.

In der heutigen Bedeutung wurde der Begriff "behavioral science" wohl zum
ersten Mal von den Psychologen Hull oder Skinner um das Jahr 1943 herum verwendet; da er jedoch vor Ende der vierziger Jahre nicht in den allgemeinen
wissenschaftlichen Sprachgebrauch übernommen wurde, stand er für eine Neuver-
wendung zur Verfügung (vgl. Senn 1966). John Dewey und Arthur F. Bentley
sprachen dann in ihrem Werk von 1949, "Knowing and the Known" von den "physikalischen, physiologischen und behavioralistischen Gebieten der Wissenschaft"
(Dewey & Bentley 1949: 175); zu den verhaltenswissenschaftlichen Gebieten zähle auch der soziale Bereich. Etwas vorher im Buch schreiben sie bereits vom
"Behavioral Research" (ebda.: 155) und in einer umfangreichen Fußnote versuchen sie, zwischen "behavioristischer" und "behavioralistischer" Wissenschaft
zu unterscheiden, eine Differenzierung, die uns im folgenden Kapitel noch näher
beschäftigen wird; trotz des Gleichklangs der Namen hätte die behavioralistische Forschung keine behavioristischen Implikationen (ebda.: 109).

Die nächste Erwähnung des Terminus "Verhaltenswissenschaft" ist wohl bei
George Peter Murdock, "Behavior Science Outlines" (1950), zu finden. Um das
Jahr 1951 herum wurde der Begriff dann durch das Forschungsprogramm der Ford

Foundation und insbesondere ihre Behavioral Sciences Division einer breiteren
Öffentlichkeit vertraut. Bereits 1953 scheint er in den Sozialwissenschaften
allgemein akzeptiert worden zu sein, wie das von Festinger und Katz herausgegebene Buch "Research Methods in the Behavioral Sciences" zeigt. Im gleichen
Jahr wurde das "Center for Advanced Study in the Behavioral Sciences" in Palo
Alto gegründet. 1954 schließlich wurden die von der Ford Foundation geförderten Berichte über die verhaltenswissenschaftliche Forschung an den Universitäten
Harvard, Chicago, North Carolina, Stanford und Michigan publiziert, die alle
in der einen oder anderen Form einen Bezug zur Verhaltenswissenschaft im Titel
trugen, 1955 die Zeitschrift "Behavioral Science" herausgegeben, der sich wenige Jahre später der "American Behavioral Scientist" anschloß, und 1960 war es
dann anscheinend an der Zeit, auch eine Zeitschrift über die Geschichte der
Verhaltensforschung herauszugeben, den "History of the Behavioral Science News-
letter", der später in "Journal of the History of the Behavioral Sciences"
umbenannt wurde. Endgültig scheint sich der Begriff "Behavioral Science" in der
zweiten Hälfte der fünfziger Jahre durchgesetzt zu haben und allgemein verstanden worden zu sein (vgl. Senn 1966).

Generell ist der Begriff "Behavioral Science" durch seine definitorische Un-
schärfe gekennzeichnet. Er wird, so weit ich feststellen kann, vor allem im
Bereich der amerikanischen Psychologie verwendet, wo es inzwischen sogar einen Buchclub für "behavioralistisches" oder vielleicht besser "behaviorales"
Schrifttum gibt; allerdings erstreckt er sich auch auf die Gebiete der Soziologie und der Anthropolgie sowie auf bestimmte Aspekte der Geschichts-, der
Rechts- und der Politikwissenschaft. Als Gegenstand hat die "behavioral
science" natürlich das menschliche Verhalten, das sie möglichst genau zu beschreiben, zu erklären und vorherzusagen versucht; sie verwendet dabei möglichst exakte Konzepte und präzise Methoden und achtet auf Verhaltensregelmäßigkeiten (vgl. Senn 1966).

Soweit der Versuch einer Minimalbeschreibung von "Verhaltenswissenschaft", mit
der der politikwissenschaftliche Behavioralismus nicht völlig identisch ist, auch
wenn er aus den gleichen Ursprüngen seinen Ausgang genommen hat. Durch
die Ausweitung des Verhaltensbegriffs hat der Behavioralismus, wie ich zu zeigen versucht habe, seine mikroanalytischen Beschränkungen überwunden. Behavioralismus als Strömung der Politikwissenschaft ist heute, soweit ich sehen
kann, nur noch als Anwendung logisch-empirischer Verfahrensprinzipien auf das
Gebiet der Politikforschung zu verstehen. Vom Verhalten von Institutionen oder

Organisationen zu sprechen ist nichts als eine metaphorische Verwendung des
Verhaltensbegriffes (Landau 1961). Anders wären Wissenschaftler wie Karl W.
Deutsch oder Thomas Dye kaum als Behavioralisten zu bezeichnen, als die sie
sich selbst meines Wissens verstehen.

Sicherlich wäre es sprachlich angemessener, den Begriff "Behavioralismus" für
die "echten" politischen Verhaltensforscher, die individuelles oder aggregati-
ves Handeln untersuchen, zu reservieren; dies tut zum Beispiel John Wahlke in
seiner Presidential Address von 1978, der in Anlehnung an Eulau (1963: 13 f.)
Behavioralismus als eine dem methodologischen Individualismus verpflichtete,
also auf das Individuum als empirische Erhebungseinheit konzentrierte Betrachtungsweise definiert (Wahlke 1979: 10), dabei aber abweichend von Eulau und
wohl allen anderen Behavioralisten im engeren oder weiteren Sinne sich gegen
die Verwendung mentalistischer Konzepte wie Einstellungen, Motive oder Verhal-
tensintentionen ausspricht (Wahlke 1979: 20 f.). Auf diese Weise gibt sich
Wahlke eher als politikwissenschaftlicher Behaviorist denn als Behavioralist
zu erkennen, da es gerade zu den Definitionsmerkmalen des Behavioralismus gehört, daß mentalistische Konzepte zur Erklärung und Prognose von Verhalten
verwendet werden. Angesichts der Entwicklung, welche die sich selbst als behavioralistisch verstehende Politikwissenschaft seit den fünfziger Jahren genommen hat, erscheint es mir angemessener, einen weiteren Begriff von Behavioralismus zu verwenden als Wahlke dies vorschlägt; es ist im allgemeinen unmöglich, das Rad der Sprachgeschichte zurückzudrehen; Begriffe verselbständigen
sich von ihren etymologischen Ursprüngen und nehmen neue Bedeutungen an; dies
ist auch mit dem Begriff des Behavioralismus geschehen, der heute m.E. eher
eine allgemeine Orientierung im Sinne des logischen Empirismus als eine spezielle Überzeugung im Sinne des methodologischen Individualismus bezeichnet.

Analysiert man die Begriffsgeschichte des Ausdrucks "Behavioralismus" genauer,
so stellt sich heraus, daß der Name erst anfangs der sechziger Jahre aufkam.
Die erste Erwähnung, auf die ich gestoßen bin, ist die im Titel der Tagung
über "The Limits of Behavioralism" (Charlesworth 1962), eine 1962 von der
American Academy of Political and Social Science veranstaltete Konfrontation
von Gegnern und Befürwortern des Behavioralismus. Der etwas unschöne Ausdruck
"Behavioralism" stellt eine Substantivierung des Adjektivs "behavioral" (bzw.
inzwischen auch "behavioralistic") dar und wird nach meiner Beobachtung ausschließlich für die politikwissenschaftliche Forschung gebraucht, im Gegensatz
zu den Begriffen "behavioral research" oder "behavioral science" etwa, die von
vielen Disziplinen verwendet werden.

In den vierziger und fünfziger Jahren sprach man in der amerikanischen Politikwissenschaft etwas holprig von "Political Behavior Research" (Truman 1951;
Eulau et al. 1956) oder "Research on Political Behavior" (Heard 1949). Easton
allerdings verwendet schon 1952 den Begriff "Behavioralisten", die nicht mit
den Behavioristen verwechselt werden dürften; an gleicher Stelle spricht er
vom "Behavioural Research", in dessen Zentrum das Individuum stehe. Wie gesagt: Von dieser "behavioralistischen" Begrifflichkeit bis zum Ausdruck "Behavioralismus" selbst dauerte es rund zehn Jahre, in denen auch die Politikwissenschaft nicht stehen blieb. Ein Behavioralist der siebziger Jahre unterscheidet sich durch eine Reihe von Überzeugungen von einem Behavioralisten aus der
Zeit des "political behavior research". Insbesondere mit der Ausbreitung kon-
textanalytischer Betrachtungsweisen ist der methodologische Individualismus
für den politikwissenschaftlichen Empiriker keine Selbstverständlichkeit mehr.
Inwieweit der politikwissenschaftliche Behavioralismus mit dem psychologischen
Behaviorismus gleichzusetzen ist, will ich im folgenden Kapitel diskutieren,
in dem ich auf verhaltenswissenschaftliche Strömungen in den Nachbardisziplinen der Politikwissenschaft zu sprechen komme.

5. PARALLELENTWICKLUNGEN IN DEN ANDEREN SOZIALWISSENSCHAFTEN UND IHR EINFLUSS AUF DEN BEHAVIORALISMUS

Die behavioralistische Revolution stellt kein isoliertes Ereignis dar, von dem die amerikanische Politikwissenschaft gleichsam aus blauem Himmel heraus befallen worden wäre; sie repräsentiert vielmehr den - allerdings durchaus eigenständigen - Nachvollzug einer Entwicklung, von der praktisch alle Sozialwissenschaften in den USA, hauptsächlich allerdings die Psychologie und die Soziologie, während des ersten Drittels dieses Jahrhunderts erfaßt wurden, eine Entwicklung, die selbst vor Disziplinen wie der Geschichtswissenschaft, der Pädagogik und der Anthropologie nicht haltgemacht hat. Diese Entwicklung ist durch den Versuch gekennzeichnet, zu einem zuverlässigeren und angemesseneren Verständnis sozialer und psychischer Vorgänge durch die Anwendung naturwissenschaftlich orientierter Vorgehensweisen zu gelangen.

Eingangs des zweiten Kapitels habe ich "Behavioralismus" ganz allgemein als den Versuch definiert, Politikwissenschaft als eine empirische Wissenschaft in theoretischer Absicht zu betreiben. Nach Ansicht David Eastons (1965: 17 ff.) stellt die behavioralistische Strömung, durch die die amerikanische Politikwissenschaft sowohl in methodischer als auch in theoretischer Hinsicht grundlegend umgewälzt wurde, eine doppelte Revolution dar. Im Gegensatz zu den anderen Sozialwissenschaften, die vergleichbare Veränderungen durchgemacht hätten, gingen hierbei der technische und der theoretische Aspekt Hand in Hand: "Die Politikwissenschaft ist damit beschäftigt, die Grundannahmen der wissenschaftlichen Methode zu übernehmen, während sie sich gleichzeitig der nicht minder anspruchsvollen Aufgabe zuwendet, dem untersuchten Verhalten Bedeutung zu verleihen, indem sie es in einen empirischen und theoretischen Bezugsrahmen stellt" (Easton 1965: 18).

Der Behavioralismus wird im folgenden als Teil einer größeren Bewegung verstanden, von der alle Sozialwissenschaften erfaßt worden sind. In diesem Kapitel sollen die methodologischen Parallelentwicklungen in den Nachbarwissenschaften nachgezeichnet werden; der Begriff "Parallelentwicklung" bezieht sich hierbei auf die methodische Gleichartigkeit der Disziplinen, nicht auf die historische Gleichzeitigkeit ihrer Entwicklung, da die amerikanische Politikwissenschaft die Veränderungen, denen Psychologie und Soziologie im Verlaufe der verhaltenswissenschaftlichen Revolution ausgesetzt waren, eher nach- als mitvollzog.

Es liegt diesem Kapitel, das den Übergang zum zweiten Teil der Studie darstellt und sowohl historisch-genetische als auch systematische Fragestellungen behandelt, eine Art "Spillover-Hypothese" zugrunde: Sie besagt, daß die
verhaltenswissenschaftlichen Strömungen nach ihrem Erfolg in der Psychologie
und der Soziologie auf das politikwissenschaftliche Gebiet gleichsam überge-
schwappt sind. Andere Disziplinen wie z.B. die Geschichtswissenschaft wurden
noch später als die Politikwissenschaft und insgesamt wohl auch weniger intensiv vom verhaltenswissenschaftlichen Bazillus, der auf der Nährlösung der Stif-
tungsprogramme prächtig gedieh, infiziert (vgl. Benson et al. 1974).

Die amerikanische Politikwissenschaft war, wie wir gesehen haben, seit den Tagen ihrer Etablierung als eigenständiges Universitätsfach gegenüber Versuchen
einer Verwissenschaftlichung ihres Vorgehens relativ offen eingestellt. Bereits
Burgess schwebte eine Art Naturwissenschaft des Politischen vor, ein Gedanke,
dem auch "Realisten" wie Ford oder Lowell aufgeschlossen gegenüberstanden.
Ein energischer Schritt in die von ihnen vorgezeichnete Richtung wurde dann
von der New Science-Bewegung um Charles E. Merriam unternommen. Die New
Science-Bewegung war, wie wir im folgenden sehen werden, atmosphärisch vom
klassischen Behaviorismus beeinflußt, ohne jedoch viel mehr als dessen natur-
turwissenschaftliches Credo zu teilen.

Um der Frage nachgehen zu können, ob die - meist in abwertender Absicht erfolgende - Gleichsetzung von Behavioralismus und psychologischem Behaviorismus auf-
rechtzuerhalten ist und wo die Entsprechungen und Unterschiede zwischen den
beiden Strömungen liegen, ist es notwendig, auf einige Grundvorstellungen und
Entwicklungstendenzen der behavioristischen Psychologie näher einzugehen. Mein
Erkenntnisinteresse ist dabei auf eine etwas differenzierter als üblich erfolgende Analyse des Behaviorismus-Vorwurfs, der zum Beispiel auch von Hannah
Arendt gegen den Behavioralismus erhoben worden ist, gerichtet.

Während es in der amerikanischen Politikwissenschaft keine unter diesem Namen
verwendete "behavioristische" Richtung gibt, ist dies in der amerikanischen
Soziologie durchaus der Fall. Ich werde hierauf ebenso eingehen wie auf die
Chicago-Schule Albion Smalls und seiner Nachfolger, die Arbeiten Paul F.
Lazarsfelds und seiner Mitarbeiter und auf andere verhaltenswissenschaftliche
Strömungen in der amerikanischen Soziologie und Sozialpsychologie.

Ein mit der Rekonstruktion derartiger wissenschaftlicher Parallelentwicklungen verbundenes methodisches Problem gehört hier schließlich zumindest angesprochen: Der Nachweis, daß sich in den USA relativ kurz hintereinander in den verschiedenen sozialwissenschaftlichen Disziplinen verhaltenswissenschaftlich orientierte Strömungen zu regen begannen, stellt keinen Beweis für die oben formulierte Spillover-Hypothese dar. So plausibel diese auch sein mag, bedarf sie doch des Belegs durch ein- oder gegenseitige Zitierungen oder durch klar identifizierbare Übernahmen von Argumenten und Zielvorstellungen aus anderen Wissenschaften. Dieser Nachweis ist jedoch sehr schwer zu führen, da die Sozialwissenschaften zwischen 1900 und 1950 sich eher durch Abschottung voneinander als durch Interdisziplinarität auszeichneten. Dies ist erst mit der Durchsetzung verhaltenswissenschaftlicher Vorstellungen anders geworden.

Ich werde mich deshalb auf die Herausarbeitung von Parallelen und Unterschieden zwischen dem politikwissenschaftlichen Behavioralismus und dem psychologischen und soziologischen Behaviorismus beschränken und auf eine eingehende Überprüfung der Spillover-Hypothese verzichten. Das Überschwappen verhaltenswissenschaftlicher Vorstellungen von einer Disziplin in die andere war, soweit ich sehen kann, ohnehin eher atmosphärischer Natur, eher diffus als zielgerichtet, eher durch persönliche Kontakte als durch systematische Anleihen bei den benachbarten Disziplinen vermittelt. Die Tatsache, daß es in Chicago gleich auf drei Gebieten verhaltenswissenschaftlich orientierte Disziplinen gab, die etwa zur gleichen Zeit zu blühen begannen, die intellektuelle Führung in ihrem jeweiligen Fachgebiet, der Soziologie, der Sozialpsychologie und Anthropologie und der Politikwissenschaft, übernahmen und sich das gleiche Institutsgebäude teilten, spielt hierbei für unsere Überlegungen eine nicht zu unterschätzende Rolle.

5.1. DER PSYCHOLOGISCHE BEHAVIORISMUS

Während es heute relativ wenige Psychologen in den Vereinigten Staaten gibt, die sich selbst als Behavioristen bezeichnen würden - als Ausnahmen ließen sich B.F. Skinner und seine Anhänger nennen - wird der Behaviorismus als eine allgemeine wissenschaftliche Grundeinstellung, eine Wissenschaftstheorie der Psychologie, noch immer von sehr vielen Psychologen akzeptiert. Man kann davon ausgehen, daß diese behavioristische Grundhaltung sich in der amerikanischen Universitätspsychologie auf breitester Front durchgesetzt hatte und bis zur "kognitiven Wende" der amerikanischen Psychologie in den sechziger und siebzi-

ger Jahren vermutlich von der Mehrheit der in den USA wissenschaftlich tätigen Psychologen geteilt wurde. Diese Form des Behaviorismus ist mit keiner
bestimmten theoretischen Position verbunden.

Davon zu unterscheiden ist eine Reihe von theoretischen Schulen wie die Skinners, der einen "radikalen Behaviorismus" propagiert oder E.V. Tolmans und C.L.
Hulls, die eher gemäßigte Versionen des Behaviorismus vertreten haben. Alle
diese behavioristischen Strömungen stellen Modifikationen oder Erweiterungen
des klassischen Behaviorismus J.B. Watsons dar (vgl. Spence 1948: 67). Doch
bevor wir uns mit ihnen näher befassen, zuerst einige Worte zum Behaviorismus
als einer wissenschaftlichen Grundhaltung in der Psychologie.

Unabhängig von der theoretischen Position, der sie anhängen, sind sich die Behavioristen über das wissenschaftliche Ziel und die Vorgehensweise der Psychologie weitestgehend einig. Psychologie wird als eine experimentelle und objektive Gesetzeswissenschaft verstanden, deren Ziel die Erklärung und Prognose
menschlichen Verhaltens ist. Um Nachprüfbarkeit zu gewährleisten, muß sie sich
behavioristischer Ansicht nach ausschließlich auf die Untersuchung beobachtbarer Phänomene stützen. Nur physikalische Reize und menschliches bzw. tieri-
sches Verhalten seien wissenschaftlich beobachtbar, nicht jedoch innere Zustände, die über Selbstbeobachtung (Introspektion) erschlossen werden müßten.
Durch Introspektion gewonnene Daten erfüllten nicht das Kriterium wissenschaftlicher Nachprüfbarkeit; Selbstbeobachtung wird daher von behavioristisch orientierten Psychologen als Mittel der Datenerhebung abgelehnt. Behavioristische
Psychologie benötigt, in den Worten Watsons, "Introspektion sowenig wie die ...
Chemie oder die Physik" (Watson 1913: 83). Der objektive Angriffspunkt für psychologische Untersuchungen behavioristischen Zuschnitts ist also nicht das Bewußtsein, sondern das Verhalten, dessen Gesetzmäßigkeiten zu erforschen sind.
Daher auch der Name "Behaviorismus", Verhaltenspsychologie.

5.1.1. Der klassische Behaviorismus Watsons

Watson, der von der Tierpsychologie herkam, versuchte objektive Gesetze über
Lernvorgänge ohne den geringsten subjektiven Beigeschmack und insbesondere
ohne anthropomorphe oder animistische Anklänge aufzustellen. Ausgangsüberlegung war für ihn hierbei erstens "die beobachtbare Tatsache, daß menschliche
wie tierische Organismen sich an ihre Umgebung durch vererbte und erworbene
Eigenschaften anpassen ... ; zweitens, daß bestimmte Reize zu bestimmten

Reaktionen der Organismen führen. In einem vollständig ausgearbeiteten System der Psychologie lassen sich bei gegebener Antwort die Reize bzw. bei bekannten Reizen die Reaktionen vorhersagen" (Watson 1913: 76 f.).

Watson begann wenige Jahre vor dem Aufkommen der New Science-Bewegung sein behavioristisches Programm zu verbreiten. Seine erste programmatische Veröffentlichung überhaupt, der oben zitierte Aufsatz "Psychology as the Behaviorist Views It" wurde im Jahre 1913 veröffentlicht; ein Jahr später folgte dann sein Buch "Behavior: An Introduction to Comparative Psychology"; 1919 publizierte er sein wohl meistgelesenes Werk, "Psychology from the Standpoint of a Behaviorist". Andere behavioristische Autoren folgten, so Hull und Tolman, von denen erste Veröffentlichungen ab 1917 erschienen. Zeitlich gesehen ist also der psychologische Behaviorismus ein Vorläufer der New Science of Politics-Bewegung und der Chicago-Schule Charles E. Merriams, doch lassen sich inhaltlich kaum Parallelen entdecken, wenn man einmal von der allgemeinen positivistischen Grundstimmung absieht.

Beide Bewegungen strebten, mit nur geringer Zeitverschiebung, eine Sozialwissenschaft nach physikalischem Muster an (vgl. Brunswick 1955: 671; Sanders 1978: 58), beide betonten die Notwendigkeit der Verankerung ihrer wissenschaftlichen Konzepte in der Realität, und beide Strömungen hoben zu diesem Zwecke auf beobachtbares Verhalten ab. Während Watsons Verhaltensbegriff mentale Zustände und Prozesse bewußt ausschließen will, erstreckt sich der Verhaltensbegriff der New Science-Bewegung und insbesondere der Chicago-Schule (ebenso wie später der des Behavioralismus) ausdrücklich auf Einstellungen, Absichten (vgl. Merriam & Gosnell 1924) und Persönlichkeitszüge wie neurotische Spannungen, Unsicherheitsgefühle und emotionale Instabilität (Lasswell 1930; 1935). Von den Watsonschen Konzepten der klassischen Konditionierung taucht, soweit ich sehe, nichts in den programmatischen und empirischen Schriften der "neuen Politikwissenschaft" jener Tage auf. Dies gilt selbst für George Catlin, der zwar eine "behavioristische Politikwissenschaft" fordert, aber z.B. auch mit Hypothesen über Motive arbeitet (vgl. Catlin 1930: 41), was Watson niemals zugelassen hätte.

Wenn also ein Spillover von der Psychologie zur Politologie stattgefunden hat, dann nur, was die Stimmung eines Aufbruchs zu naturwissenschaftlichen Ufern angeht (vgl. auch Waldo 1975: 46). New Science-Bewegung und Chicago-Schule mit dem klassischen Behaviorismus John Watsons gleichzusetzen, muß daher als verfehlt angesehen werden. Die Argumente, die gegen den klassischen Behaviorismus gerichtet worden sind (vgl. Broad 1925: 613 ff.; Malcolm 1964; Kaufmann 1967), treffen für die von Charles E. Merriam initiierte politikwissenschaftliche Bewegung nur insoweit zu, als sie sich gegen deren positivistische Grundhaltung wenden. Die innerpsychologischen Auseinandersetzungen zwischen Gestaltpsychologen und Behavioristen über die Rolle der Wahrnehmung oder des Denkens zum Beispiel (vgl. Brunswick 1955: 720 - 722) betreffen die New Science of Politics und die Chicago-Schule nicht. Die Zurückweisung des klassischen Behaviorismus und die Widerlegung vieler seiner Vorstellungen durch die moderne Psychologie, sei sie nun gestalt-, feld- oder verhaltensorientiert, stellt somit keine Widerlegung des politikwissenschaftlichen Empirismus der zwanziger und dreißiger Jahre dar. Noch weniger gilt dies natürlich für den Behavioralismus nach 1945.

5.1.2. Skinners "radikaler Behaviorismus"

Damit ist jedoch nicht ausgeschlossen, daß größere Ähnlichkeiten zwischen späteren Versionen des psychologischen Behaviorismus und der behavioralistischen Politikwissenschaft bestehen und daß gegebenenfalls Argumente, die der Widerlegung dieser Positionen dienen sollen, sich auch gegen den Behavioralismus richten. Wir wollen uns daher im folgenden kurz mit den theoretischen Vorstellungen der Behavioristen Hull, Skinner und Tolman befassen, wobei, entgegen der Chronologie, mit der Position B.F. Skinners begonnen werden soll, da diese in einigen Punkten dem klassischen Behaviorismus Watsons nähersteht als die Vorstellungen Hulls oder Tolmans. Ich will mich hierbei auf eine sehr knappe und daher notwendigerweise unvollständige Darstellung der Skinnerschen Methodologie beschränken, was jedoch für die Zwecke dieses Abschnitts, der Analyse des Einflusses des Behaviorismus auf die Politikwissenschaft und, damit verbunden, der Berechtigung des "Behaviorismus-Vorwurfs", genügen sollte. Skinner stellte seine Version der psychologischen Verhaltensforschung erstmals 1930 vor; er hat sie mittlerweile in einer Reihe von Büchern und Artikeln, die stellenweise heftige Kontroversen entfachten, weiter ausgeführt. Ich stütze mich im folgenden hauptsächlich auf sein Werk "Science and Human Behavior" (1953) sowie auf einige zusammenfassende Darstellungen des Skinnerschen "radikalen Behaviorismus" (Spence 1948; Hilgard 1956; Malcolm 1964; Travers 1967; Carpenter 1974; Sanders 1978). Als "radikaler Behaviorist" wird Skinner wegen seines rigorosen psychologischen Physikalismus bezeichnet, der in der Nachfolge des methodologischen Physikalismus des Wiener Kreises und des Bridgmanschen Operationalismus steht (vgl. Sanders 1978: 78 ff.). Grundgedanke des methodologischen Physikalismus ist, daß alle psychologischen Konzepte sich auf beobachtbare Ereignisse beziehen müssen; beobachtbar sind jedoch auch für den Psychologen nicht innere Zustände, sondern nur äußere Verhaltensweisen (vgl. Malcolm 1964: 728; Brunswick 1955: 671). Die Verankerung der wissenschaftlichen Begriffe in der beobachtbaren Realität kann dabei durch Definitionen oder durch Reduktionssätze erfolgen. Hier setzt nun der Operationalismus ein, der postuliert, daß wissenschaftliche Aussagen nur durch ihre operationalen Definitionen, d.h. durch die Angabe ihrer Meßbedingungen, Bedeutung erlangen können.

Beide Vorstellungen gelten heute in der Wissenschaftstheorie als überholt (vgl. ausführlicher Falter 1977). Das philosophische Prinzip, das hinter beiden steht, ist das Verifikationsprinzip: "Ein Satz sagt nicht mehr aus als was an ihm überprüfbar ist;" (Carnap, zitiert nach Malcolm 1964: 728). Zwar ist das Verifikationsprinzip unter dem Eindruck der Kritik Poppers von der modernen Wissenschaftstheorie längst aufgegeben worden und von Carnap selbst durch das Prinzip der Bestätigungsfähigkeit (vgl. Krauth 1970: 88 ff.) und der prognostischen Relevanz theoretischer Terme (Carnap 1935; vgl. Stegmüller 1970: 320 ff.) ersetzt worden. Skinner scheint ihm jedoch noch anzuhängen, wenn er auf einem rein behavioristischen Vokabular besteht, da innere Zustände sich nur über subjektives Erleben erfassen ließen. Derartige introspektiv gewonnene Aussagen ließen sich aber nicht objektiv überprüfen. Skinner vertritt hier exakt die gleiche Position wie Watson (vgl. Skinner 1964: 707 f.).

Überdies propagiert er die Vorstellung einer strikt induktiven Gesetzeswissenschaft; hypothetisch-deduktive Theorien lehnt er ab; sie bedeuteten eine Vergeudung von Zeit und Mühe. Das Endergebnis wissenschaftlicher Forschung sei stets die Formulierung einer funktionalen Beziehung, die sich anhand der zugrundeliegenden Daten nachweisen ließe. Dabei spiele es überhaupt keine Rolle, ob die Untersuchung rein deskriptiv oder als Überprüfung einer Theorie erfolge: "Sobald die Daten in Ordnung sind, kommen die Theorien von selbst" (Hilgard 1956: 117).

Mag Skinner auch mit diesen erzpositivistischen Vorstellungen die induktive philosophische Grundhaltung vieler praktizierender Politikwissenschaftler ausdrücken, so steht er mit ihnen doch in krassem Gegensatz zu einigen behavioralistischen Kernüberzeugungen. Der Behavioralismus als ein System von wissenschaftlichen Grundüberzeugungen stellt, wie gesagt, das Programm eines theore-

tisch angeleiteten politikwissenschaftlichen Empirismus dar, der sich der Theorieimprägniertheit deskriptiver Aussagen wohl bewußt ist. Daß dieses Programm
in der Forschungsrealität nicht immer so praktiziert wird, wie es auf dem
Papier steht, ist das Schicksal vieler wissenschaftlicher Normierungssysteme
und nicht nur dieser: Normen lassen sich biegen oder sie werden gebrochen.

Mag also hier noch teilweise Übereinstimmung zwischen der Skinnerschen Version
des Behaviorismus und dem politikwissenschaftlichen Behavioralismus bestehen,
insbesondere, was die induktive Grundüberzeugung und den Operationalismus angeht, so endet diese Parallelität bei der Verwendung mentalistischer Konzepte,
die in der empirischen Politikwissenschaft vollkommen üblich und akzeptiert
sind. Nicht umsonst bemängelt Skinner (1964: 723) die behavioralistische Forderung nach mehr subjektiven Konzepten wie "Ideen, Motiven, Gefühlen, Einstellungen, Werten etc." als eine Vorstellung, die "einiges Mißverständnis über ...
behavioralistische Analyse" offenbare.

Sind schon die Unterschiede in der wissenschaftstheoretischen Grundhaltung zwischen dem Skinnerschen Behaviorismus und dem politikwissenschaftlichen Behavioralismus unübersehbar, so besteht in den substantiellen Annahmen so gut wie
keine Entsprechung. Skinners Ansatz der operanten Konditionierung liegt die
Annahme zugrunde, daß alle Organismen von den Folgen ihres Verhaltens beeinflußt werden. In der Verfolgung eines Zwecks - Skinner würde die Verhaltens-
sequenz natürlich weniger mentalistisch formulieren - wirkt der Organismus auf
seine Umgebung. Die Folgen seines Handelns machen sich in dieser Umgebung bemerkbar und wirken auf den Handelnden zurück. Nach Ansicht Skinners liegt daher in der Umwelt der Schlüssel zu den meisten Verhaltensänderungen (vgl. Carpenter 1974: 5).

Diese knappen Bemerkungen zeigen bereits, daß die Gleichsetzung von politikwis-
senschaftlichem Behavioralismus und psychologischem Behaviorismus sich unmöglich auf die Position Skinners beziehen kann, die übrigens auf manchen Gebieten wie dem der Verhaltenstherapie große Erfolge erzielen konnte (vgl. Carpenter 1974: 4). Die gegen Skinner vorgebrachten Argumente, vor allem die Zurückweisung seiner Theorie des Spracherwerbs durch den Linguisten Noam Chomsky
(1959) können daher nicht auf den Behavioralismus übertragen werden. Die Divergenzen zwischen den beiden Strömungen übersteigen die Konvergenzen in einem
derartigen Ausmaße, daß eine Gleichsetzung nur aus bösem Willen oder totaler
Unkenntnis erfolgen kann. Nebenbei gesagt könnte die Politikwissenschaft auf

eine theoretische Schule von der Geschlossenheit und der Reichweite des Skinnerschen Behaviorismus stolz sein, trotz der teilweise berechtigten Kritik an
Skinner, der wissenschaftstheoretisch m. E. zu sehr dem Induktivismus bzw. dem
Operationalismus und psychologisch zu wenig dem Kognitivismus verpflichtet
ist, wie er zum Beispiel in den Arbeiten Tolmans angelegt ist. Ich kann auf
diese Kritik hier leider nicht näher eingehen, um den von meiner Fragestellung
gesetzten Rahmen nicht zu sprengen (für die Kritik an Skinner vgl. die in Wann
1964 abgedruckten Arbeiten).

5.1.3. Der gemäßigte Behaviorismus Hulls und Tolmans

Diese Beschränkung gilt auch für die Darstellung der Position Clark L. Hulls,
dessen imponierende hypothetisch-deduktive behavioristische Theorie ich ebenfalls nur streifen kann. Wie Watson und Skinner vermeidet Hull die Verwendung
von Variablen, die sich auf das Bewußtsein beziehen. Das Kernkonzept seiner
Theorie, die eines der wenigen ausgearbeiteten sozialwissenschaftlichen Aussagensysteme mit ableitbaren, quantitativ formulierten Hypothesen darstellt, ist
"Gewohnheit" (habit). Die meisten Informationen darüber stammen aus Experimenten über Konditionierung (vgl. Hilgard 1956: 121).

Hull ersetzt die Stimulus-Response-Formel (S-R) des klassischen Behaviorismus
durch eine Stimulus-Organismus-Response-Formel (S-O-R). Seine Experimente
messen Einflüsse von Umweltreizen auf den Organismus und die Reaktionen
des Organismus darauf. Wie alle Behavioristen besteht Hull auf der Gewinnung
seiner Informationen aus Umweltdaten, da anders Objektivität und Nachprüfbarkeit nicht zu erreichen seien. Introspektion als Mittel der Datengewinnung
lehnt folglich auch er ab. Vorgänge innerhalb des Organismus müssen aus Informationen über externe Ereignisse abgeleitet werden. Hierbei verwendet Hull sowohl intervenierende Variablen als auch in einigen Fällen hypothetische Konstrukte, die durch quantitative Aussagen in Form mathematischer Funktionsgleichungen mit den Stimulus-Response-Ereignissen verbunden werden.

Im Gegensatz zur empirischen Politikwissenschaft und zur Soziologie macht die
behavioristische Psychologie einen Unterschied zwischen "intervenierenden Variablen" und "hypothetischen Konstrukten" (vgl. MacCorquodale & Meehl 1948). Intervenierende Variablen werden wie die hypothetischen Konstrukte vom Forscher
erfunden; sie lassen sich beide nicht direkt beobachten. Während sich jedoch
theoretische Konstrukte auf tatsächliche Dinge, Eigenschaften oder latente

Dimensionen des Organismus beziehen, richten sich intervenierende Variablen
als "rechnerische Hilfsmittel" (Spence) auf die mathematisch-funktionale Vermittlung von Stimulus- und Response-Ausprägungen. Sie sind "eigenschaftslos"
und können im Gegensatz zu den theoretischen Konstrukten prinzipiell aufgegeben werden, ohne daß sich der Gehalt der Theorie, in der sie auftreten, dadurch verändern würde (MacCorquodale & Meehl 1948; vgl. ferner Sanders 1978:
228 ff. und Falter 1977: 373).

Das Konzept der intervenierenden Variablen hat Hull von Edward C. Tolman übernommen, dessen Spielart des Behaviorismus dem politikwisschaftlichen Behavioralismus vermutlich am nächsten kommt. Allerdings entfernt sich Tolman
damit sehr weit vom klassischen Behaviorismus. Fast ebenso stark wie dem Watsonschen mechanistischen Behaviorismus ist Tolmans Position der dynamischen
Psychologie, der Gestaltpsychologie und der Lewinschen Feldtheorie verpflichtet (Hilgard 1956: 185). Als Behaviorist lehnt aber auch Tolman die Verwendung introspektiv gewonnener Daten ab; seine mentalistischen Bezüge stellen
Interpretationen beobachtbaren Verhaltens dar. Durch Interviews gewonnene Informationen, eine der Hauptdatenquellen der empirischen Politikwissenschaft,
akzeptiert er nicht, da auf diese Weise nur Bewußtseinsvariablen wieder über
die Hintertür eingeschmuggelt würden (Tolman 1922: 1).

Verhalten ist für Tolman stets zielgerichtet; die angestrebten Ziele sind
jedoch, auch hier wiederum ist er dem behavioristischen Erkenntnisideal verpflichtet, laut Tolman objektiv feststellbar. "Die Zwecke ... sind nicht mentalistisch definierte, sondern behavioristisch definierte Zustände ... Verhalten drückt immanente Zielsetzungen aus, Ziele, die sich als andauernde Tendenzen, mittels Versuch und Irrtum zu etwas hin oder von etwas weg zu gelangen,
äußern" (Tolman 1926: 51). Sie werden durch die Beobachtung anderer Organismen gewonnen. "Eine derartige Zielsetzung ist eine ziemlich objektive und völlig
behavioristische Angelegenheit. Sie ist ein deskriptiver Zug, der dem Verhalten als Verhalten innewohnt. Sie ist nicht ein mentalistischer Zustand, von
dem angenommen würde, daß er parallel zum Verhalten existierte" (ebda.).

Tolman geht davon aus, daß ein Verhaltensakt von Umweltreizen und physiologischen Zuständen ausgelöst wird. Bestimmte Prozesse intervenieren und Verhalten
resultiert aus diesem Zusammenspiel von Einflüssen. Die intervenierenden Prozesse umfassen Kognitionen und Zielsetzungen, die als "abgeleitete Prozesse
zwischen den unabhängigen Variablen (Stimuli etc.) und den abhängigen Variablen (Reaktionen etc.)" verstanden werden müssen (Hilgard 1956: 188).

So lohnend und interessant es unter einer anderen Fragestellung wäre, auf
Tolmans "aufgeklärten" Behaviorismus näher einzugehen und seine Konzepte der
Bestätigung und der Motivation zu analysieren, so sehr verbietet dies die Fra-
gestellung dieser Studie. Mein Erkenntnisinteresse kann hier lediglich auf das
Verhältnis von Behavioralismus und Behaviorismus gerichtet sein, das auch im
Falle Hulls oder Tolmans weit weniger eng ist, als das viele Gegner des poli-
tikwissenschaftlichen Behavioralismus vorauszusetzen scheinen.

Leider habe ich keine Stelle in der Literatur gefunden, wo der "Behaviorismus"-
Vorwurf näher ausgeführt worden wäre, so daß - falls nicht nur eine unbedachte
Äquivokation vorliegt - unklar bleibt, welcher Behaviorismus im einzelnen gemeint ist, ob der klassische, der radikale oder der "aufgeklärte", welche gegen den Behaviorismus gerichteten Argumente auch gegen den Behavioralismus
erhoben werden und welche Konsequenzen sich für die empirische Politikwissenschaft daraus ergeben sollen. Die Struktur des zugrundeliegenden Vorwurfs
scheint - wenn nicht nur krasse Fehlinformation oder schludriger Sprachgebrauch vorliegen - darauf gerichtet zu sein, durch die unspezifizierte Gleichsetzung von Behaviorismus und Behavioralismus und die gleichfalls nicht ausge-
führte Unterstellung, der Behaviorismus sei längst widerlegt, die Unhaltbar-
keit behavioralistisch orientierter Politikwissenschaft zu insinuieren.

Wie gesagt: Bei dieser Rekonstruktion eines möglichen Arguments handelt es
sich um ein weitgehend spekulatives Unterfangen, da an keiner mir bekannten
Stelle der Gedankengang eingehender ausgeführt wird, obwohl die (beabsichtigte)
negative Konnotation hinlänglich deutlich wird. Es scheint sich um eine ähnliche Argumentationsfigur zu handeln wie im Falle des oftmals gegen die Poppersche Wissenschaftstheorie erhobenen Positivismusvorwurfs: Widerlegung durch
Umbenennung. Daß die scheinbare Widerlegung Ergebnis eines Etikettentauschs
ist, wird hierbei übersehen oder verschwiegen. Das Schlimme daran ist weniger
diese Art von "Mißverständnis", die sich im allgemeinen literarisch bereinigen läßt, als die Tatsache, daß der Etikettenwechsel von der breiteren wissenschaftlichen Öffentlichkeit häufig nicht bemerkt, sondern als wahrnehmungs-
und verhaltensnormierende Sprachregelung dankbar übernommen wird; schließlich
wird damit Komplexität reduziert und Argumentationssicherheit suggeriert, was
zwar nicht unbedingt dem wissenschaftlichen Fortschritt, wohl aber der Bestätigung der eigenen Vorurteile dient.

Nach diesem Exkurs der starken Worte wider den Etikettenschwindel, vor dem natürlich kein wissenschaftliches Lager gefeit ist, sei nochmals das Kernargument
zusammengefaßt: Von einem starken Einfluß des Behaviorismus auf den politikwissenschaftlichen Empirismus ist nichts festzustellen. Die Gemeinsamkeiten
beschränken sich atmosphärisch auf das zugrundeliegende naturwissenschaftliche
Erkenntnisideal. Während der Behaviorismus lediglich die Beobachtung offenkun-
digen Verhaltens zuläßt und sowohl introspektive Methoden als auch mentalistische Konzepte ablehnt, befaßt sich die behavioralistisch orientierte Politikwissenschaft intensiv mit Einstellungen, Meinungen und Persönlichkeitszügen,
die sie als Einflußfaktoren von Verhalten behandelt. Selbstauskunft und Selbstbeobachtung der Untersuchungspersonen (wenn auch nicht des Wissenschaftlers)
werden ständig als Mittel der Gewinnung von Informationen über solche mentalistischen Konstrukte wie Parteiidentifikation, Autoritarismus und Konservativismus oder Anomie eingesetzt.

Im Gegensatz zum Behaviorismus wird also vom Behavioralismus das Verbalverhal-
ten der Befragten im allgemeinen für bare Münze genommen. Auf die Richtung
und die Intensität von Parteiidentifikation wird z.B. anhand der Frage geschlossen, ob man sich als Anhänger einer bestimmten politischen Partei verstehe, und
falls ja, ob man ein starker oder ein weniger starker Anhänger der betreffenden
Partei sei (vgl. Falter 1977a; 1972). In einem Satz zusammengefaßt: Psychologischer Behaviorismus und politikwissenschaftlicher Behavioralismus haben wenig gemein; sie unterscheiden sich sowohl in ihren Methoden als auch in ihren
verwendeten Konzepten und ihren Theorien grundlegend. Wer, vom Gleichklang
der Namen verleitet, beide gleichsetzt und womöglich die Kritik am Behaviorismus unterschwellig gegen den Behavioralismus ausspielen will, begeht einen groben Schnitzer, der auf Unwissenheit oder Bösartigkeit zurückgeführt werden muß
(vgl. auch Lehner 1974; Eulau 1962).

Mehr Einfluß als auf die empirische Politikwissenschaft hat die behavioristische Psychologie auf bestimmte Strömungen der Soziologie ausgeübt, der wir uns
im folgenden zuwenden wollen, um u.a. zu sehen, ob der Einfluß des Behaviorismus auf die Politikwissenschaft möglicherweise auf dem Umweg über die Soziologie erfolgt ist. Ich werde mich in meiner Diskussion jedoch nicht auf die "behavioristische Soziologie" beschränken, sondern auch auf andere empirische
Strömungen, insbesondere auf die Chicago-Schule eingehen, da diese dem Behavioralismus insgesamt näher zu stehen scheinen als der soziologische Behaviorismus eines Lundberg, Giddings oder Don Martindale.

5.2. PARALLELENTWICKLUNGEN IN DER AMERIKANISCHEN SOZIOLOGIE

Die amerikanische Soziologie etablierte sich als Universitätsdisziplin etwa um die gleiche Zeit wie die amerikanische Politikwissenschaft. Wie diese war sie bereits in den Anfangsjahren stark vom naturwissenschaftlichen Vorbild beeinflußt, tatsachenorientiert und in ihrer Forschungtätigkeit eher von sozialen Problemen als von wissenschaftlichen Theorien geleitet. Ihr naiver, dem politischen Reformismus verpflichteter Empirismus der Gründerjahre ist ein weiterer Beleg für die damals dominierende Wissenschaftsgläubigkeit, die wohl ebensosehr ein Symptom des Aufklärungsoptimismus des 18. und 19. Jahrhunderts wie des amerikanischen "Urvertrauens" in die (natur)wissenschaftliche Vorgehensweise darstellt, einer Geisteshaltung, die in der Philosophie des Pragmatismus ihre intellektuelle Formulierung fand. Tatsächlich waren viele der führenden Soziologen und Politikwissenschaftler im ersten Drittel dieses Jahrhunderts nachhaltig vom Pragmatismus geprägt; wir werden uns in einem der folgenden Abschnitte dieses Kapitels mit dem Einfluß dieser "typisch amerikanischen" Strömung der Philosophie auf die Sozialwissenschaften näher befassen.

Ebenso wie die Politikwissenschaft wurde die amerikanische Soziologie dann im Verlaufe des 20. Jahrhunderts von Auseinandersetzungen über methodologische Grundfragen erschüttert. Die Kontroversen der Politikwissenschaft sind, mit gewissen Modifikationen natürlich, die aus der unterschiedlichen Tradition und dem andersartigen Gegenstandsbereich der beiden Disziplinen heraus zu erklären sind, auch in der amerikanischen Soziologie geführt worden; wie in der Politikwissenschaft schwelt die Auseinandersetzung auch heute noch weiter, und hier wie dort erhielt sie neuen Auftrieb aus den sozialen und politischen Erschütterungen der amerikanischen Gesellschaft während der sechziger Jahre.

Die wissenschaftliche Diskussion beider Fächer dreht sich noch immer um das Problem der Möglichkeit und der Wünschbarkeit, der Kosten und des zu erwartenden Ertrags einer sozialen, nach naturwissenschaftlichem Muster vorgehenden Gesetzeswissenschaft, die mit Hilfe von allgemeinen, d.h. nicht raum-zeitgebundenen Aussagen über soziale oder politische Regelmäßigkeiten gesellschaftliche Tatbestände erklären und prognostizieren will. Die Auseinandersetzungen gruppieren sich dabei um die Gegensatzpaare "idiographische vs. nomothetische Wissenschaftsauffassung", "qualitative vs. quantitative Vorgehensweise", "historisch-genetische vs. systematische Erklärungsversuche" und "wertsetzende vs. wertfreie Argumentation". Mit einem Wort: Es handelt sich um die gleichen

grundlegenden Meinungsverschiedenheiten über die Ziele, Methoden und Möglichkeiten der Forschung, die in allen sozialwissenschaftlichen Disziplinen zu finden sind.

Dennoch ist die Parallelität der Entwicklung von Soziologie und Politikwissenschaft in den Vereinigten Staaten ausgeprägter als zwischen anderen Fachgebie-
ten, was möglicherweise auf die größere interdisziplinäre Durchlässigkeit der
Abgrenzung von Soziologie und Politikwissenschaft zurückzuführen ist. Auf dem
Gebiet der Politischen Soziologie überschneiden sich beispielsweise nicht nur
die Gegenstandsbereiche, sondern auch die Fragestellungen und Betrachtungsweisen beider Disziplinen ganz deutlich, auch wenn Lipset in den fünfziger Jahren
den - erfolglosen, da bestenfalls zur Kenntnis genommenen, aber nicht allgemein akzeptierten - Versuch unternahm, die von Soziologen betriebene "Politische Soziologie" und die von Politikwissenschaftlern vertretene "Soziologie
der Politik" gegeneinander abzugrenzen (vgl. Lipset 1959).

Einer der Gründerväter der amerikanischen Soziologie, William Graham Sumner,
der allgemein als bedeutendster und einflußreichster Soziologe der ersten Generation gilt (vgl. Becker & Barnes 1961: Kap. 24), stellt so etwas wie die
Inkarnation früher Interdisziplinarität dar: Auch die Politikwissenschaft und
die Ökonomie betrachten ihn als einen der ihren. Sumner vertrat an der Yale
University, ähnlich wie Burgess an der Columbia University, die Vorstellung
einer objektiven, nicht moralisierenden Sozialwissenschaft. Wie Wilson und
Lowell in der Politikwissenschaft war Sumner dabei stark an der Beschreibung
sozialer Vorgänge interessiert. Ähnlich wie eine Generation später Charles E.
Merriam war er jedoch eher ein Programmatiker und Verkünder als ein Systemati-
ker: Er war der typische Wegweiser, der zwar die Richtung anzeigt, den Weg
aber nicht selber geht (vgl. Becker & Barnes 1961; Jonas 1969: 104 f.; Leyburn
1968: 406 ff.).

Der wichtigste Vertreter der empirischen Soziologie dieser Zeit neben und nach
Sumner war Lester F. Ward (1841 - 1913), ein Schüler von Auguste Comte.
Ward, der ein professioneller Paläobotaniker und dementsprechend naturwissen-
schaftlich gebildet war, definierte als Gegenstand der Soziologie bereits das
soziale Verhalten der Menschen. Nicht das "Wesen" des Menschen, sondern sein
Tun müsse von der Soziologie untersucht werden (Ward 1903: 15). Hierbei sei
auch auf statistische Verfahren zurückzugreifen. Ward, der in seinem stark von
Biologismen durchsetzten Werk schon zwischen reiner und angewandter Sozial-

forschung unterschied und darüber zwei Bücher veröffentlichte, die jeweils einem dieser beiden Aspekte gewidmet waren (Ward 1903; 1906), betonte explizit
den Vorbildcharakter der Naturwissenschaften für die Soziologie (1903: 568 f.,
hier referiert nach Becker & Barnes 1961: 970), ähnlich wie das Lowell und
andere zur gleichen Zeit für die Politikwissenschaft taten.

5.2.1. Der Einfluß der Chicago-Soziologie und des soziologischen Behaviorismus

Die amerikanische Soziologie etablierte sich auf Universitätsebene im letzten
Jahrzehnt des 19. Jahrhunderts. 1892 wurde Albion Small, ein Schüler von Ward,
auf einen soziologischen Lehrstuhl an der University of Chicago berufen; 1894
erhielt Franklin H. Giddings auf Veranlassung von John W. Burgess, dem "Vater
der amerikanischen Politikwissenschaft", einen Ruf an die Columbia University.
Beide, Small wie Giddings, waren methodologisch interessiert und veröffentlichten eine Reihe von Arbeiten zu statistischen und forschungstechnischen Problemen. Ihre Schüler besetzten später die wichtigsten soziologischen Lehrstühle
an den großen amerikanischen Universitäten; auf diese Weise war für eine Verbreitung der empiristischen Botschaft gesorgt.

Albion Small, der nicht nur bei Ward, sondern auch bei Schmoller und anderen
Kathedersozialisten in Deutschland studiert hatte, war der erste Vorsitzende
eines soziologischen Departments in den USA. Von ähnlicher organisatorischer
Begabung wie der um eine halbe Generation jüngere Charles E. Merriam, war
Small mehr als zwanzig Jahre lang Herausgeber des 1895 gegründeten "American
Journal of Sociology" und eine der treibenden Kräfte bei der Etablierung der
Soziologie an den amerikanischen Universitäten. Von bleibendem Einfluß auf die
Entwicklung der empirischen Soziologie in den USA war jedoch seine Tätigkeit
als Gründer und Sprecher der Chicago-Schule der Soziologie.

1893 gesellte sich bereits W.I. Thomas als zweiter Soziologe des Chicagoer Departments zu Small; er verlor 1918 wegen eines Zeitungsskandals seinen Lehrstuhl und war dann bis zu seinem Tode im Jahre 1947 als freier Wissenschaftler
tätig; in dieser Eigenschaft arbeitete er unter anderem auch mit dem Social
Science Research Council zusammen, für den er einen Bericht über die Erforschung von Kultur und Persönlichkeit verfaßte, der den wissenschaftlichen Kurs
und die Förderungstätigkeit des SSRC stark beeinflussen sollte (vgl. Volkart
1968). Zusammen mit Florian Znaniecki, einem polnischen Philosophen und Sozialwissenschaftler, veröffentlichte Thomas zwischen 1918 und 1920 eines der klas-

sischen Werke der empirischen Soziologie, die monumentale, fünfbändige Untersuchung "The Polish Peasant in Europe and America". Darin konzentrieren sich
die Autoren unter anderem auf das Zusammenspiel von individuellen Einstellungen und sozialen Werten; Einstellungen und Wünsche werden dabei als Verbin-
dungsglieder zwischen Situation und Verhalten einer Person analysiert; mit Hilfe dieses Forschungsdesigns hofften die beiden Verfasser, soziale Gesetze und
Regelmäßigkeiten zu entdecken. Als empirisches Ausgangsmaterial stützten sie
sich dabei hauptsächlich auf persönliche Dokumente.

In ihren methodologischen Bemerkungen wandten sich Thomas und Znaniecki sowohl gegen ziellosen Empirismus als auch gegen inhaltsleere "große Theorie"; vor
allem Thomas schwebten festgegründete, auf systematisch erhobenen und ausgewer-
teten Daten basierende Theorien von geringer Abstraktheit, aber höherer Erklärungskraft als die der großen theoretischen Entwürfe, die damals in den Sozialwissenschaften üblich waren, vor. Seine in diesem Zusammenhang von ihm bevorzugten Methoden waren das Experiment und die Feldforschung. Theoretisch betonte Thomas in einer Art Vorwegnahme der Lewinschen Feldtheorie die Bedeutung
situationaler Einflüsse für die Erklärung individuellen Verhaltens. Als Vorbild
der Soziologie pries er die Naturwissenschaften, eine Haltung, von der er erst
spät, als er gegenüber den Möglichkeiten einer strikten soziologischen Gesetzeswissenschaft immer skeptischer wurde, wieder abrückte. Diese knappen Anmerkungen zeigen, daß Thomas zwar kein soziologischer Behaviorist, aber ein Szien-
tist war, dessen Auffassungen sich weitgehend mit der Position der New Science-
Bewegung deckten.

Berühmt wurde die Chicago-Soziologie jedoch durch die stadtsoziologischen Studien Robert E. Parks und seiner Mitarbeiter. Park wurde 1914 an das Department
berufen und initiierte die empirische Feldarbeit der Chicago-Schule, für die diese auch heute noch bekannt ist (vgl. Madge 1964: Kap. 4). Zusammen mit dem
gleichfalls am Department of Sociology der University of Chicago tätigen E. W.
Burgess (nicht zu verwechseln mit dem mehrfach erwähnten Politologen John
Burgess von der Columbia University) veröffentlichte Park die vermutlich einflußreichste Einführung jener Jahre in das Studium der Soziologie, "An Introduction to the Science of Sociology" (1921). Darüber hinaus "produzierte" er
eine Reihe wichtiger Doktoranden, die später auf viele Lehrstühle der sich aus-
breitenden Soziologie berufen werden sollten (vgl. Becker & Barnes 1961: Kap.
24).

In ihrer Einführung in die Soziologie betonen Park und Burgess, daß das Studium der Gesellschaft nicht gleichzeitig wissenschaftlich und moralisierend sein könne. Tatsachen und Meinungen müßten strikt unterschieden werden. Die wichtigsten Tatsachen der Soziologie stellten Einstellungen (attitudes) dar, die ebenso unparteiisch analysiert werden müßten, wie der Biologe Organismen zerlege. Einstellungen werden dabei von den beiden Autoren als Verhaltensdispositionen interpretiert: "Sie zeigen uns menschliche Motive in der einzigen Form, in der wir sie objektiv zu erkennen vermögen, nämlich als soziales Verhalten ... Die klarste Weise, sich Einstellungen vorzustellen, ist als Verhaltensmuster oder Verhaltenseinheiten" (Park & Burgess 1921: 438 f.). Trotz der mentalistischen Ausdrucksweise deuten diese Bemerkungen auf die Beeinflussung Parks durch den Behaviorismus hin.

Nachfolger Albion Smalls als Vorsitzender des Chicagoer Departments wurde nach dessen Tod 1926 der stark sozialpsychologisch orientierte und ethnologisch interessierte Ellesworth Faris; Faris, der auf den Lehrstuhl von W.I. Thomas berufen worden war, stand unter dem Einfluß George Herbert Meads, eines Sozialpsychologen, der als einer der Väter des Symbolischen Interaktionismus angesehen werden kann. Zusammen mit einem der führenden Pragmatisten, dem Philosophen, Psychologen und Erziehungswissenschaftler John Dewey, bildete Mead das Haupt einer weiteren Schule, die etwa zur gleichen Zeit und am gleichen Ort florierte wie die der Politikwissenschaft und der Soziologie, der sozialpsychologischen Chicago-Schule; wir werden uns mit ihr im kommenden Abschnitt noch näher beschäftigen.

Im Jahre 1927 wurde W.F. Ogburn nach Chicago berufen, der sich vor allem durch seine Beherrschung und Betonung quantitativer Forschungsmethoden auszeichnete und auf seine Studenten in dieser Hinsicht großen Einfluß ausübte (vgl. Becker & Barnes 1961: Kap. 24; Jaffe 1968). Als Schüler von Giddings und dem Erziehungswissenschaftler Edward L. Thorndike beschäftigte er sich Zeit seines Lebens mit der Frage, wie wir möglichst genaues und objektives Wissen über soziale Tatbestände gewinnen können; er akzeptierte jedoch, trotz aller Betonung der Statistik, auch qualitativ gewonnene Erkenntnisse, hierin Park sehr ähnlich, der allerdings noch weniger als Ogburn seine wissenschaftlichen Interessen auf das (damals) Quantifizierbare beschränkt wissen wollte. Überdies vertrat Ogburn schon in den zwanziger Jahren einen interdisziplinären Ansatz, wie er dann für den Behavioralismus und die moderne Sozialwissenschaft allgemein typisch werden sollte (vgl. Jaffe 1968: 280). Ebenfalls in Chicago tätig waren während dieser Jahre Herbert Blumer, ein methodologisch interessierter Sozialpsychologe, und Samuel Stouffer, der spätere Hauptherausgeber des "American Soldier".

Zusammenfassend läßt sich das Wissenschaftsverständnis der soziologischen Chicago-Schule als "die auf Nahaufnahme gerichtete empirische Untersuchung und begriffliche Analyse aller Phasen zwischenmenschlichen Verhaltens" charakterisieren (Catton 1964: 925). Während ihrer Blütezeit galt die Chicago-Schule als die in der amerikanischen Soziologie führende Ausbildungsstätte, so wie die politikwissenschaftliche Schule Charles E. Merriams als führendes Department ihrer Disziplin angesehen wurde. Beide florierten etwa zur gleichen Zeit, wobei die New Science of Politics-Bewegung Merriams und seiner Schüler ganz ähnliche Ziele verfolgte wie die nicht nur räumlich benachbarte oder, um genauer zu sein, im gleichen Gebäude untergebrachte soziologische Chicago-Schule. Daß beide wiederum von der ähnlich ausgerichteten, nicht minder angesehenen sozialpsychologischen Chicago-Schule Meads und Deweys beeinflußt worden sind, kann als gesichert angesehen werden (vgl. Catton 1964).

Der radikalste Verfechter einer naturwissenschaftlich ausgerichteten Soziologie war während der dreißiger und vierziger Jahre George Lundberg, der 1929 sein Programm einer behavioristischen Soziologie, "Social Research", veröffentlichte (vgl. Timasheff 1955: 194 ff.; Catton 1968). Allerdings hebt er gerade in diesem Werk auch die Bedeutung von Einstellungen hervor und diskutiert Methoden zu ihrer Messung, namentlich Skalierungsverfahren. Lundbergs "Behaviorismus" bezieht sich daher wohl eher auf dessen gemäßigte Variante, obwohl er sich an anderer Stelle (in seinem Buch "Foundations of Sociology", 1939 S. 12 - 14) als Gegner introspektiv gewonnener Daten zu erkennen gibt. Mentale Prozesse waren für Lundberg symbolische oder verbale Verhaltensformen, die es nach Art der physikalischen Wissenschaften zu erfassen gelte.

Er propagiert eine generalisierende und zugleich quantifizierende, auf Beobachtbarkeit und Nachprüfbarkeit insistierende Soziologie. Sein Programm war positivistisch in seiner Betonung der sensorischen Basis unseres Wissens und operationalistisch in seiner Forderung nach der unabdingbaren Angabe der Meßbedingungen für alle verwendeten Konzepte. Konsequenterweise war Lundberg auch ein Verfechter einer wertfreien Wissenschaft; moralische Neutralität sei nicht nur keine Schwäche, sondern eine der ganz großen Stärken der Wissenschaft; es gehöre nicht zu den Aufgaben der Soziologie, soziale oder politische Programme

zu verwirklichen, sondern die Welt so zu erkennen, wie sie ist (Lundberg 1947;
1961: 40 f.; 1955: 191; vgl. auch Catton 1968: 492 f.). Lundbergs programmatische Arbeit löste eine erbitterte Debatte über die Zielsetzung der Soziologie
aus, die bis heute nicht abgeklungen ist.

5.2.2. Der Strukturfunktionalismus Talcott Parsons

Eines der wichtigsten Bücher zum Stand der soziologischen Theoriebildung und
empirischen Forschung ist noch immer C. Wright Mills "The Sociological Imagination" (1959), in dem er sowohl die seiner Ansicht nach zwar großen, aber inhaltsleeren Theoriesysteme eines Parsons als auch den "abstrakten Empirizis-
mus" Lundbergs oder Lazarsfelds heftig kritisiert. Implizit ist in diesem auch
heute noch lesenswerten Werk eine Menge Kritik an der behavioralistischen Politikwissenschaft enthalten, obwohl es primär auf die Soziologie gemünzt war.

Sowohl Parsons als auch Lazarsfeld sind für die Entwicklung des Behavioralismus von großer Bedeutung: ersterer wegen seines Einflusses auf die Eastonsche
Theoriebildung und die Comparative Politics, letzterer wegen des Vorbildcharak-
ters seiner empirischen Untersuchungen für die behavioralistische Forschung.
Wir wollen uns zunächst Parsons zuwenden, dem international wohl wichtigsten
und einflußreichsten Soziologen der vierziger bis sechziger Jahre. Allerdings
ist es in dem hier gesetzten Rahmen unmöglich, auch nur in den Grundzügen
auf das ungeheuer komplexe Werk Parsons einzugehen, auf seine differenzierten
Begriffsschemata, seine Idee der "pattern variables", seine Theorie des sozialen Handelns, seine Konzeption des sozialen Systems oder gar auf seine substantiellen Schriften, die praktisch alle Anwendungen oder Interpretationen seiner
allgemeinen Gesellschaftstheorie sind (für eine in politikwissenschaftlicher Perspektive verfaßte Darstellung des umfangreichen Werkes Parsons vgl. Mitchell
1967).

Eine genauere Darstellung der Parsonschen Theorie erscheint jedoch unnötig, da
der unzweifelhaft vorhandene und durch eine Zitatenanalyse der Schriften des
frühen Easton (v.a. sein Buch von 1953) auch literarisch nachweisbare Einfluß
Parsons auf die politikwissenschaftliche Systemtheorie eher globaler als konkreter Natur war. Easton lehnt z.B. nicht nur den von Parsons vertretenen Funktionalismus explizit ab, sondern verwendet auch völlig unterschiedliche Kernkonzepte. Dennoch ist das Vorbild Parsons im Konzeptionellen unverkennbar.

So bestehen zwischen Easton und Parsons deutliche Parallelen, was die Vorstellung einer umfassenden Theorie des Politischen bzw. des Sozialen angeht, deren Ziel weniger die Erklärung politischen oder sozialen Handelns als vielmehr die Aufstellung eines für die Analyse sozialer oder politischer Prozesse verwendbaren Bezugsrahmens ist. Dieser Bezugsrahmen enthält sowohl bei Parsons als auch bei Easton Elemente einer umfassenden Theorie des Politischen bzw. des Gesellschaftlichen, ohne selbst jedoch eine derartige Theorie zu sein; er dient vornehmlich dazu, Begriffe zu vereinheitlichen, empirische Forschungen anzuregen und anzuleiten, Relevanzkriterien für die Auswahl der Forschungsprobleme zu liefern und theoretische Hinweise für ihre Interpretation zu geben. Wie Parsons spricht auch Easton von seiner Theorie im Singular, während die empirische Soziologie und die behavioralistische Forschung lieber von Theorien im Plural reden, die nicht auf irgendwelche globalen Systeme, sondern auf konkrete soziale oder politische Tatbestände bezogen sind, zu deren Erklärung oder Vorhersage sie dienen sollen.

Beide Autoren stellen also eher taxonomische Systeme hoher Abstraktheit zur Verfügung, die sich weniger mit konkreten historischen als mit sozialen oder politischen Systemen an sich beschäftigen. So wie Parsons nicht über eine bestimmte Gesellschaft, sondern über Gesellschaft allgemein schreibt (obwohl das amerikanische Modell häufiger, als Parsons das vermutlich beabsichtigte, durch seine aufwendige und komplizierte Begrifflichkeit hindurchscheint), behandelt Easton nicht ein bestimmtes, sondern ein abstrahiertes, jenseits konkreter Anwendungsfälle liegendes politisches System. Wie Parsons fragt auch Easton nach den Bedingungen des Fortbestehens oder des Überlebens von Systemen unter sich wandelnden Umständen, und analog zu Parsons definiert er sein System als Muster von Interaktionen und Beziehungen zwischen Akteuren. Schließlich betont Easton, ähnlich wie Parsons, die Rolle von Normen für das Funktionieren des Systems. Genug der Beispiele für die zwischen Easton und Parsons bestehenden Parallelen, die den Einfluß des letzteren auf den ersteren hinreichend belegen (vgl. Easton 1965; 1965a; Parsons 1937; 1951; Dahrendorf 1963; 1955; 1958).

Nicht nur globalen, wie im Falle Eastons, sondern recht konkret nachweisbaren Einfluß hat Parsons Strukturfunktionalismus auf die Theoriebildung auf dem Gebiet der Comparative Politics ausgeübt. So lehnt sich einer der intellektuellen Wortführer der Neuorientierung der vergleichenden Politikwissenschaft während der fünfziger und sechziger Jahre, Gabriel Almond, in einem Aufsatz aus dem Jahre 1956 relativ eng an die Parsonsche Theorie an (vgl. Almond 1956,

S. 32, 35 etc.). Dieser Aufsatz wird inzwischen zu den wichtigsten vorbereitenden Arbeiten der neuen Comparative Politics gerechnet; er entwickelt nicht nur in Grundzügen die Konzeption der Politischen Kultur, die dann in der Civic Culture-Studie Almonds und Verbas (1963) weiter ausgebaut wurde, sondern beeinflußte darüber hinaus eine große Zahl von vergleichenden Untersuchungen.

Almond definiert in diesem Aufsatz ein politisches System in Anlehnung an Parsons als ein System von Handlungen, d.h. in seiner Terminologie: als ein System beobachtbaren Verhaltens. Grundeinheit des politischen Systems ist die Rolle, die Almond in wörtlicher Anlehnung an Parsons beschreibt "als den organisierten Ausschnitt der Orientierung eines Handelnden, die seine Beteiligung an einem interaktiven Prozeß ausmacht und definiert" (Parsons & Shils 1951: 23; zitiert nach Almond 1956: 32). Das politische System selbst beschreibt Almond an gleicher Stelle als eine Menge von interagierenden Rollen oder als eine Rollenstruktur, falls darunter ein Muster von Interaktionen verstanden wird.

In ihrer bahnbrechenden, das Vorbild für viele Nachfolgeuntersuchungen abgebenden Civic Culture-Studie bestimmen Almond und Verba (1963: 13) die "Politische Kultur" einer Nation als "die spezifische Verteilung von Orientierungsmustern gegenüber politischen Objekten unter den Angehörigen einer Nation". Die verschiedenen Typen von politischen Orientierungen definieren sie in Anlehnung an Talcott Parsons (Parsons & Shils 1951: 53 ff.); das Konzept der Orientierung bezieht sich demzufolge auf die internalisierten Aspekte von Objekten und Beziehungen und umfaßt sowohl kognitive als auch evaluative Aspekte (Almond & Verba 1963: 14).

Einen offen funktionalistischen Ansatz im Sinne Parsons und seiner Anhänger vertritt Almond schließlich in seinem zusammen mit James Coleman herausgegebenen Buch "The Politics of the Developing Areas" (Almond & Coleman 1960, S. 3 - 64). Er greift in seiner Einleitung zu diesem Band sowohl auf die Konzepte des politischen Systems und der politischen Rolle als auch der politischen Struktur und der politischen Sozialisation sowie auf eine Reihe neu eingeführter, ebenfalls Parsons entlehnter Begriffe wie die der "pattern variables" (vgl. Parsons & Shils 1951: 53 ff.) zurück und schlägt vor, politische Systeme miteinander anhand der Häufigkeit und der Art, wie die politischen Funktionen durch die politischen Strukturen gewährleistet werden, zu vergleichen (vgl. Almond & Coleman 1960: 148).

Die Liste von Anleihen der Theoretiker der vergleichenden Politikwissenschaft
bei Talcott Parsons und anderen Strukturfunktionalisten ließe sich fortsetzen
(vgl. z.B. Almond 1965: 183 etc.). Auch auf anderen Teilgebieten der Politikwissenschaft ist der Einfluß Parsons auf die Theoriebildung bzw., adäquater
formuliert, auf die verwendeten begrifflichen Bezugsrahmen der Analyse nachweisbar (vgl. für eine besonders prägnante Anwendung die Darstellung des politischen Systems der Vereinigten Staaten von Mitchell 1962, insbesondere S. 3 -
25); allerdings ist er hier bei weitem nicht so stark und durchgängig wie im
Falle der Comparative Politics. Kein Zweifel jedenfalls kann daran bestehen,
daß der Strukturfunktionalismus die theoretischen Anstrengungen des Behavioralismus, zumindest dort, wo es um "große Theorie" geht, geprägt hat.

5.2.3. "Exemplarische" soziologische Vorbildstudien

Dies gilt, mit Ausnahme der Comparative Politics, jedoch kaum für die empirischen Untersuchungen, die im Geiste des Behavioralismus unternommen worden
sind. Sie orientierten sich sehr viel stärker an einigen selbst entweder gar nicht
oder nur geringfügig vom Strukturfunktionalismus beeinflußten soziologischen
Arbeiten. An erster Stelle sind hier vermutlich die vier Bände des "American
Soldier" zu nennen (Stouffer et al. 1949/50), eine mit Hilfe des SSRC veröffentlichte Zusammenstellung von Forschungsergebnissen aus der sozialwissenschaftlichen Abteilung der amerikanischen Armee über die Anpassung der Soldaten an die Bedingungen des Krieges, über Kampfmoral, Arbeitsplatzzufrieden-
heit, soziale Mobilität, Rassenspannungen in der Armee und über den Einfluß
von Propaganda durch Massenmedien.

Die veröffentlichten Materialien stellen hauptsächlich eine nach dem Krieg
unternommene Sekundäranalyse von mehr als 500 000 Interviews über die Einstellungen der Soldaten zu den verschiedensten mit dem Krieg und der Tätigkeit in
einer formalen Organisation wie der Armee zusammenhängenden Fragen dar (Band
1 und 2); Band 3 beschäftigt sich v.a. mit der experimentellen Untersuchung des
Einflusses von Filmen und Radiosendungen auf die Wehrbereitschaft der Soldaten, mit dadurch veranlaßten Einstellungsänderungen und mit dabei angespro che-
nen Meßproblemen. Band 4 des "American Soldier" schließlich ist ausschließlich methodischen Fragen gewidmet; hier werden solche innovativen Forschungstechniken wie Guttmans Skalogrammanalyse, Lazarsfelds Analyse latenter Strukturen oder die Grundzüge der Hauptkomponentenanalyse dargestellt und diskutiert.

Was bei der Lektüre des "American Soldier" ins Auge sticht, ist das Fehlen eines theoretischen Leitfadens; die Technik siegt hier über die Theorie, was wohl nicht zuletzt auf die Anwendungsorientierung und den sekundäranalytischen Charakter des Werkes zurückzuführen ist (vgl. Dahrendorf 1967: 136). Mit ihrer forschungstechnischen Professionalität, ihrer Datenverbundenheit und ihrer atheoretischen Konzentration auf Beschreibung und "Prognose" ist diese monumentale Studie, die viele daran anknüpfende Untersuchungen inspiriert hat - unter anderem ist Mertons Bezugsgruppenkonzept ein sekundäranalytisch gewonnener Ausfluß ihres Datenmaterials - durchaus als ein Wegbereiter für einen Teil der behavioralistisch beeinflußten politikwissenschaftlichen Forschung der fünfziger Jahre anzusehen.

Von womöglich noch größerer Langzeitwirkung war die nicht minder monumentale, gleichfalls aus der Zusammenarbeit vieler Sozialwissenschaftler entstandene Untersuchung von Adorno u.a., "The Authoritarian Personality" (1950). Im Gegensatz zum hauptsächlich methodisch befruchtenden "American Soldier" war die Langzeitwirkung der "Authoritarian Personality" weitestgehend inhaltlicher Natur; sie inspirierte buchstäblich tausende von Nachfolgeuntersuchungen und -veröffentlichungen (vgl. Christie & Jahoda 1954; Christie & Cook 1956; Kirscht & Dillahaye 1967), die sich - teilweise unter ganz anderen methodischen Vorzeichen - darum bemühten, die Existenz oder Nichtexistenz eines autoritär-faschistoiden Charaktersyndroms nachzuweisen.

Das Diktum, im Falle des "American Soldier" habe die Technik über die Theorie obsiegt, läßt sich für die "Authoritarian Personality" mühelos umdrehen; sie war von Anfang an theoriegeleitet; wegen eklatanter Mängel in der Stichprobenzusammensetzung, der Polung der Skalen und dem damit verbundenen Problem nichtkontrollierter Jasagetendenzen sowie der ideologischen Einseitigkeit der nur nach rechts messenden Skalen ist jedoch die Aussagekraft ihrer Ergebnisse erheblich beeinträchtigt worden (vgl. die in Christie & Jahoda 1954 abgedruckten Beiträge, namentlich die Kritiken von Hyman & Sheatsley und Shils). Trotz dieser - sicherlich berechtigten - Kritik besticht die "Authoritarian Personality" durch ihre Verbindung von theoretischem Anspruch und dem (wenn auch nur teilweise gelungenen) Versuch seiner empirischen Einlösung.

Ziel der Forschergruppe um Adorno, Frenkel-Brunswik, Levinson und Sanford, der sogenannten Berkeley-Gruppe, war es, mithilfe der Entwicklung von Einstellungsskalen nach dem Likert-Verfahren einen autoritären bzw. faschistoiden Cha-

raktertyp herauszuarbeiten, der gegenüber antidemokratischer Propaganda besonders anfällig ist und dessen Kenntnis es ermöglicht, den Faschismus bereits
in seinen Anfängen wirkungsvoll zu bekämpfen bzw. durch die Erziehung eines
demokratischen Persönlichkeitstypus den Erfolg faschistischer Bewegungen von
vornherein unmöglich zu machen (vgl. Adorno et al. 1 f.).

Dem Konzept der Autoritären Persönlichkeit liegt die aus der psychoanalyti-
schen Theorie stammende Annahme zugrunde, daß bestimmte tiefsitzende Persönlichkeitszüge sich in Einstellungen niederschlagen, die psychodynamisch, wenn
auch nicht logisch, mit Vorurteilen gegenüber Fremdgruppen verbunden sind
(Adorno et al. 1950: 225). Der Ausgangspunkt der Untersuchungen der Berkeley-
Gruppe ist also ein hypothetisches Konstrukt, die vorurteilshafte Persönlichkeit, deren emotionale Bedürfnisse sie für undemokratische Vorstellungen und
Verhaltensweisen anfällig machen. Die Bedürfnisstruktur wird - der Theorie
nach, wenn auch in der Untersuchung selbst nur teilweise überprüft - hauptsächlich in der frühen Kindheit durch das Elternhaus geprägt und ist auf diese
Weise wiederum von sozialen und ökonomischen Determinanten abhängig, von
denen die Erziehungsstile und die Werthaltungen der Eltern bestimmt werden
(Adorno et al. 1950: 5 f.).

Das von Rokeach in Anknüpfung an die Untersuchungen der Berkeley-Gruppe entwickelte Konzept des Dogmatismus (vgl. Rokeach 1960) stellt den Versuch dar,
eine allgemeine, sowohl nach rechts als auch nach links gleichermaßen differen-
zierende Vorurteilsskala zu entwickeln. Auch viele behavioralistisch orientierte Studien zur politischen Persönlichkeit basieren auf der "Authoritarian Personality" oder setzen sich mit ihr auseinander (Lane 1962: 185, 276 f. etc.;
Lane 1972: 40 ff.; Sperlich 1971: 56, 85; Hyman 1959: 30 ff.; Milbrath 1965:
83 ff.). Wichtiger für die Entwicklung und Durchsetzung des Behavioralismus
dürfte jedoch auch im Falle der "Authoritarian Personality" die generelle Vorbildwirkung und insbesondere die Popularisierung von Skalierungsverfahren zur
Messung politischer und sozialer Einstellungen gewesen sein. Durch Veröffentlichungen wie den "American Soldier" oder die "Authoritarian Personality", die
beide empirische Sozialforschung auf hohem Niveau boten, wurden Forschungstra-
ditionen geschaffen, die bis heute von Bedeutung geblieben sind und dem politikwissenschaftlichen Behavioralismus ohne Zweifel den Boden bereitet haben.
Ihre Vorbildwirkung im Sinne von Thomas Kuhns "exemplars" (vgl. Kuhn 1969;
Falter 1979) ist unübersehbar.

In erhöhtem Maße gilt dies für die Untersuchungen von Lazarsfeld und seinen Mitarbeitern vom Bureau of Applied Social Research der Columbia University. Bereits 1944 veröffentlichte diese Gruppe ihre erste, bahnbrechende Wahlstudie über die Präsidentschaftswahl 1940, wo sich Roosevelt und sein republikanischer Herausforderer Willkie um das höchste politische Amt der Vereinigten Staaten bewarben. Ähnlich wie in ihrer einige Jahre später durchgeführten Analyse der Präsidentschaftswahl von 1948 konzentrierten sich Lazarsfeld und seine Koautoren (1944) auch in ihrer ersten Studie auf eine Untersuchung des lokalen Kontextes, genauer: eines Landkreises im Norden des Bundesstaates Ohio, Erie County. Im Gegensatz dazu waren die ebenfalls klassischen, womöglich noch erfolgreicheren Wahluntersuchungen der Ann-Arbor-Forscher stets auf den nationalen Kontext bezogen (vgl. Campbell et al. 1954; 1960; 1966 etc.).

Anders als frühere Wahlstudien waren die Autoren von "The People's Choice" nicht an einer reinen Beschreibung, sondern vor allem an der Erklärung von Wählerverhalten interessiert (vgl. Lazarsfeld et al. 1944: 10). Sie bedienten sich hierzu der neuentwickelten Erhebungstechnik der Panelanalyse, d.h. der (in ihrem Falle siebenmaligen) Befragung desselben Personenkreises innerhalb eines bestimmten Zeitraumes. Es gelang ihnen dank dieser methodischen Innovation, den Prozeß der Wählerentscheidung genauer aufzudecken als das bis dahin möglich war. So erwies sich zum Beispiel, daß die Wahlabsichten der weitaus meisten Wähler schon lange vor Einsetzen des sogenannten heißen Wahlkampfes festzustehen pflegen und sich in seinem Verlaufe nicht mehr nennenswert ändern. Mit Hilfe des Paneldesigns gelang es, den inzwischen von vielen Untersuchungen nachgewiesenen relativ geringen Einfluß von Wahlkämpfen aufzudecken, durch die eher vorhandene Absichten und Dispositionen verstärkt als Konversionen bewirkt werden.

Eine weitere Erkenntnis dieser frühen, für viele nachfolgende Untersuchungen des politischen Verhaltens so vorbildhaften Studie war die des zweistufigen Informationsflusses: Die Information der Hörer und Leser durch die Massenmedien verläuft "The People's Choice" zufolge nicht direkt, sondern auf dem Umweg über die sogenannten Meinungsführer, das sind Kontaktpersonen des einzelnen Wählers, die relativ häufig um politischen Rat angegangen werden und sich entsprechend intensiver der Massenmedien zu ihrer eigenen Meinungsbildung bedienen (vgl. auch Lazarsfeld & Katz 1955). Ferner weist die Erie-County-Studie auf die Bedeutung des Einflusses sozialer Determinanten wie Religion, Schichtzugehörigkeit und Ausbildung für die Wahlentscheidung hin. Wähler, bei denen

sich gleichgerichtete soziale Einflüsse überlagern, gestatten eine recht genaue Voraussage ihres Wahlverhaltens; Personen hingegen, bei denen sich die
sozialen Einflüsse in ihrer politischen Richtung widersprechen, wo also die sozialen Determinanten des politischen Verhaltens in verschiedene Richtungen weisen, stehen unter sogenannten "cross pressures"; Wahlenthaltungen und politisches Desinteresse sind die häufige Folge.

Schließlich machte "The People's Choice" auf die Bedeutung des Einflusses der
Primärgruppe für die Stabilität und den Wandel von Einstellungen und Verhaltensabsichten aufmerksam. Hierdurch wurde ein ganzer Forschungszweig der empirischen Politikwissenschaft angeregt: die politische Kleingruppenforschung und
neuerdings die Analyse sozialer Netzwerke und Freundschaftsgruppen (vgl. Verba
1961; Pappi & Laumann 1976). Das Konzept der sich kreuzenden sozialen Einflüsse spielt auch heute noch eine wichtige Rolle für die Erklärung von Wählerverhalten (vgl. Sperlich 1971; Pinner 1968; Infas 1976 etc.). Zwar orientiert
sich die moderne empirische Wahlforschung inzwischen sehr viel stärker an den
Konzepten der Ann-Arbor-Schule, also an Begriffen wie "Parteiidentifikation",
"normal vote" und "Problemorientierung" (vgl. Nie, Verba & Petrocik 1976),
als an den Konzepten Lazarsfelds und seiner Mitarbeiter, doch ist sein Einfluß
auf die Erforschung politischen Verhaltens bis heute unübersehbar.

Dies ist nicht nur auf die geglückte Verbindung von Theorie und Empirie, sondern vor allem auch auf die methodische Reflektiertheit und Innovationsfreudig-
keit sowie auf die stete Bemühung um systematische Erklärung von politischem
Verhalten zurückzuführen, die das Werk Lazarsfelds auszeichnen. Wie kaum ein
zweiter Forscher seiner Generation hat er die empirische Sozialwissenschaft
geprägt, ihr Instrumentarium erweitert und die methodologische Diskussion vorangetrieben.

Zusammenfassend läßt sich festhalten, daß auch auf dem Umweg über die Soziologie der psychologische Behaviorismus die Entwicklung der amerikanischen Politikwissenschaft allenfalls atmosphärisch beeinflußt hat. Durch in anderer intellektueller Tradition stehende Arbeiten hat die Soziologie den Behavioralismus aber dennoch vorbereiten helfen: Ausgehend von den gleichen wissenschaftlichen Idealen wie die Politikwissenschaft entwickelte sich die amerikanische
Soziologie schneller und konsequenter als jene zu einer empirischen Wissenschaft. Sie übte dadurch, nicht zuletzt auch durch die Vorbildwirkung von Arbeiten wie den oben geschilderten, einen starken Einfluß auf die amerikanische

Politikwissenschaft aus. Ohne diese Untersuchungen stünde der Behavioralismus wohl kaum dort, wo er heute ist; zumindest wäre ohne die soziologischen Vorläufer und Vorbilder die Entwicklung des Behavioralismus vermutlich weniger gradlinig und erfolgreich verlaufen als dies der Fall war.

Mit diesen Bemerkungen will ich den Abschnitt über den Einfluß der Soziologie auf den Behavioralismus abschließen. Wie wir gesehen haben, wurde die behavioralistische Politikwissenschaft sowohl vom Strukturfunktionalismus als auch von der empirischen Soziologie beeinflußt. Diese stand wiederum, ähnlich wie der Behaviorismus, in der Tradition eines szientistischen, vor allem von der Chicago-Schule vertretenen Wissenschaftsideals. Sozialpsychologische Anklänge sind sowohl im Falle des "American Soldier" als auch der "Authoritarian Personality" und der Wahlstudien des Bureau of Applied Social Research, die sämtlich auf das Individuum als Erkenntnisobjekt konzentriert sind, unüberschaubar. Ich will im vorletzten Abschnitt dieses Kapitels daher auf den Einfluß der amerikanischen Sozialpsychologie, insbesondere der Chicago-Schule Herbert Meads und John Deweys sowie der empirischen Sozialpsychologie der Nachkriegszeit eingehen, um nach einem Exkurs über die Philosophie des Empirismus und des Pragmatismus den genetischen Teil dieser Arbeit abzuschließen.

5.3. DER EINFLUSS DER AMERIKANISCHEN SOZIALPSYCHOLOGIE UND DES SYMBOLISCHEN INTERAKTIONISMUS AUF DIE POLITIKWISSENSCHAFT

Streng genommen zerfällt die Chicago-Schule der Soziologie in zwei verschiedene, wenn auch sich vielfach berührende und gegenseitig beeinflussende Strömungen: die ökologische Richtung der Stadtstudien von Park, Burgess u.a., von denen im vorangehenden Abschnitt die Rede war, und die psycho-soziologische Richtung, von der im folgenden berichtet werden soll. Die ökologische Schule wird, so ein in der Nachfolge des sozialpsychologisch-interaktionistischen Zweiges der Chicago-Schule stehender Chronist, nur von Außenstehenden mit der Chicago-Schule gleichgesetzt, während die "eigentliche" Chicago-Soziologie der zwanziger bis vierziger Jahre für den Insider viel eher mit der zweiten, heute als Symbolischer Interaktionismus bekannten Richtung verbunden sei (vgl. Rose 1962, S. VIII).

Der Begründer des Symbolischen Interaktionismus oder "sozialen Behaviorismus", wie er sein Programm selber nannte, war der zum amerikanischen Pragmatismus gehörende Philosoph und Sozialpsychologe George Herbert Mead. Stark von Mead

und dessen Freund und Mentor John Dewey beeinflußt wurde neben der Soziologie
eine zwischen 1895 und 1925 in Chicago blühende Schule der Individualpsycholo-
gie, der sogenannte psychologische Funktionalismus, dem nicht nur der Begründer des "radikalen Behaviorismus", John B. Watson, entstammte, sondern auch
ein so bedeutender empirischer Psychologe wie L.L. Thurstone, der wohl wichtigste Vertreter der Einstellungsmessung während der ersten Hälfte dieses Jahrhunderts. Ebenfalls in Chicago ausgebildet wurde der stark von Robert E. Parks
beeinflußte Sozialpsychologe Emory Bogardus, von dem eines der ersten Skalierungsverfahren zur Messung von Einstellungen stammt. Auch mit ihm und Thurstone wollen wir uns in diesem Kapitel beschäftigen, um auf diese Weise den
Bogen zum Einstellungskonzept, das für den Behavioralismus von zentraler Bedeutung ist, zu schlagen. Abschließend sollen dann noch einige Aspekte der von
der empirischen Politikwissenschaft bevorzugten Techniken der Einstellungsmessung angesprochen werden. Ich will damit die Analyse des eminent wichtigen Einflusses des zwischen ca. 1900 und 1930 an der University of Chicago herrschenden intellektuellen, die empirische Forschung begünstigenden Klimas auf die
Entwicklung der amerikanischen Politikwissenschaft abrunden.

5.3.1. Der Symbolische Interaktionismus George Herbert Meads

Untrennbar mit dem interaktionistischen Zweig der Chicago-Soziologie und dem
psychologischen Funktionalismus verbunden sind die beiden pragmatischen Philosophen John Dewey und George Herbert Mead, die - eng miteinander befreundet
und sich gegenseitig beeinflussend - einige Jahre gemeinsam an der University
of Chicago lehrten. John Dewey (1859 - 1952), der ohne Zweifel einflußreichste
amerikanische Philosoph dieses Jahrhunderts, wurde nach fast zehnjähriger Lehrtätigkeit an der University of Michigan in Ann Arbor im Jahre 1894 an die University of Chicago berufen, wo er bis 1904 wirkte, um dann an die Columbia
University zu übersiedeln. In Chicago war er als Vorsitzender eines Fachbereichs tätig, in dem neben der Philosophie und der Psychologie auch die Pädagogik beheimatet war, d.h. jene Disziplinen, in denen Dewey nicht nur eine nahezu unüberschaubare Zahl von Veröffentlichungen vorlegte, sondern deren Entwicklung in den Vereinigten Staaten er auch entscheidend beeinflußte (vgl. Frankel
1968; Bernstein 1967: 380 - 385 etc.).

Im Jahre 1894 schloß sich auf seine Vermittlung hin George Herbert Mead, mit
dem Dewey bereits kurze Zeit an der University of Michigan zusammengearbeitet
hatte, dem Philosophischen Department der University of Chicago an. Er wurde

später dessen Vorsitzender und lehrte dort bis zu seinem Tode im Jahre 1931. Dewey und Mead waren beide vom älteren amerikanischen Pragmatismus beeinflußt: Während Dewey an der Johns Hopkins University in Baltimore u.a. bei dem Philosophen und Sprachlogiker Charles S. Peirce hörte, studierte Mead an der Harvard University bei dem Philosophen und Psychologen William James, dem sich auch Dewey eng verbunden fühlte, wie die Dedikation seines 1903 erschienenen Buches "Studies in Logical Theorie" beweist, das James gewidmet ist (vgl. Bernstein 1967: 380).

Mead und Dewey waren beide davon überzeugt, daß es möglich und wünschenswert sei, das moderne Menschenbild mittels wissenschaftlicher Verfahren im Lichte der Evolutionstheorie neu zu bestimmen (vgl. Shibutani 1968: 84). Interessant ist in diesem Zusammenhang für uns, daß auch Mead, ähnlich wie kurze Zeit später der Behaviorismus, die Ansicht vertrat, der Mensch müsse anhand seines Tuns erforscht werden. Sein Zusammenleben in Gruppen erfordere die Untersuchung menschlicher Interaktionen; dadurch ließen sich Regelmäßigkeiten des menschlichen Verhaltens, die aus diesen Interaktionen herrührten, aufdecken.

Gesellschaft beruht nach Ansicht Meads auf den Transaktionen verschiedener Akteure, die zielgerichtet und koordiniert handeln, um bestimmte Vorteile zu erlangen. Diese Transaktionen, die Mead als soziale Handlungen bezeichnet, entstehen aus der Notwendigkeit, die individuellen Aktionen ständig aufeinander abzustimmen und in geeigneter Weise auf die dauernd sich weiter entwickelnden und verändernden Situationen zu reagieren (vgl. Shibutani 1968; Desmonde 1967; Strauss 1964: 28 ff.).

Eine soziale Handlung wird also durch die Absicht eines individuellen Akteurs ausgelöst, ein bestimmtes Ziel zu erreichen; die Realisierung dieses Wunsches setzt die Benutzung von Elementen der Umwelt voraus. Im Gegensatz zum Verhaltensbegriff des radikalen Behaviorismus ist der Handlungsbegriff Meads folglich bewußt und zielorientiert, d.h. sinngeleitet. Stellen sich der Handlungsdurchführung Hindernisse in den Weg, so Mead weiter, setzt das Denken als Problemlösungsverhalten ein, durch das mögliche Lösungswege und Handlungsalternativen in einer Art geistigem Experiment nach dem Prinzip von Versuch und Irrtum durchgespielt und akzeptiert oder verworfen werden. Im System Meads werden soziale Situationen also vom Einzelnen wahrgenommen, mögliche Handlungsfolgen antizipiert und bestimmten Handlungweisen Bedeutungen zugewiesen (vgl. Mead 1934: 169 ff.; Ritzer 1975: 96 ff.).

Dem "sozialen Behaviorismus" liegt mithin ein vom "radikalen Behaviorismus" Watsons gänzlich unterschiedliches Analysemodell zugrunde: Die Menschen interpretieren und definieren ihre eigenen Handlungen und die ihrer Interaktionspartner. Sie reagieren folglich nicht nur auf externe Stimuli, wie Watson das vorauszusetzen scheint, sondern messen ihnen in einem voluntaristischen, wenn auch sozial vorgeprägten Akt Bedeutungen bei; sie handeln autonom aufgrund von Symbolen wie z.B. Gesten des Partners, deren Bedeutungen in einem ständig fortschreitenden Sozialisationsprozeß erlernt worden sind bzw. erlernt werden.

Dem radikalen Behaviorismus wirft Mead vor, die verdeckten, geistigen Aspekte des Verhaltens nicht zu berücksichtigen. Aus analytischen Gründen lasse sich jeder Verhaltensakt in eine Serie von Handlungen zerlegen, deren Endpunkt erst das offene Verhalten selbst darstelle, auf dessen Beobachtung sich der Watsonsche Behaviorismus beschränke. Dadurch verlöre er notwendigerweise das Individuum aus dem Blick (vgl. Mead 1934: 201 ff.; 243 ff.).

Durch die Verwendung von Symbolen als Bedeutungsträger würden die menschlichen Interaktionen quasi mediatisiert, erhielten die jeweiligen Handlungssituationen ihre unterschiedliche Bedeutung. Mead betont in diesem Zusammenhang die wichtige Rolle sprachlicher Kommunikation, durch die sich Symbolgehalte übertragen und uminterpretieren lassen und durch die sich das Handeln anderer beeinflussen bzw. manipulieren lasse.

Signifikante Symbole, d.h. als bedeutsam interpretierte Gesten in sozialen Situationen, können vom Empfänger anders verstanden werden als vom Sender intendiert. Um den Diskurs gewissermaßen zu standardisieren, versetzen wir uns durch Rollenübernahme gedanklich in die Position des Interaktionspartners (und vice versa), den wir als generalisierten Anderen so zu verstehen versuchen, wie unserer Meinung nach die Gruppe als Ganzes auf die fragliche Situation reagieren würde. So trägt die Frage "Wie geht's?" je nach der Situation, in der sie gestellt wird, ganz unterschiedliche Bedeutung. Stellt sie ein Kollege, der einen anderen auf dem Flur eines Hörsaalgebäudes zwischen zwei Vorlesungen trifft, so wird er kaum eine langatmige Aufklärung über das gesundheitliche Befinden des anderen erwarten oder erhalten. Wird hingegen die gleiche Frage bei einem Krankenbesuch gestellt, wird weder der Frager noch der Antwortende davon ausgehen, daß es sich um die übliche unverbindliche Höflichkeitsfloskel handelt, die man gewöhnlich mit einem ebenso tief empfundenen "Und Dir?" erwidert, sondern man erwartet "echte" Informationen über das Befinden des Kranken, seine Empfindungen und Erwartungen, seine Hoffnungen und Ängste (vgl. Ritzer 1975: 96 ff.; Rose 1962: 3 ff.; Newcomb et al. 1965: 155 ff.).

In Auseinandersetzung mit den Ansichten des in Ann Arbor tätigen Soziologen Charles H. Cooley entwickelte Mead seine Konzeption der Sozialisation als eines andauernden Prozesses des Erlernens von Handlungsweisen, kulturellen Bedeutungen und mit bestimmten Rollen verbundenen Erwartungen. Meads Auffassung zufolge wird das Kind immer schon in eine existierende Gesellschaft hineingeboren und durch sie geprägt. Dabei lernt es nicht nur die allgemeine Kultur einer Gesellschaft, sondern auch mit fortschreitendem Lebensalter und wechselnden sozialen Positionen verschiedene ihrer Subkulturen kennen. "Sozialisation setzt sich das ganze Leben über ... fort: Die Gesellschaft und ihre Gruppen schaffen ständig neue Bedeutungen und Werte (...) und ihre Mitglieder erlernen diese gewöhnlich in gleichem Maße wie sie es manchmal lernen, die alten nicht länger zu benutzen" (Rose 1962: 16). Allerdings werden diese früheren kulturellen Erwartungen und Bedeutungen niemals vollständig verschüttet, sondern mit den neu erworbenen Bedeutungen und Werten integriert. "In diesem integrativen Sinne stellt das Verhalten des Menschen ein Resultat seiner Lebensgeschichte, seiner gesamten sozialen und individuellen, seiner direkten und durch Kommunikation mit anderen vermittelten Erfahrung dar" (Rose 1962: 17).

Im Gegensatz zu Cooley, dem wir sowohl das wichtige Konzept der Primärgruppe als auch die empirisch so fruchtbare Idee der Bezugsgruppe verdanken (vgl. Angell 1968: 379), steht in der Meadschen Gesellschaftstheorie nicht der mentale, sondern der soziale Aspekt im Vordergrund, existiert Gesellschaft nicht nur im Bewußtsein eines jeden einzelnen "als eine Gruppe von gleichartigen Vorstellungen" (Cooley 1902: 121, hier zitiert nach Mead 1930: 167), sondern als immer schon unmittelbar gegeben, "obwohl innere Erfahrungen zu ihrer Interpretation unabdingbar sind" (Mead 1930. 380); entsteht die Persönlichkeit nicht nur durch die Erfahrungen des Kindes beim Spiel und durch die Akzeptierung anderer Meinungen über sich selbst, sondern durch "die Internalisierung der Rollen anderer Personen" (Desmonde 1967: 232; vgl. auch Parsons 1968).

In Übereinstimmung mit Cooley hingegen betont Mead die Notwendigkeit und Fruchtbarkeit introspektiver Methoden. Der Forscher müsse mit der untersuchten Realität z.B. durch teilnehmende Beobachtung vertraut werden, bei der Vorstellungskraft und Einfühlungsvermögen wesentlich geeignetere Mittel der Erkenntnisgewinnung darstellten als Interview und Fragebogen (vgl. Ritzer 1975: 107 f.).

Die bewußt geplanten, geistig durchkonstruierten Handlungen der sozialen
Akteure müssen nach Auffassung Meads und seiner Schüler in ihrer Bedeutung
verstanden, d.h. vom Forscher nachvollzogen werden, was die bloß äußerliche
Beobachtung von Verhalten oder Reiz-Reaktions-Sequenzen nicht ermögliche. Der
Forscher ist dieser Auffassung nach nie nur Beobachter und Protokollant, sondern immer auch Interpret und Sinndeuter. Die Nähe des Symbolischen Interaktionismus zur Phänomenologie von Husserl und Schütz wird hier sehr deutlich.

Mead behandelt das Individuum, über Cooley hinausgehend, folglich gleichzeitig
als autonom handelndes Subjekt und als Objekt gesellschaftlicher Determination (vgl. Parsons 1968; Rose 1962: 14 f.). Die Persönlichkeit wird seiner Ansicht nach durch das Zusammenspiel subjektiver und objektiver Faktoren, durch
die Aneignung kultureller Wertbezüge und sozialer Rollendefinitionen geprägt.
"Das war Sozialpsychologie, indem er (der symbolische Interaktionismus, J.F.)
die überaus enge Beziehung von Persönlichkeit und Sozialsystem mittels des
Nachweises demonstrierte und analysierte ... , daß die Persönlichkeit nicht
unabhängig von ihren Äußerungen ... in sozialen Interaktionssituationen verstanden werden kann" (Parsons 1968: 435; frei nachempfundene Übers.).

Soweit die Position Meads, der zu Lebzeiten nur wenige Veröffentlichungen über
sein System des "sozialen Behaviorismus" vorlegte, aber durch seine Lehrveran-
staltungen und persönlichen Kontakte dennoch schulenbildend wirkte. Dahrendorf
meint, er sei "der vielleicht bedeutendste aller frühen Sozialpsychologen" gewesen, durch ihn sei die Entwicklung des soziologischen Denkens stark beeinflußt worden (Dahrendorf 1968: 124). Daß diese Langzeitwirkung nicht zuletzt
durch die Tatsache begünstigt wurde, daß Mead an der damals wichtigsten sozialwissenschaftlichen Fakultät der Vereinigten Staaten tätig war, ist evident.

Innerhalb des soziologischen Departments der University of Chicago wurden
durch ihn sowohl W.I. Thomas, dessen monumentale Studie über "The Polish
Peasant" ich bereits im vorangegangenen Abschnitt besprochen habe, als auch
vor allem Ellswort Faris, der spätere Vorsitzende des Fachbereichs, und Herbert Blumer, der den Namen "Symbolischer Interaktionismus", prägte, beeinflußt.

Es ist hier nicht der Ort, die Entstehung des Symbolischen Interaktionismus
aus dem "sozialen Behaviorismus" George Herbert Meads zu rekonstruieren (vgl.
hierzu Strauss 1964; Meltzer & Petras 1970; Faris 1967 etc.). Ich habe die

Chicago-Schule der Sozialpsychologie vielmehr deshalb hier erwähnt und in ihren für unsere Fragestellung relevanten Grundgedanken nachgezeichnet, weil in ihrem Rahmen spätere Kernkonzepte der behavioralistischen Politikwissenschaft wie das der Rolle (Eulau 1963: 39 ff.), der Sozialisation (Easton & Hess 1961; Hess & Torney 1967; Greenstein 1965 etc.), der politischen Persönlichkeit (Lane 1962; 1972) oder der Bezugsgruppe (Sherif & Sherif 1964; Hyman 1953; Truman 1955) entwickelt wurden.

Ferner entsprechen sich, trotz aller forschungstechnischen Differenzen, Symbolischer Interaktionismus und Behavioralismus in ihrer Betonung der Empirie, in der Verwendung introspektiv gewonnener Daten und mentalistischer Begriffe, ja sogar in der Betonung interaktionistischer Kernkonzepte wie dem der Kommunikation, der Identifikation und der Rollenübernahme (vgl. Eulau 1956: 190 - 193; 169; 1968: 382; Lasswell & Kaplan 1950: 10; 4n.). So betrachtet steht die behavioralistische Politikwissenschaft dem "sozialen Behaviorismus" George Herbert Meads erheblich näher als dem "klassischen Behaviorismus" John B. Watsons, mit dem sie allenfalls die allgemeine szientifische Überzeugung teilt, die sie wiederum vom Symbolischen Interaktionismus trennt (vgl. Ritzer 1975: 135 - 137).

5.3.2. Das sozialpsychologische Einstellungskonzept

Mead kannte und benutzte bereits das Konzept der Einstellung, das sich in seinem Gedankensystem mit dem Konzept der Rolle dadurch operational verbinden läßt, daß man die Begriffe der Rollenübernahme und der Zuschreibung von Einstellungen synonym verwendet (vgl. Stryker 1962: 45). Allerdings war der Einstellungsbegriff für ihn vermutlich nicht so zentral wie für die empirische Sozialpsychologie der zwanziger bis vierziger Jahre und der Gegenwart, wo das Konzept sowohl in der allgemeinen Einstellungsforschung als auch in der Vorurteilsforschung und bei der Untersuchung von Sozialisationsprozessen konstitutive Bedeutung erlangen sollte (vgl. Mead 1934: 159 f.; 254 ff.).

Wohl kaum ein anderer Name ist in der Sozialpsychologie mit dem Konzept der Einstellung und den Methoden seiner Messung stärker verbunden als der von Louis Leon Thurstone (1887 - 1955). Thurstone promovierte nicht nur an der University of Chicago, sondern war dort auch lange Zeit Professor und Vorsitzender des Department of Psychology (vgl. Adkins 1968: 22).

Unter "Einstellung" oder "Attitüde" soll hier im Anschluß an eine Definition

von Milton Rokeach (1968: 450) ein relativ andauerndes Überzeugungsmuster
verstanden werden, das sowohl eine kognitive als auch eine affektive und eine
verhaltensbezogene Komponente aufweist und dazu disponiert, gegenüber einem
Objekt oder einer Situation in einer bestimmten Weise zu reagieren.

Wie bereits mehrfach in dieser Arbeit erwähnt spielen Einstellungen in der
behavioralistischen Forschung eine große Rolle, sei es als unabhängige, d.h.
erklärende, oder als abhängige, d.h. zu erklärende, Variable. Unabhängige
Variablen sind in der empirischen Wahlforschung z.B. die Konzepte der Kandi-
datenorientierung, der Zuweisung unterschiedlicher Lösungskompetenzen an die
verschiedenen Parteien und der Einschätzung der Wichtigkeit bestimmter Pro-
blembereiche für einen selbst oder das Gemeinwesen, sind ferner ethnische oder
rassische Stereotypen bei der Erklärung diskriminativen Verhaltens oder die
Überzeugungen und Werthaltungen von Richtern und Parlamentariern für die Vorhersage richterlicher oder legislativer Entscheidungen. Als abhängige Variablen werden z.B. in der politischen Sozialisationsforschung Einstellungen wie
"Bindung an die Nation" oder an eine bestimmte Regierungsform herangezogen,
deren Herausbildung durch die Sozialisationsagenten "Familie" und "Schule"
unter Berücksichtigung solcher mediatisierender Faktoren wie "Schichtzugehörigkeit" und "Intelligenz" untersucht wird (vgl. Hess & Torney 1967).

Wohl die meisten Arbeiten der behavioralistischen Politikwissenschaft verwenden
das Einstellungskonzept in der einen oder anderen Form. Das war nicht immer
so: In der institutionalistisch orientierten Politikwissenschaft wie auch in
der politischen Philosophie oder der Ideengeschichte spielen Einstellungen nur
eine periphere Rolle. Die Verwendung des Einstellungskonzepts als Erklärungs-
faktor individuellen politischen Verhaltens ist derart eng mit dem Aufkommen
behavioralistischer Untersuchungsformen verbunden, daß zeitweise die behavioralistische Strömung geradezu als eine Art Sozialpsychologie des Politischen
charakterisiert werden konnte. Mit der Überwindung des methodologischen Individualismus und der Wandlung des behavioralistischen Ansatzes zu einer allgemeinen szientifischen Grundhaltung ohne spezifische Forschungspräferenzen allerdings wurde diese - ohnehin schon immer zu enge - Gleichsetzung von Behavioralismus und politischer Sozialpsychologie dann endgültig obsolet.

Diese Verwendung des Einstellungskonzeptes auf breitester Ebene beruht sicherlich nicht zuletzt auf der ebenfalls schon angesprochenen Vorbildwirkung solcher sozialpsychologisch orientierter "klassischer" Studien wie des "American

Soldier", in dessen Rahmen eines der wichtigsten Verfahren zur Messung von Einstellungen, die Guttmansche Skalogrammanalyse, entwickelt wurde, der "Authoritarian Personality", die sich einer Vielzahl von Likert-Skalen zur Messung ethnozentrischer und faschistoider Einstellungen bediente und der schulebildenden Wahlstudie der Columbia-Gruppe "The People's Choice", die den bezeichnenden Untertitel trug: "How the Voter Makes Up His Mind" und sich eben nicht nur mit den sozialökonomischen Korrelaten von Wahlverhalten wie z.B. dem berühmten "Index of Political Predisposition" beschäftigte, sondern auch mit einer ganzen Reihe von wirtschaftlichen, politischen und sozialen Einstellungen (vgl. Lazarsfeld et al. 1944: 28 ff.; 175; 178).

Das Einstellungskonzept selbst stammt aus der Sozialpsychologie, wo es seit nunmehr fast einem halben Jahrhundert einen derart zentralen Platz einnimmt, daß manche Autoren die Disziplin der Sozialpsychologie geradezu mit der Erforschung von Attitüden gleichsetzen (z.B. Bogardus 1931; vgl. Allport 1935: 3). Eine frühe Verwendung findet der Attitüdenbegriff bei dem englischen Philosophen und Sozialwissenschaftler Herbert Spencer (1820 - 1903), der schon 1862 von den "attitudes of mind" spricht (vgl. Allport 1935: 4). John Dewey und George Herbert Mead sowie der Soziologe Giddings benutzten das Konzept bereits in einer der heutigen Verwendungsweise angenäherten Bedeutung.

In der Soziologie wurde es von W.I. Thomas und Florian Znaniecki etabliert, die in ihrer weiter oben beschriebenen Untersuchung über den polnischen Bauern dem Konzept "systematische Priorität" (Allport 1935: 6) einräumten. Sie definieren Einstellungen als individuelle Bewußtseinsprozesse, die auf ein Objekt oder einen sozialen, d.h. von vielen geteilten Wert gerichtet sind und das manifeste und potentielle Verhalten des Menschen bestimmen. Einstellungen gelten seither in der Soziologie als "konkrete Äußerungsformen von Kultur" (Allport 1935: 7); aus der sozialpsychologisch orientierten Soziologie sind sie seither nicht mehr wegzudenken.

Der große Erfolg des Einstellungskonzepts ist vermutlich u.a. darauf zurückzuführen, daß Attitüden als intervenierende Variablen (oder besser: hypothetische Konstrukte, falls man die Unterscheidung von Meehl & MacCorquodale 1948 übernimmt) das notwendige Vermittlungsglied zwischen Sozialstruktur und Individuum, zwischen Akkulturation und Verhalten liefern, daß sie ferner relativ leicht untersuchbar sind (und zwar sowohl mit qualitativen als auch mit quantitativ orientierten Verfahren) und daß sie überdies der vorwissenschaftlichen Erfah-

rung des einzelnen Wissenschaftlers entgegenkommen, mit anderen Worten: in-
tuitiv plausibel erscheinen. Dagegen ist ihre Fähigkeit, manifestes Verhalten
zu erklären und zu prognostizieren und damit die wissenschaftliche Fruchtbarkeit des Konzepts nach wie vor umstritten (vgl. Fishbein 1967: 477 ff.;
DeFleur & Westie 1958; etc.).

Mitte der zwanziger Jahre veröffentlichte der an der University of Chicago
ausgebildete Soziologe Emory S. Bogardus eine der ersten Einstellungsskalen
überhaupt, die Soziale-Distanz-Skala, mit deren Hilfe er den Grad ethnischer
Vorurteile gegenüber den verschiedenen Nationalitäten und Rassen messen wollte (vgl. Bogardus 1925). Die durchschnittlichen Antwortmuster auf dieser Skala
zeigen, daß es sich um eine im wesentlichen kumulative Skala handelt, die als
Vorläuferin der Guttman-Skalen angesehen werden kann.

Nur wenig später veröffentlichte Thurstone seinen bahnbrechenden Aufsatz mit
dem Titel: "Einstellungen lassen sich messen" (Thurstone 1928). Er entwickelt
darin das auch unter seinem eigenen Namen bekannt gewordene Skalierungsverfahren der gleicherscheinenden Intervalle, das es im Gegensatz zur Bogardus-Skala
erlaubt, Ausprägungen der gemessenen Einstellung numerisch festzustellen.
Durch die Hinzuziehung von Wertungsrichtern führte Thurstone in diese Skala
(es war nicht die einzige, die er entwickelte) ein Element der Inhaltsvalidie-
rung ein.

Im Gegensatz zu Thurstone verzichtet Rensis Likert, der wenige Jahre danach
ein leichter zu handhabendes Konkurrenzverfahren zur Technik der gleicherscheinenden Intervalle entwickelte, völlig auf diesen Prozeß der Validierung durch
Experten. In seinem Verfahren entscheiden die Befragten gewissermaßen selbst
mithilfe der Konsistenz ihrer Antwortmuster über die inhaltliche Gültigkeit
der jeweiligen Skala. Wegen seiner relativ einfachen Administrierbarkeit ist
das Likertverfahren sehr schnell zur bis heute vermutlich am häufigsten eingesetzten Skalierungstechnik avanciert.

Während des Krieges entwickelte dann Louis Guttman sein Verfahren der Skalogrammanalyse, das es erlaubt, mithilfe von sogenannten monotonen Fragen Personen mit unterschiedlichen Ausprägungen eines bestimmten Merkmals im Ideal-
fall so zu ordnen, "daß alle Personen, die eine gegebene Frage zustimmend beantwortet haben, höhere Rangplätze einnehmen als Personen, welche die gleiche
Frage ablehnend beantworten" (Stouffer 1950: 5). Das Likert- und das Thurstone-

Verfahren vermögen dies nicht zu leisten, da bei ihnen die gleichen Skalen-
werte aufgrund ganz unterschiedlicher Antwortmuster zustande kommen können.
Ob die empirisch ermittelten Antwortmuster mit den theoretisch geforderten
übereinstimmen, wird im Guttman-Verfahren durch den sogenannten Reproduzier-
barkeitskoeffizienten berechnet, der das Verhältnis der vom Modell abweichen-
den Antworten zur Zahl aller möglichen Antworten mißt (vgl. Guttman 1950:
117).

Streng genommen handelt es sich im Falle der Skalogrammanalyse allerdings
nicht um ein Verfahren der Skalenkonstruktion nach Art der Thurstone- oder der
Likert-Technik, sondern um ein Verfahren, mit dessen Hilfe sich nachträglich
überprüfen läßt, ob und in welchem Ausmaße es sich bei den ausgewählten Items
um eine kumulative Skala handelt, oder, mit Guttmans Worten: ob die ausgewählten Items skalierbar sind (vgl. Guttman 1944).

In der empirischen Politikwissenschaft haben alle drei Skalentypen Anwendung
gefunden, wenn auch durchaus mit unterschiedlicher Häufigkeit, die mit dem
Grad der Kompliziertheit der Verfahren abnimmt. In der vom Institute of Social Research der University of Michigan herausgegebenen Sammlung von politischen Einstellungsskalen sind z.B. weitaus mehr Likert- als Guttman- und Thur-
stone-Skalen verzeichnet (vgl. Robinson et al. 1968). Seit 1950 sind weitere
Skalierungsverfahren wie z.B. das Osgoodsche Semantische Differential, die
Coombssche Unfolding Technique und die verschiedenen Verfahren der multidi-
mensionalen Skalierung hinzugekommen, die sich neuerdings ebenfalls relativ
großer Beliebtheit in der empirischen Politikwissenschaft erfreuen.

Das am weitaus häufigsten eingesetzte Verfahren der Einstellungsmessung in der
politischen Verhaltensforschung jedoch ist nicht etwa eine der erwähnten Ska-
lierungstechniken, sondern das Instrument der Einzelfrage mit all seinen Nachteilen wie dem der geringeren Zuverlässigkeit, der im allgemeinen niedrigeren
inhaltlichen Meßgenauigkeit und der sehr viel schwächeren Differenzierungsfä-
higkeit. Zwar hat die empirische Politikwissenschaft von der Sozialpsychologie
das Konzept der Einstellung übernommen; auch ist sie ohne Zweifel durch die
statistische Professionalisierung der Sozialpsychologie und der empirischen
Psychologie stark beeinflußt worden; die Techniken der Einstellungsmessung jedoch haben in der Politikwissenschaft der Vereinigten Staaten erheblich weniger Verwendung erfahren, als das aufgrund des Siegeszuges des Einstellungskonzeptes zu erwarten gewesen wäre. Zumindest in diesem Punkte erwies sich die

Tradition der Umfrageforschung, deren Ausbreitung ebenfalls eine wichtige Voraussetzung für die Durchführung des behavioralistischen Forschungsprogramms darstellte, als stärker als die methodologischen, am Standard der Psychometrie orientierten Forderungen der Sozialpsychologie.

Tatsächlich ist ein Großteil der behavioralistischen Erhebungen eher politische Meinungsforschung als Einstellungsforschung im strengen Sinne des Wortes. Dies gilt nicht nur für die weitaus meisten empirischen Wahluntersuchungen, darunter auch die wegweisenden Arbeiten der Columbia- und der Ann-Arbor-Gruppe, sondern auch für nahezu alle Sozialisationsstudien und sehr viele Veröffentlichungen über politische Partizipation, legislatives Verhalten etc.

Die Gründe dafür sind vermutlich eher pragmatischer als systematischer Natur. Sämtliche Skalierungsverfahren arbeiten mit Fragebatterien, da man davon ausgehen kann, daß Einzelfragen die angezielte Einstellungsdimension im allgemeinen nur unvollständig und ungenau zu erfassen vermögen. In einer Itemanalyse werden dann die verschiedenen Fragen, je nach verwendetem Skalentyp, daraufhin untersucht, "ob etwa Transitivität gegeben ist, oder es werden nur Korrelationen und Häufigkeitsregressionen berechnet usw. Ziel aller dieser Verfahren ist es aber, die Anzahl der endgültig verwendeten Items so zu verringern, daß alle möglichst weitgehend ein und dieselbe Dimension messen" (Kreutz & Titscher 1974: 35; vgl. auch Scheuch & Zehnpfennig 1974).

Ob dies im angestrebten Sinne realisierbar ist, wird von verschiedenen Autoren nicht zuletzt wegen der Populationsabhängigkeit der Itemcharakteristika (vgl. Fischer 1968; 1974: 133 ff.) und der Verwendung möglicherweise irrealer Grundannahmen wie etwa der der Repräsentativität von Itemstichproben inzwischen vielfach bezweifelt. Doch ist diese Diskussion einerseits erst neueren Datums; sie wurde in der empirischen Politikwissenschaft m.W. bisher nicht als Begründung für die Konzentration auf das Instrument der Einzelfrage, wie es z.B. paradigmatisch im Zusammenhang mit der Messung von Parteiidentifikationen zum Einsatz kommt (vgl. Falter 1977), herangezogen. Zum anderen stehen den unbestreitbaren Nachteilen der Einstellungsmessung mit Einzelfragen gewichtige Vorteile gegenüber: Fragebatterien benötigen kostbaren Fragebogenraum, und sie sind relativ zeitaufwendig. In einem Interview von 60 bis 90 Minuten Dauer läßt sich immer nur eine begrenzte Zahl von Themen ansprechen; beziehen sich nun zehn oder gar zwanzig Fragen auf die gleiche Dimension, wie das bei Einstellungsskalen der Fall zu sein pflegt, muß auf die Erfassung anderer, oft nicht minder interessanter Dimensionen verzichtet werden.

Problematisiert man die Aussagekraft des Instruments der Einzelfrage nicht allzusehr, worauf auch der nahezu vollständige Verzicht der behavioralistischen Forschung auf Reliabilitäts- und Validitätstests hindeutet, so fällt die Entscheidung für die zwar gröbere, dafür aber flexiblere und kostensparende "One-Item-Skala" praktisch von selbst. Trotz der häufigen Benutzung des Einstellungskonzeptes steht die behavioralistische Forschungspraxis der kommerziellen Meinungsforschung damit erheblich näher als der psychometrisch orientierten Sozialpsychologie eines Thurstone, Stouffer oder Rokeach.

Die bisherigen drei Abschnitte dieses Kapitels zusammenfassend läßt sich festhalten, daß der politikwissenschaftliche Behavioralismus mit dem psychologischen Behaviorismus zwar dessen Methodenethos und die szientifische Grundhaltung, nicht jedoch dessen Metaphysik und dessen inhaltliche Kernkonzepte teilt; letztere hat er vielmehr eher vom "sozialen Behaviorismus" George Herbert Meads (Rolle, Sozialisation, Identifikation, Persönlichkeit) und von der empirischen Sozialpsychologie (Einstellung) sowie von der theoretischen Soziologie Talcott Parsons (System) übernommen; was die konkreten Forschungstechniken betrifft, scheint die behavioralistische Forschung stärker in der Tradition der kommerziellen Meinungsforschung als der der akademischen Sozialpsychologie zu stehen.

Im letzten Abschnitt dieses Kapitels und damit den ersten Teil dieser Untersuchung abschließend will ich mich mit den beiden wissenschaftstheoretischen Strömungen beschäftigen, die dem behavioralistischen Programm zugrundeliegen und ihm geistig das Terrain bereitet haben: dem klassischen und modernen Empirismus und dem amerikanischen Pragmatismus.

5.4. EXKURS: DER BEHAVIORALISMUS ALS ERSCHEINUNGSFORM DES SOZIALWISSENSCHAFTLICHEN EMPIRISMUS UND DES PRAGMATISMUS

Der Versuch, die Gegenstände der Soziologie, der Psychologie oder der Politologie mit Hilfe erfahrungswissenschaftlicher Vorgehensweisen zu erforschen, ist Ausdruck einer allgemeinen erkenntnistheoretischen und methodologischen Haltung, als deren wichtigster philosophischer Ahnherr wohl David Hume anzusehen ist (vgl. Hamlyn 1967) Um den Behavioralismus als Ausdruck des sozialwissenschaftlichen Empirismus besser verstehen zu können, sollen daher im folgenden dessen generelle Züge nachgezeichnet werden. Die Darstellung der empirischen

Philosophie kann hier natürlich nur sehr skizzenhaft und für die Zwecke dieser Arbeit zurechtgetrimmt erfolgen.

Die genetischen Aspekte stehen dabei im Vordergrund. Auf die systematischen
Aspekte der Behavioralismus-Debatte geht, wie mehrfach angekündigt, der gesamte zweite Teil der Studie ein; dennoch vermischen sich angesichts des methodologischen Gegenstandes hier die genetischen und systematischen Aspekte; das
dokumentiert den Übergangscharakter dieses Abschnitts, der die beiden Teile
der Untersuchung miteinander verbinden soll. Das Kapitel abschließend möchte
ich ferner kurz auf die pragmatische Philosophie eingehen, die - in vielen
ihrer Aussagen dem Empirismus gleichend - den Boden für die Entstehung und
die Ausbreitung des behavioralistischen Gedankens in den USA bereitet hat.

5.4.1. Grundzüge des sozialwissenschaftlichen Empirismus

Der Empirismus beruht auf der Annahme, daß alles Wissen aus der Erfahrung
stammt und daß deshalb die Sinneswahrnehmung die einzige legitime Erkenntnis-
quelle darstellt (Hamlyn 1967). Alle in den einzelnen Wissenschaften verwendeten Begriffe müssen daher auf Beobachtbares zurückführbar sein; ausgenommen
von dieser Forderung sind lediglich die logischen Termini. Der Empirismus akzeptiert daher nur zwei Typen von Aussagen: analytische, deren Wahrheitsgehalt
aufgrund von Vereinbarungen festliegt (hierzu zählen alle logischen und mathematischen Sätze) und synthetische, deren Wahrheitsgehalt nur aufgrund von
Beobachtungen festgestellt werden kann. Synthetische Aussagen, das sind Sätze,
die sich auf die Realität und nicht auf Ableitungsbeziehungen in formalen
Axiomensystemen beziehen, müssen nach empiristischer Ansicht stets Aussagen a
posteriori sein. Aussagen synthetischer Natur mit a priorischem Wahrheitsan-
spruch werden als metaphysisch abgelehnt. Wissenschaftlich "sinnvoll" sind für
den Empirismus daher nur Aussagen, die sich durch Konfrontation mit der Realität überprüfen lassen. Enthalten Sätze Begriffe, die sich nicht (im breite-
sten Sinne, also auch indirekt) operationalisieren lassen, müssen sie als unwissenschaftlich zurückgewiesen werden.

Da Werturteile, d.h. moralische, ethische oder ästhetische Stellungnahmen und
Empfehlungen nicht diesem Abgrenzungskriterium der empirischen Nachprüfbarkeit genügen, weil sie in Bezug auf die angesprochenen Gegenstände keinen kognitiven, sondern nur einen emotiven, kognitiv also lediglich etwas über den

Urteilenden aussagenden Gehalt haben, ist der Empiriker als Wissenschaftler
nicht in der Lage, solche Werturteile abzugeben. Er muß nach empiristischer
Auffassung daher stets versuchen, seine wissenschaftlichen Aussagen von wer-
tenden Stellungnahmen freizuhalten. Bereits David Hume machte darauf aufmerksam, daß es nicht möglich ist, vom Sein aufs Sollen oder umgekehrt vom Sollen
aufs Sein zu schließen (vgl. Hudson 1969). Die Forderung nach "wissenschaftlicher Wertrelativität" (Brecht 1969) zählt seitdem zu einer der empiristischen Kernvorstellungen, die von den Gegnern des sozialwissenschaftlichen
Empirismus heftig bekämpft wird.

Ferner ist nach empiristischer Überzeugung die Logik der Begriffsbildung, der
Theoriekonstruktion und der Hypothesenüberprüfung in den Natur- und den Sozialwissenschaften dieselbe. Der Empirismus lehnt aus diesem Grunde die Unterscheidung in eine nomothetische Naturwissenschaft und eine ideographische Gei-
steswissenschaft, d.h. in einen Wissenschaftszweig, der sich mit den Gesetzmäßigkeiten der Natur und einen Wissenschaftszweig, der sich mit menschlichen
"Individuationen" beschäftigt, ab. Allgemeines Ziel empirischer Wissenschaft
ist die Beschreibung ihrer Gegenstände und die Suche nach Regelmäßigkeiten,
mit deren Hilfe sich vergangene Ereignisse erklären und zukünftige Ereignisse
prognostizieren lassen (Feigl 1943: 730).

Sie bedient sich hierzu Methoden der Beobachtung und der Messung sowie statistischer Auswertungsverfahren, wobei Unterschiede in den konkreten Vorgehensweisen zwischen den einzelnen Wissenschaften auf den Entdeckungszusammenhang
beschränkt bleiben und die grundsätzliche Gemeinsamkeit der "Logik der Forschung" (Popper), die sich nur auf den Rechtfertigungszusammenhang bezieht,
nicht berühren (Levinson 1974: 3 f.). Überdies zeichnet sich der moderne Empirismus durch seine induktive Vorgehensweise, seinen Glauben an die Fruchtbarkeit von Versuch und Irrtum sowie durch seinen Fallibilismus, d.h. seinen
Verzicht auf letzte Gewissheit und seine Betrachtung von empirischem Wissen
als stets hypothetisch, aus (vgl. Carnap 1966; Bunge 1967, Bd. II: 114).

Obwohl der sozialwissenschaftliche Empirismus Teile seiner wissenschaftstheoretischen Untermauerung erst in diesem Jahrhundert erhalten hat, erfuhr er
bereits durch David Hume seine philosophische Grundlegung. Hume und John
Stuart Mill, der im 19. Jahrhundert direkt in dessen Spuren wandelte (Hamlyn
1967; Levinson 1974: 49), nahmen dabei in erstaunlichem Maße Positionen der
modernen Wissenschaftslogik vorweg. So stammt z.B. eine frühe Formulierung

des Hempel-Oppenheim-Schemas der wissenschaftlichen Erklärung von Mill, rührt,
wie bereits erwähnt, die Auffassung, daß sich Sollens- nicht aus Seinsaussagen
ableiten lassen, von David Hume - Max Weber nahm diesen Gedanken wieder
auf und gab ihm seine gegenwärtige Form - und auch die heute noch in den
empirischen Wissenschaften dominierende Kausalitätsvorstellung geht auf die
Analysen des Kausalitätsproblems durch Hume und Mill zurück (vgl. Falter &
Ulbricht 1982).

Aus dem Empirismus wurde zu Beginn dieses Jahrhunderts der Neopositivismus.
Russel und Wittgenstein, der sowohl ein Schüler Russels war als auch diesen
wiederum selbst beeinflußte, waren beide von großer Bedeutung für das Denken
des Wiener Kreises, einer Gruppe von wissenschaftlich orientierten Philosophen und philosophisch interessierten Wissenschaftlern, die eine Logik der Forschung auszuarbeiten versuchten, welche eine Rekonstruktion erfolgreicher naturwissenschaftlicher Vorgehensweisen darstellt, und hierbei empiristische und
positivistische Vorstellungen zum antimetaphysisch eingestellten logischen
Positivismus verschmolzen. Zusammen mit seinem schärfsten und einflußreichsten Kritiker, Karl Raimund Popper, verkörperte der Wiener Kreis die wichtigste Richtung der modernen Wissenschaftstheorie dieser Epoche. Ich werde auf
die positivistischen Elemente des Behavioralismus im folgenden Kapitel noch
näher eingehen. Die Entwicklung, die der Empirismus im 20. Jahrhundert nahm,
genauer zu schildern, ist wegen des hier gesetzten Rahmens leider unmöglich.
Es ist dies, wie mir scheint, jedoch unnötig, da der Einfluß der empiristischen Wissenschaftstheorie auf den Behavioralismus eher indirekt als direkt
und eher zeitverschoben als unmittelbar erfolgte; auch hierin unterscheiden
sich Behavioralismus und psychologischer Behaviorismus, der stark vom logischen Positivismus und vom Operationalismus beeinflußt worden ist, deutlich,
wie selbst eine oberflächliche Zitationsanalyse leicht zeigt (vgl. Sanders
1978: 58 ff.; 79 ff.; 99 ff.; 128 ff.; etc.).

Von behavioralistischer Seite werden immer nur sehr wenige Wissenschaftstheoretiker zitiert, darunter Karl Pearson (1905), der britische Statistiker und
Empiriokritizist, der selbst stark vom Sensualismus Ernst Machs geprägt worden ist (vgl. Alexander 1967), ferner wie erwähnt das Buch von Cohen und Nagel (1934) über die wissenschaftliche Methode und ab und zu Carnap oder Ayer
sowie ganz selten Hempel oder Feigl. Einen Bezug auf die Wissenschaftstheorie
Karl Poppers habe ich nirgendwo im behavioralistischen Schrifttum gefunden.
Wissenschaftstheoretisch gesehen scheint das behavioralistische Programm we-

der eine Novität noch einen direkten Ausfluß methodologischer Überlegungen
des logischen Empirismus darzustellen, sondern die Übernahme empiristischer
Vorstellungen und Vorgehensweisen in die Politikwissenschaft auf dem Umweg
über andere Sozialwissenschaften.

5.4.2. Die Philosophie des Pragmatismus als Wegbereiter des Behavioralismus

Als philosophische Strömung begann sich die Wissenschaftstheorie des Empirismus in den Vereinigten Staaten, nicht zuletzt bedingt durch den Zufluß europä-
ischer Wissenschaftler, etwa ab 1930 durchzusetzen. Wegbereiter der empiristischen Position war die Philosophie des Pragmatismus, die im Gefolge dieser Be-
gegnung mit dem logischen Positivismus des Wiener Kreises zum logischen Empirismus verschmolz (vgl. Scheuch 1967: 196; Reichenbach 1955; Bochenski 1951:
73).

Der Pragmatismus mit seinen drei bedeutendsten Vertretern, Peirce, James und
Dewey, hatte die amerikanische Philosophie während des ersten Viertels dieses
Jahrhunderts dominiert (vgl. Thayer 1967: 430). Er stellte gewissermaßen die
philosophische Formulierung des amerikanischen Fortschrittsoptimismus und
Wissenschaftsvertrauens des ausgehenden 19. Jahrhunderts dar. Wie der Empirismus, dessen - wenn auch erheblich modifizierte und popularisierte - wissenschaftstheoretische US-Ausgabe er darstellte, war der Pragmatismus erfahrungs-
orientiert. Er betonte insbesondere die Rolle der Beobachtung und der Messung;
die Bedeutung eines Begriffes lag nach pragmatistischer Ansicht im Prozeß
seiner Verifikation. Wie der Empirismus trug der Pragmatismus, der über
William James stark von John Stuart Mill, von der Darwinschen Evolutionstheorie und vom Sensualismus Ernst Machs beeinflußt war, deutlich antiidealisti-
sche Züge.

Darüberhinaus stellt er keine einheitliche Lehre dar, was vor allem auf die
starken philosophischen Unterschiede zwischen seinen Hauptvertretern zurückzuführen ist. So betonte Peirce die Funktion der Sprache als Kommunikations-
instrument und den Aspekt der Klärung von Begriffsbedeutungen, während William
James eher, ebenso wie kurze Zeit später John Dewey, auf die instrumentellen
Aspekte der Theoriebildung abhob. Im Gegensatz zu Peirce, der eine realistische Sprachkonzentration vertrat und die Existenz von Universalien als real
ansah, oder James, der sich als epistemologischer Realist bezeichnete, war

Dewey Nominalist; Induktivisten allerdings waren alle Vertreter des Pragmatismus (vgl. James 1907: 32 - 35; 66 - 68; Thayer 1967; 1974; Dewey 1929).

Besonders deutlich wird die empiristische Position des Pragmatismus, die von den Tatsachen als dem unmittelbar Gegebenen ausging, in der Fassung des Jamesschen Wahrheitskriteriums: "Wahre Vorstellungen sind solche, die wir assimilieren, validieren, bestätigen und verifizieren können ... Die Wahrheit einer Vorstellung ist nicht eine feste inhärente Eigenschaft. Wahrheit *ereignet* sich gegenüber einer Vorstellung. Sie wird *wahr*, sie wird durch Ereignisse wahr *gemacht*. Ihre Wahrheit ist tatsächlich ein Prozeß, ein Ereignis: der Prozeß ihrer ... *Verifizierung* nämlich. Ihre Validität ist der Prozeß ihrer *Validierung*" (James 1907: 46). Zwar entspricht das pragmatistische damit nicht dem empiristischen Wahrheitskriterium, das sich auf die semantische Korrespondenz einer Aussage mit der Wirklichkeit, d.h. auf die Tatsache, daß sie etwas Richtiges über die Realität sagt, und nicht etwa auf den Prozeß ihrer Verifikation bezieht; doch gibt das Zitat deutlich das empiristische Anliegen der pragmatistischen Philosophie wieder: eine Verfahrensweise der wissenschaftlichen Analyse zur Verfügung zu stellen, die sich ausschließlich auf das Element der Erfahrung stützt.

Soweit ich sehen kann, ist der sozialwissenschaftliche Empirismus in den Vereinigten Staaten in seinen frühen Jahren vom Pragmatismus sowohl direkt als auch indirekt beeinflußt worden: direkt durch die gleichzeitige Tätigkeit John Deweys und George Herbert Meads an der University of Chicago, wo sie - wie gezeigt - die dort betriebene, in den USA lange Zeit führende Soziologie und Sozialpsychologie und über diese wiederum die Politikwissenschaft beeinflußten; indirekt durch die Schaffung eines dem Empirismus gegenüber sehr aufgeschlossenen intellektuellen Klimas an den amerikanischen Universitäten.

Unverkennbar niedergeschlagen hat sich der Pragmatismus unter anderem in einem erkenntnistheoretischen Aufsatz eines der wichtigsten Wortführer des Behavioralismus: In einem kurzen Beitrag zur Werturteilsdebatte schreibt Heinz Eulau (1969: 367; meine Hervorhebung), daß "für den Wissenschaftler ... Wahrheit und Objektivität *Instrumente* seiner Suche nach Erkenntnis darstellen". Als wissenschaftliche Normen seien sie daher keine Zwecke an sich, sondern Glieder einer Ziel-Mittel-Kette; sie würden deshalb von der Wissenschaftlergemeinde als professionelle Handlungskriterien akzeptiert, weil sie sich bei der intellektuellen Eroberung des Unbekannten als nützlich erwiesen hätten.

Der Instrumentalismus und Utilitarismus des Deweyschen Pragmatismus wird
hier deutlich; auch wenn der Pragmatismus als philosophische Position heute
kaum noch vertreten wird, ist er als eine allgemeine wissenschaftliche Grundhaltung, die sich Nüchternheit, Nützlichkeit und Praxisrelevanz auf ihre Fah-
nen geschrieben hat, auch in der amerikanischen Politikwissenschaft noch immer
einflußreich.

Im vorstehenden, weitestgehend genetisch orientierten Teil der Arbeit habe ich
versucht, die Entstehung und den Ablauf der Behavioralismus-Kontroverse sowie
die innere Entwicklung der behavioralistischen Politikwissenschaft von den Anfängen bis zur Gegenwart nachzuzeichnen. Ferner bin ich den Gründen für die
Entstehung der behavioralistischen Bewegung nach dem Zweiten Weltkrieg und
den Bedingungen ihres Erfolges nachgegangen; hierbei habe ich besonderes Augenmerk auf die vorbereitende Rolle der politikwissenschaftlichen Chicago-Schule
und der New Science of Politics-Bewegung gelegt, die ihrerseits wieder von ähnlichen Entwicklungen in der Psychologie, der Sozialpsychologie und der empirischen Soziologie beeinflußt waren. Besonders hervorgehoben habe ich außerdem die Bedeutung der Förderungstätigkeit der großen Stiftungen und des Social
Science Research Council für die Entwicklung und den Erfolg der behavioralistischen Bewegung, die ich abschließend als Erscheinungsform des sozialwissenschaftlichen Empirismus zu interpretieren versucht habe: Aufgrund eines empirischen Ansätzen allgemein freundlich gegenüberstehenden Klimas an den amerikanischen Universitäten und der intellektuellen Wegbereitung durch die Philosophie des Pragmatismus sind die Sozialwissenschaften in den Vereinigten Staaten heute stärker empirisch orientiert als anderswo.

6. VERSUCH EINER SYSTEMATISCHEN REKONSTRUKTION DES BEHAVIORA-LISTISCHEN FORSCHUNGSPROGRAMMS

Während der erste Teil der Studie genetischen Aspekten des Behavioralismus-Streits gewidmet war, soll im zweiten, nachstehenden Teil der Arbeit eine systematische Rekonstruktion der an der Auseinandersetzung beteiligten Positionen versucht werden. Die folgenden Kapitel liefern damit eine Einführung in die wichtigsten wissenschafts- und erkenntnistheoretischen Grundlagen der in den Vereinigten Staaten betriebenen Ansätze der Politikwissenchaft. Es interessiert nun also nicht mehr, warum und auf welche Weise die behavioralistische Bewegung zum Erfolg kam und wer ihr das Terrain bereitete, sondern wie die an der Behavioralismus-Kontroverse beteiligten Positionen aussehen, welche positiven Argumente von ihnen verwendet wurden, auf welchen Annahmen sie gründen und welche Leistungen der Behavioralismus erbracht hat. Dabei liegt auch in diesem Teil, der Fragestellung der gesamten Arbeit entsprechend, das Hauptaugenmerk auf dem Behavioralismus; seine mit ihm konkurrierenden Strömungen werden daher im allgemeinen sehr viel knapper, im Spiegel der Auseinandersetzung mit ihm, behandelt als er.

Auf eine Darstellung der ideengeschichtlichen Position verzichte ich dabei ganz, da diese weder während des Behavioralismus-Streits noch danach von Bedeutung gewesen ist. Zwar wird Ideengeschichte im Sinne Sabines oder Dunnings nach wie vor betrieben und niemand, so weit ich sehen kann, spricht ihr die Legitimation ab; doch wird sie heute kaum mehr mit politischer Theorie gleichgesetzt, wie das bis in die fünfziger Jahre hinein geschehen ist, sondern im allgemeinen als eine ihrer Hilfsdisziplinen angesehen. Politische Ideengeschichte erfolgt heute eher in systematischer als in historisch-kontemplativer Absicht: als Beitrag zur politischen Ethik, oder - seltener - als Zuträger der empirischen Theoriebildung. Diese Entwicklung ist sicherlich nicht zuletzt eine Folge der "behavioralistischen Revolution".

Die Fragestellung der nachstehenden Kapitel schwenkt also von der wissenschaftssoziologischen auf eine wissenschaftstheoretische Perspektive um. Eine zwingende Voraussetzung der Darstellung und Bewertung der verschiedenen an der

Behavioralismus-Kontroverse beteiligten Lager ist das Vorhandensein eines "tertium comparationis", eines Bewertungsmaßstabs also. Die Kriterien der Einschätzung eines Ansatzes können hierbei immanenter oder externer Natur sein. Ein immanentes Kriterium mißt die wissenschaftliche Leistung eines Ansatzes danach, ob die von ihm gesetzten Ziele erreicht und die von ihm explizierten Standards eingehalten wurden. Die Bewertung eines Ansatzes nach externen Kriterien hingegen verwendet als "tertium comparationis" irgendwelche als absolut oder allgemein verbindlich angesehenen Standards, die zwar nicht notwendigerweise, aber doch sehr oft den Auffassungen einer der gegeneinander abgewogenen Positionen entsprechen.

So sehr die Bewertung eines Ansatzes anhand externer Kriterien zu Ungerechtigkeiten führen kann, ja in vielen Fällen sogar führen muß, denn man mißt praktisch den Erfolg einer Schule an den Maßstäben einer konkurrierenden Auffassung, so unbefriedigend muß letztlich die ausschließlich immanent verfahrende Kritik bleiben. Ihre Bewertung ist rein formaler Natur: Sie prüft lediglich, inwieweit bestimmte von dem zu evaluierenden Ansatz vorgegebene Zielsetzungen und Kriterien von den in seinem Geiste verfaßten Arbeiten realisiert werden, sagt jedoch nichts über diese Zielsetzungen und Kriterien selbst aus. So wäre es denkbar, daß der Zweck eines bestimmten sozialwissenschaftlichen Ansatzes auf die Beeinflussung von Meinungen und Verhaltensweisen der Bürger oder der Politiker mit dem Ziel der Herbeiführung einer bestimmten Gesellschaftsform gerichtet ist und daß "objektive Erkenntnis" nur insoweit eine Rolle spielt, als sie zur Verwirklichung dieser Zielsetzung beiträgt. Wenn die Veröffentlichung falscher Forschungsergebnisse, d.h. von empirisch unrichtigen Aussagen, diesen Zweck fördert, gilt sie als legitimiert. Wer will, kann diese nicht völlig fiktive Position als eine Karikatur der Auffassung von der Parteilichkeit der Wissenschaft interpretieren (zur Kritik vgl. u.a. Keuth 1975).

Das Dilemma bleibt also bestehen: Ansatzimmanente Kritik verharrt im Formalen und sagt nichts über die angelegten Kriterien aus, da diese nicht selber in Frage gestellt werden können, sonst würde der Bereich der immanenten Kritik verlassen; ansatzübergreifende Kritik dagegen unterzieht auch die jeweiligen Standards und Zielsetzungen der zu beurteilenden Richtungen einer Prüfung, nicht jedoch ihre eigenen hierzu verwendeten Kriterien. Wie jedes echte Dilemma läßt sich diese mit Vernunftgründen allein kaum zu lösende Schwierigkeit nur durch eine - natürlich zu begründende, letztlich aber doch unausweichlich

zu treffende, d.h. voluntaristisch gesetzte - Entscheidung für einen bestimmten Kriterienkatalog bewältigen (vgl. auch Ludz 1968: 15 ff.).

Obwohl ich mich im vorangehenden Teil um eine möglichst unparteiische Schilderung der beteiligten Positionen bemüht habe und dies selbstverständlich in
gleichem Maße bei den nachfolgenden Ausführungen versuchen werde, indem ich
die vorzustellenden Ansätze möglichst selbst zu Wort kommen lasse, ist sicherlich nicht zu übersehen, daß ich vom Standpunkt einer analytischen Wissenschaftsauffassung aus argumentiere. Die analytische Wissenschaftstheorie kann,
gröblich vereinfacht und unvollständig, als die Menge aller Auffassungen verstanden werden, in denen der Kritische Rationalismus Karl Raimund Poppers
und der in der Nachfolge des Wiener Kreises stehende Logische Empirismus
konvergieren. Dies bedeutet, daß meine eigene Überzeugung der Position des
Behavioralismus näher steht als den anderen behandelten Auffassungen, ohne
allerdings mit ihm in allen oder auch nur den meisten Punkten völlig überein-
zustimmen.

Als Ziel sozialwissenschaftlicher Forschung sehe ich die Gewinnung empirischer
Erkenntnisse mittels möglichst objektiver Verfahren an; diese Erkenntnisse
sollen uns das Verständnis sozialer Vorgänge erleichtern und die Ableitung von
Prognosen ermöglichen. Sämtliche Aussagen müssen dabei so formuliert sein,
daß sie von anderen Wissenschaftlern kritisiert und überprüft werden können.
Dies setzt konsistente Begriffsverwendungen, widerspruchsfreie Aussagensysteme
und ein Verständnis von wissenschaftlichen Erkenntnissen als immer nur vorläufig und veränderbar voraus. Werturteile lassen sich mittels erfahrungswissenschaftlicher Methoden nicht fällen oder begründen. Als legitime wissenschaftliche Aussagen können mithin nur logische oder empirische Sätze akzeptiert werden. Die Berufung auf transzendentale Instanzen ist metaphysischer Natur, das
bedeutet, sie ist intersubjektiv unüberprüfbar und daher unwissenschaftlich.
Weiter bin ich der Auffassung, daß sich Ethik und Methodik wissenschaftlich betreiben lassen und einen wichtigen Zweig der Philosophie der Sozialwissenschaften
darstellen; sie dürfen jedoch nicht mit Erfahrungswissenschaft verwechselt werden und sind daher streng von ihr zu unterscheiden. Ihre letzten Prinzipien sind
meiner Ansicht nach durch Entscheidung gesetzt und deshalb zwar diskutierbar,
aber nicht weiter herleitbar.

Soweit also, in sehr groben Zügen, das dieser Arbeit zugrundeliegende wissenschaftliche Credo. Im folgenden soll nun zuerst eine systematische Rekonstruk-

tion der behavioralistischen Grundkonzeption versucht werden, auf einige zentrale Konzepte des Behavioralismus eingegangen werden, geprüft werden, inwieweit der Behavioralismus positivistische Züge trägt und schließlich am konkreten Beispiel untersucht werden, inwiefern sich die behavioralistische von
der vorbehavioralistischen Forderung unterscheidet.

6.1. DIE ZEHN GRUNDSÄTZE DES BEHAVIORALISTISCHEN DEKALOGS

Ich habe im ersten Teil den Behavioralismus als Programm eines theoriegelei-
teten Empirismus beschrieben. Im folgenden will ich noch einmal, nun ausführlicher und systematischer, seine wichtigsten Zielsetzungen und Annahmen
schildern und kommentieren. Ich lehne mich dabei an eine ähnliche Auflistung
David Eastons an (Easton 1965: 7), die ich jedoch erheblich erweitere und
modifiziere. Es wird zwar nur wenige Behavioralisten geben, die allen zehn
Punkten voll zustimmen werden; die verschiedenen behavioralistischen Strömungen sind ja aus der unterschiedlichen Betonung einzelner Punkte heraus zu
verstehen (vgl. Haas 1970); doch dürfte dieser Dekalog behavioralistischer
Grundsätze den gemeinsamen Kern der verschiedenen verhaltenswissenschaftlichen
Strömungen innerhalb der amerikanischen Politikwissenschaft hinreichend genau
und umfassend beschreiben, soweit sich in die Vielfalt der Ansätze überhaupt
eine Einheit bringen läßt.

6.1.1. Theoriegeleitetheit der Forschung

Ziel der behavioralistischen Politikwissenschaft ist nicht die reine Beschreibung politischer Vorgänge, sondern in erster Linie ihre Erklärung und Prognose. Die deskriptive Erfassung von Tatsachen stellt hierzu lediglich eine
notwendige Voraussetzung dar, wobei sich viele Programmatiker des Behavioralismus durchaus der Theoriegeleitetheit aller Tatsachenfeststellungen bewußt
sind (vgl. Easton 1953; Eulau 1963). Dieses Bewußtsein bleibt jedoch weitgehend theoretischer Natur und schlägt sich in der Forschungspraxis meiner Erfahrung nach kaum nieder. Empirische Forschung basiert vermutlich immer auf
der pragmatischen Voraussetzung, daß der Forscher die Realität so wahrnimmt,
wie sie ist, und nicht, wie er sie durch die Brille seiner theoretischen Konstrukte sieht (vgl. Loevinger 1957; Falter 1977a).

Daran ändert auch die Erkenntnis nichts, daß die Fakten nicht von selbst zu
uns sprechen, sondern daß wir eher in einer Art Zwiegespräch mit der Realität

Antworten auf zuvor gestellte Fragen erhalten. Daß diese Antworten der Realität dabei anders ausfallen können als vom Forscher erwartet, stellt die Legitimation und die objektive Basis empirischer Forschungstätigkeit dar; und daß
sie neue Fragen provozieren und zu ganz anderen als den vorhergesehenen Ergebnissen führen können, ist eine in der Sozialforschung immer wieder gemachte
Erfahrung, die von Robert K. Merton mit dem Begriff des "serendipity pattern",
das bedeutet die Gabe, durch Zufall oder Weisheit glückliche und unerwartete
Entdeckungen zu machen, beschrieben worden ist (vgl. Merton 1945: 469; hier
zitiert nach Merton 1967: 157).

6.1.2. Suche nach Regelmäßigkeiten

Um politische Vorgänge erklären und prognostizieren zu können, muß man nach
behavioralistischer (bzw. allgemeiner: empiristischer) Auffassung auf Gesetzesaussagen zurückgreifen. Gesetzesaussagen jedoch beschreiben empirische Regelmäßigkeiten. Eine pragmatische Voraussetzung für die Suche nach Regelmäßigkeiten ist die Annahme, daß soziale und politische Vorgänge derartigen Gesetzmäßigkeiten unterliegen. Der Behavioralismus beschränkt sich bei seiner Suche
nach Gesetzmäßigkeiten nicht nur auf empirische Generalisierungen, sondern
versucht, zu theoretischen Aussagen vorzustoßen. Er unterscheidet sich
hierin vom klassischen und vom radikalen Behaviorismus Watsons und Skinners
grundlegend.

Theoretische Aussagen gehen im Gegensatz zu rein empirischen Verallgemeinerungen nicht nur auf direkt beobachtbare Vorgänge ein, sondern auch auf dis-
positionelle Faktoren wie Persönlichkeitszüge und Einstellungen, die sich empirisch nur indirekt, d.h. über Indikatoren, erschließen lassen. Diese latenten,
der unmittelbaren Beobachtung entzogenen Dimensionen werden durch theoretische Begriffe, sogenannte Konstrukte, beschrieben. Ein solches theoretisches
Konstrukt ist zum Beispiel das Konzept der Parteiidentifikation, das in der
amerikanischen Wahlforschung eine große Rolle spielt (vgl. Falter 1977; Falter & Rattinger 1982).

Jedes Konstrukt hängt mit anderen theoretischen Konstrukten über definitorische Verbindungen und Gesetzesaussagen zusammen. Mit der Beobachtungsebene
sind die theoretischen Begriffe über sogenannte Zuordnungs- oder Korrespondenz-
regeln verbunden, mit deren Hilfe die empirische Überprüfung einer Theorie
überhaupt erst möglich wird. Nach behavioralistischer Ansicht müssen alle

theoretischen Begriffe operationalisiert werden. Durch diese Forderung unterscheidet sich der Behavioralismus von der neueren analytischen Wissenschaftstheorie, die im Anschluß an Carnap und die Praxis der theoretischen Physik auch durch Angabe ihrer Meßbedingungen mit der Beobachtungsebene nicht direkt verbundene Konstrukte akzeptiert (vgl. Falter 1977a). Für die moderne Wissenschaftstheorie genügt im Anschluß an die Entwicklung der Naturwissenschaften die indirekte empirische Interpretation theoretischer Begriffe durch sogenannte konstitutive Definitionen (Margenau), mit denen sie mit anderen, unmittelbar beobachtungssprachlich verankerten Begriffen verbunden werden. Während der Behavioralismus also noch, ähnlich wie der Behaviorismus in der Psychologie, eine operationalistische Position vertritt, dabei aber mentalistische Begriffe akzeptiert, hat die analytische Wissenschaftstheorie den Operationalismus wegen seiner geringen prognostischen Kraft und seiner Inflexibilität schon lange aufgegeben.

Nach Ansicht des Behavioralismus soll ferner die politikwissenschaftliche Forschung systematisch und kumulativ vorgehen. Systematische Forschung bedeutet, daß die Untersuchungen in theoretischer Perspektive erfolgen und auf die geordnete Gewinnung von Wissen ausgerichtet sind. Kumulative Forschung impliziert, daß die einzelnen Untersuchungen auf den Ergebnissen früherer Arbeiten aufbauen. Es war ja einer der Hauptvorwürfe, die der Behavioralismus gegenüber der traditionellen Politikwissenschaft erhob, daß sie nicht kumulativ vorgehe und daher keinen Wissensfortschritt erziele.

Dem Ziel kumulativer Forschung dient auch die Replikation, d.h. die Wiederholung von empirischen Untersuchungen unter gleichen oder geänderten Randbedingungen mit denselben oder anderen Methoden, eine auch von der behavioralistischen Forschung viel zu selten wahrgenommene Tätigkeit, mit deren Hilfe nicht nur die Haltbarkeit früherer Studien getestet, sondern auch das Weiterwirken von Gesetzmäßigkeiten unter veränderten Bedingungen überprüft werden kann. Zu den seltenen Ausnahmen echter replikativer Forschung zählen einige Gemeindestudien, so zum Beispiel die Untersuchung der lokalen Machtstrukturen in Atlanta/Georgia durch Floyd Hunter (1953) und M. Kent Jennings (1964) oder die Reanalysen von Wahldaten, wie sie etwa über die Frage des Nachlassens von Parteiidentifikationen durch Abramson (1976) oder den Rückgang schichtspezifischen Wahlverhaltens in Großbritannien durch Franklin & Mughan (1978: APSR, S. 523 - 534) unternommen wurden.

Der systematischen Theoriebildung dient endlich die vergleichende Forschung; ob im Longitudinal- oder im Querschnittsvergleich: Sie ist zumindest potentiell in der Lage, nachzuprüfen, ob die gefundenen Invarianzen oder Gesetzmäßigkeiten hinfällig werden oder modifiziert werden müssen, wenn sich die gesellschaftlichen Randbedingungen ändern.

6.1.3. Streben nach Nachprüfbarkeit und Objektivität

Wissenschaft im behavioralistischen Sinne zeichnet sich dadurch aus, daß alle ihre Aussagen nachprüfbar sein müssen (oder adäquater: sein sollen). Nachprüfbar sind Aussagen nach empiristischer Ansicht nur, wenn sie sich entweder unmittelbar auf beobachtbare Tatsachen beziehen oder zumindest auf beobachtungssprachlich formulierte Aussagen zurückführen lassen. Im Gegensatz zur analytischen Wissenschaftstheorie, die nur noch die Bestätigungsfähigkeit oder die Falsifizierbarkeit von Aussagen fordert, hängt der Behavioralismus noch dem Verifikationsprinzip des Neopositivismus an. Sätze, die sich nicht verifizieren lassen, sind für ihn aus dem Kanon der Wissenschaft auszuscheiden.

Um dem Kriterium der Nachprüfbarkeit zu genügen, müssen die Messungen des empirischen Forschers möglichst objektiv, d.h. von der Person des einzelnen Wissenschaftlers unabhängig sein. Objektive Forschungsergebnisse zeichnen sich dadurch aus, daß sie sich unter ansonsten gleichen Umständen von anderen Wissenschaftlern wiederholen lassen (vgl. Falter 1977a). Um nachprüfbar zu sein, müssen die verwendeten Forschungsinstrumente zuverlässige Meßwerte liefern. Zuverlässig ist ein Meßinstrument dann, wenn es bei wiederholter Messung der gleichen Ereignisse innerhalb bestimmter möglichst geringer Fehlerspielräume die gleichen Ergebnisse produziert. Damit weiß man jedoch nicht, ob ein zuverlässiges Meßinstrument, z.B. eine Einstellungsskala, auch das mißt, was man zu messen vermeint. Aus diesem Grunde müssen die Messungen nicht nur formal zuverlässig, sondern auch inhaltlich gültig sein. Die formale Meßgenauigkeit ist dabei eine notwendige, jedoch keine hinreichende Bedingung der inhaltlichen Meßgenauigkeit. Ein unzuverlässiges, ständig Schwankungen unterworfenes Instrument kann keine sinnvollen Meßergebnisse liefern. Meiner Beobachtung zufolge werden die Meßinstrumente der behavioralistischen Politikwissenschaft noch immer viel zu selten auf Reliabilität und Validität überprüft - dies vor allem in Hinsicht auf veränderte Stichproben.

Um kumulative und vergleichende Forschung zu ermöglichen, sollten die verwendeten Forschungsinstrumente möglichst normiert oder kalibriert sein. Es nützt nichts, wenn eine Autoritarismusskala je nach Bildungsniveau bei verschiedenen Befragten etwas anderes mißt, obwohl diese sich im Autoritarismusgrad gar nicht unterscheiden; die so erzielten Ergebnisse sind dann nicht miteinander vergleichbar. Diese Forderung nach Normierung der Meßinstrumente, die zwar im behavioralistischen Grundsatzprogramm nicht explizit aufgestellt wird, aber für die (synchronisch oder diachronisch) vergleichende Forschung unabdingbar ist, wurde bisher kaum verwirklicht. Lediglich im Bereich der psychologischen Persönlichkeitsdiagnostik gibt es - allerdings i.a. nur intrakulturell - normierte Skalen.

Eine weitere in diesem Zusammenhang zu erwähnende Forderung des Behavioralismus ist die nach Repräsentativität der Forschungsergebnisse. Resultate, die an unrepräsentativen Fällen, z.B. an sozialen Randgruppen, gewonnen wurden, lassen sich nicht ohne zusätzliche Evidenz verallgemeinern. So sind die weitaus meisten Forschungsergebnisse der empirischen Politikwissenschaft, aber auch der Soziologie und noch stärker der Psychologie anhand amerikanischer Befragtengruppen gewonnen worden (vgl. z.B. die bei Berelson & Steiner 1964 aufgelisteten Forschungsergebnisse). Ob sie sich auf andere Zeitabschnitte oder Kulturen verallgemeinern lassen, ist in vielen Fällen nicht sichergestellt.

Um die Nachprüfbarkeit und Objektivität bzw., sehr viel allgemeiner, die Aussagekraft ihrer Ergebnisse zu gewährleisten, muß die empirische Forschung nach behavioralistischer Ansicht logisch widerspruchsfrei argumentieren, ihre Begriffe explizit definieren und konsistent verwenden sowie alle Komplexe, die sich nicht auf empirische Sachverhalte beziehen, aus der Wissenschaftssprache ausscheiden. Die der empiristischen Forschung nach Überprüfbarkeit stillschweigend zugrundeliegende pragmatische Voraussetzung ist dabei die Annahme der "Konsubjektivität" (Brecht 1968: 308 im Anschluß an Hocking 1956), d.h. die Vorstellung, daß der Mensch im Prinzip fähig ist, bei ansonsten gleichen Bedingungen Tatsachen gleich wahrnehmen zu können und Aussagen darüber austauschen zu können. Diese Voraussetzung ähnelt der des Kommunikationsaprioris der hermeneutischen Philosophie (vgl. Apel 1973, Bd. II: 358 ff.).

6.1.4. Forschungstechniken

Sowenig man mit dem bloßen Auge Vorgänge des Mikrokosmos oder entfernte Sternensysteme erforschen kann, sowenig kann die empirische Sozialforschung mit

reiner Beobachtung auskommen. Sie bedient sich vielmehr einer Reihe von In-
strumenten zur Datenerhebung und zur Datenauswertung. Hierzu zählen etwa die
verschiedenen Verfahren der Einstellungsmessung, Befragungstechniken wie das
Interview, die Methoden der quantitativen Inhaltsanalyse und verschiedene Be-
obachtungsschemata. Zu den wichtigsten Forschungstechniken der empirischen
Politikwissenschaft zählen ferner die verschiedenen Stichprobenverfahren. Die
statistischen Auswertungsverfahren sind unter anderem dazu da, große Datenmengen zu bewältigen, Zusammenhänge zwischen den untersuchten Variablen festzustellen und die Sicherheit zu bestimmen, mit der ein gemessener Zusammenhang zu akzeptieren ist.

Sämtliche Meßverfahren müssen dabei den im vorstehenden Punkte skizzierten
Kriterien genügen; teilweise dienen sie gerade dazu, die Einhaltung dieser
Kriterien zu gewährleisten oder zu überprüfen. Die Anwendung ständig zu ver-
bessernder, ausgefeilter Forschungstechniken ist daher kein Ziel an sich, sondern ein Mittel zur Erfüllung der im vorangehenden Punkt beschriebenen Quali-
tätskriterien von Forschung. Daß die Forschungswirklichkeit dennoch manchmal
den Verdacht aufkommen läßt, daß immer raffiniertere Techniken nur um
ihrer selbst willen und nicht wegen der Eigenarten der Forschungsgegenstände
sowie zur Erfüllung der Qualitätspostulate eingesetzt werden, steht auf einem
anderen, dem behavioralistischen Programm nicht anzulastenden Blatt.

6.1.5. Der Trend zur Quantifizierung

Dies gilt auch, möglicherweise sogar in noch höherem Maße, für die Forderung,
soweit durchführbar und nützlich sich quantitativer Konzepte und Verfahren zu
bedienen. Die Forderung nach höchstmöglicher Genauigkeit der Meßergebnisse
führt zwangsläufig zu dem Versuch, Datenerhebung und Datenauswertung mittels
mathematisch-statistischer Verfahren zu präzisieren und zu standardisieren.
Damit wird nach behavioralistischer Ansicht tendenziell die Nachprüfbarkeit
und Vergleichbarkeit der Aussagen erhöht. Überdies gestatten quantitativ definierte Konzepte, die Beziehungen zwischen den verschiedenen Konstrukten
einer Theorie genauer zu spezifizieren, die Zuordnungsregeln zu präzisieren
und numerisch formulierte Hypothesen aus den Theorienetzwerken abzuleiten,
die sich eindeutiger empirisch überprüfen lassen als qualitativ formulierte Annahmen und Voraussagen. Dabei will der Behavioralismus den Ruf nach Quantifizierung nicht als dogmatische Forderung verstanden wissen, deren Einhaltung
zu Lasten der Substanz gehen könnte, sondern als ein nützliches Ziel, das nur

dort anzustreben ist, wo der Gegenstandsbereich das erlaubt, ohne daß andere
Ziele, etwa das der praktischen Relevanz oder der theoretischen Bedeutsamkeit
der Forschungsergebnisse, darunter leiden müßten. Von den Gegnern des Behavioralismus wird sein oftmals vom Forschungsstand losgelöstes Streben nach maxi-
maler Quantifizierung als eines seiner hervorstechendsten Kennzeichen moniert,
nicht immer völlig unberechtigt, wie mir scheint.

6.1.6. Konzentration auf individuelles Verhalten

Behavioralistischer Auffassung zufolge müssen sich alle Aussagen auf beobachtbares Verhalten zurückführen lasssen. Im allgemeinen ist hiermit das Verhalten von Individuen gemeint, da sich nur dieses zweifelsfrei beobachten lasse;
seltener bezieht sich der behavioralistische Verhaltensbegriff auch auf Kleingruppen. Der behavioralistische Verhaltensbegriff ist allerdings, wie gezeigt,
sehr umfassend und erstreckt sich sowohl auf Verhaltensakte im engeren Sinne
als auch auf die Äußerung von Einstellungen, Verhaltensabsichten oder Werthaltungen, wie sie beispielsweise durch Fragebögen oder Skalierungsverfahren erhoben werden. Wurde noch zu Anfang der behavioralistischen Bewegung, also während der fünfziger Jahre, von ihren Wortführern von einer Deckung von empirischer und theoretischer Analyseeinheit ausgegangen, d.h. von der Übereinstimmung von Beobachtungs- und Aussagenebene, so wurde schon bald dieses behavio-
ristisch-psychologische Restelement aufgegeben, da der Gegenstand der Politikwissenschaft sich auch auf Gruppierungen, Verbände und Institutionen erstreckt,
die natürlich nicht wegen einer methodologischen Forderung aus dem Objektbe-
reich der Politikwissenschaft gestrichen werden sollten; andernfalls wäre die
behavioralistische Politikwissenschaft tatsächlich auf eine Sozialpsychologie
des politischen Verhaltens von Individuen zusammengeschrumpft, wäre sie nicht
ein Ansatz mit allgemeinem, sich auf alle Gebiete der Politikwissenschaft er-
streckenden Anspruch, sondern ein Teilgebiet neben anderen geworden, eine Entwicklung, die von den Wortführern der behavioralistischen Bewegung explizit
abgelehnt wurde.

Sowohl Harold D. Lasswell als auch Heinz Eulau beziehen eine vom methodologischen Individualismus der Anfangsjahre abgehobene emergentistische Position, d.h. sie schließen nicht aus, daß auf der Gruppenebene andere, "kompo-
sitorische" Gesetze gelten als auf der Individualebene, Gesetze, die sich
nicht aus Informationen über das Verhalten der einzelnen Gruppenmitglieder
konstruieren lassen, sondern auf der Ebene der Gruppe oder der Institution

aufgespürt und formuliert werden müssen. Lazarsfeld und Menzel (1961) mit
ihrer Unterscheidung zwischen Individual- und Gruppeneigenschaften und ihrer
Hervorhebung von globalen, nur auf der Makroebene beobachtbaren Merkmalen
sowie die Verbreitung der mehrebenenanalytischen Betrachtungsweise (vgl. Falter 1978) haben diese Entwicklung begünstigt. Die ursprünglich vom Behavioralismus vertretene Position des methodologischen Individualismus wurde, mit
anderen Worten, mittlerweile auch auf der programmatischen Ebene zugunsten
einer undogmatischen, an den Erfordernissen der jeweiligen Fragestellung und
den Eigentümlichkeiten des Gegenstandsbereiches ausgerichteten Auffassung von
den günstigsten empirischen Untersuchungseinheiten aufgegeben.

Durch diese angesichts der inhaltlichen Zielsetzungen der Politikwissenschaft
meines Erachtens unumgängliche programmatische Kehrtwendung, die auch von
der empirischen Soziologie weitestgehend vollzogen wurde, hat sich auch der
Verhaltensbegriff der Politikwissenschaft grundlegend geändert. Der Behavioralismus hat insoweit unter dem Druck der Umstände und angesichts neuer For-
schungsperspektiven wie der der Kontextanalyse im Laufe der Jahre den Charakter eines theoretisch aufgeklärten politikwissenschaftlichen Empirismus angenommen, zu dessen Definitionselementen nicht mehr das individuelle Verhalten
zählt. Die empirische Forschung hatte sich seit den frühen sechziger Jahren
in dieser Frage ohnehin stets stärker von den substantiellen Erfordernissen
ihrer Gegenstände als von den methodologischen Postulaten der Programmatiker leiten lassen, wobei allerdings für die behavioralistische Strömung, anders z.B. als für die allgemeine Wissenschaftstheorie, kennzeichnend ist, daß
ihre Programmatiker stets auch selber empirische Forschung betrieben haben
und damit näher an der Entwicklung der Disziplin standen als Wissenschaftspro-
grammatiker dies im allgemeinen zu tun pflegen.

6.1.7. Induktivismus

Ein weiterer kennzeichnender Zug der behavioralistischen Forschungstätigkeit
ist ihr induktivistisches Vorgehen. Der übliche Gang der Forschung besteht in
der Beobachtung von empirischen Regelmäßigkeiten, etwa daß Katholiken in Kon-
tinentaleuropa häufiger konservative Parteien wählen als Protestanten; diese
empirischen Regelmäßigkeiten werden mittels Gesetzesaussagen begrifflich ausgedrückt. Auch werden, wie wir gesehen haben, durchaus theoretische Konstrukte
verwendet wie z.B. das der dogmatischen Persönlichkeit (Rokeach 1960). Doch
sind, wie erwähnt, diese theoretischen Konstrukte, die zur Erklärung und Pro-

gnose politischen Verhaltens herangezogen werden, nach behavioralistischer
Ansicht stets direkt zu operationalisieren, was ja nach Auffassung der analytischen Wissenschaftstheorie keineswegs notwendig oder wünschbar ist; sie
verbleiben auf diese Weise relativ nahe an der empirischen Oberfläche, was
möglicherweise einer der (vielen) Gründe für die relativ geringe Fruchtbarkeit
behavioralistischer Theorien ist, die sich hierin allerdings kaum von den
Theorien der Nachbarwissenschaften Soziologie und Sozialpsychologie unterscheiden.

Das Poppersche Wissenschaftsideal einer deduktiv vorgehenden, sich der Theorie-
überprüfung widmenden Forschung wird also von der behavioralistischen Politikwissenschaft nicht praktiziert, trotz stellenweise anderslautender Lippenbekenntnisse. Die behavioralistische Forschung befaßt sich mehr mit der Theo-
riegewinnung oder, genauer ausgedrückt: der Aufspürung empirischer Regelmäßigkeiten; ihre Tätigkeit bewegt sich folglich eher im Bereich des Entdeckungs-
als des Begründungszusammenhangs, was vermutlich im Falle einer relativ jungen und wenig entwickelten Disziplin wie der Politikwissenschaft, der nur in
geringem Maße theoretisches Wissen zur Verfügung steht, das sich überprüfen
ließe, auch gar nicht anders möglich ist.

Was dagegen in reichem Maße vorhanden ist, sind empirische Einzelergebnisse
und kulturspezifische Generalisierungen, die jedoch im allgemeinen relativ
unverbunden nebeneinanderstehen. Versuche wie die David Eastons oder Karl W.
Deutschs, mit umfassenden Theorien des politischen Systems begriffliche Bezugsrahmen für die Einordnung empirischer Ergebnisse und für die Anleitung
neuer Forschungen zur Verfügung zu stellen, sind bisher von der Forschungspraxis, vielleicht mit Ausnahme der Comparative Politics, die eigene Bezugs-
schemata für ihre Untersuchungen entwickelte, und einiger Sozialisations- und
Kommunikationsstudien, kaum honoriert worden. Behavioralistische Auffassung
scheint es zu sein, daß sich die für die Erklärung ihrer Gegenstände notwendigen Bereichstheorien allmählich aus der induktiven Zusammenstellung von einzelnen Forschungsergebnissen gewissermaßen von selbst ergeben.

6.1.8. Wertrelativismus

Die behavioralistische Position teilt mit der Wissenschaftstheorie des Logischen Empirismus die Auffassung, daß sich Werturteile mit erfahrungswissenschaftlichen Methoden nicht begründen lassen. Empirisch nachprüfbar sind

nur kognitive Aussagen, d.h. Aussagen über die Welt wie sie ist oder besser:
wie sich der Wissenschaftler vorstellt, wie sie ist, nicht jedoch Aussagen
darüber, wie die Welt sein soll oder wie sie sich der Wissenschaftler
wünscht. Werturteile sind daher nach behavioralistischer Auffassung nicht wahrheitsfähig; sie können immer nur wieder aus anderen Werturteilen abgeleitet
werden, nicht jedoch aus Tatsachenaussagen. Zwischen Sein und Sollen klafft
nach den Worten A. Brechts (1961: 150 ff.) eine mit logischen Mitteln unüber-
brückbare Kluft (für eine andere Auffassung vgl. Stegmüller 1973: 51 f.), die
den Wissenschaftler davon abhält, Werturteile als Ergebnis seiner Forschung
auszuweisen. Wertpositionen, die in erfahrungswissenschaftliche Aussagen einfließen, verzerren tendenziell die Resultate der Forschung. Der einzelne Wissenschaftler muß daher nach behavioralistischer Auffassung stets versuchen,
sich seiner Werttendenzen und Vorurteile bewußt zu sein und sie zu neutralisieren. Empirische Wissenschaft ist aus diesem Grunde dem Ideal einer so ver-
standenen Wertfreiheit verpflichtet, das es stets anzustreben gilt, auch wenn
es vom einzelnen Wissenschaftler nie erreicht werden kann, da auch nach behavioralistischer Ansicht der einzelne stets zu einem gewissen Grad ein Gefange-
ner seiner Wertpräferenzen bleibt (vgl. Eulau 1968: Values). Als Orientie-
rungspunkt der empirischen Forschung jedoch bleibt das Prinzip der Wertfreiheit, das eine der blauen Blumen des Empirismus darstellt, von verhaltensre-
gulierender Bedeutung. Eine Metapher soll dies nochmals verdeutlichen: Auch
wenn es nur wenige gibt, die ihre Muttersprache makellos beherrschen, ist es
doch sinnvoll, dieses Ideal ständig anzustreben, um optimale Verständigung zu
erreichen.

Der Verzicht auf erfahrungswissenschaftlich begründete Werturteile schließt
natürlich nicht aus, daß Werthaltungen als Gegenstand der empirischen Forschung untersucht werden, sei es als abhängige oder als unabhängige Variable.
So untersucht die behavioralistisch orientierte Forschung ebenso selbstverständlich den Einfluß unterschiedlicher Wertpräferenzen auf das politische Verhalten wie sie zu ergründen sucht, wie diese Werthaltungen zustande kommen.
Überdies ist die empirische Politikwissenschaft in der Lage, Systeme von Wertpräferenzen auf ihre Konsequenzen hin zu analysieren, Inkonsistenzen und Unver-
träglichkeiten aufzuzeigen, die Bedingungen ihrer Verwirklichung zu erforschen
und technologische Empfehlungen in der Form von hypothetischen Imperativen zu
geben. Was empirische Forschung nicht kann, und hier gilt die Auffassung Humes
und Max Webers bis zum Beweis des Gegenteils weiter, ist die Begründung von
Wertpositionen mittels erfahrungswissenschaftlicher Daten und Vorgehensweisen

(vgl. Brecht 1961: Kap. 3; Albert 1963; für einen interessanten, m.E. jedoch
nicht schlüssigen Versuch einer logischen Ableitung von Wertaussagen aus Tatsachenaussagen vgl. Searle 1969: 120 ff. und die daran anknüpfende Diskussion
in Hudson 1969, insbesondere Flew 1969; Hare 1969: 144 ff.; 240 ff.).

Die - teilweise - erfolgreichen Versuche, die Unmöglichkeit wertfreier Wissenschaft nachzuweisen, stellen keine Widerlegung dieser Position dar, da diese
auf die logische Unmöglichkeit der Ableitung von Wert- aus Tatsachenaussagen
abstellt und nicht etwa eine Begründung der Möglichkeit wertfreier Wissenschaft
zu geben versucht. Zwar ist die prinzipielle Möglichkeit einer wertfreien, d.h.
nicht durch Vorurteile verzerrten Wissenschaft sicherlich eine pragmatische
Voraussetzung für das Programm des logischen Empirismus und des Behavioralismus, doch bezieht sie sich nicht auf die Arbeit einzelner Wissenschaftler,
die immer Wertverzerrungen unterliegen dürften, sondern auf Wissenschaft als
einen sozialen Prozeß, in dem durch Entwurf, Kritik und Gegenkritik allmählich
wertbedingte kognitive Verzerrungen der wissenschaftlichen Aussagen eliminiert
werden (vgl. Popper 1963: 216 f.; Nagel 1961: 485 ff.).

Von der prinzipiellen Möglichkeit wertfreier Wissenschaft zumindest im meta-
theoretischen Bereich müssen auch die Kritiker des "wissenschaftlichen Wertrelativismus" (A. Brecht 1961) ausgehen, wenn sie die Wahrheitsfähigkeit ihrer
Kritik, die ja dort empirische Aussagen beinhaltet, wo sie das Einfließen von
Werturteilen in empirische Aussagensysteme am konkreten Beispiel nachzuweisen
versucht und nicht bloß postuliert, voraussetzen. Denn wenn verborgene Wertpo-
stulate tendenziell die Forschungsresultate verzerren und das Einfließen von
Werturteilen in empirische Untersuchungsergebnisse sich prinzipiell nicht verhindern läßt, ist davon notwendigerweise auch die Kritik der Gegner des Wissenschaftlichen Wertrelativismus betroffen. Diese befinden sich dann in der
paradoxen Situation, als logische Bedingung der Gültigkeit ihrer Kritik genau
die Position voraussetzen zu müssen, die sie mit ihrer Kritik zu unterminieren
versuchen. Dieses Paradox ist natürlich kein anderes als das des radikalen
Skeptizismus, der ebenfalls ein selbstaufhebendes Element in sich trägt.

Der Vorschlag Gunnar Myrdals, die einer empirischen Untersuchung zugrundeliegenden oder durch bewußte Zielentscheidung zugrundegelegten Wertpositionen zu
explizieren, ein Vorschlag, dem viele Behavioralisten zustimmen würden (vgl.
Eulau 1968: Values), setzt hingegen voraus, daß sich diese Positionen isolie-
ren lassen, womit sie im Prinzip auch eliminiert werden können. Die unbemerkt

einfließenden Wertverzerrungen hingegen lassen sich naturgemäß nicht explizieren. Überdies bietet der Myrdalsche Vorschlag keine Gewähr dafür, daß alle tendenziell die empirischen Ergebnisse verzerrenden Vorurteile des Wissenschaftlers auch wirklich von ihm erkannt werden. Dies erscheint jedoch notwendig, um sie neutralisieren zu können (vgl. auch Albert 1966).

Daß der Nachweis der Unmöglichkeit der Wertneutralität des einzelnen Wissenschaftlers nicht die Position des wissenschaftlichen Wertrelativismus widerlegt, möge ein Beispiel nochmals verdeutlichen: Die Behauptung, es sei unmöglich, auf einer eisglatten Straße Rad zu fahren, weswegen es besser sei, zu
Fuß zu gehen, kann nicht damit gekontert werden, daß man auch zu Fuß ausrut-
schen könne und deshalb getrost das Rad benutzen solle. Die andere vernünftige
Alternative bestünde vielmehr darin, zu Hause zu bleiben. Mit anderen Worten:
Die Ansicht des logischen Empirismus und in seinem Gefolge des Behavioralismus, daß Werturteile sich nicht erfahrungswissenschaftlich belegen lassen,
weshalb man als Empiriker auf eine Position des Wertrelativismus oder der
Wertneutralität verwiesen sei, kann nur widerlegt werden, indem man den Nachweis führt, daß Wertaussagen sich doch aus Tatsachenaussagen logisch ableiten
lassen. Da dieser Beweis bisher noch nicht geglückt zu sein scheint, bleibt
dem behavioralistisch vorgehenden Politikwissenschaftler gar keine andere Wahl,
als dem Ideal des Wertrelativismus zu folgen, auch wenn ihm das als einzel-
nem Forscher noch so schwer fällt.

Nach Auffassung des Behavioralismus ist also eine primär kognitiven Zwecken
verpflichtete Wissenschaft auf die Trennung von Tatsachen- und Werturteilen
angewiesen, da die Präferenzen des Forschers nichts über den Gegenstand, sondern nur etwas über die Vorlieben und Abneigungen des Wissenschaftlers selbst
aussagen. Erfahrungswissenschaft kann die letzten Ziele einer Zweck-Mittel-
Beziehung nicht weiter begründen, wohl aber sie mit Vernunftargumenten diskutieren. Letzteres erfolgt sicherlich viel zu selten. Andererseits erscheint
gerade hier eine Arbeitsteilung zwischen Ethikern und Empirikern sinnvoll,
etwa im Zuge intradisziplinärer Zusammenarbeit (vgl. als ein recht geglück-
tes Beispiel Gessenharter et al. 1978).

6.1.9. Grundlagenorientierung

Eine Anwendung wissenschaftlicher Erkenntnisse für die Verwirklichung gesellschaftlicher Ziele ist nach behavioralistischer Ansicht erst dann möglich,

wenn genügend Grundlagenwissen vorhanden ist. Davon kann aber nach wie vor keine Rede sein, da ausreichend bestätigte Theorien auch nach nunmehr rund dreißig Jahren behavioralistischer Forschung eher die Ausnahme sind. Anwendungsorientierte Forschung trägt andererseits nur wenig zum Wachstum unserer wissenschaftlichen Grundlagenkenntnisse bei. Um stichhaltige Prognosen machen zu können, muß man dem behavioralistischen Programm zufolge Kenntnisse von Verhaltensregelmäßigkeiten besitzen, über Theorien verfügen, die sich allgemeiner Begriffe bedienen etc. Kurz: Voraussetzung für die technologische Anwendung von wissenschaftlichen Erkenntnissen ist die Existenz eines Wissensfundus, der in grundlagenwissenschaftlicher Orientierung zu erarbeiten ist. Aus diesem Grunde vertritt der Behavioralismus ein Programm "reiner Wissenschaft", obwohl im Gefolge der Auseinandersetzung um die "nachbehavioralistische Revolution" (Easton 1969) in dieser Frage eine gewisse Auflockerung der Standpunkte zu beobachten ist: Viele jüngere, forschungstechnisch durchaus noch dem Behavioralismus verbundene Forscher versuchen heute theoretische und praktische Relevanz miteinander zu verbinden oder gar erstere durch letztere zu ersetzen (vgl. Haas & Kariel 1970).

6.1.10. Integration und Interdisziplinarität

In ihrer Bemühung um Erarbeitung eines gesicherten und ständig wachsenden Wissensfundus muß die Politikwissenschaft auf die Konzepte, Vorgehensweisen und Ergebnisse anderer Sozialwissenschaften zurückgreifen, da die Politik nach behavioralistischer Auffassung nur einen Teilbereich des Sozialen umfaßt und Persönlichkeitszüge im weitesten Sinne ebenso für das politische Verhalten von Bedeutung sein können wie soziale oder wirtschaftliche Gegebenheiten (vgl. Falter 1972; Greenstein 1975).

Der Rückgriff auf die Erhebungs- und Auswertungstechniken anderer Sozialwissenschaften ist dabei schon deshalb unvermeidlich, weil es praktisch keine von der Politikwissenschaft selbst entwickelten empirischen Verfahren gibt. Sämtliche bekannteren Forschungstechniken der empirischen Politikwissenschaft stellen Übernahmen oder Modifikationen von soziologischen, sozialpsychologischen, ökonomischen und individualpsychologischen Verfahren dar. Die quantitative Inhaltsanalyse, die schon sehr früh von Lasswell für politikwissenschaftliche Fragestellungen eingesetzt wurde, ist ursprünglich ein Verfahren der Linguistik gewesen (vgl. Rapoport 1975: 179 ff.).

Ein weiterer Grund für die Forderung nach Interdisziplinarität und Integration der Forschungsergebnisse dürfte in der Tatsache zu suchen sein, daß zu Beginn der fünfziger Jahre die Nachbarwissenschaften Soziologie und Psychologie empirisch und theoretisch weiterentwickelt zu sein schienen als die Politikwissenschaft. Dies ist heute nicht mehr im gleichen Maße der Fall; doch gilt für die Psychologie und die Sozialpsychologie auch heute noch, daß sie gegenüber der Politikwissenschaft einen intellektuellen Vorsprung aufweisen, der sich sowohl auf dem Gebiet der Theoriebildung als auch der Professionalisierung der gesamten Disziplin immer wieder bemerkbar macht.

Soweit die Schilderung der wichtigsten behavioralistischen Grundüberzeugungen. Wie eingangs erwähnt entstanden die verschiedenen Strömungen des Behavioralismus durch die unterschiedliche Betonung einzelner dieser Punkte. Ein grundlegender Unterschied besteht meiner Auffassung nach zwischen dem empirischen und dem theoretischen Behavioralismus. Beide basieren auf der gleichen Wissenschaftstheorie, dem logischen Empirismus. Sie beschäftigen sich jedoch mit unterschiedlichen Fragestellungen und benutzen unterschiedliche theoretische Analyseeinheiten. Während ein Großteil der empirisch-behavioralistischen Forschung sich noch immer auf die Erklärung individuellen Verhaltens bezieht, richtet sich das Interesse des theoretisch orientierten Behavioralismus auf das politische System. Ich werde mich mit beiden Strömungen im folgenden noch näher beschäftigen.

6.2. POSITIVISTISCHE ASPEKTE DES BEHAVIORALISMUS

Von vielen seiner Gegner wird der Behavioralismus als "positivistisch" charakterisiert. Im allgemeinen erfolgt diese Kennzeichnung in abwertender Absicht; das bedeutet, daß die positivistische Philosophie und Wissenschaftstheorie als verfehlt oder als widerlegt angesehen werden. Jemand, der eine "positivistische" Linie vertritt, argumentiert so betrachtet mit überholten oder untauglichen Gründen. In der Tat wird die positivistische Wissenschaftstheorie heute von kaum jemandem mehr ernsthaft verteidigt, was nicht ausschließt, daß Segmente oder sogar weite Bereiche der empirischen Wissenschaften noch nach Maßgabe positivistischer Vorstellungen arbeiten. Dies gilt zum Beispiel, wie wir gesehen haben, für den "radikalen Behaviorismus" Skinnerscher Prägung, der deswegen jedoch nicht automatisch als unbrauchbar angesehen werden darf.

Ein von der philosophischen Diskussion überholter oder widerlegter wissen-

schaftstheoretischer Überbau bedeutet jedenfalls nicht, wie viele zu meinen
scheinen, daß die unter seinen Vorzeichen stattfindende empirische Forschung
per se nutzlos oder unfruchtbar wäre; weder Newton noch Darwin forschten im
Geiste der analytischen Wissenschaftstheorie, wie sie sich uns heute darbie-
tet, sondern am ehesten wohl im Sinne einer positivistisch getönten, im Kerne
aber metaphysischen Philosophie. Und daß die Skinnersche Psychologie praktisch
verwertbare Erfolge erzielen konnte, die von eminenter therapeutischer Bedeutung sind, werden nur wenige bestreiten wollen. Daß die Psychologie des radikalen Behaviorismus nicht auf allen Gebieten gleichermaßen erfolgreich war und
etwa im Falle des Spracherwerbs nur teilweise erklärungskräftig ist (vgl.
Skinner 1957; Chomsky 1959), sei jedoch andererseits nochmals ausdrücklich
hervorgehoben.

Angesichts der Tatsache, daß der Positivismus als philosophisch überholt gilt,
ist es nicht verwunderlich, daß er gerne zur Stigmatisierung abgelehnter Ansätze verwendet wird. Wem das positivistische Kainsmal aufgedrückt worden ist,
dessen Position gilt als antiquiert, wenn nicht als obsolet oder gar gefährlich.
Oft genug handelt es sich jedoch bei dieser Art der Argumentation um eine jener wissenschaftlichen Etikettenschwindeleien, deren Funktion es ist, Auseinandersetzungen abzukürzen oder zu verhindern. Denn allzu häufig wird weder der
Begriff des Positivismus geklärt, mit dem in diesem Typ von Pseudoauseinander-
setzung gearbeitet wird, noch wird konkret gezeigt, was denn an der kritisierten Position nun eigentlich "positivistisch" ist. Der zu Unrecht so genannte
"Positivismusstreit" in der deutschen Soziologie zwischen Adorno und Habermas
auf der einen und Popper und Albert auf der anderen Seite ist ein Beispiel
einer solchen Stigmatisierung durch Etikettierung. Leider sind vor allem seine
vergröbernden Argumente und nicht seine teilweise auf höchstem Niveau stehenden Begründungen der jeweiligen Positionen in den allgemeinen wissenschaftlichen Gebrauch übergegangen.

6.2.1. Die Grundzüge der verschiedenen positivistischen Strömungen

Jede nicht näher qualifizierte Bezeichnung einer wissenschaftlichen Position
als "positivistisch" wirft Probleme auf, da es mehrere verschiedene Strömungen
des Positivismus während der letzten 150 Jahre gegeben hat, was es sehr schwierig macht, so etwas wie eine positivistische Kernüberzeugung herauszuarbeiten,
also eine Art kleinsten gemeinsamen Nenner des klassischen Positivismus, des
Immanenzpositivismus und des Neopositivismus zu formulieren. Eine besondere

Schwierigkeit entsteht ferner dadurch, daß sich positivistische, empiristische und analytische Wissenschaftstheorie in vielen einzelnen Punkten ähneln, ohne sich jedoch völlig zu entsprechen. Diese teilweise Überschneidung impliziert andererseits jedoch nicht, daß die gegen den Positivismus in seinen verschiedenen Spielarten gerichteten Argumente gleichermaßen auch für die beiden anderen Strömungen zuträfen. Dies ist nur soweit möglich, als von allen drei Positionen exakt die gleichen Anschauungen geteilt werden, gegen die sich das ursprüngliche Argument richtet; das ist jedoch nur in wenigen Punkten tatsächlich der Fall.

Aus der Perspektive der modernen Wissenschaftstheorie gesehen sind alle Positivisten zwar Empiristen, beileibe aber nicht alle Empiristen auch Positivisten. Diese Erkenntnis wirft das Problem auf, die verschiedenen Positivismen vom allgemeinen Empirismus zu unterscheiden und zu versuchen, eine Art positivistischer Grundkonzeption herauszuarbeiten. Erst dann ist es möglich, den positivistischen Gehalt der behavioralistischen Überzeugung kenntlich zu machen. Ohne eine derartige begriffliche Vorklärung würde man sonst doch nur wieder in das Übel der Etikettierung verfallen.

Eine der Hauptschwierigkeiten der Darstellung einer einheitlichen Grundkonzeption des Positivismus besteht schließlich darin, daß sich hinter dem Begriff "Positivismus" sowohl bestimmte sozialphilosophische als auch eine Reihe von methodologischen Überzeugungen verbergen. Ich werde mich im folgenden stärker auf die methodologische Komponente beschränken, da der Positivismus als "wissenschaftliche Weltanschauung" spätestens mit der Ermordung des Gründers des Wiener Kreises, Moritz von Schlick, durch einen geistesgestörten Studenten von der philosophischen Bühne verschwand.

Streng genommen ist der sozial- und entwicklungsphilosophische Positivismus, der eng mit den Personen Auguste Comtes und Herbert Spencers verbunden war, eine Erscheinung des 19. Jahrhunderts. Nach dem Tode seiner beiden Hauptvertreter wurde er immer stärker vom methodologischen Positivismus verdrängt (vgl. Abbagnano 1967; Passmore 1967; Feigl 1974). Bereits der um die Jahrhundertwende blühende Immanenzpositivismus (oder Empiriokritizismus, wie Lenin ihn in seiner berühmten Polemik bezeichnet) war stärker methodologisch als sozialphilosophisch orientiert. Die vom Wiener Kreis um Schlick und Carnap, der "Berliner Gesellschaft für empirische Philosophie" um Hempel und Reichenbach und der Warschau-Lemberger Philosophenschule (vgl. Jordan 1963) vertretene Version

des Logischen Positivismus beschäftigte sich dann, nach anfänglichen Versuchen
Carnaps und einiger seiner Wiener Kollegen, eine "wissenschaftliche Weltauffassung" zu begründen, praktisch ausschließlich mit wissenschaftstheoretischen
Fragestellungen. Nachdem im Verlaufe intensiver, auf höchstem logischem Niveau geführter innerer Auseinandersetzungen über eine empirische, nicht-meta-
physische Begründung der Wissenschaft Carnap, Hempel, Feigl und andere Vertreter des Logischen Positivismus immer mehr positivistische Elemente ihrer
Wissenschaftstheorie aufgeben begannen und nachdem der Wiener Kreis durch
Tod, Emigration und Wegberufungen aufgelöst wurde, verschmolz im Verlaufe
der dreißiger Jahre der Logische Positivismus mit der internationalen Strömung
des Empirismus und dem amerikanischen Pragmatismus zum Logischen Empirismus
(vgl. Passmore 1967: 52 f.).

Allgemein läßt sich die Position des älteren, von Auguste Comte und Herbert
Spencer vertretenen Positivismus als philosophische Formulierung des Fortschrittsoptimismus und der Wissenschaftsgläubigkeit des 18. und 19. Jahrhunderts kennzeichnen. Nur die Wissenschaft ist nach positivistischer Auffassung
in der Lage, sichere Erkenntnisse zu liefern. Gegenstände unseres Wissens
können ausschließlich beobachtbare Tatsachen sein; eine introspektiv verfahrende Psychologie ist folglich keine Wissenschaft; die Psychologie werde allmählich zu einem Bestandteil der Soziologie oder, als Neurophysiologie, zu einem
Bestandteil der Biologie, so Comte. Er nimmt damit in Teilen das antimenta-
listische Forschungsprogramm des späteren psychologischen Behaviorismus vorweg. Soziologie versteht er als eine induktive Gesetzeswissenschaft, deren
wichtigstes Ziel die Beschreibung und Prognose sozialer Vorgänge sei. Ethik,
Politik und Religion würden im Verlaufe der Entwicklung der Gesellschaft ebenfalls zu wissenschaftlichen Disziplinen heranreifen.

Im Gegensatz zum evolutionistischen Positivismus Herbert Spencers war Comtes
Wissenschaftsverständnis eher vom Geiste des französischen Rationalismus als
vom britischen Empirismus geprägt; demgemäß betonte er die empirische Basis
der Wissenschaft sehr viel weniger als dieser. Spencer betrachtete Soziologie
nicht wie Comte als eine Art Sozialphysik, sondern als eine theoretische Wissenschaft. Er beeinflußte mit dieser Ansicht in starkem Maße Emile Durkheim,
den man als den eigentlichen Begründer der empirischen Soziologie ansehen
kann. Auch wurde durch seinen Evolutionismus der amerikanische Pragmatismus
mitgeprägt (vgl. Abbagnano 1967: 45 f.; Feigl 1974).

Allen positivistischen Strömungen gemeinsam ist neben der empiristischen
Grundhaltung die strikte Zurückweisung von Metaphysik als sinnlos und aller
transzendental begründeten Erkenntnis als illusionär. Trotz des kurzlebigen
Versuchs Auguste Comtes, eine wissenschaftliche Religion zu etablieren, ist
der Positivismus daher als eine säkulare und antitheologische Überzeugung zu
charakterisieren.

Die bereits von Hume vertretene antimetaphysische Haltung wurde dann gegen
Ende des 19. Jahrhunderts vom Immanenzpositivismus Machs, Avenarius oder
Pearsons verstärkt propagiert. Diese Position, die einen direkten Vorläufer
des logischen Positivismus darstellt, zeichnet sich durch ihren Phänomenalis-
mus und Instrumentalismus aus. Phänomenalistisch ist ihre Auffassung, daß die
Fakten des Wissenschaftlers relativ stabile Muster von miteinander verbundenen
und voneinander abhängigen Sinneseindrücken, also bloße subjektive Empfindungen, darstellen. Ihrer instrumentalistischen Theorieauffassung nach sind wissenschaftliche Theorien nur mehr oder minder brauchbare Werkzeuge der Voraussage; sie werden nicht mit den Kategorien "wahr" oder "falsch", sondern nach
den Kriterien "brauchbar" oder "weniger brauchbar" beurteilt. Während sich
die Theorien verändern, bleiben die Tatsachen bestehen; zu diesen Tatsachen
zählen auch die beobachteten empirischen Gesetzmäßigkeiten.

Was sich nicht beobachten läßt, ist nach empiriokritizistischer Auffassung
wissenschaftlich auch nicht untersuchbar. Aus dieser Überlegung heraus lehnte
diese Strömung zum Beispiel alle theoretischen Konstrukte ab, so etwa das
Konzept des Atoms, das sie bestenfalls als eine praktische Erfindung, als eine
Art intervenierender Variable, gelten lassen wollte, auf die man in seinen die
Beobachtungsdaten miteinander verbindenden mathematischen Funktionsgleichungen
im Prinzip verzichten kann, ohne daß sich etwas an der Aussagekraft der Theorien verändern würde. Diese Auffassung wurde wenige Jahre später von der behavioristischen Psychologie aufgegriffen und ihrem empiristischen Forschungsprogramm zugrunde gelegt. Die Beobachtungsbesessenheit des klassischen Behaviorismus und des Empiriokritizismus wurde vom amerikanischen Pragmatismus etwa
eines William James geteilt, ihr Instrumentalismus von John Dewey vertreten,
dessen Auffassungen, wie wir gesehen haben, wiederum die verschiedenen Chicago-
Schulen beeinflußten. Von einer gewissen Bedeutung für das früh- oder vorbehavioralistische Programm Robert E. Merriams und der New Science of Politics-
Bewegung scheint überdies, wie erwähnt, der Immanenzpositivismus durch das dort
ab und zu zitierte Buch Karl Pearsons, "The Grammar of Science" (1892), gewesen zu sein.

Von den Überlegungen des Empiriokritizismus waren sowohl Bertrand Russell als auch der junge Carnap stark beeindruckt. Russell selbst wiederum beinflußte, teils direkt, teils auf dem Umweg über Wittgenstein, die Position des Wiener Logischen Positivismus, indem er zusammen mit Whitehead die Mathematik auf formale logische Prinzipien zurückzuführen versuchte und in seinen späteren Schriften die logische Sprachanalyse als Vorgehensweise der Philosophie propagierte. Dieser Gedanke wurde von Ludwig Wittgenstein in seinem für den Logischen Positivismus überaus wichtigen Tractatus Logico-Philosophicus aufgegriffen und ausgeführt (vgl. Wittgenstein 1921).

Neben der Ablehnung der Metaphysik als sinnlos, da durch Erfahrungstatsachen nicht verifizierbar, wendet sich der Logische Positivismus auch gegen die klassische Erkenntnistheorie. Idealismus und Realismus seien gleichermaßen sinnlos, da es nicht möglich sei, Hypothesen über die Existenz der Welt jenseits unserer Erfahrung empirisch zu überprüfen. Eine haltbare Erkenntnistheorie reduziere sich auf Wahrnehmungspsychologie und werde damit zu einer Angelegenheit des Einzelwissenschaftlers und nicht etwa des Philosophen (vgl. Passmore 1967).

Die drei Positionen des klassischen, des Logischen und des Immanenzpositivismus decken sich nur in wenigen Punkten. Angesichts der Unterschiede zwischen den drei Strömungen ist der Versuch einer idealtypischen Rekonstruktion einer einzigen Konzeption des Positivismus zwangsläufig zum Scheitern verurteilt. Ich will daher im folgenden darauf verzichten, ein Modell "des" Positivismus zu entwerfen und mich stattdessen darauf beschränken, typische Züge der drei methodologischen Positivismen, wie sie sich während der verschiedenen Entwicklungsphasen herauskristallisiert haben, zu nennen. Nur so erscheint es möglich, die positivistischen Elemente des Behavioralismus nachvollziehbar und damit kritisierbar herauszuarbeiten.

6.2.2. Wie "positivistisch" ist der Behavioralismus?

Positiv zeichnen sich die drei Strömungen des Positivismus durch die ihnen gemeinsame Überzeugung aus, daß alles Wissen sich auf die "positiven" Daten der Sinneserfahrung gründen muß, daher der Name, und daß nur empirische und logische Aussagen sinnvoll sind. Negativ stimmen die drei Strömungen, wenn auch in unterschiedlicher Schwerpunktsetzung, in ihrer Zurückweisung metaphysischer Aussagen als sinnlos überein. Weitere mehr oder minder positivistische Auffassungen sind:

(a) Der theoretische Instrumentalismus, d.h. die Überzeugung, daß Theorien lediglich brauchbare Werkzeuge unserer Erkenntnis sind. Diese instrumentalistische Interpretation von Theorien, die vor allem vom amerikanischen Pragmatismus geteilt wurde, taucht auch bei einigen Programmatikern des Behavioralismus auf (vgl. z.B. Eulau 1963: 26), ist aber nicht typisch für ihn, da - soweit feststellbar - der empirischen Forschungstätigkeit behavioralistisch orientierter Politikwissenschaftler im allgemeinen eine realistische Theorieauffassung zugrundeliegt, wie sie etwa auch von Karl Raimund Popper (1963: 111 ff.) vertreten wird. Theorien sind der realistischen Auffassung zufolge nicht nur Instrumente, die bei Bedarf ausgewechselt werden, sondern sie enthalten potentiell wahre, auf die Realität bezogene Sätze.

(b) Ein atheoretischer Deskriptivismus, der von der Priorität der Beobachtungsdaten ausgeht, die das eigentliche "Gegebene" darstellen; Beschreibungen von Einzeltatsachen und empirische Gesetzesaussagen sind dieser Vorstellung nach weitestgehend theorieunabhängig; auch wenn sich die Theorien ändern, bleiben diese Beschreibungen als relativ fixierte Basis oft erhalten.

(c) Eng damit verbunden ist eine Art Beobachtungsbesessenheit, die davon ausgeht, daß die Fakten gleichsam von selbst zu uns sprechen. Beide Auffassungen, die des Deskriptivismus und des Sensualismus, werden von den Programmatikern des Behavioralismus nicht geteilt; daß sie jedoch in der empirischen Forschungspraxis eine wichtige Rolle spielen, ist nicht zu leugnen. Das - wie alle Unternehmungen dieser Art nicht immer eingehaltene - Programm des Behavioralismus jedenfalls ist stark theoretisch orientiert, und die besseren empirischen Studien, die unter behavioralistischem Vorzeichen unternommen worden sind, zeichnen sich ebenfalls unübersehbar durch ihre theoretischen Bemühungen aus. Die Kritik an der angeblich atheoretischen Forschung des behavioralistischen Ansatzes geht meistens von einem anderen Theoriebegriff aus als die behavioralistische Forschung selbst und konstatiert so das Fehlen "großer Theorien" nach Art der marxistischen Gesellschaftslehre; dies ist jedoch ein ganz anderer Vorwurf als der der allgemeinen Theorielosigkeit. Damit wird praktisch auch der folgende Punkt des positivistischen Überzeugungssyndroms von behavioralistischer Seite aus negativ beantwortet:

(d) Die Ablehnung latenter, d.h. nicht direkt beobachtbarer, sondern nur über Indikatoren erschließbarer Entitäten und theoretischer Konstrukte. Im Gegensatz

zum klassischen und radikalen Behaviorismus arbeitet der politikwissenschaftliche Behavioralismus, wie ich zu zeigen versucht habe, mit Persönlichkeitszügen, Einstellungen, Verhaltensabsichten, Motiven etc., d.h. auch mit introspektiv gewonnenen Daten.

(e) Die phänomenalistische Konzeption, daß die Dinge der Welt nur über ihre
wahrnehmbaren Qualitäten für uns existieren und darüber hinaus keine von uns
erkennbare "Substanz" besitzen. Der Behavioralismus geht im Gegensatz zu dieser Auffassung von einem realistischen Weltbild aus: Die Dinge der externen,
uns umgebenden Welt haben jenseits unserer Wahrnehmungen eine Existenz.

(f) Die Ablehnung des Kausalitätskonzepts und seine Ersetzung durch funktiona-
le Beziehungen zwischen beobachtbaren Vorgängen; mit dieser Auffassung stimmt
die behavioralistische Politikwissenschaft ebenfalls nicht überein. Kausale Erklärung auch mit Hilfe nicht-experimenteller Daten ist eines seiner wichtigsten Anliegen (vgl. Blalock 1961; Miller & Stokes 1963).

(g) Die Ablehnung normativer Sätze als "sinnlos", da nicht verifizierbar. Auch
hier decken sich die positivistische und die behavioralistische Auffassung nicht.
Zwar geht auch der Behavioralismus, wie gezeigt, von der Unmöglichkeit einer erfahrungswissenschaftlichen Begründung von Wertaussagen aus, doch betrachtet er sie deswegen nicht als sinnlos, sondern als wichtige Variablen der
sozialen Steuerung und der technologischen Verwertung seiner Ergebnisse. Als
"typisch positivistisch" gilt in der allgemeinen Debatte um den "rechten Weg"
sozialwissenschaftlicher Forschung die Praxis mancher Empiriker, aus der logisch bedingten Unfähigkeit, Werturteile aus Tatsachenaussagen ableiten zu
können, auf ein generelles normatives Laissez faire-Prinzip der empirischen
Forschung zu schließen und als eine Art Waffenhändler sozialer und politischer
Auseinandersetzungen zu agieren, den es nicht zu interessieren hat, was mit
seiner Ware geschieht. Zwar mag es Behavioralisten geben, denen eine solche
positivistische Orientierungslosigkeit nachzuweisen ist, doch sind sie meiner
Beobachtung nach nicht typisch für den Behavioralismus als Ganzes. Die behavioralistische Forschung zeichnet sich vielmehr gerade durch ihr teils bewußt,
teils unbewußt gehegtes liberales Vorurteil aus, das während der Auseinandersetzungen der späten sechziger Jahre ausgiebig diskutiert worden ist.

(h) Das "Sinnkriterium" der Verifizierbarkeit, wonach alle nicht empirisch be-
weisbaren Sätze und Begriffe aus dem Kanon der Wissenschaft auszuschließen

sind, sofern sie keine logische Funktion erfüllen. In dieser strengen Fassung
wird das positivistische Sinnkriterium nur von wenigen Behavioralisten geteilt. Allerdings wird das Verifikationsprinzip als ein Abgrenzungskriterium
gegenüber außerwissenschaftlichen Aussagen und Begriffen, vermutlich in Unkenntnis seiner logischen Mängel, von fast allen Behavioralisten akzeptiert.
In der neueren analytischen Wissenschaftstheorie ist dieses Sinnkriterium in
der Zwischenzeit aufgegeben bzw. durch das Prinzip der prognostischen Relevanz oder der indirekten Bestätigungsfähigkeit ersetzt worden.

(i) Die Konzeption von der Einheit der Wissenschaft; diese Vorstellung kann
auf zwei sehr verschiedene Auffassungen bezogen werden: Die eine, recht verbreitete und daher für den Positivismus nicht typische Ansicht bezieht sich
auf die gemeinsame erfahrungswissenschaftliche Basis der verschiedenen Wissenschaften; oder man argumentiert damit, daß die verschiedenen Rollen eines
Menschen zusammenhängen und gemeinsam sein Verhalten bestimmen; Fächergren-
zen werden hier als mehr oder minder zufällig entstanden oder konventionali-
stisch gesetzte Abgrenzungen verstanden; dieser Auffassung hängt auch der Behavioralismus mit seiner Forderung nach Interdisziplinarität an. Die zweite ein-
heitswissenschaftliche Konzeption geht sehr viel weiter; sie postuliert, daß
sich die Resultate einer Wissenschaft durch die Reduktion auf die Resultate
einer anderen Wissenschaft erklären ließen; so ist es dieser Vorstellung nach
denkbar, daß sich die Sätze der Soziologie auf Aussagen der Psychologie und
diese wiederum auf Aussagen der Neurophysiologie reduzieren lassen; diese können dann auf biochemische Prozesse zurückgeführt werden etc. Am Ende der
Reduktionskette steht die Elementarteilchenphysik. Zwar klingen bei einzelnen
behavioralistischen Autoren manchmal im Zusammenhang mit dem von ihnen vertretenen methodologischen Individualismus reduktionistische Vorstellungen an,
doch ist ein Programm der Einheit der Wissenschaften im reduktionistischen
Sinne keineswegs für den Behavioralismus typisch; die Mehrheit seiner Wortführer wendet sich im Gegenteil implizit oder explizit gegen eine Zurückführung politikwissenschaftlicher auf soziologische oder sozialpsychologische
Aussagen.

(j) Die Verwendung einer physikalistischen Dingsprache; von Carnap an einem
Punkt seiner Karriere vorgeschlagen, ist sie das semantische Komplement des
vorstehend geschilderten Einheitsprogramms. Da die Physik die Reduktionsbasis
des Carnapschen Systems darstellt, ist die Einheitssprache, auf die sich alle
Aussagen zurückführen lassen, ebenfalls die der Physik. Es ist unmittelbar

einleuchtend, daß der Behavioralismus als eine politikwissenschaftliche Strömung sich nicht mit derartigen eher prinzipiellen Überlegungen befaßte oder
gar identifizierte. Was den Behavioralismus in Bezug auf die Wissenschaftssprache mit dem allgemeinen Empirismus verbindet, ist die Forderung, alle
verwendeten Begriffe auf beobachtungssprachliche Ausdrücke zurückzuführen.
Diese Forderung ist jedoch gerade nicht typisch positivistisch, sondern wird
von allen empiristischen Strömungen erhoben.

(k) Dies gilt auch für eine Reihe von weiteren Zügen des Behavioralismus, wie
sie im vorstehenden Abschnitt eingehender dargestellt worden sind, so seinen
Induktivismus, seinen Wertrelativismus oder seine Betonung der Meßverfahren
und der Quantifizierung. Weiter stellte der Behavioralismus während keiner
Phase seiner Entwicklung eine allgemeine "wissenschaftliche Weltauffassung"
dar, wie sie dem Logischen Positivismus vorgeschwebt hat, sondern lediglich
eine methodologische Strömung. Auch ist die behavioralistische Gegnerschaft
zur normativen politischen Philosophie nicht mit der positivistischen Ablehnung von Philosophie schlechthin gleichzusetzen. Die meisten Behavioralisten
akzeptieren die Legitimation und die Notwendigkeit Politischer Ethik; sie wollen sie lediglich nicht mit der erfahrungswissenschaftlich vorgehenden Politikforschung verquickt sehen.

Wie positivistisch ist also der Behavioralismus? Diese Frage läßt sich nicht
mit einer glatten Formel beantworten, ebensowenig wie die Frage, ob er überhaupt positivistisch ist oder nicht. Ihre Beantwortung hängt von der zugrundegelegten Definition von Positivismus ab. Akzeptiert man die hier vorgeschla-
gene Abgrenzung zwischen Positivismus und Empirismus, so läßt sich erkennen,
daß der politikwissenschaftliche Behavioralismus zwar positivistische Züge
trägt, daß diese Züge aber weder sein Bild bestimmen noch derart prominent
sind, wie ihm das seine Gegner vorzuwerfen pflegen. Würde ich vor die Alternative gestellt, ihn in ein dichotomisches Kategoriensystem von eher positivistischen oder eher nicht-positivistischen Strömungen des Empirismus einzuordnen, so würde ich mich für die zweite Kategorie entscheiden, während ich zum
Beispiel den radikalen und den klassischen Behaviorismus, also die beiden psychologischen Schulen B.F. Skinners und J.B. Watsons, ohne Zögern der positivistischen Kategorie zuschlagen würde. Die häufig anzutreffende undifferenzier-
te Charakterisierung des Behavioralismus als "positivistisch" erscheint im
Lichte dieser Überlegungen folglich als ungerechtfertigt und vor allem pole-
mischen Zwecken dienend.

7. BEHAVIORALISTISCHE UND TRADITIONALISTISCHE POLITIKWISSENSCHAFT: EIN VERGLEICH ANHAND AUSGEWÄHLTER BEISPIELE

Die Vorgehensweise und die wissenschaftliche Leistung des Behavioralismus lassen sich hauptsächlich dadurch charakterisieren, daß man entweder den Behavioralismus an seinen eigenen Zielen mißt oder seinen Forschungsertrag mit dem anderer politikwissenschaftlicher Ansätze vergleicht. Ich will in diesem Kapitel letzteres anhand einer Gegenüberstellung von traditionalistischen und behavioralistischen Analysen auf zwei Teilgebieten der Politikwissenschaft versuchen, um dann zusammenfassend zu der Frage Stellung zu nehmen, inwieweit die behavioralistische Forschung bisher ihren eigenen Kriterien zu genügen vermochte.

Bei diesem Vergleich gehe ich davon aus, daß sowohl die traditionalistische als auch die behavioralistische Position im Grunde nach dem selben Ziel, wenn auch mit unterschiedlichen Mitteln und unter Zugrundelegung stark divergierender wissenschaftstheoretischer Grundauffassungen streben. Dieses Ziel ist, in seiner allgemeinst möglichen Formulierung, die adäquate Beschreibung politischer Prozesse, die Schaffung wissenschaftlichen "Verständnisses" der politischen Dinge in Form von Erklärungen und die Ermöglichung von Vorhersagen, ohne die Politikberatung unmöglich wäre.

Martin Landau (1968) hat darauf aufmerksam gemacht, daß die traditionalistische, d.h. die dem realistischen Institutionalismus verpflichtete Politikwissenschaft keineswegs so stark einem empiristischen "Hyperfaktualismus" gehuldigt habe, wie Easton (1953) das in seiner kritischen Auseinandersetzung mit der traditionalistischen Politikwissenschaft unterstellt hatte. Zwar habe nach der realistischen Wende der amerikanischen Politikwissenschaft um die Jahrhundertwende die Beobachtung von institutionellen Tatsachen an erster und die Theoriebildung erst an zweiter Stelle des Forschungsinteresses gestanden, habe es tatsächlich keine Ansätze zu einer Kodifizierung und systematischen Zusammenfassung der Forschungsresultate gegeben, wie Easton das bemängelte. Dennoch sei auch in vorbehavioralistischen Zeiten bereits mit einer eindeutigen Methodologie und einer klar erkennbaren Logik der Beziehungen gearbeitet worden.

Diese sei am Vorbild der Biologie orientiert gewesen. Das Regierungssystem sei als eine Menge funktional miteinander verbundener Prozesse angesehen worden, wobei schon alle zentralen Konzepte des Funktionalismus wie "Struktur", "Funktion", "Prozeß", "Anpassung", "System" etc. verwendet worden seien. Kurz: Die traditionalistische Politikwissenschaft ist trotz ihres engen Praxisbezugs keinesfalls so völlig atheoretisch gewesen, wie das vom frühen Behavioralismus in begreiflicher Absetzung vom kritisierten "Paradigma" behauptet worden war.

Das gibt uns die Legitimation, im folgenden behavioralistische und traditionalistische Politikwissenschaft anhand verschiedener Publikationen zum gleichen Forschungsgegenstand miteinander zu vergleichen und so exemplarisch zu einer Einschätzung der Vorgehensweise und (relativen) wissenschaftlichen Leistungsfähigkeit des behavioralistischen Ansatzes zu gelangen.

7.1. DREI BEISPIELE AUS DEM BEREICH DER PARTIZIPATIONS-FORSCHUNG

In einem sich traditionalistischer Argumentationsfiguren bedienenden Aufsatz aus dem Jahre 1966 geht William G. Andrews der Frage nach, ob die üblicherweise von der amerikanischen Wahlstatistik errechnete Wahlbeteiligung tatsächlich so niedrig liegt wie immer angenommen und ob der Vergleich mit den Wahlbeteiligungsraten anderer westlicher Demokratien angesichts möglicherweise differierender Berechnungsgrundlagen nicht ungerecht ist.

Bei den amerikanischen Präsidentschaftswahlen von 1960 stimmten laut offizieller Angaben rund zwei Drittel aller Wahlberechtigten ab. Zu diesem Ergebnis gelangt man, wenn man die Zahl der abgegebenen Stimmen teilt und zu diesem Ergebnis arbiträr einige Prozentpunkte hinzuaddiert, um es im Hinblick auf den Teil der amerikanischen Bevölkerung im Wahlalter, der aus rechtlichen Gründen nicht abstimmen durfte, zu bereinigen.

Andrews versucht nun aufgrund eigener Berechnungen nachzuweisen, daß die derart ermittelte Zahl viel zu niedrig ist: 1960 hätten tatsächlich zwischen 80 und 85% der Personen, die dazu rechtlich und physisch in der Lage gewesen seien, bei den Präsidentschaftswahlen ihre Stimme abgegeben. Dieses Ergebnis lege es nahe, die Diskussion über die politisch uninteressierten und apathischen Wähler zu überdenken und die für die USA wenig schmeichelhaften Vergleiche mit den Wahlbeteiligungsraten anderer Länder zu modifizieren.

Die viel zu niedrigen Schätzungen der Wahlbeteiligungsraten durch die offizielle Wahlstatistik und die Wissenschaft seien darauf zurückzuführen, daß die
Zahl der Personen ohne Wahlrecht oder Wahlmöglichkeit im allgemeinen zu niedrig angesetzt werde, daß ferner eine Reihe von Wahlberechtigten "aus einer
Verbindung von persönlichen Umständen und rechtlichen Bestimmungen" nicht abstimmen könne und daß schließlich ungültige Stimmen, obwohl abgegeben, nicht
mitgezählt würden (Andrews 1966: 165).

Aus der offiziellen Statistik gehe hervor, daß in den Vereinigten Staaten im
Jahre 1960 (ohne Militärs und amerikanische Staatsbürger im Ausland) rund 107
Millionen Personen im Wahlalter lebten. Rund 67 Millionen gültiger Stimmen
wurden laut offiziellen Angaben bei den Präsidentschaftswahlen des gleichen
Jahres abgegeben. Andrews will nun nachweisen, daß die erste der beiden Zah-
len zu hoch und die zweite zu niedrig liegt.

Die Zahl der Wahlberechtigten wird seiner Ansicht nach vor allem durch die -
von Einzelstaat zu Einzelstaat unterschiedlich lange - Residenzpflicht der Wähler eingeschränkt: Schätzungsweise 5,4 Millionen amerikanische Staatsbürger
waren 1960 wegen zu kurzer Wohndauer im County, im Staat oder im Wahlbe-
zirk bei den Präsidentschaftswahlen nicht stimmberechtigt gewesen. Ferner
hätten rund 2,8 Millionen US-Bewohner mit Ausländerstatus kein Wahlrecht be-
sessen. Weitere 3,4 Millionen US-Bürger waren Analphabeten und aus diesem
Grunde nicht wahlberechtigt oder wahlfähig. Nicht an der Wahl beteiligen konnten sich außerdem rund eine Million geistig dauernd oder vorübergehend gestör-
ter Personen sowie fast 1,4 Millionen Sträflinge und Strafentlassene ohne
bürgerliche Ehrenrechte. Schließlich waren 1960 auch noch die Bürger des Dis-
trict of Columbia, von denen etwa eine halbe Million im Wahlalter stand, nicht
wahlberechtigt. Berücksichtigt man zu guter Letzt auch noch die "drop outs" der
amerikanischen Gesellschaft, die Land- und Stadtstreicher, die Alkoholiker
ohne festen Wohnsitz und die staatlichen Almosenempfänger, die in elf Bundes-
staaten nicht zur Wahl zugelassen waren, und setzt deren Zahl mit rund 150 000
an, so schmilzt der Wahlberechtigtenkörper um fast 15 Millionen.

Überdies sind nach Auffassung von Andrews Personen, die durch Krankheit, Reisen
oder durch den Militärdienst am Wählen gehindert waren, ferner Wahlberechtigte, die durch Einschüchterung von der Wahl ferngehalten wurden (z.B. Neger in
den Südstaaten) und Bürger, die sich aus religiösen Gründen nicht an der Wahl
beteiligten, von der Gesamtzahl der laut Statistik Wahlberechtigten abzuziehen.

Andrews beziffert diese Kategorie auf insgesamt rund 8,6 Millionen Personen. Zählt man die auf diese Weise indirekt oder illegal von der Wahl ausgeschlossenen Individuen und die aus anderen Gründen nicht wahlberechtigten Einwohner der Vereinigten Staaten im Wahlalter zusammen, so ergibt das nach seinen Berechnungen insgesamt rund 23,5 Millionen Wahlberechtigte weniger, als gemeinhin unterstellt wird.

Diese Zahl muß nun noch um die kategorialen Überlappungen und die Personen, die trotz fehlender Wahlberechtigung abgestimmt haben, bereinigt werden. Aufgrund hypothetischer Berechnungen ermittelt Andrews rund 1,5 Millionen solcher doppelt gezählter Fälle, so daß die Zahl der aus irgendwelchen Gründen vom Wahlrecht ausgeschlossenen Personen seiner Auffassung nach bei etwa 22 Millionen liegen sollte. Zusätzlich werde von der amtlichen Wahlstatistik auch die Zahl der tatsächlich abgegebenen Stimmen unterschätzt. Dies sei zum einen darauf zurückzuführen, daß ungültige Stimmen nicht als abgegeben gezählt würden, zum anderen, weil immer ein gewisser Prozentsatz der Wähler zwar gültige Stimmzettel abgebe, aber sich nicht an der Wahl des Präsidenten beteilige. Schließlich gebe es noch Bürger, die lediglich bei den Vorwahlen, nicht aber bei den Hauptwahlen abstimmten; dies gelte vor allem für die Einparteienlandschaft der amerikanischen Südstaaten. Die beiden letzteren Kategorien setzt Andrews mit zusammen zwei Millionen an.

Er schließt aufgrund dieser Berechnungen, daß bei den amerikanischen Präsidentschaftswahlen von 1960 rund 83% der wahlfähigen Bevölkerung abgestimmt hätten, also eine fast 20% höhere Wahlbeteiligung vorgelegen habe als üblicherweise angenommen werde. Wenn man von der prinzipiell wahlfähigen Bevölkerung nun noch die zwar wahlwilligen, aber aus einer Reihe von Gründen wie beispielsweise einer Autopanne oder einer plötzlichen Krankheit von der Wahl abgehaltenen Personen abziehe, bleibe ein Prozentsatz von nur noch 10 bis 15% übrig, der nicht willens oder nicht interessiert daran war, zur Wahl zu gehen. Dieser Prozentsatz aber entspricht ziemlich genau den Wahlenthaltungen, die wir aus anderen Demokratien kennen.

Allerdings übersieht Andrews, daß er mit dieser Art von Berechnung die angestrebte Vergleichsbasis mit der europäischen Wahlstatistik nicht erreicht, da in den meisten Staaten Personen ohne festen Wohnsitz nicht wahlberechtigt sind und, erheblich schwerwiegender, in allen Ländern der Welt Kranke und anderweitig am Wählen gehinderte Wahlberechtigte genauso wie in den Vereinigten

Staaten die Wahlbeteiligungsraten künstlich senken. Daß dennoch bei uns bis zu 90% aller Wahlberechtigten abzustimmen pflegen, unterminiert die Andrewssche These, daß die Differenz der Wahlbeteiligungsraten zwischen den USA und anderen Demokratien bei Anlegung gleicher Berechnungsmaßstäbe praktisch eliminiert werde. Andererseits zeigt seine Analyse, daß die Angaben über unterschiedlich hohe Wahlbeteiligungsraten in den verschiedenen Staaten des Westens nicht ohne weiteres beim Nennwert genommen werden dürfen und daß ferner die Differenz von amerikanischen und europäischen Partizipationsraten tatsächlich nicht so groß ist wie von der offiziellen Wahlstatistik im allgemeinen ausgewiesen.

Ebenfalls mit der Problematik niedriger Wahlbeteiligungsraten bei der amerikanischen Präsidentschaftswahl von 1960 beschäftigt sich ein dem szientistischen Wissenschaftsideal verpflichteter Aufsatz aus dem Jahre 1975 (Kim et al. 1975). Allerdings versuchen seine Autoren nicht, wie Andrews, die Diskrepanz zwischen den amerikanischen und den europäischen Partizipationsraten durch die Einführung einer scheinbar gemeinsamen Berechnungsgrundlage hinwegzuerklären; ihr Anliegen ist es vielmehr, das unterschiedliche Gewicht gesetzlicher, politischer und sozioökonomischer Ursachen für die teilweise weit auseinanderliegenden Wahlbeteiligungsraten der amerikanischen Einzelstaaten herauszuarbeiten. So traten beispielsweise 1960 im Staate Mississippi nur rund 25% der Wohnbevölkerung im Wahlalter den Gang zum Wahllokal an, während in Idaho und Utah die Wahlbeteiligung über 80% lag. Zu diesem Zwecke kombinieren Kim et al., im Gegensatz zu früheren Untersuchungen des gleichen Problems, in einem aufwendigen Untersuchungsdesign Daten der offiziellen Wahl- und Volkszählungsstatistik mit Umfragenmaterial.

Nach einem Überblick über die einschlägige Literatur zum Thema "Wahlbeteiligung in den Vereinigten Staaten" ziehen die Autoren das Fazit, daß die bisherige Forschung eher anekdotenhaft argumentiert habe, es versäumt habe, mehr als einen Einflußfaktor gleichzeitig zu untersuchen, sich überdies ökologischer Korrelationen zur Bestimmung individueller Beziehung bediene und die theoretische Bedeutung der sozialökonomischen Faktoren nicht hinreichend geklärt habe (vgl. Kim et al. 1975: 108).

Von der Überlegung ausgehend, daß die Wahlbeteiligungsraten der Einzelstaaten allein schon wegen der unterschiedlichen sozialen Zusammensetzung ihrer Wahlkörper, d.h. aufgrund von Individualeffekten oder auch allein wegen unterschiedlicher rechtlicher und politischer Bedingungen, d.h. wegen systemischer

Faktoren, differieren können, entwickeln die Autoren ein hierarchisches Analysemodell, das es gestattet, die individuellen von den systemischen Einflüssen
zu trennen. Dieses mehrebenenanalytische Modell geht von der statistischen
Priorität der individuellen vor den systemischen Variablen aus, d.h. die systemischen Faktoren können nur noch soviel Varianz binden, wie nach Einführung
der individuellen Variablen übrig bleibt. Interaktionseffekte zwischen den beiden Analyseebenen, den Einzelstaaten und den Individuen also, lassen sich mit
diesem Forschungsdesign folglich nicht berechnen.

Vier soziodemographische Variablen, die zusammen rund 12% der individuellen
Wahlbeteiligung "erklären", nämlich Rasse, Alter, Bildung und Einkommen (die
Einführung weiterer Faktoren wie Religion, Beruf oder Geschlecht liefert nur
noch sehr geringe zusätzliche Varianzreduktion in der abhängigen Variablen) werden von den Autoren dazu benutzt, um den Einfluß sozioökonomischer Faktoren
auf die individuelle Wahlbereitschaft zu bestimmen. Dieser wird von ihnen mit
Hilfe einer multiplen Regressionsanalyse berechnet; den Effekt der sozioökonomischen Variablen drücken die Verfasser dabei in Form von erwarteten prozen-
tualen Abweichungen von der durchschnittlichen Wahlbeteiligung aus.

Es zeigt sich, daß Personen unter 35 und über 65, Wahlberechtigte mit geringer
formaler Bildung, einem niedrigen Einkommen und Neger deutlich unter dem nationalen Mittel liegen, während Personen zwischen 35 und 65, besser Verdienende,
Highschool- und Collegeabsolventen und Weiße häufiger als der Durchschnitt zur
Wahl gehen. Diese Beziehungen stellen die Autoren sowohl als bivariate als
auch als multivariate Zusammenhänge, in denen der Effekt der übrigen Faktoren
kontrolliert wird, dar.

In einem zweiten Schritt berechnen Kim et al. sodann anhand dieser Informationen und der aus der Volkszählung von 1960 bekannten sozialdemographischen Zusammensetzung der (damals) 48 Unionsstaaten die aufgrund der Individualeffekte
zu erwartenden Wahlbeteiligungsraten aller Einzelstaaten. Für Mississippi beträgt die durch dieses Verfahren geschätzte Abweichung vom nationalen Durchschnitt 14,3%; tatsächlich aber lag Mississippi um 38,5% unter der amerikanischen Wahlbeteiligungsrate; 24,2% der Abweichung wird folglich nicht durch die
gemessenen Individualeffekte erklärt, sondern muß auf andere, darunter auch
systemische Faktoren zurückgeführt werden. Dies gilt, mehr oder minder stark,
für alle Südstaaten mit Ausnahme North Carolinas, aber auch für einige Staaten
außerhalb des Südens. "In der Sprache der Varianzanalyse (ausgedrückt): Die

Hintergrundmerkmale (oder individuellen Komponenten) erklären 52,5% der Gesamtvarianz der Wahlbeteiligung zwischen den amerikanischen Staaten" (Kim et al. 1975: 114).

Das aber bedeutet, wie gesagt, daß neben den sozioökonomischen auch noch andere Faktoren für die unterschiedlichen Wahlbeteiligungsraten in den USA verantwortlich sind. Als systemische Variablen wählen die Autoren sowohl Bestimmungen des Wahlrechts als auch Faktoren des Parteienwettbewerbs aus. Das Ausmaß legaler Behinderung oder Erleichterung des Wahlaktes wurde durch einen kunstvoll konstruierten Index, der aus einer Reihe von wahlrechtlichen Bestimmungen und ihrer empirisch ermittelten Auswirkung aus den 48 Einzelstaaten der Union gebildet wurde, numerisch erfaßt. Der Parteienwettbewerb als bekanntermaßen wichtiger Faktor der politischen Angebotsseite wurde durch einen Index der Differenz zwischen demokratischem und republikanischem Abschneiden bei verschiedenen Wahlen gemessen. Die Korrelation zwischen Wahlrechtsindex und den residualen, d.h. nach Kontrolle der sozialökonomischen Faktoren übriggebliebenen unterschiedlichen Wahlbeteiligungsraten liegt bei $r=0,613$, die Korrelation von Wettbewerbsindex und residualer Wahlbeteiligung beträgt $r=0,785$.

Die rechtlichen und politischen Faktoren sind wiederum selbst hoch miteinander korreliert ($r=0,762$). Dies wirft Probleme bei der Bestimmung des relativen Effektes der einzelnen systemischen Faktoren auf. Die verschiedenen Strategien, die sich hier anbieten, führen zu jeweils anderen Ergebnissen, wobei sich jedoch zeigt, daß der Einfluß des parteipolitischen Wettbewerbs deutlich größer ist als der des Wahlrechts - es sei denn, man billigt dem Wahlrecht kausale Priorität zu, was von den Autoren jedoch abgelehnt wird. Zusammengenommen erklären die beiden systemischen Variablen 61,7% der Restvarianz nach Kontrolle der Individualeinflüsse und 29,3% der Gesamtvarianz. Durch das gewählte hierarchische Analysemodell läßt sich mithin fast 82% der Gesamtvarianz der unterschiedlichen Wahlbeteiligungsraten in den amerikanischen Staaten "erklären".

Allerdings bleiben einige Einzelstaaten, darunter Virginia, Arizona und West-Virginia übrig, die selbst nach Kontrolle der individuellen und systemischen Einflüsse noch erheblich niedrigere bzw. im Falle West Virginias erheblich höhere Wahlbeteiligungsraten aufweisen als der Durchschnitt. Worauf diese Abweichungen zurückzuführen sind, ob auf lediglich für diese Staaten geltende, quasi idiosynkratische Einflüsse oder auf nur hier wirksame Interaktionen

zwischen den im Modell enthaltenen Variablen, läßt sich allenfalls durch ad
hoc-Erklärungen begründen. Die Verfasser verzichten jedoch vorsichtshalber
auf derartige von ihren Daten nicht mehr gedeckte Interpretationen.

Soweit die Referierung dieses Erklärungsversuchs unterschiedlicher Wahlbeteiligungsraten in den amerikanischen Unionsstaaten. Bleibt hinzuzufügen, daß alle
wichtigen statistischen und substantiellen Entscheidungen in ausführlichen Exkursen begründet werden, so daß der Spezialist sämtliche Schritte der Analyse
genau verfolgen und kritisieren kann.

Damit sind wir auf einen augenfälligen Unterschied zwischen den beiden Analysen über die niedrigen Wahlbeteiligungsraten bei der amerikanischen Präsidentschaftswahl von 1960 gestoßen: Während die Ausführungen von Andrews von jedem
des Englischen halbwegs mächtigen Politikwissenschaftler verstanden werden können, erschließt sich der Text von Kim et al. nur demjenigen, der zusätzlich
die Sprache der Statistik beherrscht.

Dieser Unterschied ist durchaus bezeichnend für die beiden Analysearten, auch
wenn er sich eher auf ein Oberflächenphänomen bezieht. Typisch für den traditionalistischen Ansatz ist seine legalistische Terminologie, seine institutionelle und häufig normative Betrachtungsweise und oft auch sein amerikanozentrischer Parochialismus. Die Analyse von Andrews paßt wenigstens teilweise
in dieses Muster: Ihre Betrachtungsweise ist tatsächlich institutionell orientiert, ihre Analyseeinheit ist die Wahl als Ganzes, nicht die einzelne politische Verhaltensweise, ihr Verfahren ist ausschließlich deskriptiver Natur, die
von Andrews ins Auge gefaßte Theorie normativ, und selbst der in seiner Eingangsfrage formulierte Vergleichsaspekt wird in der Analyse nicht mehr aufgegriffen, sondern gerät völlig in Vergessenheit, da sich der Autor an keiner
Stelle seiner Arbeit darüber vergewissert, ob nicht ähnliche Einschränkungen
der Wahlbeteiligung wie die von ihm für die USA aufgedeckten auch in anderen
demokratischen Gesellschaften eine Rolle spielen.

Der Beitrag von Kim et al. dagegen liefert eine empirische Erklärung eines in
vielen Wahlen beobachteten Phänomens, indem er das Gewicht verschiedener Determinanten unterschiedlicher Wahlbeteiligungsraten in den 48 amerikanischen
Einzelstaaten mit Hilfe ausgefeilter statistischer Verfahren und eines relativ
selten verwendeten mehrebenenanalytischen Designs zu bestimmen versucht. Zwar
steht auch in dieser Untersuchung die Analyse eines Einzelereignisses im Vor-

dergrund, zwar arbeitet auch dieser Aufsatz ohne expliziten theoretischen Bezug, sind die Aussagen lediglich auf die herangezogenen Variablen und die Er-
wägung alternativer Erklärungen beschränkt, doch leisten Kim et al. damit
nicht nur ein methodisches Kabinettstückchen, durch das der Weg für andere
Forschungsvorhaben vorgezeichnet wird, sondern sie fördern mit ihren Erkenntnissen auch die empirische Theoriebildung und produzieren wichtige neue Erkenntnisse.

Ihre Arbeit stellt dadurch ein gutes, aus forschungstechnischer Perspektive
sogar ausgezeichnet gelungenes Beispiel für eine weit verbreitete Kategorie
empirischer Analysen dar, die vom behavioralistischen Forschungsprogramm
zwar dessen szientistische Grundhaltung, nicht aber seine explizite Theorieorientierung übernommen haben. Die weitaus meisten empirisch-quantitativen
Analysen der amerikanischen Politikwissenschaft betonen die objektspezifischen
gegenüber den paradigmatischen Aspekten ihrer Forschungsgegenstände und verfehlen so die theorieschaffende Zielsetzung des Behavioralismus tendenziell; da
sie andererseits jedoch häufig verdeckte Anwendungen von Theoriefragmenten darstellen, so auch im Falle von Kim et al., gehen sie über die rein deskriptiven
Untersuchungen traditionalistischer Prägung in ihrem Erkenntnisanspruch und
wohl auch in ihren Erkenntnismöglichkeiten weit hinaus.

Diese objektspezifischen Beschränkungen gelten sicher nicht für die dritte Par-
tizipationsstudie, die ich hier vorstellen und diskutieren möchte; es handelt
sich dabei um ein Kapitel aus der Civic Culture-Studie von Almond & Verba
(1963: 117 - 135), das sich sowohl international vergleichend als auch unter
expliziten theoretischen Vorzeichen, wenn auch bei weitem nicht mit der gleichen statistischen Eleganz wie die Untersuchung von Kim et al. (1975), mit
dem Problem der politischen Partizipation befaßt.

In ihrer von vielen Beobachtern als "Klassiker" des Behavioralismus charakterisierten Civic Culture-Studie untersuchen Almond und Verba die Teilnahme der
Bürger am politischen Prozeß aus der Systemperspektive, indem "sie nach seinen für das 'Überleben' des demokratischen Systems funktional notwendigen Einstellungen und Verhaltensformen sowie nach den Sozialisationsinstanzen und Ver-
mittlungsmechanismen fragen, über die das Individuum 'seine' bzw. die dem politischen System adäquate 'Bürgerrolle' lernt" (Reichel 1977: 504).

Für die Stabilität und den Entwicklungsstand eines politischen Systems aus-

schlaggebend ist seine "Politische Kultur", d.h. die Verteilung der kognitiven, affektiven und evaluativen Orientierungen der Bürger gegenüber dem politischen System als Ganzem, gegenüber dem Systeminput und -output und gegenüber
der eigenen Rolle als Teilnehmer am politischen Prozeß. Je nach Ausprägungs-
und Differenzierungsgrad der (aggregierten) politischen Orientierungen der Angehörigen eines politischen Systems unterscheiden Almond und Verba zwischen
reinen und gemischten Typen von Politischer Kultur und damit zwischen verschiedenen Entwicklungsstadien des politischen Systems, die nach dem Kriterium fort-
schreitender Rationalität der Aktivitäten und Einstellungen der Bürger angeord-
net sind.

Die drei reinen Typen der Politischen Kultur sind die Parochial-, die Untertan-
nen- und die Teilnahmekultur; die Mischtypen vereinigen Elemente der reinen
Typen in jeweils spezifischer Zusammensetzung in sich (vgl. Almond & Verba
1963: 22 - 26). Als besonders wichtiger Mischtyp wird von den beiden Verfassern die sogenannte Civic Culture, also die Staatsbürgerliche Kultur, angesehen, in der sich Modernität und Tradition, rationale Teilnahme an den politischen Inputprozessen und nonpartizipatorische Outputorientierungen die Waage
halten und jene spezielle Mischung von politischem Aktivismus, Rationalität,
Engagement, aber auch Passivität, Traditionalismus und Parochialismus bilden,
durch die sich nach Ansicht von Almond und Verba vor allem die Politischen
Kulturen der angelsächsischen Demokratien auszeichnen (vgl. Almond & Verba
1963: 29 f.).

In ihrem Kapitel über "Die Verpflichtung zur Teilnahme" gehen Almond und Verba
von der altbekannten Tatsache aus, daß politische Fragen von den Bürgern im
allgemeinen als sehr viel weniger wichtig eingeschätzt werden als zum Beispiel
familiäre, berufliche oder wirtschaftliche Probleme. Überdies erstreckt sich
das politische Interesse der meisten Bürger eher auf Output- als auf Inputas-
pekte, d.h. eher auf Systemleistungen als auf Systembeeinflussung, eher auf
passive Anteilnahme als auf aktive Teilnahme am politischen Prozeß.

Dabei ist gerade die Möglichkeit, wichtige autoritative Entscheidungen einer
Gesellschaft mitbestimmen zu können, eines der konstitutiven Merkmale von
Demokratien. Vom Staatsbürger wird erwartet, daß er diese Möglichkeiten in
Anspruch nimmt, daß er aktiv und passiv am politischen Geschehen teilnimmt
und nicht bloß in Untertanenhaltung auf die strikte Einhaltung und gerechte
Durchführung einmal getroffener Entscheidungen achtet. In ihrem hier referierten

Kapitel wollen Almond und Verba der Frage nachgehen, wie sich der sprichwört-
liche Mann auf der Straße seine Mitwirkung am politischen Prozeß vorstellt,
was er als seine staatsbürgerlichen Aufgaben ansieht und wie er seine konkreten Einflußmöglichkeiten einschätzt.

Im Zentrum ihrer Fragestellung steht dabei die Haltung gegenüber der lokalen
Selbstverwaltung. Sie übersehen in diesem Zusammenhang keineswegs, daß die
Selbstverwaltungsstrukturen in den fünf von ihnen untersuchten Ländern erheblich differieren. So unterscheiden sich die Kommunen der fünf Staaten sowohl
in ihrer Autonomie gegenüber der Zentralgewalt und deren Untergliederungen als
auch, eng damit verbunden, in den Einflußmöglichkeiten, die sie ihren Bürgern
einräumen. Den höchsten Grad an lokaler Autonomie und demokratischen Mitwir-
kungsmöglichkeiten besitzen nach Ansicht der Verfasser die Vereinigten Staaten,
gefolgt von Großbritannien, der Bundesrepublik Deutschland, Mexiko und Italien.

Diese Unterschiede beeinflussen natürlich die Orientierungen der Befragten gegenüber der kommunalen Selbstverwaltung; andererseits prägen diese Einstellungen nach Auffassung von Almond und Verba auch wieder die Strukturen; außerdem können, wie sich im Verlaufe der Civic Culture-Studie herausstellt, die Einstellungen gegenüber der lokalen Selbstverwaltung nicht ausschließlich auf Struk-
turdifferenzen zwischen den fünf Untersuchungsländern zurückgeführt werden,
sondern sie beruhen auch auf bestimmten sozialen und psychischen Charakteristika der Befragten.

Auf die Frage, welche Rolle "der Mann auf der Straße" in seiner Gemeinde oder
seinem Bezirk spielen solle, antworteten 50% der Amerikaner, 39% der Briten,
26% der Mexikaner, 22% der Deutschen und 10% der Italiener, daß er aktiv am
Gemeindeleben teilnehmen solle (vgl. Almond & Verba 1963: 127). 27% der Amerikaner, 26% der Briten, 17% der Deutschen, 16% der Mexikaner und 6% der Italiener dachten dabei vor allem an die Lokalpolitik und die politischen Parteien.
Auch bei den nicht unmittelbar auf die Kommunalpolitik bezogenen Aktivitäten,
die von den Respondenten genannt wurden, rangieren die Vereinigten Staaten vor
Großbritannien, der Bundesrepublik Deutschland, Mexiko und schließlich wiederum Italien.

"Was die aktive Teilnahme angeht, lassen sich daher die fünf Länder grob (wie
folgt) gruppieren: Die Vereinigten Staaten und Großbritannien sind die Länder,
in denen das Image des aktiv teilnehmenden Staatsbürgers am häufigsten dem

normativen Ideal entspricht; in Deutschland und Mexiko erfährt das Ideal Erwähnung, allerdings seltener; und in Italien ist dieses Ideal am wenigsten verbreitet" (Almond & Verba 1963: 128). Im Gegenzug gab es in den drei letztgenannten Staaten, voran in Italien, eine größere Zahl von Befragten, die keine
lokalen staatsbürgerlichen Pflichten zu haben glaubten. In den Vereinigten
Staaten hingegen nannten viele neben politischen auch parochiale Teilnahmenormen, wie es die Konzeption der Staatsbürgerlichen Kultur ja auch vorsieht.

Diese Daten zeigen nach Auffassung von Almond und Verba nicht, daß alle Befürworter einer aktiven Bürgerrolle auch selber kommunalpolitisch tätig sind. Sie
deuten jedoch darauf hin, daß in den beiden untersuchten angelsächsischen Demokratien mit ihren partizipationsfördernden lokalen politischen Strukturen die
Norm des aktiven Staatsbürgers weiter verbreitet ist als in den drei anderen
Ländern und daß auch dort sich demokratische Teilnahmenormen und lokale Einflußmöglichkeiten weitgehend entsprechen.

Sie schließen das Kapitel mit der Überlegung ab, daß zwar die Häufigkeit des
Auftretens partizipationsbejahender Überzeugungen, Normen und Wahrnehmung
durch die vorgegebenen lokalen Beteiligungsmöglichkeiten beeinflußt werden,
daß aber andererseits ohne weitverbreitete Teilnahmeorientierungen "institutioneller Wandel in Richtung auf Partizipationsausweitung nicht von selbst eine partizipatorische Demokratie schaffen wird", daß aber dort, "wo Teilnahmenormen, wahrgenommene Partizipationsmöglichkeiten und tatsächliche Partizipation hoch sind, effektive Demokratie mit höherer Wahrscheinlichkeit gedeiht"
(Almond & Verba 1963: 135). Die Autoren betrachten dies als Unterstützung
ihrer Theorie der Politischen Kultur.

Soweit das Kapitel aus der Civic Culture-Studie über die Verteilung politischer Partizipationsnormen in den fünf Untersuchungsländern. In den folgenden
Kapiteln dehnen Almond und Verba ihre Untersuchung auf den Aspekt der wahrge-
nommenen Einflußmöglichkeiten, das Verhältnis dieser subjektiven Kompetenzein-
schätzung zur tatsächlichen politischen Teilnahme und die dabei wirksamen So-
zialisationsprozesse aus. Ich will mich jedoch auf die Referierung dieses einen, sicherlich aus dem Gesamtzusammenhang gerissenen, aber m.E. doch für
sich selber sprechenden Kapitels beschränken, da es dem hier relevanten Aspekt,
die Vorgehensweise einer Theorie und Empirie verbindenden behavioralistischen
Untersuchung zu demonstrieren, in geradezu exemplarischer Weise dient.

Die Unterschiede zur Analyse von Kim et al. (1975) springen ins Auge: Während
Kim et al. auf die Erklärung eines politischen Phänomens mittels hochentwickel-
ter statistischer Verfahren, jedoch ohne großen theoretischen Ehrgeiz aus sind,
steht im Mittelpunkt der Civic Culture-Studie die Konstruktion und Überprüfung
eines mit systemtheoretischen Konzepten arbeitenden Entwicklungsschemas von
Staaten, das nicht nur ein bloß klassifikatorisches Begriffsraster, sondern
auch einen Maßstab für die Einteilung und Beurteilung politischer Systeme bietet; ferner versucht die Theorie der Politischen Kultur Aussagen über die Sta-
bilitätsbedingungen von Demokratien aufzustellen, d.h. sie geht weit über die
übliche Funktion von Begriffsschemata hinaus, indem sie die Ableitung beding-
ter Prognosen anstrebt, Erkenntnisse über die beteiligten Sozialisationsinstanzen vermittelt und die Beziehungen von individuellen Orientierungsmustern und
Systemeigenschaften spezifiziert.

Die statistischen Verfahren, die dabei zum Einsatz kommen, sind eher simpel;
Almond und Verba begnügen sich in ihrer Analyse typischerweise mit Kreuztabel-
lierungen, einfachen Prozentuierungen und zwei- oder dreidimensionalen Auszäh-
lungen. Daß in ihrer Untersuchung die Methode die Substanz verdränge, ist ihnen
daher wohl schwerlich vorzuwerfen. Über Eastons systemtheoretischen Ansatz
gehen sie durch den in ihren theoretischen Annahmen enthaltenen empirischen
Informationsgehalt hinaus: Ihre "Theorie" ist, etwa was die Stabilitätsüberle-
gungen oder das zugrundeliegende Entwicklungsmodell angeht, wenigstens in Teilen falsifizierbar, so daß sie den Forderungen des behavioralistischen Forschungsprogramms an die Theoriebildung doch erheblich näherkommen als der
Eastonsche Entwurf. Daß sie andererseits keine vollwertige Theorie im Sinne
der empirisch-analytischen Philosophie darstellt, sondern irgendwo zwischen
reinem Begriffsschema, Paratheorie und Theorie im engeren Sinne anzusiedeln
ist, wird durch ihre geringe operationale Spezifizität, ihre normativen Implikationen (die angelsächsischen Demokratien dienen ziemlich unkritisch als Be-
urteilungsmaßstab für den Entwicklungsstand der anderen Systeme) und ihre relative empirische Unbestimmtheit deutlich. Aber gerade auch durch diese Mängel
ist sie wiederum typisch für die Praxis behavioralistischer Theoriebildung.

7.2. ZWEI ANALYSEN AUS DEM BEREICH RICHTERLICHEN VER-
HALTENS

Wie im genetischen Teil der Arbeit ausgeführt, beschränkte sich die behavioralistische "Revolution" nicht auf die Analyse von Wählerverhalten und politischer Partizipation, sondern durchdrang, wenn auch mit unterschiedlicher Inten-

sität und wechselndem Erfolg, praktisch alle Gebiete der Politikwissenschaft.
Um auch für andere Bereiche einen näheren Eindruck vom behavioralistischen
Vorgehen zu geben, will ich im folgenden traditionalistische und "neue" Politikwissenschaft zusätzlich noch auf einem weiteren Gebiet konfrontieren, das
üblicherweise nicht so sehr als Domäne des Behavioralismus identifiziert wird
wie die Analyse von politischen Wahlen, nämlich der Untersuchung judikativer
Körperschaften und ihrer Mitglieder.

Es handelt sich hier um ein Gebiet, auf dem im deutschen Sprachraum bisher
kaum politikwissenschaftliche Analysen durchgeführt worden sind. In den Vereinigten Staaten hingegen zählt die Untersuchung höchstrichterlicher Entscheidungen und der Bedingungen ihres Zustandekommens seit jeher zu den Domä-
nen der Politologie. Während jedoch das traditionalistische Erkenntnisinteresse
sich auf das Produkt richterlicher Entscheidungsprozesse konzentrierte oder
die Gerichtshöfe als politische Institutionen betrachtete, deren Regeln, Aufgaben, Rekrutierungsmechanismen oder Beeinflussung durch Interessengruppen
untersucht wurde, befaßt sich die behavioralistische Analyse vor allem mit den
Einstellungen und Verhaltensweisen der Richter und ihrer Bedeutung für das Zustandekommen der Gerichtshofsentscheidungen.

Ziel der behavioralistisch orientierten Analyse richterlichen Verhaltens ist
die Aufstellung und Überprüfung empirischer gehaltvoller Theorien, mit deren
Hilfe sich Gerichtsentscheidungen erklären und prognostizieren lassen (vgl.
Ball & Lauth 1971: 265 f.). Die dabei verwendeten Methoden der Block-, der
Einstellungs- und der Clusteranalyse dienen hierbei primär als Mittel zum
Zweck; sie sind - zumindest vom behavioralistischen Forschungsprogramm her
gesehen - nicht Ziel an sich, selbst wenn sich die Methodologie immer wieder
einmal zu verselbständigen scheint.

In einem Beitrag aus dem Jahre 1964, den er als Presidential Address vor der
Jahrestagung der American Political Science Association vortrug, beschäftigte
sich der große alte Mann der Analyse richterlichen Verhaltens, Hermann C.
Pritchett, unter anderem mit der zehn Jahre zuvor ergangenen Entscheidung des
amerikanischen Obersten Gerichtshofs im Streitfall "Brown v. Board of Education". In diesem für die Überwindung der Rassentrennung in den USA so überaus folgenreichen Urteil bestimmten die neun Richter des Warren Courts, daß
rassisch segregierte Erziehungsinstitutionen "inhärent ungleich" und daher
verfassungswidrig seien. Dieser Richterspruch leitete nach Auffassung Pritchetts

eine soziale Revolution ein, die "die Vereinigten Staaten an einem entschei-
denden Zeitpunkt der Weltpolitik auf die richtige Seite der Geschichte stellte" (Pritchett 1964: 269). Diese Entscheidung stelle einen Meilenstein auf dem
langen Marsch der Verwirklichung der Verfassungsgrundsätze der Toleranz und
der Gleichheit in den USA dar, einen weiteren Schritt auf dem Wege der amerikanischen Nation von einer agrarischen zu einer urbanen Gesellschaft. Dem gleichen Ziel dienen Pritchetts Ansicht nach die (damals) jüngsten Entscheidungen
des Supreme Court auf dem Gebiet der Wahlkreiseinteilung, die traditioneller-
weise die dicht besiedelten Gebiete zugunsten agrarischer Distrikte benachtei-
ligte. Pritchett erwartet von den in dieser Frage zwischen 1962 und 1964 ge-
fällten Urteilen, in denen der Oberste Gerichtshof erstmals in der amerikanischen Geschichte das Prinzip "Ein Mann, eine Stimme" auf die Einteilung der
Kongreßwahlkreise anzuwenden suchte, eine der sozialen Revolution der Aufhebung der Rassenschranken vergleichbare politische Revolution.

Der Verfasser diskutiert dann im folgenden Einwände gegen die Anwendung der
Equal Protection Clause des 14. Amendments auf Fragen der politischen Repräsentation; ferner geht er auf die Argumente einzelner Richter ein, wobei er
sich aus demokratietheoretischen Erwägungen der One man one vote-Auffassung
anschließt, die genügend Flexibilität besitze, um auch ergänzende Repräsenta-
tionsgesichtspunkte, die aus den Bedürfnissen und Eigenheiten der Einzelstaaten "rational" begründet seien, zum Zuge kommen zu lassen. Gedacht ist hier in
erster Linie an die demographische oder geographische Repräsentation von dün-
ner besiedelten Gebietseinheiten, wie sie der Wahl der Senatoren zugrundezulie-
gen pflegt (vgl. Pritchett 1964: 273 f.).

Wichtiger als die Differenzen zwischen Mehrheits- und Minderheitsmeinung in
dieser Frage sei die grundsätzliche Meinungsverschiedenheit innerhalb des Gerichtshofs über die Rolle des Supreme Court bei der rechtlichen Behandlung politischer Fragen. Diejenigen Richter, die den Supreme Court aus dem "politischen Dickicht" heraushalten wollten, hätten sich gezwungen gesehen, praktisch
alle möglichen Entscheidungsgrundlagen für die Zusammensetzung legislativer
Körperschaften als rational zu akzeptieren, selbst wenn die einzige Rationalität der vorgegebenen Wahlkreiseinteilung in einer Erhaltung von Machtpositio-
nen der (ländlichen) Bevölkerungsminderheit gegenüber der (städtischen) Bevöl-
kerungsmehrheit bestünde.

Pritchett schlägt sich in seinen Ausführungen voll und ganz auf die Seite der

richterlichen "Interventionisten", die eine Führungsrolle des Supreme Court
bei der Verwirklichung von Verfassungsgrundsätzen selbst auf die Gefahr hin
bejahen, daß damit die Judikative auf eigentlich der Legislative und der Exekutive vorbehaltenem Territorium tätig werde; andernfalls wäre es nicht zu der
Entscheidung über die Aufhebung der Rassentrennung an den Schulen und Universitäten gekommen. Andererseits benötige das Gericht zur Durchführung seiner
Entscheidungen die Unterstützung von Legislative und Exekutive: "Das Gericht
denkt, die Politik lenkt", so Pritchett. Angesichts des Fehlens anderer Kanä-
le des Protestes sei der Supreme Court legitimiert gewesen, im Falle der Wahlkreiseinteilung eine Führungsrolle zu übernehmen und Recht zu setzen. Er habe
damit, wie schon im Falle der Rassentrennung, "wahrhaft die überdauernden
Prinzipen einer demokratischen Gesellschaft repräsentiert" (Pritchett 1964:
278).

Soweit die Presidential Address von Pritchett, der seine Ausführungen immer
wieder mit - hier der Kürze wegen nicht weiter referierten - historischen Rück-
blicken anreicherte, auch vor handfesten Werturteilen nicht zurückschreckte
und in seinen Überlegungen empirische Beschreibung, philosophische Diskussion
und politische Stellungnahme eng miteinander verquickte. Ganz anders hingegen
Sidney Ulmer, ein Verfechter des behavioralistischen Forschungsprogramms, dessen Versuch, theoretische Hypothesen über die Bildung von Stimmblöcken im
Supreme Court zu formulieren, ich mich im folgenden zuwenden möchte. Seine
Ausgangsüberlegung dabei ist, daß sich richterliche Gruppen aufgrund gemeinsamer rechtlicher Überzeugungen und Wertpositionen bilden, die dann ihr Abstimmungsverhalten über längere Zeit hinweg koordinieren.

Ulmers Anliegen ist es, über die übliche Identifikation und Beschreibung von
Abstimmungsblöcken im Supreme Court hinauszugehen und die Dynamik solcher
Gruppenbildungen zu analysieren. Er bedient sich hierzu einer begrifflichen Unterscheidung von Cliquen und Koalitionen. Koalitionen definiert er als vorüber-
gehende Zusammenschlüsse ohne gemeinsame Wertbasis und weiterreichende Ziele; Cliquen dagegen stellen längerfristige Gruppierungen dar, die sich sowohl
durch gemeinsame Wertorientierungen als auch durch gemeinsame, den einzelnen
Mitgliedern durchaus bewußte längerfristige Zielsetzungen auszeichnen. Eine
der Grundvoraussetzungen der Existenz derartiger Cliquen im Supreme Court ist
die Stabilität der Mitgliedschaften.

Anhand einer ausführlichen Analyse der im Schrifttum seinerzeit dominierenden

spieltheoretischen Betrachtungsweise von Supreme Court-Gruppen formuliert Ulmer sodann die "tentative" Hypothese, daß es sich bei den Stimmblöcken des
Supreme Court nicht um Koalitionen handele, deren primäre Motivation zum Zusammenschluß Machtaspirationen innerhalb der Neunergruppe seien, sondern um
Cliquen, die gemeinsame längerfristige Zielsetzungen verfolgten.

Diese Hypothese sowie einige weiterführende Annahmen über die Dynamik von
Cliquenbildungen untersucht Ulmer anhand des Abstimmungsverhaltens der Supreme
Court-Richter zwischen 1946 und 1961. Er stützt sich hierbei auf faktorenanaly-
tisch gewonnene Kennwerte über die Zahl und die Person der Blockmitglieder.
Seine Daten deuten darauf hin, daß es in der Tat eher Cliquen als Koalitionen
waren, die das Abstimmungsverhalten der Supreme Court-Richter kennzeichneten.
Ferner zeigte sich, daß Richter, die von einem Stimmblock zu einem anderen
wechselten, nicht direkt vom "konservativen" zum "liberalen" Block oder umgekehrt stießen, sondern sich jeweils dem mittleren Block der rechtspolitisch
nicht so festgelegten Richter anschlossen. Dabei war zu beobachten, daß die
Richter der beiden "polaren" Gruppen ebenso wie die Mitglieder der Mittelgrup-
pe dazu tendieren, bei ihrer jeweiligen Clique zu bleiben. Insgesamt scheinen
die üblicherweise als liberal eingestuften Richter hierbei stabiler gewesen zu
sein als die "konservativen" und die nicht festgelegten Richter.

Festzuhalten ist als Ergebnis der Ulmerschen Analyse, daß die Stimmblöcke des
amerikanischen Obersten Gerichtshofes zwischen 1946 und 1961 tatsächlich, wie
der Autor aufgrund seiner theoretischen Überlegungen ja auch vermutet hatte,
eher Cliquen als Koalitionen repräsentierten. So gesehen ist die Einführung
dieser beiden theoretischen Konzepte durchaus fruchtbar gewesen. Allerdings
bricht Ulmer damit seine Analyse ab, ohne näher auf die theoretischen Implikationen und prognostischen Möglichkeiten seiner Resultate einzugehen. Seine Untersuchung ist daher wohl eher als eine Vorarbeit auf dem dornigen Wege der
Theoriebildung, als eine Überprüfung der Nützlichkeit zweier theoretischer Konzepte, denn als Theoriebildung im strengen Sinne des Wortes einzuschätzen.

Was im Vergleich zu Pritchetts Analyse auffällt, ist der völlige Verzicht Ulmers auf eine Untersuchung der Entscheidungsinhalte, seine totale Wertabstinenz und - typisch für eigentlich alle Untersuchungen behavioralistischen Zuschnitts - der relativ hohe technisch-statistische Aufwand, der auch in diesem
Falle sicherlich keine l'art pour l'art darstellt, sondern lediglich als Mittel
zum (theoretischen) Zweck dient: Die von Ulmer errechneten Korrelationen,

Faktorenanalysen und Indizes ermöglichen Aussagen, die ohne ihre Hilfe entweder gar nicht oder nur aufgrund relativ arbiträrer Entscheidungen zustande gekommen wären. Der theoretische Ertrag ist, wie bereits angedeutet, meiner Ansicht nach allerdings eher gering. Seine Analyse ist daher in die Kategorie der
empirisch-behavioralistischen Studien einzuordnen.

7.3. FAZIT: BESONDERHEITEN UND LEISTUNGEN DER BEHAVIO- RALISTISCHEN FORSCHUNGSPRAXIS

Ich möchte im folgenden, gewissermaßen als Quintessenz dieses Abschnitts, zwei
Fragen nachgehen, mit deren Beantwortung ich zum Schlußkapitel dieser Arbeit
überleiten will, das sich mit einer Diskussion der wichtigsten Kritikpunkte am
behavioralistischen Forschungsprogramm beschäftigt. Diese beiden Fragen lauten:
Inwieweit unterscheiden sich im Spiegel der Gegenüberstellungen traditionalistische und behavioralistische Politikwissenschaft? Und inwieweit ist es dem Behavioralismus gelungen, seine eigenen Forderungen und Erwartungen zu erfüllen?

Am Anfang dieses Unterkapitels hatte ich darauf hingewiesen, daß in der wissenschaftlichen Zielsetzung zwischen dem realistischen Institutionalismus der
traditionalistischen Politikwissenschaft und dem sozialwissenschaftlichen Szientismus des behavioralistischen Forschungsprogramms weniger Differenzen zu bestehen scheinen als gemeinhin angenommen wird: Beide Richtungen sind auf möglichst genaue Beschreibung und Erklärung politischer Phänomene aus, beide bedienen sich, wenn auch durchaus unterschiedlich häufig, in interdisziplinärer
Perspektive der Konzepte der Nachbarwissenschaften, und beide wollen, obwohl
mit differierenden Zeitvorstellungen, praktisch verwertbares Wissen erarbeiten.

Nach der vorstehenden Konfrontation traditionalistischer und behavioralistischer Arbeiten zum gleichen Untersuchungsgegenstand erscheinen diese Gemeinsamkeiten jedoch als oberflächlich. Sowohl die verwendeten Mittel als auch die
Theoriebegriffe beider Richtungen differieren beträchtlich. Während beispielsweise die traditionalistische Politikwissenschaft vor allem mit Alltagstheorien
arbeitet, in ihren Erklärungen politische Regelmäßigkeitn eher unterstellt
als explizit formuliert, hierin der Geschichtswissenschaft recht ähnlich,
und handfeste politische Empfehlungen oder globale Prognosen abgibt, bemüht sich die behavioralistische Politikwissenschaft in systematischer Weise,
Gesetzmäßigkeiten der Politik aufzuspüren, empirisch gehaltvolle Theorien zu

formulieren und in ihrem Rahmen bedingte, d.h. konditional abgefaßte Prognosen abzuleiten, um auf diese Weise zu empirisch kritisierbaren Ziel-Mittel-Strategien zu gelangen. Als Erhebungs- und als Aussageeinheit fungiert, wie bereits im genetischen Teil der Arbeit ausgeführt, in der traditionalistischen Richtung im allgemeinen die Institution; der Behavioralismus dagegen greift typischerweise, wenn auch nicht immer, auf die Einzelperson als empirische Aussageeinheit zurück; theoretische Analyseeinheiten können das Individuum, die Gruppe, die Institution oder das politische System darstellen.

Weiter beschränkt sich die Interdisziplinarität des traditionalistischen Ansatzes auf Ergebnisse, Begriffe und Betrachtungsweisen der Geschichts- und der Rechtswissenschaft sowie der Biologie, während sich der Behavioralismus stärker auf die Resultate, Vorgehensweisen und Konzepte der Soziologie, der Psychologie, aber auch der Spieltheorie, der Kybernetik und der Kommunikationstheorie bezieht. Ins Auge sticht ferner die Formalisierung der behavioralistischen Erhebungs- und Auswertungsverfahren durch Rückgriff auf Statistik und, seltener, Mathematik und Logik, die explizite (Nominal-)Definition von Kernkonzepten, die Operationalisierung der verwendeten Variablen und der Versuch der Eliminierung von Werturteilen aus den empirischen und theoretischen Aussagen über die Forschungsgegenstände. Schließlich ist das Bemühen der behavioralistischen Politikwissenschaft um eine Aufhebung oder Relativierung der raumzeitlichen Beschränkungen der traditionalistischen Analysen, deren Forschungsinteressen hauptsächlich auf die USA und die westlichen Demokratien gerichtet waren, unverkennbar.

Insoweit ist es dem Behavioralismus bezüglich seiner Vorgehensweisen durchaus gelungen, seine eigenen programmatischen Forderungen zu realisieren. Allerdings zeichnen sich seine Forschungsanstrengungen, wie noch zu zeigen sein wird, nach wie vor durch ihren - forschungspragmatisch verständlichen, aber nichtsdestoweniger programmkonträren - amerikanozentrischen Bias, das Einfließen unbemerkter Wertpositionen (so etwa in den Political Culture-Studien oder den Elite-Untersuchungen), die in vielen Fällen unübersehbare Priorität der Methode gegenüber der Substanz bei der Auswahl der Forschungsgegenstände und, eng damit zusammenhängend, die geringe Theorieorientierung vieler unter behavioralistischer Flagge segelnder Studien aus.

Letzteres wird besonders deutlich bei der Vielzahl von Untersuchungen, die - wie etwa Kim et al. (1975) - zwar die szientistischen, kaum aber die theorie-

bezogenen Postulate des behavioralistischen Forschungsprogramms zu verwirklichen suchen. Aus dieser Perspektive bietet sich eine Dreiteilung (im Gegensatz
zur üblichen Zweiteilung) der in der Nachfolge der behavioralistischen Revolution stehenden Analysen an in (a) theoretische Bemühungen in empirischer Absicht à la Easton und Deutsch, (b) empirische Untersuchungen mit theoretischer
Zielsetzung, wie sie die Political Culture-Studien oder die Wahlanalysen der
Ann Arbor-Richtung darstellen und (c) rein empiristische Untersuchungen, die
zwar die szientistischen, nicht aber die theoriebezogenen Elemente des behavioralistischen Forschungsprogramms übernommen haben. Der letzte Typ von Untersuchungen stellt meiner Beobachtung nach das Gros der sich auf den Behavioralismus berufenden Analysen dar.

Den Erfolg und die Konsequenzen des Behavioralismus allein an ihnen zu messen,
wie häufig während der Behavioralismuskontroverse geschehen, stellte m.E. jedoch keine sinnvolle Kritik dar, da sie, wie gesagt, das behavioralistische
Forschungsprogramm nur unvollständig zu realisieren versuchen. Aber auch die
im engeren Sinne behavioralistischen, d.h. explizit theorieorientierten empirischen Untersuchungen haben bis heute das Hauptziel des Behavioralismus, er-
klärungskräftige und prognosefähige politikwissenschaftliche Theorien aufzustellen, angesichts ihrer relativ geringen Varianzreduktionskraft und ihrer
raum-zeitlichen Beschränkungen nicht oder doch nur sehr unvollkommen zu erreichen vermocht. Ob das an der Natur der politischen Gegenstände, den verwendeten Methoden, der relativen Jugend der Disziplin oder am theoretischen Unvermögen der Forscher liegt, will ich, neben anderem, im folgenden Kapitel eingehender diskutieren.

8. DIE KRITIK AM BEHAVIORALISMUS: DARSTELLUNG UND DISKUSSION EINIGER WICHTIGER ARGUMENTE

Weiter oben, im genetischen Teil der Untersuchung, habe ich die Kritik, die am behavioralistischen Forschungsprogramm geübt wurde, in ihren Grundzügen skizziert. Es zeigte sich im Verlaufe der weiteren Ausführungen, daß sich die Argumente gegen den Behavioralismus während der verschiedenen Wellen der Kontroverse weitestgehend wiederholen, ja, daß die meisten Einwände, die während der fünfziger und sechziger Jahre gegen eine verhaltensorientierte, nach naturwissenschaftlichem Muster verfahrende Politikwissenschaft erhoben wurden, bereits in den zwanziger Jahren gegen die New Science of Politics-Bewegung ins Feld geführt worden waren. Sie gehören auch heute noch zum Repertoire der "immerwährenden Auseinandersetzung" über die Möglichkeit und Wünschbarkeit einer erfahrungswissenschaftlich orientierten, quantitativ vorgehenden Sozialwissenschaft.

Ich will im folgenden versuchen, einige der wichtigeren bzw. häufiger auftauchenden Einwände gegen das behavioralistische Forschungsprogramm darzustellen, sie in einen umfassenderen Diskussionszusammenhang zu setzen, mögliche Antworten des Behavioralismus darauf zu rekonstruieren, sofern sie nicht schon von behavioralistischer Seite selbst gegeben worden sind und, falls nötig, aus der Perspektive meiner eigenen empirisch-analytischen Auffassungen dazu Stellung zu beziehen.

Bei der soeben erwähnten zusammenfassenden Darstellung der Kritik der fünfziger und sechziger Jahre habe ich zwischen drei Gruppen von Argumenten unterschieden: In den ersten beiden Phasen der Behavioralismus-Kontroverse wurden vor allem Argumente ontologischer Natur über das Wesen und die prinzipielle Erforschbarkeit politischer Gegenstände benutzt; die Kritik der Caucus-Bewegung dagegen war eher wissenschafts- und allgemeinpolitisch orientiert. Eine dritte Gruppe von Einwänden, die auch von vielen empirisch arbeitenden Behavioralisten geteilt wurden, bezog sich auf forschungspraktische Schwierigkeiten des behavioralistischen Programms. Ich will im folgenden bei der Diskussion der Kritikpunkte diese Dreiteilung aufgeben und jeweils substantiell zusammengehörende Einwürfe gemeinsam behandeln.

8.1. DER POLITIKWISSENSCHAFTLICHE AUTONOMIEANSPRUCH

8.1.1. Antibehavioralistische Argumente

Die Gegenstände der Politikwissenschaft unterscheiden sich nach (in behavioralistischer Nomenklatur) "traditionalistischer" Auffassung von denen der Naturwissenschaft grundlegend. Insbesondere werden politische Ereignisse als einma-
lig angesehen; sie wiederholen sich nicht, sondern sind ständig im Wandel begriffen. Deshalb fügen sie sich Naturgesetzmäßigkeiten nicht und lassen sich
auch nicht mit den gleichen rigorosen Forschungsmethoden erfassen wie die naturwissenschaftlichen Gegenstände. Wegen ihrer kausalen Indeterminiertheit,
die wiederum als notwendige Voraussetzung für die Entfaltung des freien Willens der politischen Akteure angesehen wird, lassen sich im Bereich des Politischen allenfalls allgemeine Regelhaftigkeiten nachweisen, d.h. Gleichförmigkei-
ten, die auf der bewußten Befolgung menschlich gesetzter und damit veränderba-
rer Regeln beruhen.

Einer der kohärentesten Versuche, die Notwendigkeit einer eigenständigen, nicht
am szientistischen Muster orientierten Politikwissenschaft unter Berufung auf
die Besonderheiten der politischen Sphäre zu begründen, stammt von Leo Strauss,
der sich hierbei an die aristotelische Wissenschaftslehre anlehnt (vgl. Strauss
1953; 1957; 1962 etc.). Eine ganz ähnliche Position wie er vertritt im deutschen Sprachbereich in dieser Frage der Freiburger Politikwissenschaftler Wil-
helm Hennis (1963).

Mit Aristoteles unterscheiden Strauss und Hennis zwischen praktischer und theoretischer Wissenschaft. Theoretische Disziplinen sind die Mathematik, die Physik und die Metaphysik; ihre Erkenntnisse sind kontemplativer Natur, also
Selbstzweck. Dagegen ist die Erkenntnis der praktischen Disziplinen, zu denen
die Ethik, die Ökonomie und die Politik zählen, auf das gute, d.h. das zweck-
mäßige und kluge Handeln orientiert.

Die Einteilung in theoretische und praktische Wissenschaft ist vom Gegenstand
her gegeben. Während der Gegenstand der theoretischen Wissenschaft "ohne Zutun
des Menschen" existiert und das Prinzip seiner Bewegung in sich selbst trägt,
sind die Prinzipien des Handelns nicht im Gegenstand, auf den das Handeln gerichtet ist, sondern im Menschen selbst angelegt (vgl. Hennis 1963. Kap. III).

Das menschliche Handeln basiert folglich auf ihm eigentümlichen Prinzipien,
die unabhängig von den Erkenntnissen der theoretischen Wissenschaft erfaßt werden können. Die praktischen Disziplinen stellen mithin, so Strauss, keine De-
rivate der theoretischen Wissenschaft dar, sondern sind durchaus eigenständi-
ger Natur (vgl. Strauss 1962).

Begründet wird diese Position im Anschluß an Aristoteles mit dem kontingenten,
d.h. nicht-notwendigen Charakter der Gegenstände der praktischen Wissenschaft.
Während in der Natur alle Erscheinungen durch Ursachen determiniert sind, gilt
das für die menschlichen Handlungen nicht; sie erfolgen vielmehr aufgrund
freier Entscheidungen. Naturgesetzmäßigkeiten haben daher für das menschliche
Handeln keine Geltung. Da ferner die Exaktheit einer Wissenschaft von ihrem
Gegenstand bestimmt wird, kann von ihr nur die Präzision verlangt werden, die
der Natur ihres Gegenstandes entspricht. Was bestenfalls von der empirischen
Politikwissenschaft erreicht werden kann, ist daher "die Erkenntnis von Wahrscheinlichkeiten, die die Handlungsabläufe bestimmen" (Hennis 1963: 38).

Der Behavioralismus stellt nach Ansicht der aristotelischen Position wie alle
szientistischen Ansätze die Methode über die Sache. Die Logik, auf der er basiere, könne zwar Exaktheitskriterien liefern, sie sei jedoch nicht in der Lage, Relevanzkriterien zur Verfügung zu stellen. Die behavioralistische Politikwissenschaft entbehre daher der notwendigen substantiellen Orientierung und
produziere konsequenterweise nichts als Trivialitäten, die dem gesunden Menschenverstand meist längst bekannt seien (Strauss 1962: 318 f.).

Von phänomenologischer Seite aus wurde in den Behavioralismusstreit erst während der letzten Phase der Auseinandersetzungen, d.h. nach dem Abklingen der
eigentlichen Kontroverse, eingegriffen (vgl. Surkin 1970; Jung 1971; Reid &
Yamarella 1975 etc.). Aus diesem Grunde beschränke ich mich im folgenden auf
nur wenige skizzenhafte Bemerkungen über die "lebensweltliche" Begründung einer interpretativen Sozialwissenschaft, wie sie im Anschluß an Husserl, Schütz,
Heidegger und Merleau-Ponty von existenzialphänomenologischer Warte aus gegeben worden ist.

Marvin Surkin, der eine Zeit lang zu den Wortführern der Caucus-Bewegung zählte, betont, daß die Physik die Welt nur von außen sieht, während doch die soziale Welt vom Menschen erlebt werde. Die soziale Lebenswelt als das unmittelbar
Gegebene geht der Wissenschaft stets voraus; letztere stellt seiner Ansicht nach

im Vergleich zu ersterer ein Ausdruck zweiter Ordnung dar, so wie die Geographie im Verhältnis zur Landschaft, die sie beschreibt, ein Phänomen zweiter Ordnung ist (Surkin 1970).

Ausgangspunkt phänomenologischer Forschung ist also stets die soziale Lebenswelt als natürlich vorgegebene Basis aller Erkenntnis. Natürliche Dinge, kulturelle Gegenstände und andere Menschen werden darin aus einer natürlichen, d.h. vorwissenschaftlichen Haltung heraus verstanden. Insofern ist die Lebenswelt das Fundament der Gültigkeit unserer Erkenntnis. Da sie begrifflichem Wissen voraus geht, ist sie vorphilosophisch, vorlogisch und vorwissenschaftlich, ist sie nicht die gedachte, sondern die unmittelbar erfahrene, "durchlebte" Welt. Sie ist ferner die bedeutungsvolle Basis aller menschlicher Handlungen. Schließlich ist sie nicht privater, sondern von Anfang an intersubjektiver Natur, d.h. unser Wissen von ihr ist ebenfalls nicht privat, sondern sozialisiert. Soziale Realität ist so gesehen ein Grunddatum der Lebenswelt (Jung 1971: 543).

Die phänomenologische Beschäftigung mit der Lebenswelt ist insofern radikal empiristisch, als ihre Reflexion in unmittelbarer Erfahrung gegründet ist. In ihrer Theorie darf - im Gegensatz zu den Naturwissenschaften - ausschließlich unmittelbar Erfahrenes enthalten sein. Mit ihren Gegenständen beschäftigt sie sich, wie diese dem Bewußtsein erscheinen, d.h. nicht als "Sachen", sondern als intendierten Gegenständen (objects as meant) mit Bedeutung (vgl. Jung 1971).

Ich will es bei dieser sicherlich allzu kursorischen Skizze des "lebensweltlichen" Aspektes einer existenzialphänomenologisch orientierten Politikwissenschaft belassen. Da die philosophischen und methodologischen Bemühungen dieses Ansatzes weder in der Behavioralismus-Kontroverse eine prominente Rolle gespielt haben noch bisher für die empirische Politikwissenschaft von größerer Bedeutung gewesen sind, mag die ohne Zweifel verständnishemmende Knappheit der Darstellung als gerechtfertigt erscheinen. Abschließen will ich diese Revue politikwissenschaftlicher Autonomiebegründungen mit den Bemerkungen eines Autors, der selbst lange Zeit zu den führenden Vertretern des Behavioralismus zählte, mit zunehmendem Alter aber wieder zu seiner bereits während der vierziger Jahre formulierten Skepsis gegenüber einer nach naturwissenschaftlichem Modell verfahrenden Politikwissenschaft zurückfand: Gabriel Almond.

In einem Aufsatz aus dem Jahre 1977, den er zusammen mit St. Genco in "World Politics" veröffentlichte, beklagt Almond, daß die Politikwissenschaft ihre

ontologische Basis aus den Augen verloren habe, indem sie ihren Gegenstand gewissermaßen naturwissenschaftlich behandele. Menschliche und kulturelle Phänomene könnten jedoch niemals vollständig, sondern immer nur teilweise erklärt
werden, da sie sich nicht völlig den deterministischen Zwängen fügen würden,
denen ein großer Teil der Natur unterliege.

Aus dieser Erkenntnis heraus gelte es für die Politikwissenschaft Konsequenzen
zu ziehen: "Die einfache Suche nach Regelmäßigkeiten und gesetzmäßigen Beziehungen zwischen Variablen ... wird soziale Ergebnisse nicht erklären, sondern
lediglich einige Bedingungen, die diese Ergebnisse beeinflussen" (Almond &
Genco 1977: 493). In den Sozialwissenschaften habe man es ausschließlich mit
"weichen" Regelmäßigkeiten zu tun, die überdies in ständigem historischem Wandel begriffen seien, wie etwa die Theorien des Wahlverhaltens oder der politischen Sozialisation belegten. Angesichts des Mangels an deterministischen Sätzen bzw. Zusammenhängen sei daher das deduktiv-nomologische Erklärungsmodell
in der Politikwissenschaft nicht anwendbar, und auch das Konzept der Kausalität
könne nur mit Einschränkungen verwendet werden.

Die Autoren ziehen aus diesen Überlegungen den Schluß, daß sich die naturwissenschaftlichen Erklärungsmodi häufig nur zu Lasten der Substanz auf die Politikwissenschaft übertragen ließen. Politische Realität bestehe aus Ideen, Entscheidungen und Zielen, die ständig mit anderen Ideen, mit Verhalten und der
Natur im Widerstreit lägen; Politik setze sich nicht aus reaktiven, mechanischen
Beziehungen zusammen, sondern sei als adaptives, planendes und kreatives System zu konzeptualisieren. Das leiste die behavioralistische Politikwissenschaft
jedoch mit ihrer weitgehenden Imitation naturwissenschaftlicher Methodologien
kaum oder gar nicht.

Was dringend benötigt werde, sei eine Politikwissenschaft, die ihre Methoden
nicht aus der klassischen Physik beziehe, sondern sie ihrem Gegenstandsbereich
anpasse. Die Erforschung und das Verstehen politischer Vorgänge seien von pri-
märer, die dabei eingesetzten Mittel nur von sekundärer Bedeutung (vgl. Almond
& Genco 1977: 510).

Soweit also die skeptischen Bemerkungen eines der prominentesten Vertreter des
behavioralistischen Lagers, der mit seinen Arbeiten zur Comparative Politics
die Entwicklung der amerikanischen Politikwissenschaft zwischen 1950 und 1970
wie nur wenige andere beeinflußt hat. Vom postbehavioralistischen Bekenntnis

David Eastons (1969) unterscheidet sich Almonds Stellungnahme vor allem dadurch, daß er das (in seinen Augen erwiesene) Scheitern des behavioralistischen Forschungsprogramms auf die Eigentümlichkeiten des politikwissenschaftlichen Gegenstandsbereiches selbst zurückführt und ganz grundsätzlich die
Fruchtbarkeit einer nach naturwissenschaftlichem Vorbild verfahrenden Politikforschung bezweifelt, während Easton vor allem mehr Relevanz bei der Auswahl
der Forschungsgegenstände propagierte, ohne dabei die methodologischen Prämissen des Behavioralismus prinzipiell in Frage zu stellen.

Ob es sich bei der Almondschen Kritik lediglich um die idiosynkratischen Äußerungen eines desillusionierten Einzelgängers oder um den Ausdruck einer weiter
verbreiteten allgemeinen Ernüchterung über das heuristische Potential einer
nach szientistischen Maßstäben strukturierten Politikwissenschaft handelt, ist
heute noch nicht endgültig auszumachen; doch gibt es durchaus Anzeichen dafür,
daß Almond kein einsamer Rufer in der behavioralistischen Wüste ist, sondern
einem auch von empirisch orientierten Politikwissenschaftlern empfundenen Unbehagen über den Forschungsertrag der vergangenen zweieinhalb Jahrzehnte und einer
von vielen Beobachtern ähnlich empfundenen Stagnation des wissenschaftlichen Er-
kenntnisfortschritts Ausdruck verliehen hat.

8.1.2. Das Autonomieproblem in behavioralistischer Sicht

Dem von den oben referierten Positionen vertretenen Argument, die Besonderheiten des politikwissenschaftlichen Gegenstandsbereiches erforderten eine methodologisch autonome, interpretativ verfahrende Politikforschung, kann von behavioralistischer Seite aus entgegengehalten werden, daß eine solche Begründung
immer schon sichere Erkenntnis über die Grundstruktur des Politischen voraussetzt; derartiges theoretisches Wissen ist nach Ansicht des Behavioralismus
jedoch erst als Endprodukt eines langen und mühsamen Forschungsprozesses zu
erwarten, der gerade erst in Gang gekommen ist und daher bis heute kaum Gele-
genheit hatte, Früchte abzuwerfen. Ob und gegebenenfalls welche Gesetzmäßigkeiten im politischen Bereich wirksam sind, ist aus der Sichtweite des behavioralistischen Programms eine ausschließlich empirisch zu entscheidende Frage, die
nicht anhand vorwissenschaftlicher Erfahrungen oder gar apriorischer Überlegungen beantwortet werden kann. Die Berufung auf politische Primärerfahrung als
Quelle politologischen Grundlagenwissens jedenfalls stellt vorwissenschaftliche
über wissenschaftliche, d.h. methodisch gesteuerte Erkenntnisweisen.

Zweifellos liefert auch für den Behavioralismus die politische Alltagserfahrung den Ausgangspunkt empirischer Forschung; doch gibt er sich damit nicht zufrieden, sondern versucht über den Kenntnisstand des intelligenten und informierten Bürgers, den Strauss (1962) und Hennis (1963) mehrfach ansprechen, hinauszugelangen, indem er die Frage der Evidenz dieser Alltagserfahrung aufwirft, und versucht, die mit deren Hilfe gewonnenen Annahmen empirisch zu überprüfen (vgl. Schaar & Wolin 1963). Das Problem der Haltbarkeit unserer Hypothesen, das innerhalb des behavioralistischen Forschungsprogramms von zentraler Bedeutung ist, wird jedoch von den meisten Vertretern einer interpretativen Politikwissenschaft entweder gar nicht thematisiert oder als eine Frage minderer Qualität abgetan; Relevanzkriterien sind für sie von weitaus größerer Bedeutung als Validitätskriterien.

Der von Gegnern des Behavioralismus gern erhobene Vorwurf, viele oder gar die meisten Forschungsergebnisse der behavioralistischen Politikwissenschaft seien irrelevant oder trivial, kann nur dann als fruchtbar angesehen werden, wenn die zugrundeliegenden Relevanzkriterien mit angegeben werden oder gezeigt wird, daß die als "trivial" apostrophierten Resultate tatsächlich nicht nur bekannt, sondern über jeden vernünftigen Zweifel erhaben waren und daß deshalb die kritisierte Untersuchung nichts zu unserem bereits vorhandenen Wissen hinzugefügt hat. Letzteres ist jedoch erfahrungsgemäß nur selten der Fall. Aus behavioralistischer Sicht fügt auch der empirische Nachweis, daß eine von vielen Beobachtern fest für wahr gehaltene, bisher jedoch wissenschaftlich nicht hinreichend überprüfte Annahme tatsächlich zutrifft, etwas zu unserem Wissensbestand hinzu. Zu oft schon hat sich der Alltagsverstand geirrt, als daß nicht seine Hypothesen immer wieder in Frage gestellt werden müßten.

Der Vorwurf der Irrelevanz von Forschungsergebnissen dagegen ist ohne Bezug auf die zugrundeliegenden Relevanzkriterien nur schwer sinnvoll zu diskutieren, da "Relevanz" kein absolutes, sondern ein relationales Konzept darstellt: Ein Forschungsresultat oder eine Theorie kann immer nur für etwas oder im Lichte von etwas relevant, d.h. logisch oder empirisch von Bedeutung sein; eine "Relevanz an sich" gibt es nicht.

Die Entscheidung, ob eine Erkenntnis als relevant angesehen wird, ist folglich fragestellungsabhängig; sie ist ferner, zumindest für den Empiriker, weder selbstevident noch mit den Mitteln der Erfahrungswissenschaft hinreichend begründbar. Selbstevident kann sie schon deswegen nicht sein, da es angesichts der prinzipiell unendlich großen Folgerungsmenge wissenschaftlicher Theorien unmöglich ist, alle Konsequenzen einer Theorie bereits im Vorhinein zu überblicken (vgl. Albert 1972: 23). Oft stellt sich erst nach vielen Jahren heraus, ob eine wissenschaftliche Erkenntnis theoretisch fruchtbar, d.h. erklärungskräftig, oder von praktischer Bedeutung ist.

Hinter den meisten gegenüber empirischen Forschungsergebnissen erhobenen Irrelevanzvorwürfen verbirgt sich allerdings der Gedanke, daß das derart inkriminierte Resultat nichts zur Bewältigung unmittelbar anstehender politischer Probleme beiträgt. Nach behavioralistischer Ansicht kann es jedoch unmöglich die alleinige Aufgabe der Politikwissenschaft sein, die Lösung hier und heute bestehender Probleme zu erleichtern. Um sinnvolle Anwendung überhaupt zu ermöglichen, ist vielmehr ein breiter und gesicherter Fundus von Grundlagenwissen nötig, das bisher jedoch nicht oder zumindest nicht in ausreichendem Maße zur Verfügung steht. Einen solchen Wissensfundus durch koordinierte und kumulative Forschung zu erarbeiten, zählt zu den erklärten Zielen der behavioralistischen Politikwissenschaft.

8.1.3. Der Autonomieanspruch in empirisch-analytischer Sichtweise

Eine ganz andere Frage ist es, ob solches Grundlagenwissen angesichts des historischen Charakters der politischen Phänomene überhaupt im angestrebten Sinne gewonnen werden kann. So wird dem behavioralistischen Forschungsprogramm von den Anhängern einer interpretativen Politikwissenschaft beispielsweise häufig entgegengehalten, daß sich politische Ereignisse - anders als die Gegenstände der Naturwissenschaft - nicht unter allgemeine Gesetze subsumieren ließen, da sie ständig im Wandel begriffen und daher nicht wiederholbar seien; aus diesem Grunde ließen sie sich nicht mittels deduktiv-nomologischer Verfahren erklären, wie das der Behavioralismus anstrebe.

Dieser Einwand übersieht jedoch, daß das Hempel-Oppenheim-Schema der deduktiv-nomologischen Erklärung nicht von Einzelereignissen, sondern von Klassen von Ereignissen ausgeht. Auch historisch einmalige Erscheinungen lassen sich mit seiner Hilfe erklären. Ein Beispiel möge diesen Gedanken illustrieren: Angenommen, man will erklären, warum die CSU bei der bayerischen Landtagswahl 1978 in Niederbayern mit 68,5% der gültigen Stimmen so viel besser abschnitt als in Mittelfranken, wo sie "nur" 51,1% der Stimmen auf sich vereinigen konnte. Es gilt nun, eine empirisch gut bestätigte Gesetzesaussage zu finden, die

sich auf das zu erklärende Phänomen anwenden läßt. Eine derartige Gesetzesaussage könnte folgendermaßen aussehen: "Katholiken im allgemeinen und katholische Bauern im besonderen wählen in der Bundesrepublik Deuschland stets CDU
oder CSU, während Protestanten der SPD oder der FDP ihre Stimme geben". Da
nun Niederbayern einen sehr viel höheren Anteil von Katholiken und katholischen
Landwirten aufweist als Mittelfranken, wo der protestantische Bevölkerungsan-
teil übewiegt, läßt sich das unterschiedliche Wahlverhalten beider Regionen
mit Hilfe der herangezogenen empirischen Regelmäßigkeit erklären. In der Sprache des Hempel-Oppenheim-Schemas formuliert: Die Explanandumsaussage läßt sich
aus der Gesetzesaussage und den Anfangsbedingungen logisch ableiten, wobei
sich die Gesetzesaussagen auf Klassen von individuellen Ereignissen beziehen
und die Anfangsbedingungen und das Explanundumsereignis gewöhnlich historisch
einmalige Phänomene beschreiben.

Daß es sich bei der im Beispiel benutzten Gesetzesaussage nicht um ein nomolo-
gisches, d.h. raum-zeitlich unbeschränktes, sondern um ein nur unter bestimmten historischen und geographischen Bedingungen gültiges Gesetz handelt, ist in
diesem Zusammenhang von minderer Bedeutung, da es mir nur auf den Nachweis
ankam, daß sich das Hempel-Oppenheim-Schema wenigstens prinzipiell auch für
die Erklärung politikwissenschaftlicher Vorgänge benutzen läßt. Allerdings ist
diese Art von Quasi-Gesetzen durchaus typisch für die gegenwärtige Erklärungs-
praxis des Behavioralismus, dessen Aussagen sich bisher fast ausschließlich
auf raum-zeitlich gebundene, entweder nur für ein bestimmtes politisches System oder eine Gruppe solcher Systeme festgestellte Regelmäßigkeiten beziehen.

Das Erklärungsbeispiel muß allerdings noch in einer weiteren Hinsicht eingeschränkt werden: Die darin verwendete Gesetzesaussage, die ich aus Gründen
der Illustration als zwar raum-zeitlich begrenzte, innerhalb ihres Geltungsbereiches aber universell zutreffende Hypothese formuliert habe, ist in dieser
Fassung empirisch nicht haltbar. Da sie nur mit einer bestimmten Wahrscheinlichkeit gilt, muß sie statistisch relativiert werden. Das von mir gewählte Erklärungsbeispiel stimmt in der obigen Form folglich zwar formal, erfüllt jedoch nicht das von Hempel geforderte Kriterium der empirischen Wahrheit aller
Explanansaussagen (vgl. Hempel 1964: 335 ff).

Tatsächlich haben bei der bayerischen Landtagswahl 1978 nicht etwa alle, sondern "nur" zwei Drittel der Katholiken CSU und etwas mehr als die Hälfte der
Protestanten SPD oder FDP gewählt. Von den kirchentreuen, regelmäßig prakti-

zierenden Katholiken stimmten zwar mehr als vier Fünftel und von den katholischen Landwirten sogar mehr als neun Zehntel für die CSU (vgl. Falter 1979); trotz dieser ungewöhnlich hohen Ausschöpfungsquoten muß aber dennoch die Gesetzeshypothese umformuliert werden. Sie könnte nun folgendermaßen lauten: "Katholiken im allgemeinen und katholische Bauern im besonderen wählen in der Bundesrepublik Deutschland weit überwiegend (aber eben nicht ausschließlich) CDU oder CSU, während Protestanten eher der SPD oder der FDP ihre Stimme geben."

Aus der ursprünglich nur raum-zeitlich eingeschränkten, jedoch innerhalb ihrer Grenzen für alle Anwendungsfälle geltenden Gesetzesaussage wurde somit in Anpassung an die tatsächlichen Gegebenheiten eine nun nicht mehr für alle Einzelfälle ihres Geltungsbereiches zutreffende Wahrscheinlichkeitsaussage. Diese Art von doppelt relativierter Gesetzeshypothese ist für die behavioralistische wie für die gesamte sozialwissenschaftliche Forschungspraxis typisch.

Im Falle der Verwendung statistischer Gesetzesaussagen läßt sich allerdings für die Erklärung von Einzelereignissen das deduktiv-nomologische Erklärungsschema nicht mehr anwenden. Man muß vielmehr auf sogenannte induktive Systematisierungen (Hempel 1964: 176 f.) zurückgreifen, die zwar dieselbe Form aufweisen wie die deduktiv-nomologische Erklärung, im Gegensatz zu dieser aber keinen logisch zwingenden Schluß von den Explanans- auf die Explanandumsaussagen erlauben, sondern lediglich das Auftreten des Explanandums mit einer bestimmten Wahrscheinlichkeit behaupten (vgl. Stegmüller 1969: 635 f.).

Daß es sich hierbei jedoch ebenfalls um eine Subsumtion von Einzelfällen unter allgemeine Gesetzesaussagen mit dem Ziel der Erklärung handelt, ist unbestritten. Auch stellt der dabei verwendete induktiv-statistische Erklärungstyp keine sozialwissenschaftliche Besonderheit dar, sondern ein Schema, das auch in Teilbereichen der Naturwissenschaft wie z.B. der statistischen Mikrophysik zur Anwendung gelangt, so daß sich selbst unter Berufung auf ihn ein methodologischer Autonomieanspruch der Sozialwissenschaften wohl schwerlich begründen läßt.

8.1.4. Kausalität, Determinismus und Willensfreiheit: Einige wissenschaftstheoretische Überlegungen zum Forschungsstand der behavioralistischen Politikwissenschaft

Die Tatsache, daß es der empirischen Politikforschung bisher nicht gelungen ist, universell geltende deterministische Gesetzmäßigkeiten, wie sie für weite

Bereiche der Naturwissenschaften typisch sind, aufzuspüren, kann auf ganz unterschiedliche Weise erklärt werden: Von den einen wird sie darauf zurückgeführt, daß zwar auch in der Politik deterministische Zusammenhänge vorliegen,
daß diese aber angesichts der analytisch nur schwer zu bewältigenden Komplexität des Gegenstandsbereiches oder der theoretischen Unfruchtbarkeit und empirischen Blindheit der Forscher bisher noch nicht aufgedeckt werden konnten (in
diesem Zusammenhang wird von behavioralistischer Seite gern auf die relative
Jugend der empirischen Politikforschung hingewiesen); zum anderen wird von den
Anhängern einer interpretativen Politikwissenschaft argumentiert, daß im sozialen und politischen Bereich gar keine deterministischen Beziehungen existierten, da menschliche Entscheidungen alleine vom freien Willen geleitet seien:
Der Bereich des politischen Handelns sei, im Gegensatz zum blinden Walten der
Natur, kausal indeterminiert.

Welche Erklärung zutrifft, kann aus behavioralistischer Sicht zum gegenwärtigen
Zeitpunkt nicht beantwortet werden. Erst wenn sich irgendwann einmal auch
für die Politik universell geltende deterministische Gesetzmäßigkeiten auffin-
den lassen sollten, ist das Problem der "wahren Natur" der politischen Gegenstände zu klären. Solange dies nicht der Fall ist, begnügt sich die behavioral-
listische Politikwissenschaft damit, die Determinismusannahme als methodologische Regel oder pragmatische Voraussetzung ihrer empirischen Forschungstätigkeit zugrundezulegen, um nicht durch unnötig erscheinende ontologische Vorentscheidungen den möglichen Erkenntnisfortschritt zu hemmen.

Die meisten Verfechter einer methodologisch autonomen Sozialwissenschaft gehen
ganz selbstverständlich von der Existenz eines kausal indeterminierten freien
Willens als alleiniger oder doch wichtigster Entscheidungsgrundlage des menschlichen Handelns aus. Vom Standpunkt des Empirismus aus ist allerdings die Konzeption der Willensfreiheit metaphysisch derart belastet, daß darüber kaum eine vernünftige Diskussion möglich erscheint. Ich will die damit zusammenhängenden Probleme deshalb lediglich ansprechen; zu einer wie auch immer gearte-
ten Lösung sehe ich mich ebenso wenig in der Lage wie die meisten mit der Problematik sehr viel vertrauteren Philosophen. Der Aporie von menschlicher Willensfreiheit und Determinismus völlig aus dem Wege zu gehen, scheint mir andererseits ebenfalls nicht sehr sinnvoll zu sein, da es sich hierbei möglicherweise um eines der philosophischen Kernprobleme sozialwissenschaftlicher Forschung handelt.

Aus empiristischer Sichtweise müßten zuerst folgende Fragen geklärt werden, um weiterdiskutieren zu können: Was genau ist mit dem Konzept der Willensfreiheit gemeint? Geht es lediglich um die Unabhängigkeit von externen Zwängen, also um die Wahlmöglichkeit zwischen Alternative? Oder handelt es sich auch um die Unabhängigkeit menschlicher Entscheidungen von bestimmten internen Einflüssen wie z.B. Sozialisationserfahrungen oder Persönlichkeitszügen? Wie weit reicht gegebenenfalls diese interne Unabhängigkeit? Wann kann man noch von Willensfreiheit sprechen und ab wann nicht mehr?

Erforderlich ist also erst einmal eine genauere theoretische Definition des Konzepts, die sinnvollerweise mit einer empirischen Begriffsexplikation beginnen sollte. Sofort stellen sich weitere Fragen: Ist die Konzeption der Willensfreiheit mit der Annahme der Geltung eines strikten Determinismusprinzips vereinbar? Oder setzt sie die von den Anhängern einer interpretativen Sozialwissenschaft postulierte ontologische Andersartigkeit des Menschen voraus? Bedingt die Existenz eines freien Willens am Ende gar die völlige kausale Indeterminiertheit menschlicher Entscheidungen und Motive? Ist Willensfreiheit andererseits überhaupt noch vorstellbar, wenn im Bereich menschlicher Entscheidungen eine Art Zufallsprinzip, wie wir es aus der Quantenphysik kennen, regiert?

Letzteres zum Beispiel wird von Karl Raimund Popper (1972: 227) mit Entschiedenheit in Abrede gestellt; ganz ähnlich wie er argumentiert Rudolf Carnap (1969: 221), der eine kausal völlig indeterminierte Wahl als "rein zufällige Entscheidung, so als entschiede man zwischen zwei Handlungsweisen, indem man eine Münze wirft", d.h. als höchst unfreie Wahl charakterisiert. Dem in diesem Zusammenhang von Popper angesprochenen Problem, ob es im Bereich der menschlichen Handlungen (und nicht nur dort) eine Sphäre gibt, die weder total determiniert noch rein zufällig ist, will ich mich am Ende dieses Abschnitts kurz zuwenden. Vorher jedoch möchte ich noch einige Aspekte der politikwissenschaftlichen Kausalanalyse diskutieren.

Die weitaus meisten Anhänger des behavioralistischen Forschungsprogramms gehen nach meiner Beobachtung davon aus, daß alle Gegenstände der Politikwissenschaft kausal bedingt sind; wie die meisten empiristischen Strömungen setzt mit anderen Worten auch der Behavioralismus stillschweigend die Geltung des allgemeinen Kausalprinzips, demzufolge kein Ereignis dieser Welt ohne Ursache ist, voraus. In der Forschungspraxis scheint das Kausalprinzip eher im Sinne eines allgemeinen Gesetzesprinzips wirksam zu werden, das behauptet, daß alle Ereignisse unter (deterministische oder statistische) Naturgesetze fallen (Falter & Ulbricht 1982).

In dieser Formulierung klingt bereits das starke Interesse des Behavioralismus an der Kausalerklärung von Einzelereignissen oder Typen von Einzelereignissen mittels geeigneter Gesetzesaussagen an. Dieses Interesse ist sehr viel stärker als das an Fragen des allgemeinen Kausalprinzips, das ohnehin gewöhnlich von behavioralistischer Seite nicht als ontologisches, jenseits aller Erfahrung geltendes Prinzip, sondern nur als methodologische Regel oder als Verhaltensmaxime interpretiert wird, die es dem empirischen Forscher aufgibt, nicht resignativ zu sein, wenn er nicht auf Anhieb kausale Erklärungen findet, sondern es ihm nahelegt, unverdrossen weiterzusuchen, bis er welche findet.

Die unbezweifelbare Tatsache, daß es bisher noch nicht gelungen ist, die gewöhnlich bei Kausalerklärungen geforderten strikten, d.h. deterministischen Gesetzmäßigkeiten aufzuspüren (vgl. Falter & Ulbricht 1982), wird von den Verfechtern eines auch für die politikwissenschaftlichen Gegenstände zutreffenden Determinismusprinzips v.a. mittels dreier Argumente zu erklären versucht: mit der relativen Jugend der Disziplin, der Komplexität ihrer Forschungsobjekte und dem Realitätsbezug ihrer Gesetzesaussagen.

Daß die behavioralistische Politikwissenschaft im Vergleich zu den Naturwissenschaften eine sehr junge Disziplin ist, trifft zu. Namentlich die Physik und die Astronomie können selbst in ihrer modernen Form inzwischen auf einige Jahrhunderte intensiver wissenschaftlicher Forschung zurückblicken, während sich die Politikwissenschaft noch immer in ihrer vorgaliläischen Phase befindet; ihr Weltbild ist eher geo- als heliozentrisch, und die meisten ihrer empirischen Forschungsarbeiten beschäftigen sich noch immer stärker mit naturgeschichtlicher Beschreibung und Klassifikation als mit nomologischen Erklärungsversuchen. Andererseits bemühen sich viele tausend behavioralistisch orientierter Forscher seit nunmehr über zwei Jahrzehnten, empirische Regelmäßigkeiten aufzudecken, ohne dabei zu mehr als raum-zeitlich eingeschränkten und selbst innerhalb dieser Grenzen nur mit Wahrscheinlichkeit zutreffenden Gesetzeshypothesen vorgestoßen zu sein. Ähnlich sieht es in den gemeinhin als weiter fortgeschritten angesehenen (und erheblich älteren) Nachbarwissenschaften Psychologie und Soziologie aus, so daß zu fragen ist, ob die Jugend der Disziplin tatsächlich noch sehr lange als Erklärung für die geringe räumliche, zeitliche

und statistische Reichweite ihrer Aussagen herangezogen werden darf, oder ob
nicht vielmehr dieses Unvermögen auf andere Gründe zurückzuführen ist.

Ein paradoxerweise gleichermaßen von Gegnern wie von Befürwortern des Behavioralismus häufig genannter Grund ist die den politikwissenschaftlichen Gegenstandsbereich angeblich inhärente Komplexität, durch die es dem Forscher unmöglich gemacht werde, alle wichtigen Variablen seiner Erklärungsmodelle in den
Griff zu bekommen. Tatsächlich zeichnen sich die meisten politikwissenschaftlichen Erklärungsversuche durch unvollständig aufgeführte Randbedingungen und un-
genügend spezifizierte Gesetzesaussagen aus. Politologische Untersuchungen begnügen sich daher typischerweise mit Erklärungsskizzen, bei denen weder alle
relevanten Explanansaussagen bekannt sind noch i.a. das Explanandum hinreichend beschrieben ist (vgl. Opp 1970: 50 ff.; Stegmüller 1969: 110; Nagel
1961: 504 f.; Hempel 1965: 415 ff.).

Ob allerdings mit Hilfe dieser Komplexitätsannahme tatsächlich der probabili-
stische Charakter der bisher entdeckten politikwissenschaftlichen Gesetzmäßigkeiten begründet werden kann, ist fraglich, handelt es sich doch auch hier wieder um eine ontologische Annahme a priori, deren Geltung sich mit empirischen
Mitteln allein nicht beweisen läßt. In den Naturwissenschaften galten ebenfalls viele Bereiche lange Zeit als nahezu unüberschaubar komplex, bis sie mit
Hilfe entsprechender genialer Entdeckungen oder Erfindungen plötzlich in einem
ganz anderen, ihre innere Ordnung offenlegenden Lichte erschienen (vgl. Nagel
1961: 505).

Keinesfalls ist es also von vornherein sicher, daß die politikwissenschaftlichen Gegenstände so viel komplexer strukturiert sind als die der Naturwissenschaften. Es ist nicht auszuschließen, daß einmal in naher oder ferner Zukunft
ein Galilei oder gar ein Newton der Sozialwissenschaften auftritt, der Ordnung
und Überschaubarkeit in das scheinbare Chaos bringt. Negieren läßt sich die
Möglichkeit einer solchen Entwicklung allenfalls aufgrund ontologischer Vorentscheidungen, die jedoch zum gegenwärtigen Zeitpunkt als ebensowenig wahrheitsfähig angesehen werden müssen wie ihnen diametral entgegengesetzte Aussagen.

Eines der m.E. überzeugendsten Argumente des deterministischen Lagers zur Ge-
setzesproblematik stammt von dem in der Tradition des Pragmatismus stehenden,
grundsätzlich aber der empirisch-analytischen Richtung zuzurechnenden amerikanischen Wissenschaftstheoretiker Ernest Nagel. Dieser versucht die Tatsache,

daß sozialwissenschaftliche Gesetzesaussagen praktisch ausschließlich statistische Regelmäßigkeiten beschreiben, dadurch zu erklären, daß sie sich fast immer auf reale Zustände beziehen und nicht etwa auf ideale Situationen wie die
meisten Gesetzesaussagen der Naturwissenschaften. Wegen des Einflusses von
Störfaktoren, der in der Realität niemals vollständig ausgeschlossen werden
könne, ließen sich immer nur statistische und nicht strikte Beziehungen aufspü-
ren. Dies gelte im analogen Falle auch für die Naturwissenschaften (vgl. Nagel
1961: 505 ff.; Blalock 1961: 17). Daß sich selbst in den Sozialwissenschaften
Gesetze aufstellen ließen, die auf ideale Situationen bezogen seien, beweise
das Beispiel der Wirtschaftswissenschaften. Deren Umsetzungsprobleme in die
volkswirtschaftliche Praxis wiesen aber gleichzeitig darauf hin, daß es eventuell gar nicht ratsam sei, Gesetzesaussagen ausschließlich auf ideale, d.h. von
Störfaktoren freie Situationen zu beziehen.

Nagel verbindet hier metaphysischen Determinismus und wissenschaftlichen Indeterminismus, indem er davon ausgeht, daß zwar im Prinzip alle Ereignisse in
sämtlichen Details genau prädeterminiert sind, daß es aber andererseits Phänomene gibt, die selbst im Falle optimaler wissenschaftlicher Zukunftserkenntnis
niemals in allen Einzelheiten prognostizierbar sein werden. Als metaphysischem
Deterministen ist für ihn die Welt folglich nur in erkenntnistheoretischer Hinsicht "zufällig", nicht jedoch in ontologischer Hinsicht. Eine probabilisti-
sche Theorie stellt somit in seiner Sichtweise "ein stillschweigendes Bekenntnis der Unvollständigkeit der von ihr gegebenen Naturbeschreibungen" dar; sie
muß daher "als Ausdruck der Unvollständigkeit unseres Wissens angesehen werden, d.h. als Aussage, die zumindest teilweise über uns gemacht wird" (Watkins
1972: 159; Hervorhebung im Original).

8.1.5. Poppers Dreiweltenlehre: Ein Ausweg aus dem Dilemma von
Determinismus und Willensfreiheit?

Ein ganz anderer, von den oben skizzierten Lösungsmöglichkeiten radikal abwei-
chender Vorschlag stammt von dem "Nicht-Deterministen" Karl Raimund Popper.
Mit der u.a. auf David Hume zurückgehenden dichotomisierenden Betrachtungsweise brechend, daß ein Ereignis entweder vollständig determiniert sei oder rein
zufällig zustande komme, postuliert Popper, daß wir rationales menschliches
Verhalten nur verstehen könnten, falls es ein Mittelding zwischen reinem Zufall und vollständigem Determinismus gebe (vgl. Popper 1972: 228), d.h. falls
es gelänge, die Aporie von Freiheit und Determiniertheit aufzulösen und die

Existenz einer Art "plastischer Steuerung" im Bereich des menschlichen Verhaltens nachzuweisen.

Diese Konzeption der plastischen (d.h. formbaren) Steuerung siedelt er zwischen vollständiger (oder wie er es nennt: "eiserner") und gar keiner Determinierung an. Alle Naturerscheinungen lassen sich seiner Ansicht nach, je nach dem Grad ihrer Vorhersagbarkeit, auf einem Kontinuum einordnen, das sich von "Clouds" auf der einen bis zu "Clocks" auf der anderen Seite - so der Titel seiner berühmten Compton-Vorlesung von 1965 - erstreckt. In dieser Vorlesung stellte er seine Überlegungen dazu, die ein neues Kapitel seiner wissenschaftstheoretischen Bemühungen einleiteten, erstmals einer größeren Öffentlichkeit vor (vgl. Popper 1972: 206 ff.; 1974: 1072 ff. etc.).

Auf der Wolkenseite des Kontinuums befinden sich beispielsweise Insektenschwärme, deren Mitglieder sich in höchst unregelmäßiger, keiner erkennbaren Ordnung folgender Weise innerhalb der Wolke bewegen, wobei allerdings auch sie einem Element von Steuerung zu unterliegen scheinen, da sie sich niemals allzu weit vom Zentrum der Wolke zu entfernen pflegen. Am anderen Ende des Kontinuums, seiner Uhrwerksseite, finden sich hochdeterminierte physikalische Systeme wie z.B. mechanische Präzisionsapparate oder das Sonnensystem, deren "Verhalten" strengen Gesetzmäßigkeiten unterliegt und daher mit hoher Genauigkeit voraussagbar ist. Meteorologische Prozesse und biologische Vorgänge einschließlich menschlichen und tierischen Verhaltens endlich liegen irgendwo zwischen diesen Extremen.

Während metaphysische Deterministen nun davon ausgehen, daß in Wirklichkeit alle Wolken Uhrwerke sind, deren präzises Funktionieren wir lediglich aufgrund unserer wissenschaftlichen Unvollkommenheit nicht zu erkennen vermögen, behauptet der metaphysische Indeterminist Popper (vgl. Watkins 1972: 155), daß ganz im Gegenteil alle Uhrwerke auch Wolkenelemente enthielten. Mit dieser poetischen Metapher möchte Popper verdeutlichen, daß im Prinzip auch ungewöhnlich genau vorausberechenbare physikalische Systeme in ihrer molekularen Struktur probabilistischen Gesetzmäßigkeiten folgen (vgl. Popper 1972: 213 ff.).

Darüber hinausgehend ist Popper der Überzeugung, daß die physikalischen Systeme nicht geschlossen, sondern offen, und das bedeutet: beeinflußbar sind. So wirkt zum Beispiel der Ingenieur, der mit Hilfe der ihm zugänglichen Statiktheorien eine Brücke baut, ohne Zweifel auf die Natur ein. In diesem Beispiel

sind bereits sämtliche Elemente der Popperschen Dreiweltenlehre enthalten, die er
- in bewußter Absetzung von Monismus und Dualismus - mit dem Ziel entwickelte, die bisher unlösbar erscheinende Spannung von Freiheit und Determinismus
bzw. Indeterminismus aufzuheben.

Um erklären zu können, wie z.B. Argumente, Versprechungen oder Spielregeln das
menschliche Verhalten beeinflussen, unterscheidet Popper zwischen drei Bereichen oder, wie er sie nennt, Welten: einem physikalischen Bereich, den er als
Welt 1 bezeichnet, und den er, wie wir gesehen haben, als kausal indeterminiert und offen ansieht; einem subjektiven Bereich, seine Welt 2, in den unsere Erfahrungen, Absichten, Zwecksetzungen und Entscheidungen gehören; und einem ideellen Bereich, die Welt 3 also, der die Objektivierungen des menschlichen Geistes wie z.B. wissenschaftliche Theorien, kritische Argumente, Problem-
situationen und anderes mehr umfaßt (vgl. Popper 1972: 107).

Diese drei Welten stehen in Wechselbeziehungen zueinander, und zwar sind sie
derart untereinander verbunden, "daß die beiden ersten und die beiden letzten
miteinander interagieren können, d.h. die zweite Welt, die Welt der subjektiven oder persönlichen Erfahrungen interagiert mit jeder der beiden anderen Welten" (Popper 1972: 154). Dagegen können die erste und die dritte Welt nicht
direkt miteinander in Beziehung treten; sie kommen ausschließlich über die
zweite Welt miteinander in Kontakt. Der menschliche Verstand bildet also die
Brücke zwischen der ideellen und der physikalischen Welt.

Zur physikalischen Welt zählen aber auch die physiologischen Prozesse des
menschlichen Gehirns, die folglich laut Popper nicht etwa einseitig unser Denken, Fühlen und Handeln bestimmen, wie das der Determinismus üblicherweise
voraussetzt, sondern umgekehrt auch von den menschlichen Erlebnissen beeinflußt werden. Mit Hilfe dieser Sichtweise ist es möglich, der Formulierung
"frei ist, wer nach seinen Präferenzen handelt", neuen Sinn zu geben, ohne sich
in die Fallstricke indeterministischer Zufallsentscheidungen zu verheddern.
Selbstverständlich sind diese Präferenzen wiederum nicht unbeeinflußt, sondern
von unseren Erfahrungen, unserer Erziehung oder unseren somatischen Dispositionen geprägt. Sie sind jedoch nicht, wie es der Determinismus interpretieren
muß, kausal völlig von den vorangegangenen Zuständen abhängig.

Andererseits wird unser Verstand und unser Fühlen ständig von Theorien, Ideologien und Argumenten beeinflußt, mit denen wir uns intellektuell auseinanderset-

zen. Diese kognitiven Systeme sind in der Lage, unabhängig von ihren Trägern, lediglich kraft ihres objektiven Inhalts, Wirkung auszuüben, zu überzeugen, unsere Daten zu steuern. "Diese Steuerung ... ist jedoch eine plastische Steuerung. Wir sind nicht gezwungen, uns der Lenkung durch unsere Theorien zu unterwerfen, da wir sie kritisch diskutieren können und frei sind, sie zurückzuweisen ... " (Popper 1972: 241). Es liegt also eine Art Rückkoppelung vor, die übrigens für alle Arten von Interaktionen zwischen den drei Welten wirksam ist.

Mit diesen Erwägungen begibt sich Popper, wie er selber als Erster zuzugeben bereit ist, natürlich ebenfalls auf das schlüpfrige Gelände der Metaphysik, dem er jedoch - im Gegensatz etwa zum Neopositivismus des Wiener Kreises - nicht auszuweichen versucht, sondern dessen Durchquerung er als sinnvoll und notwendig ansieht (vgl. Popper 1963: 193 ff.). Einen Wahrheitsbeweis für seine Überlegungen kann er dabei ebensowenig antreten wie die strikten Deterministen oder die reinen Indeterministen für ihre Position. Er versucht aber, die Fruchtbarkeit dieses dritten Weges für die Analyse menschlicher (und anderer) Verhaltensweisen mit Hilfe vernünftiger Argumente, die zwar seine Position nicht direkt widerlegbar, aber doch kritisierbar machen, wenigstens zu untermauern.

Noch befindet sich sein Denken in dieser Hinsicht zu sehr in Fluß, noch wurden seine Argumente von der wissenschafts- und erkenntnistheoretischen Diskussion viel zu wenig auf- und angegriffen, als daß ich im Rahmen dieser Arbeit eine fundiertere Würdigung seines Ansatzes wagen dürfte. Doch lassen sich mögliche Implikationen seiner Dreiweltenlehre für die empirische Forschung herausarbeiten, auf die ich im folgenden noch ganz kurz eingehen möchte, dies allerdings eher im Sinne programmatischer Spekulation als in Form abgeklärter Analyse.

Falls Poppers Überlegungen zutreffen, falls menschliches Handeln also tatsächlich weder vollständig determiniert ist noch alleine aufgrund von Zufallsentscheidungen zustandekommt, sondern das - zwar von vielen Faktoren beeinflußte, aber auch Freiheitsgrade aufweisende - Ergebnis autonomer Überlegungen darstellt, hat das für die empirische Politikforschung (und natürlich nicht nur für sie, sondern für die gesamte Sozialwissenschaft) erhebliche Konsequenzen: Mit Hilfe seines ontologischen Modells ließe sich erklären, warum wir einerseits durchaus in der Lage sind, Regelmäßigkeiten politischen Verhaltens aufzudecken, andererseits aber in unserem Bemühen um möglichst vollständige Varianzaufklärung immer wieder scheitern.

Die mangelnde Prognosefähigkeit unserer Theorien stellte dann nicht mehr ausschließlich das Resultat der Unvollkommenheit unseres Wissens, sondern in vielen Fällen auch eine Widerspiegelung der untersuchten Realität dar, die sich -
von Anlaß zu Anlaß vermutlich unterschiedlich - angesichts menschlicher Freiheitsspielräume und daher nicht hundertprozentiger Determination nur teilweise
strikten Gesetzmäßigkeiten fügte. Denkbar wäre es ferner, daß für die verschiedenen Bereiche des menschlichen Handelns unterschiedliche Grenzen der Erklärbarkeit und Vorhersagbarkeit existierten. Wo diese Grenzen jeweils liegen,
könnte nur durch langwierige Untersuchungen ausgelotet werden, die jedoch sinnvollerweise auch in Zukunft nach dem methodischen Regulativ des Determinismus
arbeiten sollten, da im Einzelfall natürlich nicht zweifelsfrei festgestellt werden kann, wann denn nun die jeweilige Grenze der Erklärbarkeit erreicht worden
ist.

Für die empirische Forschungspraxis implizieren diese Überlegungen folglich
keine Änderungen, wohl aber für die Interpretation langer und erfolglos blei-
bender Bemühungen um größere Varianzaufklärung: Wenn es selbst mit Hilfe immer neuer in unsere Voraussagegleichungen eingeführter Variablen nicht gelingt,
nennenswert zur weiteren Varianzreduktion beizutragen, wenn immer wieder neu
formulierte Theorien und ständig komplexer gestaltete Kausalmodelle kaum noch
zusätzliche Erklärungskraft liefern, dann liegt aus der Sicht der Popperschen
Dreiweltenlehre der Verdacht nahe, daß der Forschungsgegenstand unseren Bemühungen eine "natürliche" Grenze setzt und daß die untersuchten Beziehungen tatsächlich nur mit den festgestellten Wahrscheinlichkeiten, die eventuell sehr
gering sind, gelten.

Schließlich ist es, um die Spekulation noch einen weiteren Schritt voranzutreiben, denkbar, daß es irgendwann in ferner Zukunft möglich sein wird, die unterschiedlichen Freiheitsspielräume menschlichen Handelns in verschiedenen Situa-
tionstypen festzustellen und damit Informationen über die differentielle Prognosefähigkeit der diversen Sozialwissenschaften in Abhängigkeit vom Gegenstandsbereich und der jeweiligen Entscheidungssituation zu gewinnen, d.h. Gesetz-
zesaussagen über unterschiedliche Determinationsgrade menschlichen Verhaltens
aufzustellen. Aber das ist, wie gesagt, reine Spekulation, die angesichts des
gegenwärtigen Standes der Sozialwissenschaften als reichlich verfrüht erscheinen muß.

8.2. ASPEKTE DER WERTURTEILSPROBLEMATIK

Eine andere Gruppe von Einwänden gegen das behavioralistische Forschungsprogramm wendet sich gegen dessen Forderung nach Wertfreiheit. Sie sei weder einzuhalten noch werde sie dem Gegenstand der Politikforschung gerecht. Einzuhalten sei sie hauptsächlich deswegen nicht, da der Forscher von dem, was er untersuche, stets auf irgendeine Weise selbst betroffen sei; die Unparteilichkeit und emotionale Unberührtheit des Naturforschers sei in der Politikwissenschaft nicht zu erreichen. Den Forschungsgegenstand verfälsche sie, da dieser selbst nicht wertneutral sei, sondern eine untrennbare Verbindung von Fakten und Werten darstelle. Außerdem basiere auch der Behavioralismus notwendigerweise auf Wertentscheidungen, die er jedoch weder kenntlich mache noch überhaupt zur Kenntnis nehme, was letztlich für seine Sterilität mitverantwortlich sei, da er ohne einen expliziten Wertmaßstab keine Relevanzkriterien für seine Forschung aufzuweisen habe.

Tatsächlich bedeute die behavioralistische Forderung nach Wertneutralität den Verzicht auf jegliche ethische Orientierung des Politikwissenschaftlers, dessen Tätigkeit stets auf das Gemeinwohl gerichtet sein und zum "rechten Handeln" anleiten müsse. Aufgabe der Politikwissenschaft sei mit anderen Worten die Beschäftigung mit dem guten Staatszweck oder, so die Caucus-Position, die Orientierung an wichtigen menschlichen Bedürfnissen und humanitären Zielsetzungen. Unmittelbare Folge der empiristischen Fixierung auf das Gegebene sei der inhärente Konservativismus der meisten Behavioralisten, d.h. die unkritische Bejahung oder doch unreflektierte Akzeptierung des Status quo, eine von Grund auf unpolitische, eines Politikwissenschaftlers unwürdige Haltung.

Diese Aufzählung zeigt, daß im Zusammenhang mit der Werturteilsproblematik sowohl ontologische als auch forschungs- und allgemeinpolitische Einwände erhoben wurden. Ich will im folgenden zuerst wieder die Argumentationszusammenhänge, innerhalb derer diese Einwände geäußert wurden, skizzieren, bevor ich daran gehe, sie eingehender zu analysieren und systematisch zu diskutieren; dabei werde ich, ebenso wie im vorangegangenen Abschnitt, sowohl auf Argumente des Behavioralismus selbst als auch auf Annahmen der empirisch-analytischen Wissenschaftstheorie zurückgreifen.

8.2.1. Der Wertplatonismus von Leo Strauss

Am intensivsten von allen Kritikern des Behavioralismus hat sich meiner Beobachtung nach Leo Strauss mit dessen Forderung nach Werturteilsfreiheit auseinandergesetzt. Politische Dinge seien, so Strauss, in ihrem Wesen nicht neutral,
wie das vom behavioralistischen Forschungsprogramm vorausgesetzt werde, sondern sie seien Gegenstand von Ablehnung und Zustimmung und erhöben den impliziten Anspruch, in den Kategorien von gut und böse bewertet zu werden. Wer das
nicht tue, verstehe sie nicht als das, was sie seiner Ansicht nach notwendigerweise sind: als empirische Phänomene mit inhärenten Wertqualitäten. Von diesen
Wertqualitäten abzusehen, bedeute zwangsläufig, das Wesen des Politischen zu
verfehlen (vgl. Strauss 1953: 49; 1957: 95; 1962: 311).

Die vom Behavioralismus im Anschluß an Max Weber propagierte Trennung von
Tatsachen und Werten könne daher den politischen Gegenständen nicht gerecht werden. Die Behauptung, daß sich Werte aus Tatsachen mit wissenschaftlichen Mitteln
nicht ableiten ließen, impliziere ferner, daß sämtliche traditionellen Wertsysteme vom Behavioralismus abgelehnt werden müßten, da sie stets Werte auf Fakten gründeten (vgl. Strauss 1962: 324). Schließlich habe die Trennung von Sein
und Sollen zu einer Zurückweisung des Konzepts des Gemeinwohls und des öffentlichen Interesses geführt, jenes Konzeptes also, um das es in der Politik
letztlich gehe und ohne das politisches Denken zwangsläufig orientierungslos
bleiben müsse (vgl. Hennis 1963: 65).

Die Trennung von Sein und Sollen ist jedoch nach Auffassung von Strauss unhalt-
bar, wie er mit einer interessanten, m.E. allerdings fehlerhaften Argumentationsfigur zu beweisen versucht: Wenn man sich einmal vorstelle, daß die "Werte" eines Menschen vollständig durch seine Veranlagung und durch seine Umgebung, d.h. durch das, was er ist, determiniert seien, wenn man also von einer
Eins zu eins-Beziehung zwischen Wert "a" und Sein "A" ausgehe, dann wäre, so
Strauss, das Sollen vollständig vom Sein determiniert (vgl. Strauss 1962: 325).
Der Fehler, den Strauss hier begeht, besteht meiner Ansicht nach darin, nicht
zwischen subjektiven Wertpräferenzen und objektiven Werten, die es ihm zufolge
ja gibt, also zwischen dem, was ich für wertvoll halte und dem Problem der
Rechtfertigung dieser Wertpräferenz zu unterscheiden. Daß Wertpräferenzen durch
soziale und psychische Faktoren beeinflußt werden, ist von behavioralistischer
Seite unbestritten. Damit ist aber noch nichts über ihre Rechtfertigung gesagt, und ausschließlich darum geht es im Werturteilsstreit.

An anderer Stelle macht Strauss geltend, daß es unmöglich sei, soziale Phänomene zu untersuchen, ohne Werturteile zu fällen. So seien zum Beispiel die
Fragestellungen der Politikwissenschaft stets wertbestimmt. Das aber bedeute,
daß nicht die Logik, sondern subjektive Interessen die Grundbegriffe des For-
schens lieferten. Eine Trennung von subjektiven und objektiven Elementen sei
aus diesem Grunde in den Sozialwissenschaften nicht durchführbar (Strauss 1957:
107). Selbst in deskriptiven Aussagen, so Strauss weiter, steckten notwendigerweise immer Werturteile. Die Politikwissenschaft müsse zwischen politischen
und unpolitischen Dingen unterscheiden, was nur durch Beantwortung der Frage:
"Was ist politisch?" ermöglicht werde. Diese Beantwortung aber könne nur erfolgen, wenn man angebe, was Gesellschaft konstituiere. Das wiederum mache es nötig, Aussagen über den Zweck des Gemeinwesens zu treffen. Damit aber akzeptiere
man einen Wertmaßstab, mit dessen Hilfe man politische Handlungen und Institutionen beurteilen könne (vgl. Strauss 1957: 101 f.).

Die Zurückweisung von Werturteilen durch den Behavioralismus beruhe auf der Annahme, daß sich Wertkonflikte letzten Endes nicht rational entscheiden ließen,
da es keine natürlichen Werthierarchien gebe. Gerade diese Annahme sei bisher
jedoch nicht systematisch bewiesen worden (was in dieser Form m.E. auch nicht
möglich ist, da es sich um eine negativ formulierte universelle Existenzaus-
sage handelt, die lediglich widerlegt, nicht jedoch verifiziert werden kann).
Diese relativistische Auffassung führt nach Ansicht von Strauss dazu, daß über
Werte noch nicht einmal mehr richtig diskutiert wird.

Die Konsequenz einer solchen Haltung sei Wertnihilismus und moralische Gleich-
gültigkeit. Unmenschliche Taten könnten nicht mehr als unmenschlich charakterisiert werden, ja: durch das Verbot von Werturteilen würden wir gezwungen, die
Vorgänge in den Konzentrationslagern ganz wertneutral zu schildern, ohne sie als
Grausamkeiten kennzeichnen zu dürfen. Mit dieser Haltung erreiche man letztlich einen Punkt, "hinter dem die Szene durch Hitlers Schatten verdunkelt wird"
(Strauss 1952: 42; vgl. auch Hennis 1963: 65).

Dabei beziehe sich der empirische Politikwissenschaftler, sobald er von Korruption, Interessengruppen oder staatsmännischem Verhalten spreche, zwangsläufig eine Wertposition, da derartige Phänomene überhaupt erst durch Werturteile
konstituiert würden. Um ein tyrannisches Regime von einer Demokratie oder ein
echtes Ethos von einem bloßen Lebensstil unterscheiden zu können, müsse man
immer schon ein Gefühl für den Unterschied zwischen beiden aufweisen; dieses

Gefühl aber impliziere zwingend ein Werturteil (vgl. Strauss 1953: 49 f.;
54 f.).

Schließlich sei es vom Standpunkt des Behavioralismus betrachtet höchst inkon-
sequent, am Wert "Wahrheit" festzuhalten, da es sich den behavioralistischen
Prinzipien zufolge nicht um einen notwendigerweise zu wählenden Wert handele
(vgl. Strauss 1957: 98 ff.). So etwas existiere für ihn gar nicht. Um jedoch
dem Einwand zu entgehen, daß es - wenn schon diesen - dann auch andere Werte
geben müsse, ziehe sich der Behavioralismus darauf zurück, daß er an Wahrheit
als einen Wert glaube, so wie andere eben an andere Werte glaubten.

Diese vom Behavioralismus unterstellte Gleichheit aller Werte vor dem "Tribunal
der Vernunft", guter wie schlechter, moralisch höherer wie moralisch niedrige-
rer, führe geradezu zwangsläufig zu seiner egalitären, demokratischen, liberalen und permissiven Gesellschaftskonzeption (vgl. Strauss 1962: 324). Politisch
seien die Anhänger des behavioralistischen Forschungsprogramms alle liberal,
ideengeschichtlich dagegen stehe die Bewegung wegen ihrer orthodoxen Züge
rechts. Links seien die anzusiedeln, die die behavioralistische Politikwissenschaft in Bausch und Bogen ablehnten; in der Mitte schließlich säßen diejenigen, die Politik zu verstehen suchten, ohne sich über sogenannte methodologische Probleme groß Gedanken zu machen (vgl. Strauss 1962: 307 f.).

8.2.2. Politikwissenschaft als kritisch-normative Disziplin:
Die Argumentation des Caucus for a New Political Science

Wie wir im genetischen Teil der Arbeit gesehen haben, wurde der Behavioralismus von den einen als "linke", von den anderen als "rechte" und von den eigenen Anhängern vor allem als "liberale", d.h. nach deutscher Sprechweise wohl
am ehesten: sozialdemokratische Bewegung eingestuft. Von Seiten des Caucus for
a New Political Science wurde ihm in erster Linie sein, wie es hieß, inhären-
ter Konservativismus und seine unreflektierte Bejahung des Status quo vorgehalten. Er diene den herrschenden Institutionen und ideologischen Interessen der
amerikanischen Gesellschaft und habe zu den wirklich drängenden Problemen der
Zeit kaum etwas zu sagen (vgl. Surkin & Wolfe 1970).

Einer der Wegbereiter und prominentesten Sprecher des Caucus war, wie erinner-
lich, Christian Bay, der in seinem einflußreichen Aufsatz von 1965 über "Politik und Pseudopolitik" eine stärker wertorientierte Definition des Politischen

forderte, die statt auf Machtaspekte auf öffentliche Güter und auf "Wohlfahrt" gerichtet sein solle. Viele Behavioralisten argumentierten von impliziten Wertpositionen aus, die sie nicht kenntlich machten, sondern unhinterfragt ihren Analysen zugrundelegten.

Erforderlich sei, so Bay weiter, neben der üblichen, auf vorgegebene Zwecke bezogenen Rationalität der Mittelwahl eine erweiterte Rationalität der Zielsetzungen und des substantiellen Bezugs der Forschung zu Recht, Freiheit und anderen Werten, die ebenso geklärt gehörten wie die üblichen empirischen Konzepte.

Vorrangig sei in diesem Zusammenhang eine befriedigende Theorie menschlicher Bedürfnisse, die Aussagen mache über Bedürfnishierarchien und damit, neben einer stärkeren Betonung des psychologischen Aspektes, eine Rückbesinnung auf die normativen Komponenten der Politik (vgl. Bay 1965).

Während Bay sich in der Werturteilsfrage nicht wesentlich über die Grenzen des behavioralistischen Forschungsprogramms hinausbewegt und - wenn man einmal von seiner Auffassung absieht, daß sich Bedürfnishierarchien empirisch begründen ließen - zumindest prinzipiell an der Trennung von empirischer und normativer Theoriebildung festhält, wandte sich Henry S. Kariel (1970), ein anderer prominenter Caucus-Wissenschaftler, gegen die übliche Differenzierung in empirische und normative Theorie, da die Menschen stets ihre politischen Theorien zweckgebunden auf irgendwelche ausgewählten Aspekte der Realität hin ausrichteten. Politische Theorien ließen sich deshalb nicht als frei von Zielsetzungen, Idealen und Werten beschreiben; sie seien daher niemals ausschließlich deskriptiv. Das Gleiche gelte umgekehrt für die normative Theoriebildung. Dennoch ist auch Kariel immerhin bereit, aus pragmatischen Gründen an der Dichotomie von empirischer und normativer Theorie festzuhalten.

Andere Anhänger des Caucus jedoch sind nicht willens, ihm in dieser Frage zu folgen. So argumentieren Alan Wolfe & Charles McCoy in ihrem "Anti-Textbuch", daß eine wertfreie Sozialwissenschaft unvorstellbar sei, "da nichts wertfrei ist" (1972: 12). Dieses zeige sich beispielsweise bei der Analyse von politischen Institutionen, wo Beschreibung, Erklärung und Präskription verschmölzen. Ferner würden alle Definitionen, die ihre Wichtigkeit dadurch erhielten, daß sie den Gang der Forschung bestimmten, auf normativer Basis gewonnen. Daran sei nichts Schlimmes; entscheidend sei vielmehr, welche Normen herangezogen würden. Dementsprechend wählen sie denn auch nach einer Analyse verschiedener Politik-

begriffe und politologischer Kernkonzepte, deren implizite normative Komponente sie nachzuweisen versuchen, ihre Politikdefinition: Politik wird von ihnen
verstanden als "Konflikt über die Suche nach dem guten Leben und die Mittel,
das zu erreichen" (Wolfe & McCoy 1972: 17).

Normativ wird diese Definition erst, wenn man eine bestimmte Vorstellung über
das, was "gutes Leben" ist, seiner Analyse zugrundelegt. In der vorliegenden
Fassung ist die Definition leerformelhaft; sie unterscheidet sich in diesem
Punkte nicht von den verschiedenen machtbezogenen Politikdefinitionen, die
jedoch von Wolfe und McCoy wegen ihrer angeblichen normativen Implikationen
zurückgewiesen werden. Versteht man ihre Definition dagegen individualistisch,
d.h. ohne eine verbindliche Festlegung von gutem Leben, dann handelt es sich
sogar, entgegen den Intentionen der Autoren, um eine nicht-normative Definition, die vielleicht besser folgendermaßen formuliert sein sollte: "Politik ist
Konflikt über die Suche nach dem, was die einzelnen Bürger unter gutem Leben
verstehen ... "; ein Werturteil darüber, was denn nun "gutes Leben" darstellt,
wäre damit nicht verbunden.

Wolfe und McCoy sind in ihrer Argumentation nicht sonderlich konsistent. Aber
das ist eher typisch für die Kritik der Caucus-Bewegung am behavioralistischen
Forschungsprogramm; sie hat erstaunlich wenig an systematischer wissenschaftstheoretischer Analyse hervorgebracht, wenn man einmal von der existenzialphäno-
menologischen Position absieht, die allerdings meiner Beobachtung nach weitestgehend im Programmatischen verharrte und bisher wenig an substantieller Forschung leistete. In erster Linie bemühte sich die - intern sehr heterogene - New
Political Science der Caucus-Bewegung während der Auseinandersetzungen der
späten sechziger und frühen siebziger Jahre, dem Behavioralismus in immer wieder neuen Analysen seine inhärente, programmkonträre Wertbeladenheit nachzuweisen. Dabei blieb anscheinend wenig Raum für die eigene wissenschaftstheoretische Reflexion und für Überlegungen über die kognitiven Konsequenzen ihres nor-
mativistischen Credos, des Verhältnisses von empirischer Wissenschaft und praktischer Politik und des erkenntnistheoretischen Status ihrer eigenen Konzepte.

8.2.3. Wissenschaftstheoretische Aspekte des Werturteilsproblems

Soweit einige der wichtigeren Argumente, die während der Behavioralismus-Kontroverse gegen die Position der Wertneutralität bzw. gegen das Postulat der
Wertfreiheit erhoben worden waren. Einige von ihnen wurden, wie ich im geneti-

schen Teil bereits berichtet habe, gegen Ende der heißen Kontroverse von behavioralistischer Seite zurückgewiesen. Die behavioralistischen Stellungnahmen
zur Werturteilsproblematik hier noch einmal in allen Einzelheiten zu wiederholen, würde ihre Darstellung im Rahmen dieser Arbeit lediglich verdoppeln. Ich
will mich daher darauf beschränken, die Grundzüge ihrer Argumentation zu skizzieren.

Wertfreiheit der Forschung im Sinne völliger Wertabstinenz, so Eulau (1968b),
fordere heute niemand mehr; Werte spielten sowohl bei der Auswahl und der Formulierung von Forschungsfragen und der als wichtig erachteten Variablen als
auch bei der Interpretation und der Anwendung von Forschungsresultaten sowie
als innerwissenschaftliche Entscheidungsmaßstäbe eine große Rolle. Worum es in
Wirklichkeit bei der Forderung nach Wertfreiheit, die von behavioralistischer
Seite eher im Sinne eines regulativen Prinzips interpretiert werde, gehe, sei
die Neutralisierung von Vorurteilen, durch die die wissenschaftliche Erkenntnis verzerrt werde. Wertindifferenz bedeute dies indes nicht.

Der Behavioralismus versucht also, wenn auch eher implizit, eine Differenzierung der Werturteilsproblematik vorzunehmen, ohne dabei allerdings zu jener
exemplarischen systematischen Klarheit zu gelangen, wie sie etwa die Analysen
von Hans Albert (vgl. z.B. Albert 1963) auszeichnet. Einig sind sie sich mit
der analytischen Wissenschaftstheorie darin, daß sich Werturteile nicht aus empirischen Aussagen ableiten lassen und damit auch nicht der empirischen Validierung fähig sind, sondern daß man, um sie systematisch zu begründen, auf andere Rechtfertigungsinstanzen zurückgreifen muß (vgl. Pool 1970).

In diesen Antworten des Behavioralismus auf seine Kritiker ist in den Grundzügen bereits die empirisch-analytische Position in der Werturteilsfrage angelegt, als deren Kern nicht etwa die Annahme anzusehen ist, daß wertfreie
Forschung prinzipiell möglich sei, sondern der Nachweis, daß sich angesichts
der logischen Kluft zwischen Seins- und Sollenssätzen Werturteile nicht ohne
weiteres aus Tatsachenaussagen ableiten lassen. Logische Deduktionen nach den
Regeln des modus ponens haben die Eigenschaft, in der Konklusion lediglich das
zu explizieren, was bereits in den Prämissen enthalten ist; umfaßt die Conclu-
sio eine Sollenskomponente, so ist sie logisch stichhaltig nur mit Hilfe von
Sätzen zu begründen, die ebenfalls eine Sollenskomponente implizieren; mit anderen Worten: Präskriptionen lassen sich nur mit Hilfe weiterer präskriptiver
Sätze begründen; analog gilt diese Regel selbstverständlich auch für deskriptive Aussagen (vgl. Brecht 1961: 150 ff.).

Einer der interessantesten Versuche, dennoch präskriptive aus deskriptiven Aussagen logisch schlüssig abzuleiten, stammt von John Searle (1964). Er stützt
sich dabei auf eine Theorie der Sprechakte, die zwischen "nackten" und "institutionellen Tatsachen" unterscheidet; erstere werden durch "regulative", letztere durch "konstitutive Sprachregeln" begründet. "Konstitutive Regeln schaffen
(und regulieren) Arten von Tätigkeiten, deren Existenz logisch von den Regeln
abhängt" (Searle 1964: 131); sie sind manchmal auch in der Lage, Verpflichtungen und Verantwortlichkeiten zu begründen. "Regulative Sprachregeln" hingegen
beziehen sich auf Tätigkeiten, die unabhängig von diesen Regeln bestehen.

Die Tatsache, daß ich zu jemandem etwas sage, stellt an und für sich ein "nack-
tes Faktum" dar; wenn ich jedoch mit dem, was ich sage, meinem Gesprächspart-
ner etwas verspreche, handelt es sich um ein "institutionelles Faktum", da
nach Searles Auffassung ein Versprechen in unserer Sprachgemeinschaft bestimmte Verpflichtungen impliziert; mit dem Akt des Versprechens habe ich mich daher zu einer bestimmten Folgehandlung verpflichtet. Da aber derartige Verpflichtungen die Aufforderung enthalten, sie einzulösen, läßt sich laut Searle
aus einer unzweifelhaft rein deskriptiven Aussage eine ebenso unzweifelhaft
rein präskriptive Aussage ableiten.

Konkret läßt sich das Searlesche Beispiel so rekonstruieren:
1) A sagt: "Ich verspreche hiermit Dir, B, die Ehe".
2) A hat B die Ehe versprochen
3) A hat sich verpflichtet, B zu heiraten
4) A ist verpflichtet, B zu heiraten
5) A soll B heiraten.

Durch seine Theorie der Sprechakte und, genauer, seine Differenzierung in
"nackte" und "institutionelle" Tatsachen versucht Searle, die üblicherweise
als unüberbrückbar angesehene Unterscheidung zwischen Seins- und Sollensaussagen wenigstens in einem Teilbereich menschlicher Sprachhandlungen aufzuheben;
in ontologischer Sichtweise formuliert: Er gibt damit den von Max Weber behaup-
teten "Dualismus von Sein und Sollen" preis und nimmt "eine neben der 'Tatsa-
chensphäre' und 'Wertsphäre' bestehende 'gemischte Sphäre' an" (Stegmüller
1973: 52).

Es erscheint mir allerdings fragwürdig, sich ohne Not auf das Gebiet ontologischer Setzungen zu begeben, um die Ableitbarkeit von Seins- aus Sollensaussagen

zu diskutieren; von größerem Nutzen ist m.E. eine logische Aussagenanalyse, wie sie z.B. Hans Albert in seinen Aufsätzen über die Werturteilsproblematik vornimmt (vgl. Albert 1963; 1966 etc.).

Dieser Einwand stellt jedoch kein stichhaltiges Argument gegen die Searlesche Beweisführung dar. Die Problematik seines Beispiels liegt m.E. im normativ-deskriptiven Zwitterstatus von "Versprechen". Es kann kein Zweifel daran bestehen, daß die beiden Sätze: "A sagt: 'Ich verspreche hiermit Dir, B, die Ehe" und "A hat B die Ehe versprochen" ohne normative Beifügungen sind. Das gleiche kann man für Satz 3 ("A hat sich verpflichtet, B zu heiraten") gelten lassen. Der Sprung vom Sein aufs Sollen erfolgt meiner Überzeugung nach beim Übergang zu Satz 4 ("A ist verpflichtet, B zu heiraten").

Searle scheint das Problem selbst zu erkennen, da er sich mit diesem Übergang eingehend auseinandersetzt. Seine in diesem Zusammenhang getroffene Gleichsetzung von "etwas versprechen" mit dem Einverständnis, "daß es - unter ansonsten gleichen Umständen - eingehalten werden soll" (1964: 127) vermag meiner Auffassung nach Satz 5 ("A soll B heiraten") nicht zweifelsfrei zu begründen, da vom performativen Sprechakt zur darin angesprochenen (oder auch versprochenen) Handlung ein normativer Sprung nötig ist, der vom Sprechakt allein nicht legitimiert werden kann. Vielmehr sind hier weitere Normen etwa der Art nötig, daß einmal eingegangene Verpflichtungen eingehalten werden sollen. Solche Normen existieren in unserer Gesellschaft; sie in die Searlesche Argumentationsfigur aufzunehmen würde aber die Einführung einer weiteren, diesmal unzweifelhaft normativen Prämisse in seine Ableitung implizieren und damit seine Beweisführung unterminieren.

Wie die an Searle anknüpfende Diskussion zeigt, hat er mit diesem Beispiel der analytischen Wissenschaftstheorie eine harte Nuß zu knacken gegeben (vgl. Hudson 1969). Einigkeit besteht bei seinen Kritikern eigentlich nur in einem Punkte: daß irgendwo zwischen Satz 1 und Satz 5 seines Ableitungsbeispiels eine - unausgesprochene - normative Aussage enthalten sein müsse. Darüber hingegen, wie diese aussehe und genau an welcher Stelle sie zu lokalisieren sei, bestand und besteht Uneinigkeit. So gesehen liefert auch mein Einwand nicht mehr als einen Lösungsvorschlag, der weiter ausgearbeitet werden müßte.

Aber selbst wenn es möglich sein sollte, mittels der Theorie der performativen Sprechakte den logischen Dualismus von Seins- und Sollensaussagen an einer

Stelle zu überbrücken, was ich persönlich für nicht sehr wahrscheinlich halte,
würde dies nicht als entscheidender Einbruch auf breiter Front interpretiert
werden dürfen: Die weitaus meisten normativen Empfehlungen lassen sich nicht
sinnvoll in derartige Sprachhandlungen transformieren und fallen damit nicht
unter den Searleschen "Beweis". Noch immer gilt auch für den Bereich der Sozialwissenschaften, daß aus der Tatsache, daß etwas der Fall ist, nicht ohne zusätzliche normative Prämissen oder logische Abschwächungen (vgl. Stegmüller
1973: 51) darauf geschlossen werden kann, daß es auch so (oder anders) sein
soll.

Daß Werturteile an den verschiedensten Stellen der politikwissenschaftlichen
Forschung wirksam werden, ist eine Binsenweisheit. Selbstverständlich sind die
Fragestellungen empirischer Untersuchungen ebenso wertgeleitet wie die Entscheidung, überhaupt Erfahrungswissenschaft zu betreiben oder seine Forschungsergebnisse einer bestimmten Verwertung zuzuführen. Überdies beschäftigt sich
die behavioralistische Politikwissenschaft mit Werthaltungen, normativen Steue-
rungssystemen oder Ideologien als sozialen Tatsachen, d.h. als Gegenständen
ihrer Forschung: Die Bewertung von Politikern, die positive oder negative Einschätzung von Regierungsaktivitäten und Parteiprogrammen oder die Vorurteile
gegenüber ethnischen und religiösen Gruppen sind wichtige Objekte der empirischen Politikforschung. Auch versuchen stärker praxisorientierte Politologen,
empirische Theorien für die Erreichung ausgewählter politischer Zielsetzungen
nutzbar zu machen, die gesellschaftlichen Konsequenzen bestimmter Ziel-Mittel-
Strategien zu untersuchen und die empirische Verträglichkeit unterschiedlicher
politischer Entscheidungen aufzudecken.

Werte sind folglich auch in der behavioralistischen Politikwissenschaft von Bedeutung, sei es im Entdeckungs- und im Verwertungszusammenhang oder als Gegenstand ihrer Analysen. Die meisten Programmatiker des Behavioralismus sind sich
dessen durchaus bewußt. Wozu sie sich hingegen - wie ich meine: mit guten Gründen - nicht in der Lage sehen, ist die Abgabe von wissenschaftlich begründeten
Werturteilen. Hier muß nach behavioralistischer Ansicht wissenschaftliche Arbeitsteilung einsetzen: Da einerseits Werturteile unserem Wissen über Naturab-
läufe kognitiv nichts hinzufügen und andererseits normative Aussagen nur normativ begründet werden können, muß der Empiriker als Wissenschaftler auf Werturteile über seine Forschungsgegenstände verzichten. Hier setzt die Aufgabe einer zwar ebenfalls wissenschaftlich, da rational argumentierenden und kritisierbaren, aber nicht empirisch verfahrenden politischen Ethik ein, die möglicherweise nach dem Muster der analytischen Rechtsphilosophie zu betreiben wäre.

Dabei ist es den meisten Anhängern des behavioralistischen Forschungsprogramms vollkommen klar, daß der einzelne die angestrebte Wertfreiheit wohl
kaum erreichen kann, da er in der Auswahl seiner Variablen, in der Gewichtung
ihrer Bedeutung und der Interpretation seiner Forschungsergebnisse meist Vorurteilen unterliegt. Sicherlich gilt dies umso stärker in den Sozialwissenschaften, da der Forscher von dem, was er untersucht, häufig auf irgendeine
Weise selbst betroffen ist; Naturwissenschaftler haben es da vermutlich leichter. Aber gilt nicht die persönliche Betroffenheit durch den Forschungsgegenstand auch für den Mediziner, den Biologen oder den Anthropologen, ohne daß
deren Wissenschaften die Möglichkeit, kognitive Aussagensysteme ohne Wertbias
zu formulieren, prinzipiell abgesprochen wird? Abgesehen davon verkennen derar-
tig begründete Argumente das leidenschaftliche Interesse und das emotionale
Engagement, das viele Naturforscher ihren Gegenständen entgegenbringen.

Selbst wenn die Sozialwissenschaften die angestrebte normative Unbeflecktheit
bestenfalls asymptotisch zu erreichen vermögen, läßt sich dadurch das systematische Argument, daß Werturteile zu unseren empirischen Aussagen kognitiv
nichts hinzufügen, sondern sie tendenziell verzerren, nicht ad absurdum führen. Als methodisches Prinzip, d.h. als Verhaltenskodex wissenschaftlichen Ar-
beitens bleibt das Streben nach Wertfreiheit weiterhin sinnvoll. Im sozialen
Prozeß der wissenschaftlichen Kritik und Gegenkritik besteht die Chance, daß
die nichtkognitiven Elemente aus unseren Aussagenzusammenhängen allmählich
ausgeschieden werden und daß damit die individuell nicht erreichbare, methodisch aber nach wie vor geforderte Wertfreiheit der Forschung kollektiv realisiert wird.

Wendet man diese - hier nur relativ knapp skizzierten, in der einschlägigen Literatur ausführlich dokumentierten - Überlegungen der empirisch-analytischen
Wissenschaftstheorie zur Werturteilsproblematik auf die Strausssche Argumentation und die Kritik der Caucus-Wissenschaftler an, so zeigt sich, daß viel von
dieser Kritik schon deswegen unwirksam verpufft, da sie ungenau gezielt ist.
Sowohl Strauss als auch die zitierten Caucus-Wortführer haben sich im Rahmen
des Behavioralismus-Streits nicht die Mühe gemacht, die Position der empirisch-
analytischen Richtung, die vom Behavioralismus in der Werturteilsfrage nach
meiner Beobachtung weitestgehend geteilt wird, adäquat zu rekonstruieren.

Ihre Kritik stößt m.E. vor allem dort ins Leere, wo sie sich auf die Wertbehaf-
tetheit der Entstehungs- und Verwertungszusammenhänge empirischer Forschung

bezieht. Daß wir uns aufgrund eigener oder fremder Wertpräferenzen für die Untersuchung bestimmter Fragestellungen und Gegenstände entscheiden, macht ihre
unparteiische, von Vorurteilen weitestgehend freie Analyse nicht prinzipiell
unmöglich: So wie der Krebsforscher, der seinen Untersuchungsgegenstand nicht
zuletzt deshalb gewählt hat, weil er ihn bekämpfen will, wird sich auch der mit
Problemen der politischen Korruption beschäftigte Behavioralist davor hüten,
seine Abneigung gegenüber seinem Forschungsobjekt auf seine Analyse abfärben
zu lassen; er würde damit seinem Anliegen keinen guten Dienst erweisen.

Analog bedeutet die Entscheidung für ein primär erkenntnisorientiertes Wissenschaftsideal, die selbstverständlich ebenfalls wertgeleitet erfolgt, nicht
zwangsläufig, daß nun auch alle auf der Basis dieser Entscheidung durchgeführten Forschungen wertdurchtränkt wären; andernfalls müßte das auch für die Mathematik, die formale Logik oder die Geodäsie gelten. Und daß sich die behavioralistische Politikwissenschaft mit Werten als Untersuchungsgegenständen beschäftigt, impliziert schließlich ebenfalls nicht zwingend den ihr unterstellten
Wertbias oder die Verpflichtung (von der Möglichkeit zu schweigen), Werturteile zu fällen, sonst wäre auch der mit Neid- und Angstphänomenen befaßte Psychologe dazu verpflichtet oder gar gezwungen, selber als Wissenschaftler nei-
disch oder ängstlich zu argumentieren. Derartige Überlegungen sind m.E. ein un-
taugliches Mittel, um die Wertdurchtränktheit der empirischen Politikwissenschaft oder ihre Verpflichtung, Werturteile abzugeben, zu beweisen oder auch
nur plausibel zu machen.

Die meisten Argumente von Leo Strauss basieren auf seiner essentialistischen
Wissenschaftskonzeption im allgemeinen und seinem Wertessentialismus im besonderen. Aufgabe der Politikwissenschaft ist seiner Überzeugung nach die Analyse des Wesens der politischen Gegenstände, die Aufdeckung der "natürlichen
Interessen" des Menschen mit Hilfe ontologischer Aussagen und essentialisti-
scher Definitionen und die Anleitung des Staatsbürgers zum (wissenschaftlich
für Strauss zweifelsfrei erkennbaren) "rechten Handeln". Politische Phänomene
weisen seiner Ansicht nach inhärente Wertqualitäten auf; sie sind daher auch
nicht neutral oder wertfrei zu analysieren. Die politikwissenschaftlichen Definitionen stellen denn auch laut Strauss Wesensaussagen mit Wertbezug dar. Dies
macht etwa das Beispiel der Frage, was politisch ist, deutlich; die Beantwortung dieser Frage müsse sich immer auf den Staatszweck beziehen.

Diese sich auf Aristoteles berufende Wissenschaftsauffassung scheint auf einem

"Mißverständnis der logischen Grammatik unserer Sprache" zu basieren (Albert 1967: 65). Ein Anhänger des behavioralistischen Forschungsprogramms würde zum Beispiel die Frage nach dem Wesen des Politischen als eine wenig sinnvolle Scheinfrage ablehnen. Was als politische und was als unpolitische Gegenstände anzusehen ist, hängt für ihn von der gewählten Politikdefinition ab, die wiederum eine Verabredung über die Verwendung des definierten Begriffs darstellt. Was also als "politisch" bzw. "unpolitisch" betrachtet wird, ist allein eine Sache der Sprachkonvention und nicht etwa irgendwelcher unveränderbarer Wesenszüge des bezeichneten Gegenstandsbereiches.

Derartige Nominaldefinitionen mögen im einen oder anderen Fall durchaus aufgrund von Wertpräferenzen zustandekommen; beurteilt werden sie im Rahmen der empirisch-analytischen Wissenschaftsauffassung ausschließlich nach ihrer theoretischen Fruchtbarkeit und ihren logischen Qualitäten wie Eindeutigkeit, Widerspruchsfreiheit, Extension oder Intension. Daß die politischen Gegenstände inhärente Wertqualitäten aufweisen, wie Strauss dies voraussetzt, ist aus empirisch-analytischer Sicht eine durch Beobachtungstatsachen nicht zu beweisende oder zu widerlegende Annahme. Dem empirischen Politikwissenschaftler bietet sich ein diametral entgegengesetztes Bild: Seine Forschungsobjekte, also die von ihm untersuchten Handlungen, Persönlichkeitszüge, Institutionen und politischen Systeme, werden immer "von außen", aufgrund bestimmter Wertsysteme, akzeptiert oder verworfen. Wertqualitäten an sich weisen sie nicht auf. Die Vernichtung menschlichen Lebens durch Krieg oder Genozid zum Beispiel ist für den Behavioralisten nicht "böse" oder "verwerflich an sich", sondern wird dazu erst im Lichte unserer humanitären Werte oder unserer Konzeption des Sittengesetzes.

Auch der behavioralistische Politikwissenschaftler ist durchaus in der Lage, im Lichte dieser Wertvorstellungen die Judenvernichtung als "unmenschlich" oder die stalinistischen Lager als "grausam" zu charakterisieren. Was er allerdings nicht kann und wozu auch Strauss nach behavioralistischer Ansicht nicht in der Lage war, ist die empirische Fundierung dieser Wertmaßstäbe. Daß "Wertnihilismus" oder "moralische Abgestumpftheit" eine notwendige oder auch nur wahrscheinliche Konsequenz dieses analytischen Unvermögens sein sollen, wie Strauss unterstellt, ist weder einsichtig noch empirisch nachweisbar. Fast alle behavioralistischen Politikwissenschaftler der fünfziger und sechziger Jahre waren als Staatsbürger politisch engagierte Liberale oder Sozialdemokraten; als

Wissenschaftler beschäftigten sie sich bevorzugt mit so demokratierelevanten Fragestellungen wie Wahlverhalten, Politischer Kultur, ethnischen Vorurteilen, Fragen der Kriegsverhütung etc.

Ebensowenig ist einzusehen, wieso das Streben nach Wertfreiheit der Forschung einen Verzicht auf jegliche ethische Orientierung implizieren soll. Daß es möglich ist, seine Fragestellungen an einem expliziten normativen Bezugsrahmen auszurichten, wird von dieser Art von Kritik anscheinend stillschweigend vorausgesetzt. Daß dieser Bezugsrahmen empirisch begründet sein müsse, ist dagegen nicht notwendig, so daß auch dieser Vorwurf an die Adresse des Behavioralismus zurückzuweisen ist.

Die Beweislast scheint mir sowohl im Falle der unterstellten inhärenten Wert-qualitäten der politischen Dinge als auch im Falle der angeblichen wertnihili-stischen Konsequenzen des behavioralistischen Forschungsprogramms auf Seiten der Kritiker zu liegen. Die Schriften von Strauss und seinen Anhängern lie-fern, soweit mir bekannt, jedoch keine zwingenden Argumente hierfür.

Die zentrale Frage der Strausssschen Philosophie nach dem Wesen der politischen Dinge und nach dem guten Staatszweck bezieht sich folglich entweder auf "eine mißverständliche Formulierung eines empirischen Problems", oder auf ein Defi-nitionsproblem, d.h. auf eine intendierte Wortverwendung, oder auf die Stel-lung des Forschers zu dem fraglichen Gegenstand (Albert 1967: 61). Da man aber "weder Definitionen noch Wertungen und Stellungnahmen durch Tatsachen widerle-gen kann, weil sie nichts über die Wirklichkeit aussagen" (ebda.), vermag die von Strauss propagierte traditionelle Alternative zum Behavioralismus nichts anderes als politologische Metaphysik auf hohem intellektuellem Niveau zu bie-ten, an die man glauben kann oder auch nicht.

Die Kritik der Caucus-Anhänger am Wertfreiheitspostulat des Behavioralismus be-zog sich vor allem auf drei Aspekte: auf die Behauptung, nichts im sozialen Be-reich sei wertfrei, auf die normative Basis von Definitionen und auf die - we-gen der empiristischen Beschränkung auf das Gegebene als notwendig unterstell-te - konservative Tendenz der behavioralistischen Forschungspraxis. Die beiden zuerst genannten Punkte habe ich bereits im Zusammenhang mit den Auffassungen von Leo Strauss diskutiert; mit der Behandlung der Konservativismusthese will ich die Überlegungen zur Werturteilsfrage abschließen, obwohl auch noch andere Argumente während der Caucus-Revolte auftauchten, die jedoch praktisch alle auf

die Wertbasis oder den Verwendungszusammenhang empirischer Forschungsergebnisse bezogen waren und daher ebenfalls im Prinzip schon im Vorstehenden abgehandelt wurden.

Die Hauptanstrengungen der Caucus-Kritik am behavioralistischen Forschungsprogramm und seinem Ertrag konzentrierten sich auf den Nachweis, daß die verwendeten Konzepte und Theorien konservativ getönt seien, den Status quo einseitig
begünstigten und keinerlei kritisches Potential aufwiesen. So versuchen zum
Beispiel Wolfe und Surkin (1972: 13 ff.) anhand einer Analyse des Machtkon-
zeptes, das als Definiens von "Politik" allmählichen Wandel zu Lasten revolu-
tionärer Umwälzungen begünstige, diesen Nachweis zu führen, verweisen McCoy
und Playford (1967) auf die konservative Funktion von Gleichgewichtsmodellen,
analysiert James Petras (1965) in der gleichen Absicht die Verwendung des Sta-
bilitätskonzeptes bei Dahl, Almond, Verba und anderen, das auf dem pluralistischen Gesellschaftsmodell basiere und mit Demokratie gleichgesetzt werde, so
daß undemokratische Züge der amerikanischen Gesellschaft gar nicht mehr erkannt werden könnten. Die Verwendung dieser und ähnlicher Konzepte sei eindeutig ideologischer Natur und das bedeute: alles andere als wertneutral.

Von behavioralistischer Seite wurden diese Analysen als ungerechtfertigt zurückgewiesen. Die einen fühlten sich durch sie nicht betroffen, da sie in ihren Forschungen ein nicht auf Gesellschaftsveränderung, sondern auf Erkenntnis-
maximierung ausgerichtetes Wissenschaftsideal zu verwirklichen suchten, die
anderen hielten das vom Caucus entworfene Bild insgesamt für grotesk überzeich-
net. So argumentierte z.B. Pool (1970), die weitaus meisten Behavioralisten
verträten starke moralische Anliegen, wie nicht nur ihre Beschäftigung mit so
demokratischen Forschungsobjekten wie Wahlen beweise, sondern auch aus den
von ihnen zugrundegelegten egalitären und partizipatorischen Werten hervorgehe;
nicht umsonst interpretierten viele Behavioralisten die von ihnen betriebene Forschung im Sinne Lasswells als "Demokratiewissenschaft".

Andererseits hat allerdings der Behavioralismus in den ersten beiden Jahrzehnten seines Bestehens das kritische Potential empirischer Forschung m.E. tatsächlich nicht ausgeschöpft, haben seine Anhänger als Wissenschaftler relativ
spät und oft auch recht unbeholfen auf die Herausforderungen der amerikanischen Gesellschaftskrisen, auf Armut, Rassenunruhen, Vietnamkrieg und Studen-
tenrevolte, reagiert. Daß dies jedoch eine zwangsläufige oder auch nur wahrscheinliche Konsequenz ihrer empiristischen wissenschaftlichen Überzeugungen

ist, wird von den Caucus-Anhängern bestenfalls plausibel gemacht, nicht jedoch mit systematischen Argumenten belegt.

Ein solcher Nachweis dürfte schwer fallen, wenn man bedenkt, daß eine empirische Wissenschaft wenigstens potentiell in der Lage ist, die Realität einer Gesellschaft an deren eigenen (oder auch fremden) Ansprüchen zu messen, die fak-
tische Kluft zwischen politischem Sein und demokratischem Wollen aufzudecken,
die Realisierbarkeit alternativer Vorstellungen auszuloten, die gesellschaftlichen Kosten politischer Forderungen zu berechnen etc.

Die sogenannte nachbehavioralistische Politikwissenschaft, die tatsächlich
wohl eher eine Fortführung des Behavioralismus mit anderen Fragestellungen,
aber gleichen Mitteln darstellt, ist meiner Beobachtung nach nicht zuletzt um
eine Ausschöpfung dieser kritischen Möglichkeiten der empirischen Forschung
bemüht. Daß sie dabei auf die Mithilfe der politischen Philosophie, von der
die notwendigen Zieldiskussionen zu leisten sind, angewiesen ist, erscheint
mir nicht als ein Manko, sondern als eine Chance. Vielleicht erklärt sich der
(zumindest quantitative) Aufschwung, den die politische Philosophie vor allem
während der zweiten Hälfte der siebziger Jahre genommen hat, aus dieser vom
behavioralistischen Forschungsprogramm verlangten wissenschaftlichen Arbeitsteilung (vgl. Richter 1980).

Festzuhalten bleibt am Ende dieses Abschnitts, daß sich die Kritiker der behavioralistischen Werturteilsposition - sieht man einmal von Leo Strauss ab, der
sich in den fünfziger Jahren intensiv mit Max Weber, wenn auch nicht mit den
neueren Arbeiten zur Werturteilsproblematik auseinandergesetzt hatte (Strauss
1953) - kaum der Mühe unterzogen haben, die Werturteilsfrage einer systematischen logischen Analyse zuzuführen, was ihre Argumente erheblich im Wert min-
dert. Insbesondere haben sie es nicht für nötig befunden, die von manchen von
ihnen unterstellte Ableitbarkeit von Sollens- aus Seinsaussagen, deren Negierung heute den Kern des Wertfreiheitspostulats ausmacht, wenigstens tentativ
nachzuweisen.

Bis zum Beweis des Gegenteils muß daher die behavioralistische Auffassung,
daß sich Werturteile nicht aus Tatsachenurteilen ableiten lassen und daß sie
nichts zum Informationsgehalt unserer kognitiven Aussagen hinzufügen, sondern
eher eine erkenntnisbeeinträchtigende Funktion innerhalb unserer wissenschaftlichen Aussagensysteme ausüben, auch von Gegnern des behavioralistischen For-

schungsprogramms akzeptiert werden: Der Politikwissenschaftler ist als empirischer Forscher nicht in der Lage, Werturteile über seine Untersuchungsgegenstände abzugeben, was den Schluß nahelegt, daß er in dieser (und nur in dieser)
Hinsicht Wertenthaltsamkeit üben sollte.

8.3. WEITERE ONTOLOGISCHE UND FORSCHUNGSPOLITISCHE ARGUMENTE GEGEN DEN BEHAVIORALISMUS

Die folgenden Kritikpunkte sind relativ schnell abgehandelt; es geht dabei einerseits um zwei weitere Einwände ontologischer Art, andererseits um zwei for-
schungspolitisch begründete Befürchtungen.

Das erste der beiden ontologischen Argumente bezieht sich auf den als grundsätzlich qualitativ unterstellten Charakter der politikwissenschaftlichen Gegenstände, die sich - von Trivialitäten abgesehen - nicht quantifizieren lies-
sen: Alles, was sich zählen lasse, zähle nicht, alles was zähle, lasse sich
nicht zählen, so das bekannte Diktum. Das zweite Argument ontologischer Art
beklagt den angeblichen Reduktionismus des Behavioralismus, d.h. seine Erklärung politischer durch "subpolitische" Faktoren, was eine Zurückführung des
ontologisch "Höheren" auf das ontologisch "Niedrigere" bedeute; dieser Reduktionismus trage zur (bereits weiter oben diskutierten) Irrelevanz der behavioralistischen Forschungsergebnisse bei.

Die beiden forschungspolitischen Einwände beziehen sich auf die behavioralistischen Forderungen nach Interdisziplinarität und nach stärker grundlagenorientierter Forschung. Die Verwendung von Methoden und Konzepten der Nachbarwissenschaften gefährde die Identität der Politikwissenschaft. Sie laufe damit
Gefahr, zu einer Art Sozialpsychologie des Politischen zu verkümmern. Die Verdrängung der angewandten durch die grundlagenorientierte Forschung schade andererseits sowohl der Politikwissenschaft selbst als auch der Gesellschaft:
Der Politikwissenschaft, weil sie dadurch den unmittelbaren Kontakt mit der
Welt des Politischen verlöre, der Gesellschaft, weil dieser auf unabsehbare
Zeit kein politikwissenschaftliches Fachwissen mehr zur Verfügung stehe.

8.3.1. Politische Phänomene sind grundsätzlich qualitativer Natur und dürfen nicht auf "subpolitische Faktoren" reduziert werden

Von diesen vier Einwänden gegen den Behavioralismus sind lediglich die ontologischen Aussagen in einen systematischen Argumentationszusammenhang eingebettet.

Daß die politikwissenschaftlichen Gegenstände grundsätzlich qualitativer Natur
seien und sich daher bis auf Nebensächlichkeiten der statistischen Erfassung
entzögen, ist eine Auffassung, die auf aprioristischen Annahmen über das "Wesen" des Politischen, das nun einmal naturwissenschaftliche Präzision nicht zu-
lasse, basiert (vgl. Hennis 1963: Kap. III; Spiro 1970: 29).

Die qualitative Natur der politischen Dinge zeige sich vor allem da, wo es um
historische Individualität gehe. Erscheinungen zu quantifizieren, die im Grunde nicht quantifizierbar seien, führe unweigerlich zu ihrer Verfälschung. Das
Resultat gegenstandsinadäquater Quantifizierungen seien dem Alltagsverstand
nicht mehr zugängliche Trivialitäten (vgl. Morgenthau 1955). Darüber hinaus
würden ganze Teilbereiche der Politik, die sich nicht so leicht numerisch erfassen ließen, aus dem Blickfeld des empirischen Wissenschaftlers ausgeblendet;
sie existierten für ihn solange nicht, wie sie sich den aprioristischen Postulaten seiner Methodologie verschlössen. Dieser szientistische Bias habe dazu
geführt, daß die Wissenschaft nur noch das Wertlose kenne und das Wertvolle
außer acht lasse (vgl. Schoeck 1960).

Der Reduktionismusvorwurf stammt von Leo Strauss; er versucht ihn anhand des
aristotelischen Menschenbildes zu begründen: Der Mensch sei ein mit Würde aus-
gestattetes Wesen sui generis; seine Würde basiere auf der Erkenntnis dessen,
was er tun solle und wie er zu leben habe. "Da es eine notwendige Verbindung
zwischen Moral ... und Gesetz gibt, gibt es auch eine notwendige Verbindung
zwischen der Würde des Menschen und der Würde der öffentlichen Ordnung: Das
Politische ist sui generis und kann nicht als ein Derivat des Subpolitischen
verstanden werden" (Strauss 1962: 311). Von anderen Dingen und Wesen sei der
Mensch essentiell unterschieden; der Behavioralismus dagegen erkenne solche
konstitutiven Differenzen nur als graduelle Abstufungen an: "Der neuen Politikwissenschaft zufolge ... bedeutet das Verständnis eines Gegenstandes, ihn anhand seiner Entstehung oder seiner Bedingungen zu begreifen und deshalb ...
das Höhere durch das Niedrigere zu verstehen" (Strauss 1962: 311).

Politische Phänomene dürfen dieser Auffassung nach also ausschließlich durch
politische Faktoren erklärt werden. So schlägt z.B. Walter Berns, ein Schüler
von Leo Strauss, vor, die Wähler direkt nach den politischen Gründen ihrer
Wahlentscheidung zu fragen und nicht etwa nach solch "subpolitischen" Variablen
wie sozioökonomischem Status, politischen Präferenzen in der Primärgruppe oder
Bindungen an Großgruppen des vorpolitischen Raums zu forschen. Derartige politi-

sche Gründe sind laut Berns dadurch definiert, daß sie eine Ansicht vom
Gemeinwohl enthalten (vgl. Berns 1962).

Was von Leo Strauss und seinen Anhängern hier gefordert wird, ist also ein
materiales Erklärungskriterium; der Behavioralismus hingegen begnügt sich im
Prinzip mit einem formalen Erklärungskriterium: Eine Erscheinung oder eine Klas-
se von Erscheinungen gilt als geklärt, wenn sie sich auf - irgendwelche - sozialen, psychischen, demographischen, politischen etc. Regelmäßigkeiten zurückführen läßt. Solche Erklärungsvariablen könnten streng genommen auch Konstella-
tionen von Himmelskörpern oder ein gewogenes Mittel von Körpergröße, Schuhnum-
mer und Nasenkrümmungswinkel des Wählers darstellen. Wichtig ist in diesem
Zusammenhang allein die Prognosefähigkeit bzw. die Varianzreduktion. Ob es
sich bei den herangezogenen Erklärungsfaktoren um ontologisch niedriger- oder
höherwertige Faktoren handelt, ist vom Standpunkt des Empirismus aus nicht zu
klären und für den logisch-systematischen Erklärungsbegriff auch völlig uner-
heblich.

Allerdings trifft sich die behavioralistische Forschungspraxis zumindest in
einem Punkte mit dem Strausschen Erklärungsmodell: sie wird sich - selbst
bei höchster Varianzreduktion - mit der Konjunktion von Pluto und Jupiter als
Erklärung politischen Verhaltens nicht zufrieden geben, sondern auch substantiell näher am Wahlakt gelegenen Faktoren, deren Korrelation mit der abhängigen Variablen ihr den Prozeß des Wählens "verständlich" macht, suchen. Insofern arbeitet die behavioralistische Forschungspraxis sowohl mit Elementen des
logisch-systematischen als auch des pragmatischen Erklärungsmodells, das ein
Ereignis für erklärt hält, sofern wir es in einen uns bekannten Zusammenhang
einordnen können (vgl. Stegmüller 1969: 140 f.).

Akzeptiert der logisch-systematische Erklärungsbegriff nur Realgründe ohne
weitere materiale Qualifikation, so arbeitet das pragmatische Erklärungsmodell überdies mit Vernunftgründen, "auf Grund derer das Explanandumereignis
zu erwarten war" (Stegmüller 1969: 336). Ziel des pragmatischen Erklärungs-
begriffs ist die Schaffung "wissenschaftlichen Verständnisses" durch die Einordnung des Explanandums in eine Art rudimentärer Bereichstheorie, ein Bezie-
hungsmuster, in das auch, entsprechend der Vorkenntnisse des Behavioralisten,
soziologische, psychologische, ökonomische und natürlich vor allem politologische Variablen gehören (vgl. Kaplan 1964: 333 f.; Falter 1973: 13 - 15).

Die Auffassung, daß die politikwissenschaftlichen Gegenstände grundsätzlich qualitativer Natur seien und sich deswegen der Quantifizierung entzögen, stellt nach behavioralistischer Ansicht eine vorschnelle Festlegung dar. Erstens kann man im Vorhinein niemals mit Bestimmtheit sagen, ob sich nicht zu irgendeinem späteren Zeitpunkt ein entsprechendes Meßinstrument entwickeln läßt. So hat die Temperatur bis zur Erfindung des Thermometers als eine qualitative Erscheinung gegolten, hat man Einstellungen bis in die zwanziger Jahre als nicht meßbare Eigenschaften angesehen, so wie man soziale Beziehungen in Kleingruppen vor der Etablierung soziometrischer Verfahren als bestenfalls qualitativ erfaßbare Phänomene betrachtet hat. Zweitens würden auch die Qualifizierer, allerdings sehr ungenau, quantifizieren, wenn sie von "weitgehender Übereinstimmung", "enger Beziehung" oder "starker Abneigung" redeten (vgl. Prothro 1956). Drittens hat die moderne Statistik Verfahren entwickelt, mit deren Hilfe auch "echt" dichotome Merkmale oder die An- und Abwesenheit bestimmter Merkmalsausprägungen durch sogenannte Dummy-Variablen numerisch erfaßt werden können.

Statistik sei nichts anderes als eine Sprache, die man nicht schon deshalb ablehnen dürfe, weil man sie nicht beherrsche (vgl. Prothro 1956: 567). Mit Hilfe dieser Sprache ist die empirische Politikwissenschaft in der Lage, selbst größere Datenmengen adäquat zu beschreiben, komplizierte Zusammenhänge aufzudecken, die sich anders dem Nichtstatistiker nie erschlössen, zugrundeliegende Faktoren herauszuarbeiten und hochkomplexe Variablenbeziehungen zu analysieren, wie die immer umfangreicher werdenden Kausalmodelle beweisen.

Daß es sich dabei nicht nur um die Aufdeckung von Trivialitäten oder die tausendunderste Bestätigung längst bekannter Beziehungen handelt, beweist etwa die empirische Wahlforschung, der es gelang, das den meisten normativen Demokratietheorien zugrundeliegende Modell des rational abwägenden und umfassend informierten Staatsbürgers nachhaltig zu erschüttern. Ohne Meinungsbefragung und Quantifizierung würden wir vermutlich noch heute von recht unrealistischen und mangelhaft belegten demokratietheoretischen Fiktionen ausgehen.

Andererseits erscheint mir der Vorwurf nicht unberechtigt, daß unter der Faszination der neuen Methoden manche Teilbereiche der Politik, die sich im Lichte der gegenwärtig verfügbaren Meßverfahren leichter für Quantifizierungen eignen, von der behavioralistischen Politikwissenschaft bevorzugt untersucht werden; hierzu zählen etwa die diversen Spielarten politischen Massenverhaltens, wäh-

rend anderen Gebieten wie z.B. der Gesundheits- oder der Umweltpolitik sehr
viel weniger Aufmerksamkeit zuteil wurde. Auch hier hat sich in der sogenannten nachbehavioralistischen Ära, die mir, wie gesagt, eher als eine Fortführung des behavioralistischen Forschungsprogramms anhand erweiterter Fragestellungen und Gegenstandsbereiche vorkommt, einiges geändert.

8.3.2. Identitätsverlust und Praxisferne

Von ganz anderer Qualität als die beiden ontologischen sind die forschungspolitischen Einwände; sie beziehen sich auf den mutmaßlichen Identitätsverlust
einer interdisziplinär verfahrenden Politikwissenschaft und die drohende Ent-
fremdung einer aller Anwendungsaspekte entsagenden politologischen Grundlagenforschung von der politischen Praxis.

Der Verlust der Identität eines Wissenschaftszweiges, was immer das bedeuten
mag, sollte aus behavioralistischer Sicht lediglich Standespolitiker beunruhi-
gen, für die ihre Profession mehr zählt als der Erkenntnisfortschritt der Disziplin. Wenn es gelingt, durch die Einbeziehung von Variablen, Theorien und
Methoden der Nachbarwissenschaften Erscheinungen des politischen Bereiches
besser zu erfassen als ohne sie, wenn die Erklärungskraft interdisziplinär an-
gelegter Theorien größer ist als die einer auf politische Faktoren beschränkten
Politikwissenschaft, dann muß das Kriterium der Identität vor dem der Fruchtbarkeit zurückstehen. Erfahrungswissenschaftlich arbeiten heißt nach empiristi-
schem Verständnis, Erkenntnis zu maximieren, nicht: Grenzsicherung gegenüber
wissenschaftlichen Anreinern zu betreiben, deren Aktivitäten möglicherweise
die eigenen Kreise stören könnten.

Welche Variablen jedoch die meiste Erklärungskraft besitzen, läßt sich gegenwärtig noch nicht in jedem Falle mit Gewißheit sagen. Möglicherweise reduzieren interdisziplinär angelegte mehrebenenanalytische Kausalmodelle mehr Varianz in den abhängigen Variablen als einem politikwissenschaftlichen Reinheits-
gebot verpflichtete monodisziplinäre Einebenenmodelle; möglicherweise ist es
aber auch auf bestimmten Gebieten genau umgekehrt. Wer sich hier im Besitz
von Patentantworten wähnt, glaubt eben nur, wissen kann er in dieser Beziehung
nichts.

Die ganz am Anfang der programmatischen Bemühungen des Behavioralismus stehende Forderung nach mehr Grundlagenforschung wurde nicht zuletzt deswegen er-

hoben, weil man sich aufgrund der geringen verfügbaren politologischen Grund-
kenntnisse nicht in der Lage sah, sinnvolle Politikberatung zu betreiben. Wegen
der zu großen Praxisnähe der traditionellen Politikwissenschaft habe es diese
nicht verstanden, über den jeweiligen Einzelfall hinaus strategisches Wissen
anzuhäufen, das der Politikberatung zugute kommen konnte.

Nun also genau der gegenteilige Vorwurf der Praxisferne und Wirklichkeitsfremd-
heit, der Esoterik und inhaltsleeren Abstraktheit, ja: der großen Verweigerung
gegenüber den Bedürfnissen der Gesellschaft, Bedürfnissen, die der behavioralistischen Politikwissenschaft in ihrem selbstgewählten Exil im Elfenbeinturm
gar nicht mehr bewußt würden.

Aus behavioralistischer Sicht ist diesen Vorwürfen entgegenzuhalten, daß Politikberatung aufgrund von "intelligent guesses" wohl kaum der Gesellschaft helfen könnten; es ist zweifelhaft, ob Politikwissenschaftler wirklich intelligen-
ter sind als Politiker oder Verwaltungsfachleute. Auch heute, nach gut zweieinhalb Jahrzehnten empirischer Politikforschung ist unser Fundus an politologi-
schem Grundwissen noch immer zu klein, um auf allen Gebieten sinnvolle Politikberatung zu erlauben; in solchen Situationen erscheint Schweigen häufig besser als Beraten.

Wo ausreichendes Wissen vorliegt, wie etwa auf dem Gebiet der politischen Meinungsforschung und der Analyse von Wählerverhalten, ist die Zusammenarbeit von
praktischer Politik und Wissenschaft recht intensiv; Politologen sind an der
Planung und Durchführung von Wahlkampfstrategien in den USA heute ebenso beteiligt wie an der Abfassung von politischen Plattformen. Auch auf anderen Gebieten wie dem der Militärstrategie stehen politikwissenschaftliche Forschung
und politische Praxis in den Vereinigten Staaten in relativ engem Kontakt; dagegen ist die Zusammenarbeit im Bereich der Rechts-, der Schul- oder der Ge-
sundheitspolitik erheblich geringer entwickelt, was wohl nicht zuletzt auf das
hier geringere Grundlagenwissen zurückzuführen ist; auch steht die Politikwissenschaft auf diesen Teilgebieten in starker Konkurrenz mit so etablierten Disziplinen wie der Rechts- oder der Wirtschaftswissenschaft (vgl. hierzu auch
Eulau und March 1969).

Der Vorwurf, die behavioralistisch orientierte Politikwissenschaft entziehe
sich ihrer politischen Verantwortung, wenn sie unter Hinweis auf ihre mangelhaften Erkenntnisgrundlagen die Mitarbeit an der Gestaltung der praktischen

Politik verweigere, muß folglich zumindest modifiziert werden. Wohl zu keinem Zeitpunkt waren in den USA mehr Politologen im Bereich der staatlichen Verwaltung, der Regierungsstäbe und der Legislative beschäftigt als heute, war die Zusammenarbeit von Politik und Politikwissenschaft stärker als während der sechziger und siebziger Jahre. Konsequenterweise bezogen sich die Vorwürfe des Caucus for a New Political Science an die Adresse des Behavioralismus primär auch nicht gegen die Tatsache der mangelnden Politikberatung, sondern gegen die Art, wie beraten wurde. Die in den letzten zwei Jahrzehnten erfolgte Verstärkung der Zusammenarbeit von Wissenschaft und Politik hat vermutlich primär außerwissenschaftliche Gründe wie z.B. die enorme Ausdehnung der Verwaltungs- und Regierungstätigkeit während dieser Zeit, falsifiziert aber nichtsdestoweniger die pessimistischen Prognosen der Gegner des Behavioralismus über die Abkapselung der empirischen Politikforschung von der praktischen Politik.

8.4. FORSCHUNGSPRAKTISCHE SCHWIERIGKEITEN: ZUR PROBLEMATIK UMFASSENDER THEORIEBILDUNG IN DER POLITIKWISSENSCHAFT

Die letzte Gruppe von Einwänden gegen das behavioralistische Wissenschaftsprogramm, die ich hier behandeln will, bezieht sich auf forschungspraktische Bedenken. Im Gegensatz zu den bisher behandelten Kritikpunkten wurden (und werden) sie auch von vielen - vor allem empirisch arbeitenden - Behavioralisten geteilt. Ich will mich im folgenden auf zwei der wichtigeren Einwände konzentrieren, um den Rahmen dieser Arbeit nicht zu überschreiten: auf den Vorwurf, die behavioralistische Forschung vernachlässige die institutionellen Aspekte des Politischen (a) und auf die weitverbreitete Skepsis gegenüber umfassenden Theoriesystemen (b).

(a) Mit seiner einseitigen Verhaltensorientierung berücksichtige der Behavioralismus einfach nicht genügend die institutionellen Bedingungen des menschlichen Verhaltens, durch die es überhaupt erst politisch relevant werde. Dieser Einwand, dem beispielsweise auch Heinz Eulau (1969) beipflichtete, gilt vor allem für die frühen Untersuchungen behavioralistischer Provenienz. Seit Anfang der sechziger Jahre häuften sich jedoch Studien, die sich sowohl dem Behavioralismus verpflichtet fühlten als auch politisches Verhalten unter institutionellen Aspekten analysierten, sei es, daß sie Elemente der politischen Angebotsseite bei der Erklärung von Wählerverhalten stärker als bisher berücksichtigten wie in "Elections and the Political Order" (Campbell et al. 1966), sei es, daß sie den institutionellen Rahmen legislativen oder judikativen Verhaltens

explizit in ihre Analysen mit einbezogen wie in "The Legislative System"
(Wahlke et al. 1962) und "Judicial Decision-Making" (Schubert 1963) oder sei
es, daß sie ganze Institutionen als empirische Analyseeinheiten in den Griff
zu bekommen versuchten wie Eulau und Prewitt in "Labyrinths of Democracy"
(1973).

Diese Berücksichtigung institutioneller Randbedingungen politischer Prozesse
erwies sich als besonders wichtig und fruchtbar bei intra- und vor allem international vergleichenden Studien, wo oft genug neue Konzepte entwickelt oder
vorhandene Konzepte modifiziert werden mußten, um den unterschiedlichen institutionellen Bedingungen, innerhalb derer sich das politische Verhalten abspielt,
gerecht zu werden. Die neuere Diskussion über den Transfer des Parteiidentifi-
kationskonzeptes vom amerikanischen in den deutschen Kontext liefert hierfür
ein gutes Beispiel (vgl. Berger 1977; Falter 1977; Gluchowski 1979).

(b) Die auch bei empirisch arbeitenden Behavioralisten häufig anzutreffende
Skepsis gegenüber "großen Theorien" nach Art der Eastonschen Systemtheorie
richtet sich hauptsächlich gegen deren geringe empirische Aussagekraft und,
eng damit zusammenhängend, deren zumindest derzeit noch unlösbar erscheinende Operationalisierungsprobleme; umfassende Theoriebildung in der Politikwissenschaft sei aus diesem Grunde eher fortschrittshemmend als erkenntnisfördernd.

Um mich knapp zu fassen, will ich im folgenden vor allem die Eastonsche Version einer politikwissenschaftlichen Systemtheorie diskutieren; zusammen mit
der kybernetischen Systemtheorie Karl W. Deutschs stellt sie sicherlich die
am stärksten ausformulierte Fassung einer derartigen umfassenden politikwissenschaftlichen "Theorie" dar.

Easton beansprucht als überzeugter Behavioralist, mit seinen Ausführungen zum
Funktionieren politischer Systeme zur erklärungsbezogenen Theoriebildung zumindest beizutragen, wenn nicht selber eine solche Theorie vorgelegt zu haben.
Daß ihm letzteres bestenfalls nur in Grundzügen gelungen ist, habe ich bereits
im ersten Teil der Arbeit angesprochen; tatsächlich entwickelte sich die empirische Forschungstätigkeit des Behavioralismus auf vielen Gebieten völlig unabhängig von den Eastonschen Überlegungen.

Im Zentrum seines Erkenntnisinteresses steht das Problem, wie politische

Systeme selbst in Zeiten akuter Dauerkrisen durch Wandel und Anpassung überleben können (Easton 1965b: VII). Er beansprucht damit, im Vergleich zu Lasswell, der ja danach fragt, wer von der Politik profitiert, die grundlegendere
Frage zu stellen; denn das Problem, wer was wann und auf welche Weise bekomme, setze immer schon die Existenz eines politischen Systems voraus, innerhalb
dessen die politischen Verteilungskonflikte ausgetragen und durch dessen Normen, Regeln und Möglichkeiten sie geprägt würden (vgl. Easton 1965b: 475;
Lasswell 1936; Weinstein 1971: 13). Die Fragestellung Eastons ist folglich
sehr allgemein; durch seine Konzeption des politischen Systems als eines Quer-
schnitts jener menschlichen Interaktionen, "durch die Werte in verbindlicher
Weise für eine Gesellschaft zugeteilt werden" (Easton 1965b: 21), will er die
Untersuchung aller politischen Systeme, von der Stammesgesellschaft semiautar-
ker Hackbauern bis zur modernen Massengesellschaft des 20. Jahrhunderts, ermöglichen.

Die Eastonsche Systemtheorie hat einerseits die Political Culture-Studien beeinflußt, von denen sie heute aufgegriffen, modifiziert und weiterentwickelt
worden ist, andererseits ist sie als Interpretationsrahmen und erkenntnissteu-
erndes Leitprinzip von einer Reihe empirischer Sozialisationsstudien verwendet
worden. Ihr empirischer Gehalt ist, wie erwähnt, umstritten; nicht wenige Autoren sprechen ihr sogar jede Form von Erklärungs- und Prognosebezogenheit ab;
umfassende Operationalisierungen ihrer Kernkonzepte stehen noch aus; dementsprechend gering ist die Zahl empirischer Nachfolgestudien. Als interpretati-
ves Hilfsmittel und als die Sprache der Politikforschung vereinheitlichendes
Begriffsschema jedoch wird sie von nicht wenigen als die Theorie der behavioralistischen Politikwissenschaft überhaupt aufgefaßt und entsprechend kritisiert
(vgl. z.B. Arndt 1978), sei es wegen ihrer Abstraktheit, ihrer mangelnden Prognosefähigkeit, ihrer (von Easton so gewollten) raum-zeitlichen Unabhängigkeit,
ihrer angeblichen Vernachlässigung von Herrschaftsbeziehungen und Interessen-
konflikten oder ihrer recht geringen heuristischen Fruchtbarkeit.

Ich will im folgenden auf diese und ähnlich gelagerte Argumente nur ganz knapp
eingehen, da ich der Überzeugung bin, daß der Eastonsche Theorieentwurf, wie
alle Systemtheorien in der Politikwissenschaft, keineswegs ganz oder auch nur
überwiegend den methodologischen Forderungen des behavioralistischen Forschungsprogramms entspricht, wie ich es weiter oben nachzuzeichnen versucht
habe. Aus dem gleichen Grunde habe ich auf eine eingehendere Darstellung der
Eastonschen Systemtheorie verzichtet, die überdies im deutschen und interna-

tionalen Schrifttum gut dokumentiert ist (vgl. Beyme 1980; Narr 1969a etc.).
Ihre situative Abstraktheit kann man Eastons Systemtheorie und ähnlichen Entwürfen jedoch kaum ankreiden, es sei denn, man hält raum-zeitlich unabhängige
Theorien, wie sie der moderne Empirismus anstrebt, in den Sozialwissenschaften
nicht für sinnvoll. Der Vorwurf, Easton vernachlässige zugunsten des Stabili-
tätsaspektes politische Konflikte und Interessengegensätze, erscheint mir ebenfalls ungerechtfertigt: Seine "Theorie" läßt m.E. durchaus Raum für die Analyse von Verteilungs- oder Klassenauseinandersetzungen, auch wenn letztere nicht
im Mittelpunkt seines Erkenntnisinteresses stehen.

Selbst ihre bisher relativ geringe heuristische Fruchtbarkeit für die empirische Forschungspraxis kann man seiner Theorie nicht ohne weitere Qualifizie-
rungen entgegenhalten. Daß sie bisher vom Empiriker weniger aufgegriffen worden ist, als sich das Easton gedacht haben mag, muß nicht unbedingt an seiner
"Theorie" liegen, sondern kann auch auf das mangelnde Interesse der empirischen Politikwissenschaft an derartigen umfassenden analytischen Begriffssyste-
men zurückgeführt werden.

Daß es sich jedoch trotz ihrer unbestreitbaren empirischen Implikationen um
keine Theorie im Sinne der empirisch-analytischen Wissenschaftslogik handelt,
sondern eher um ein taxonomisches System nach Art des Parsonschen Strukturfunktionalismus, ein System, das als Entwurf bestenfalls in einigen Einzelheiten, nicht jedoch als ein ganzes Geflecht von Gesetzesaussagen überprüfbar ist,
muß vom Standpunkt der hier vertretenen Position aus als weitaus ernsterer Vorwurf erscheinen, da hier Easton an seinen eigenen methodologischen Postulaten
gemessen wird, die er unzweifelhaft nicht erfüllt. Substantielle Theoriebildung vermag die Eastonsche Systemtheorie jedenfalls nicht zu ersetzen. Dies
wird spätestens dann klar, wenn man sie ihres illustrativen Beiwerkes entklei-
det und gewissermaßen ihre nackte Struktur darstellt, wie sie am besten in
Easton (1957) referiert wird.

Allerdings hat die behavioralistische Politikwissenschaft auf dem Gebiet der
Theoriebildung mehr hervorgebracht als derart umfassende, aber relativ inhaltsleere systemtheoretische Entwürfe. Im Verlaufe ihrer Entwicklung hat sie eine
ganze Reihe von sogenannten Bereichstheorien entwickelt, so z.B. verschiedene
gruppen- und entscheidungstheoretische Ansätze, auf die ich jedoch hier, um
die Arbeit nicht noch stärker auszuweiten, lediglich hinweisen möchte.

Festzuhalten bleibt, daß die verschiedenen systemtheoretischen Bemühungen eher
Betrachtungsweisen oder Orientierungshypothesen als Theorien im Sinne der empirisch-analytischen Auffassung oder des Behavioralismus darstellen: Trotz des
Anspruchs der meisten Systemtheoretiker, erklärungsbezogene Theoriebildung zu
betreiben, handelt es sich bei ihren Bemühungen eher um erkenntnissteuernde Begriffsschemata in theoretischer Absicht, um ein Amalgam von empirischen Aussagen hohen Allgemeinheitsgrads und heuristischen Hinweisen für die Erforschung
von Variablenbeziehungen, um Paratheorien also, durch die spezielle Aspekte
des politischen Lebens hervorgehoben und andere in den Hintergrund gerückt,
Forschungsdesiderata formuliert und Ableitungsbeziehungen zwischen Systempara-
metern - meist eher plausibel als zwingend - spezifiziert werden (vgl. Kaplan
1968).

Von den begrifflichen Ordnungsschemata vorbehavioralistischer Provenienz unterscheiden sie sich allerdings durch ihre erklärende und prognostische Zielsetzung. Die empirische Forschung hat sich ihrer lediglich als Leitprinzipien und
Begriffsschemata bedient, indem sie von ihnen spezifizierte Variablenzusam-
menhänge untersucht und damit tendenziell die in ihnen modellhaft formulierten Annahmen über die Funktionsweise des politischen Systems in Einzelaspekten
zu überprüfen versucht hat. Dabei ist es denn auch geblieben; als erklärungs-
und prognosekräftige Aussagensysteme haben sich die verschiedenen systemtheoretischen Entwürfe - jedenfalls bisher - m.E. nicht bewährt.

8.5. FAZIT

Die Diskussion dieses Kapitels hat gezeigt, daß die Kritik am behavioralistischen Forschungsprogramm häufig schlecht gezielt war, so im Zusammenhang mit
dem Werturteilsproblem, auf unbeweisbaren ontologischen Vorentscheidungen über
die Natur des politikwissenschaftlichen Gegenstandsbereiches beruhte (und so
Antworten vorwegnahm, die nach behavioralistischer Auffassung erst durch langwierige und geduldige Forschungsanstrengungen zu erarbeiten sind) oder dem Programm Mängel der Forschungspraxis anlastete, die sie als unabwendbare Zwangs-
folgen der szientistischen Bestrebungen des Behavioralismus hinstellte.

Dabei wurde typischerweise entweder die Theorieferne vieler empiristischer Ein-
zelfallstudien, die vom Behavioralismus lediglich seine methodologischen Forderungen, nicht jedoch seine theoretische Orientierung übernommen haben, oder
das konservative Vorurteil mancher theoriebezogener Untersuchungen bemängelt

- teilweise zu Recht, wie mir scheint. Doch ist es den Kritikern des Behavioralismus meiner Auffassung nach nicht gelungen, die behauptete Zwangsläufig-
keit seiner Status quo-Verbundenheit schlüssig nachzuweisen. Vielmehr deutet
eine Reihe von "postbehavioralistischen" Studien darauf hin, daß sich eine am
naturwissenschaftlichen Erkenntnismodell orientierte Politikwissenschaft auch
in kritizistischer Perspektive betreiben läßt.

Zwar ist es den in der Nachfolge der behavioralistischen Revolution stehenden
empirischen Analysen mit theoretischer Zielsetzung gelungen, die Forderungen
des behavioralistischen Forschungsprogramms bezüglich der Vorgehensweisen und
der theoretischen Perspektive weitestgehend zu realisieren, ein Erfolg, der
den theoretischen Bemühungen in empirischer Absicht à la Easton und den rein
empiristischen Untersuchungen ohne expliziten Theoriebezug versagt geblieben
ist, doch konnte das Ziel, erklärungs- und prognosefähige Theorien zu formulieren, mit deren Hilfe nicht nur unser Verständnis politischer Prozesse verbessert, sondern auch die Beratung von Politik und Verwaltung vorangetrieben
werden könnte, bisher nur sehr begrenzt erreicht werden.

Die Frage, woran das liegen mag, ist heute nicht ohne ontologische Setzungen
über das "Wesen des Politischen" zu entscheiden, wie ich zu zeigen versucht
habe. Eine weitere mögliche Antwort will ich dennoch in den anschließenden
Schlußbemerkungen skizzieren, wobei ich schon jetzt auf die Vorläufigkeit dieser Überlegungen hinweisen möchte.

9. EPILOG:
POST- ODER PRÄBEHAVIORALISMUS?

Bereits im Jahre 1961 hatte Robert A. Dahl, einer der Wortführer der behavioralistischen Bewegung, in einer Art Nachruf verkündet, der Behavioralismus stehe als erfolgreicher Protest im Begriff abzusterben, da er immer mehr zur Politikwissenschaft schlechthin werde; in der Sprache der Theorie wissenschaftlicher Revolutionen Thomas Kuhns formuliert: Dahl wagte die Prognose, daß die behavioralistische Art, Politikwissenschaft zu treiben, in nächster Zukunft zum unangefochtenen Paradigma der empirischen Politikforschung werde.

Diese Prognose ist, wie wir im Verlaufe der Untersuchung gesehen haben, bestenfalls partiell bestätigt worden. Zwar ist es dem Behavioralismus unzweifelhaft gelungen, die amerikanische (und in ihrem Gefolge auch Teile der europäischen) Politikwissenschaft in einem Maße zu durchdringen und zu professionalisieren wie keiner anderen Strömung vor ihm - zumindest in dieser Hinsicht also war er ein außerordentlich erfolgreicher Protest; doch hat er es bis heute weder vermocht, das Feld unangefochten zu behaupten, wie die Debatten und die Forschungs- und Publikationspraxis der sechziger und siebziger Jahre belegen, noch konnte er die intellektuellen Erwartungen seiner Anhänger zufriedenstellen, da sein Forschungsertrag bisher beträchtlich hinter seinen Aspirationen zurückblieb.

Sein Erfolg ist so gesehen eher wissenschaftssoziologischer als epistemischer Natur; sein Forschungsprogramm ist eher in seinen technischen als in seinen theoretischen Aspekten realisiert worden; und die mit seiner Hilfe erarbeiteten Erkenntnisse sind eher punktuell und raum-zeitlich begrenzt als universell und systematisch. Daß es andererseits durch die Forcierung der empirischen Forschungsanstrengungen und die verfahrenstechnische Revolution im Gefolge des behavioralistischen Protestes geglückt ist, unser Wissen über politische Prozesse auf einer Reihe von Gebieten, insbesondere dem der Erforschung individuellen politischen Verhaltens, erheblich voranzutreiben, ohne jedoch - wie gesagt - auch nur in einem einzigen Bereich die gesteckten theoretischen Ziele bereits zu erreichen, steht für mich außer Frage.

Die in den letzten Jahren wieder häufiger geäußerte Kritik am behavioralistischen Forschungsprogramm und an den (vorgeblichen oder tatsächlichen) Mängeln seiner Realisierung durch die empirische Politikwissenschaft mündet in zwei

diametral entgegengesetzte Alternativvorschläge für eine zukünftige Politikforschung. Der eine dieser Vorschläge, den bereits David Easton in seiner Ver-
kündung einer nachbehavioralistischen Ära aufgegriffen hatte (vgl. Easton 1969),
geht davon aus, daß in jedem Falle die Substanz wichtiger als die Forschungs-
technik zu sein habe, daß sich die Forscher wieder stärker ihrer humanisti-
schen Verpflichtung bewußt werden müßten und daß die empirischen Untersuchungen explizit wertbezogen argumentieren sollten. Der andere Vorschlag dagegen
plädiert für eine Rückbesinnung des Behavioralismus auf seine verhaltenswissenschaftlichen Aspekte und für mehr und härtere Grundlagenforschung, die sich
stärker naturwissenschaftlicher Vorgehensweisen und Denkschemata bedienen
solle (vgl. Wahlke 1979).

Die Verfechter einer "postbehavioralistischen", in erster Linie humanitären
Idealen verpflichteten Politikwissenschaft gehen davon aus, daß angesichts der
Eigentümlichkeiten politischer Prozesse die Politikforschung nur fruchtbar sein
könne, wenn sie stärker handlungsbezogen, d.h. verstehend und einfühlend die
Reflexivität sozialer Beziehungen berücksichtige und, als Preis gesteigerter Relevanz, auf ihre dem Gegenstand unangemessenen szientistischen Maßstäbe verzichte. Sie müsse virulente politische Probleme anpacken, statt sich im Elfenbeinturm grundlagenorientierter Forschung der letztlich unverantwortlichen Fiktion wertfreier Kontemplation und reiner Wissenschaft hinzugeben, wo es doch
an allen Ecken der Welt brenne und drängende soziale Probleme und Ungerechtigkeiten auf ihre Lösung bzw. Beseitigung warteten. Mit einigen dieser Argumente
habe ich mich sowohl im genetischen Teil der Untersuchung als auch im vorangehenden, der systematischen Darstellung und Diskussion gewidmeten Kapitel beschäftigt.

In fundamentalem Gegensatz zu dieser phänomenologisch, ethnomethodologisch
oder auch marxistisch argumentierenden Position steht die Forderung Wahlkes,
der Behavioralismus müsse sich noch erheblich stärker als bisher der Erkenntnisse, Vorgehensweisen und Konzepte der naturwissenschaftlich orientierten bio-
behavioristischen Forschung bedienen. Bisher habe er sich viel zu sehr auf sozialpsychologische Methoden und Betrachtungsweisen gestützt. Sein Vorgehen sei
zu introspektiv, die von ihm verwendeten Begriffe seien zu mentalistisch. Der
Behavioralismus habe sich auf diese Weise zu einem reinen "Attitudinalismus",
zur politischen Einstellungsforschung also, entwickelt. Er nehme die Antworten
auf Fragebögen für bare Münze und akzeptiere Selbstauskünfte als Basis der Kausalanalyse menschlichen Verhaltens, obwohl erwiesen sei, daß zwischen derart

ermittelten Einstellungen und konkreten politischen Verhaltensweisen so gut
wie kein Zusammenhang bestehe. Aus diesem Blickwinkel sei die unter behavioralistischer Flagge operierende Forschung eher als vorbehavioralistisch ein-
zustufen.

Um fruchtbarere Ergebnisse als bisher zu produzieren, müsse sich die empirische Politikwissenschaft auf härtere Disziplinen des menschlichen Verhaltens,
insbesondere auf die Ethologie, die die benötigte theoretische Perspektive
für die Politikforschung liefern könne, und auf die Psychophysiologie und die
Psychophysik stützen, die in der Lage seien, das notwendige (und zugleich zu-
verlässigere und validere) handwerkliche Rüstzeug zur Verfügung zu stellen, wodurch die Beziehungen von politischen Einstellungen und politischem Handeln
besser geklärt werden könnten als mit den bisher verwendeten sozialpsychologischen Methoden und Konstrukten. Seine Forderung nach Einbeziehung biobehavio-
ristischer Erkenntnisse begründet Wahlke damit, daß die Menschen verhaltensdy-
namischen Gesetzmäßigkeiten in gleichem Maße unterlägen wie zum Beispiel den
Schwerkraftgesetzen.

Es läßt sich heute natürlich noch nicht absehen, welche der beiden Alternativen aussichtsreicher ist. Beide erscheinen mir als Forschungsansätze gleichermaßen legitim, sofern die Einhaltung wissenschaftlicher Minimalstandards wie
zum Beispiel der Forderung nach Nachprüfbarkeit, Kritisierbarkeit und Wider-
legbarkeit gewährleistet ist. Allerdings scheint mir persönlich das Potential
der behavioralistischen Politikwissenschaft, wie ich sie im Verlaufe dieser Arbeit vorgestellt und diskutiert habe, noch lange nicht ausgeschöpft zu sein.

Was nottut, ist meines Erachtens weniger ein Aufbruch in eine neue Forschungs-
ära, sondern die Rückbesinnung auf den Kern des behavioralistischen Forschungsprogramms, d.h. auf seine Konzeption eines theorieorientierten Empirismus, die
in den letzten Jahren in der Tat zunehmend von einem atheoretischen Szientismus verdrängt worden ist. Was wir benötigen, sind folglich mehr und informati-
onshaltigere Bereichstheorien in empirischer Absicht, mehr systematische und
kumulative Forschung, die ungeachtet aller Identitätsprobleme der Politikwissenschaft sich eher noch stärker als bisher der Erkenntnisse der Nachbarwissenschaften, zu denen ja nicht nur die Psychologie und die Soziologie, sondern
auch die Biologie oder die Ökonomie zählen, bedient. Für eine neue "Revolution"
in der Politikwissenschaft scheint mir die Zeit jedenfalls so lange noch nicht
gekommen zu sein, als die heuristischen Möglichkeiten des Behavioralismus noch
nicht erschöpft sind.

Verzeichnis der im Text zitierten Literatur

Abbagnano, N. (1967): "Positivism", in: Encyclopedia of Philosophy, Bd. 6,
    S. 414 - 419, London/New York 1967

Abramson, P.R. (1976): Generational Change and the Decline of Party Identifi-
    cation in America, in: APSR 1976, S. 469 - 478

Adkins, D.C. (1968): "Thurstone, L.L.", in: International Encyclopedia of the
    Social Sciences (IESS), Bd. 16, S. 22 - 25

Adorno, Th.W. et al. (1950): The Authoritarian Personality, New York 1950

Albert, H. (1963): Wertfreiheit als methodisches Prinzip, in: Erwin von
    Beckerath u.a. (Hrsg.), Probleme der normativen Ökonomik und der wirt-
    schaftspolitischen Beratung, Berlin 1963, S. 32 - 63

Albert, H. (1966): Theorie und Praxis. Max Weber und das Problem der Wert-
    freiheit und der Rationalität, in: ders. und Ernst Topitsch (Hrsg.),
    Werturteilsstreit, Darmstadt 1966, S. 200 - 236

Albert, H. (1968): Traktat über kritische Vernunft, Tübingen 1968

Albert, H. (1970): Probleme der Wissenschaftslehre in der Sozialforschung,
    in: René König (Hrsg.), Handbuch der empirischen Sozialforschung, 3. Aufl.
    Stuttgart 1973, S. 57 - 102 (ursprünglich erschienen: 1967 und 1970)

Albert, H. (1972): Theorien in den Sozialwissenschaften, in: ders. (Hrsg.),
    Theorie und Realität, 2. Aufl. Tübingen 1972, S. 3 - 25

Alexander, P. (1967): "Mach, Ernst", in: Encyclopedia of Philosophy, Bd. 5,
    S. 115 - 119, London/New York 1967

Allport, G.W. (1935): "Attitudes", in: C. Murchison (Hrsg.), Handbook of
    Social Psychology, Worcester 1935; hier zitiert nach: Fishbein 1967,
    S. 3 - 13

Almond, G.A. (1946): Politics, Science, and Ethics, in: APSR 1946,
    S. 283 - 293

Almond, G.A. (1950): The American People and Foreign Policy, New York 1950

Almond, G.A. (1954): Research in Comparative Politics: Plans of a New Council
    Committee, in: Social Science Research Council - Items 1954, S. 1 - 4

Almond, G.A. (1956): The Seminar on Comparative Politics, June 1956, in:
    Social Science Research Council - Items 1956, S. 45 - 48

Almond, G.A. (1956a): Comparative Political Systems, in: Journal of Politics
    1965, S. 391 - 409 (hier zitiert nach Almond 1970, S. 29 - 49)

Almond, G.A. (1965): A Developmental Approach to Political Systems, in: World
    Politics 1965, S. 183 - 214 (hier zitiert nach Almond 1970, 181 - 220)

Almond, G.A. (1966): Political Theory and Political Science, in: APSR 1966,
    S. 869 - 879

Almond, G.A. (1970): Political Development - Essays in Heuristic Theory, Boston 1970

Almond, G.A. & Coleman, J.S. (1960), Hrsg.: The Politics of the Developing Areas, Princeton 1960

Almond, G.A, & Genco, St. (1977): Clouds, Clocks, and the Study of Politics, in: World Politics 1977, S. 489 - 522

Almond, G.A. & Verba, S. (1963): The Civic Culture, Princeton 1963 (hier zitiert nach der Taschenbuchausgabe Boston 1965)

Anderson, W. (1948): State and Local Government, in: E.S. Griffith (Hrsg.), Research in Political Science, Chapel Hill 1948, S. 82 - 92

Anderson, W. (1949): Political Science North and South, in: Journal of Politics 1949, S. 298 - 317

Andrews, W.G. (1966): American Voting Participation, in: Western Political Quarterly 1966, S. 639 - 652 (hier zitiert nach Ball & Lauth 1971, S. 164 - 177)

Angell, R.C. (1968): "Cooley, Charles H.", in: IESS, Bd. 3, S. 378 - 383

Apel, K.-O. (1973): Transformation der Philosophie, 2 Bde., Frankfurt 1973

APSA (1950): Committee-Report "Goals for Political Science", in: APSR 1950 (Diskussion hierzu in: APSR 1951: S. 996 ff.)

Apter, D.E. (1957): Theory and the Study of Politics, in: APSR 1957, S. 747 - 762

Apter, D.E. & Andrain, Ch. (1968): Comparative Government: Developing New Nations, in: Irish 1968, S. 82 - 126

Arndt, H.-J. (1978): Die Besiegten von 1945. Versuch einer Politologie für Deutsche samt Würdigung der Politikwissenschaft in der Bundesrepublik Deutschland, Berlin 1978

Baker, K.L. et al. (1972): A Note on Behavioralists and Post-Behavioralists in Contemporary Political Science, in: PS 1972, S. 271

Ball, H. & Lauth, Th.P. (1971), Hrsg.: Changing Perspectives in Contemporary Political Analysis, Englewood Cliffs 1971

Banks, A. & Textor, R. (1963): A Cross-Polity Survey, Cambridge, Mass. 1963

Barber, J.D. (1965): The Lawmakers, New Haven, Conn. 1965

Bay, Ch. (1965): Politics and Pseudopolitics: A Critical Evaluation of Some Behavioral Literature, in: APSR 1965, S. 39 - 51

Bay, Ch. (1967): The Cheerful Science of Dismal Politics, in: Roszak 1967, S. 208 - 230

Beard, Ch.A. (1929): Political Science, in: Wilson Gee (Hrsg.), Research in the Social Sciences - Its Fundamental Methods and Objectives, New York 1929, S. 269 - 291

Beard, Ch.A. (1948): Neglected Aspects of Political Science, in: APSR 1948, S. 211 - 222

Becker, H. & Barnes, H.E. (1961): Social Thought from Lore to Science, 3. Aufl. New York 1961

Benson, L. et al. (1974), Hrsg.: American Political Behavior - Historical Essays and Readings, New York 1974

Bentley, A.F. (1908): The Process of Government - A Study of Social Pressures, Chicago 1908

Berelson, B. (1968): "Behavioral Sciences", in: IESS, Bd. 2, S. 41 - 45

Berelson, B. et al. (1954): Voting, Chicago & London 1954

Berelson, B. & Steiner, G.A. (1964): Human Behavior: An Inventory of Scientific Findings, New York 1964

Berger, M. (1977): Stabilität und Intensität von Parteineigung, in: Politische Vierteljahresschrift 1977, S. 501 - 509

Berns, W. (1961): The Behavioral Sciences and the Study of Political Things:The Case of Christian Bay's "The Structure of Freedom", in: APSR 1961, S. 550 - 559

Bernstein, R.J. (1967): "Dewey, John", in: Encyclopedia of Philosophy, Bd. 2, S. 380 - 385, London/New York 1967

Beyme, K.v. (1980): Die politischen Theorien der Gegenwart, 4. Aufl. München 1980

Bierstedt, R. (1956): "Behaviorismus", in: Handwörterbuch der Sozial-wissenschaften, Bd. 1, S. 723 - 727, Tübingen und Göttingen 1956

Blalock, H.M., Jr. (1961): Causal Inferences in Nonexperimental Research, Chapel Hill 1961 (auch 1964)

Bogardus, Emory S. (1925): Measuring Social Distances, in: Journal of Applied Sociology 1925, S. 299 - 308

Bogardus, E.S. (1931): Fundamentals of Social Psychology, 2. Aufl. New York 1931

Boulding, K. (1960): Conflict and Defense, New York 1960

Bowen, D.R. (1972): The Origins of the Behavioral Movement, in: Weinstein, M.A. (Hrsg.), The Political Experience - Readings in Political Science, New York 1972, S. 133 - 145 (ursprünglich Kap. 1 von Bowen, D.R.: Political Behavior of the American Public, Columbia, Ohio 1968)

Braybrooke, D. (1958): The Relevance of Norms to Political Description, in: APSR 1958, S. 989 - 1006

Braybrooke, D. & Rosenberg, A. (1972): Comment - Getting the New Wars Straight: The Actual Situation in the Philosophy of Science, in: APSR 1972, S. 818 - 826

Brecht, A. (1947): Beyond Relativism in Political Theory, in: APSR 1947, S. 470 - 488 (Analytical Report on the Round-Table "Beyond Relativism..." at the Annual Meeting of the APSA, Cleveland 1946)

Brecht, A. (1953): A New Science of Politics, in: Social Research 1953, S. 230 - 235

Brecht, A. (1959): Political Theory, Princeton 1959

Brecht, A. (1961): Politische Theorie, Tübingen 1961 (dt. erweitere Ausgabe von Brecht 1959)

Brecht, A. (1968): "Political Theory - Approaches", in: IESS, Bd. 12, S. 307 - 318

Broad, C.D. (1925): The Mind and Its Place in Nature, London 1925

Brodbeck, M. (1958): Methodological Individualisms: Definition and Reduction, in: Philosophy of Science 1958, S. 1 - 22

Brookings Institution (1955): Research Frontiers in Politics and Government - Brookings Lectures 1955, Washington 1955

Broudy, H.S. et al. (1973), Hrsg.: Philosphy of Educational Research, New York 1973

Brown, B.E. (1951): American Conservatives - The Political Thought of Francis Lieber and John W. Burgess, New York 1951

Brunswick, E. (1955): The Conceptual Framework of Psychology, in: Neurath, O. u.a. (Hrsg.), International Encyclopedia of Unified Science, Bd. I, S. 655 - 730, Chicago 1955 (ursprünglich 1938)

Bryce, J. (1890): The American Commonwealth, London 1980

Bunge, M. (1967): Scientific Research, 2 Bde., Berlin 1967

Burdick, E. & Brodbeck, A.J. (1959), Hrsg.: American Voting Behavior, Glencoe, Ill. 1959

Burgess, J.W. (1890): Political Science and Comparative Constitutional Law, 2 Bde., Boston 1890

Butler, D. (1958): The Study of Political Behavior, London 1958

Campbell, A. & Kahn, R.L. (1952): The People Elect a President, Ann Arbor 1952

Campbell, A. et al. (1954): The Voter Decides, Evanston 1954

Campbell, A. et al. (1960): The American Voter, New York 1960

Campbell, A. et al. (1966): Elections and the Political Order, New York 1966

Cantril, H. (1961): Human Nature and Political Systems, New Brunswick 1961

Carey, G.W. (1972): Beyond Parochialism in Political Science, in: Graham & Carey 1972, S. 37 - 53

Carnap, R. (1936): Testability and Meaning, in: Feigl, H. &
Brodbeck, M. (Hrsg.), Readings in the Philosophy of Science,
New York 1953 (ursprünglich erschienen: 1936)

Carnap, R. (1969): Einführung in die Philosophie der Naturwissenschaft,
München 1969 (Originalausgabe 1966, New York)

Carpenter, F. (1974): The Skinner Primer - Behind Freedom and Dignity,
New York 1974

Catlin, G.C.E. (1927): The Delimitation and Measurability of Political
Phenomena, in: APSR 1927, S. 255 - 269

Catlin, G.C.E. (1930): A Study of the Principles of Politics, New York 1930

Catlin, G.C.E. (1931): Kommentar zu Elliot 1931, in: Rice 1931, S. 92 - 94

Catlin, G.C.E. (1956): The Function of Political Science, in:
Western Political Quarterly 1956, S. 815 - 825

Catlin, G.C.E. (1957): Political Theory - What is It? in:
Political Science Quarterly 1957, S. 1 - 29

Catton, W.R., Jr. (1964): The Development of Sociological Thought,
in: Faris, R.E.L. (Hrsg.), Handbook of Modern Sociology, Chicago
1964, S. 912 - 950

Catton, W.R. (1968): "Lundberg, George", in: IESS, Bd. 9, S. 492 - 494

Charlesworth, J.C. (1962), Hrsg.: The Limits of Behavioralism in
Political Science, Philadelphia 1962

Charlesworth, J.C. (1966), Hrsg.: A Design for Political Science:
Scope, Objectives, and Methods, Philadelphia 1966

Charlesworth, J.C (1967): Identifiable Approaches to the Study of
Politics and Government, in: ders. (Hrsg.), Contemporary Political
Analysis, New York 1967, S. 1 - 10

Chase, St. (1948): The Proper Study of Mankind, New York 1948
(2., neu bearbeitete Aufl. New York 1962)

Chomsky, N. (1959): A Review of B.F. Skinner's 'Verbal Behavior',
in: Broudy et al. 1973, S. 745 - 782 (ursprünglich erschienen
in: Language 1959, S. 26 - 58)

Christie, R. & Jahoda, M. (1954), Hrsg.: Studies in the Scope and
Method of "The Authoritarian Personality", Glencoe, Ill. 1954

Christie, R. & Cook, P. (1958): A Guide to Published Literature
Relating to the Authoritarian Personality through 1956, in:
Journal of Psychology 1958, S. 171 - 199

Cobban, A. (1953): The Decline of Political Theory, in:
Political Science Quarterly 1953, S. 321 - 337

Cohen, M. & Nagel, E. (1934): An Introduction to Logic and
Scientific Method, London 1934

Coleman, J. (1958): Nigeria - Background to Nationalism, Berkeley 1958

Coniff, J. (1976): Hume's Political Methodology - A Reconsideration of "That Politics May Be Reduced to a Science", in: The Review of Politics 1976, S. 88 - 108

Converse, Ph.E. & Markus, G.B. (1979): Plus ça change ... The New CPS Election Study Panel, in: APSR 1979, S. 32 - 49

Cook, Th.I. (1954): The Political System - The Stubborn Search for a Science of Politics, in: Journal of Philosophy 1954, S. 128 - 134

Cook, Th.I. (1955): The Prospects of Political Science, in: Journal of Politics 1955, S. 265 - 274

Cooley, Ch.H. (1902): Human Nature and the Social Order, Glencoe, Ill. 1902 (Neudruck 1956)

Corwin, E.S. (1929): The Democratic Dogma and the Future of Political Science, in: APSR 1929, S. 569 - 592

Couch, W.T. (1960): Objectivity and Social Science, in: Schoeck & Wiggins 1960, S. 22 - 49

Crane, W.W. & Moses, B. (1884): Politics - An Introduction to the Study of Comparative Constitutional Law, New York 1884

Crick, B. (1954): The Science of Politics in the United States, in: The Canadian Journal of Economics and Political Science 1954, S. 308 - 320

Crick, B. (1959): The American Science of Politics - Its Origins and Conditions, London 1959

Crick, B. (1964): In Defense of Politics, Baltimore 1964

Cropsey, J. (1962): A Reply to Rothman, in: APSR 1962, S. 353 - 359

Cropsey, J. (1975): Leo Strauss - A Bibliography and Memorial, 1899 - 1973, in: Interpretation 1975, S. 133 - 147

Dahl, R.A. (1956): A Preface to Democratic Theory, Chicago 1956

Dahl, R.A. (1961): Who Governs?, New Haven, Conn. 1961

Dahl, R.A. (1961a): The Behavioral Approach in Political Science - Epitaph for a Monument to a Successful Protest, in: APSR 1961, S. 763 - 772 (hier zitiert nach Eulau 1969, S. 68 - 92)

Dahl, R.A. (1963): Modern Political Analysis, Englewood Cliffs 1963

Dahl, R.A. & Lindblom, Ch.E. (1953): Politics, Economics, and Welfare, New York 1953

Dahrendorf, R. (1955): Struktur und Funktion, in: Kölner Zeitschrift für Soziologie und Sozialpsychologie 1955

Dahrendorf, R. (1958): Out of Utopia - Toward a Re-Orientation of Sociological Analysis, in: American Journal of Sociology 1958

Dahrendorf, R. (1968): Die angewandte Aufklärung, München 1963 (hier zitiert nach der Taschenbuchausgabe Frankfurt 1968)

DeFleur, M.L. & Westie, F.R. (1958): Verbal Attitudes and Overt Acts - An Experiment on the Salience of Attitudes, in: American Sociological Review 1958, S. 667 - 673

Desmonde, W.H. (1967): "Mead, George Herbert", in: Paul Edwards, Hrsg., Encyclopedia of Philosophy, Bd. 5, S. 231 - 233, New York 1967

Deutsch, K.W. (1953): Nationalism and Social Communication, New York 1953

Deutsch, K.W. (1960): Toward an Inventory of Basic Trends and Patterns in Comparative and International Politics, in: APSR 1960, S. 34 - 57 (Wiederabdruck in Rosenau 1969, S. 498 - 512)

Deutsch, K.W. (1963): The Nerves of Government, New York 1963

Deutsch, K.W. & Singer, J.D. (1964): Multiple Power Systems and International Stability, in: World Politics 1964, S. 390 - 406 (hier zitiert nach Rosenau 1969, S. 315 - 324)

Deutsch, K.W. & Rieselbach, L.N. (1970): Empirical Theory, in: Haas & Kariel 1970, S. 74 - 109

Dewey, J. (1929): The Quest for Certainty, New York 1929

Dewey, J. (1939): Intelligence in the Modern World - John Dewey's Philosophy (J. Ratner, Hrsg.), New York 1939

Dewey, J. & Bentley, A.F. (1949): Knowing and the Known, Boston 1949 (Wiederabdruck in: Handy, R. & Harwood, E.C., Hrsg., Useful Procedures of Inquiry, Great Barrington, Mass. 1973, S. 89 - 190)

Dexter, L.A. (1946): Political Processes and Judgments of Value, in: APSR 1946, S. 294 - 301

Downs, A. (1957): An Economic Theory of Democracy, New York 1957

Downs, A. (1966): Inside Bureaucracy, Boston 1966

Driscoll, J.M. & Hyneman, Ch.S. (1955): Methodology for Political Scientists: Perspectives for Study, in: APSR 1955, S. 192 - 217

Dye, Th.R. (1966): Politics, Economics, and the Public - Policy Outcomes in the American States, Chicago 1966

van Dyke, V. (1960): Political Science - A Philosophical Analysis, Stanford 1960

Easton, D. (1951): The Decline of Modern Political Theory, in: Journal of Politics 1951, S. 36 - 58

Easton, D. (1952): Problems of Method in American Political Science, in: International Social Science Bulletin 1952, S. 107 - 124

Easton, D. (1953): The Political System - An Inquiry into the State of Political Science, New York 1953

Easton, D. (1953a): The Condition of American Political Science, in: Eulau 1969, S. 22 - 37 (aus: Easton 1953, S. 38 - 52)

Easton, D. (1956): Reflection on American Political Science and the Analysis of Political Systems; Paper Delivered at the IPSA (=International Political Science Association) Annual Round Table Conference, Rive-Reine, La Tour-de-Peilz, September 1956

Easton, D. (1957): An Approach to the Analysis of Political Systems, in: World Politics 1957, S. 383 - 400 (hier zitiert nach dem Wiederabdruck in Ulmer 1961, S. 136 - 147)

Easton, D. (1962): The Current Meaning of 'Behavioralism' in Political Science, in: Charlesworth 1962, S. 1 - 25

Easton, D. (1965): A Framework for Political Analysis, Englewood Cliffs 1965

Easton, D. (1965a): A Systems Analysis of Political Life, New York 1965

Easton, D. (1966): Alternative Strategies in Theoretical Research, in: ders. (Hrsg.), Varieties of Political Theory, Englewood Cliffs 1966, S. 1 - 13

Easton, D. (1968): "Political Science", in: IESS, Bd. 12, S. 282 - 298

Easton, D. (1969): The New Revolution in Political Science, in: APSR 1969, S. 1051 - 1061

Easton, D. & Dennis, J. (1969): Children in the Political System, New York 1969

Easton, D. & Hess, R.D. (1961): Youth and the Political System, in: Lipset, S.M. & Lowenthal, L. (Hrsg.), Culture and Social Character, Glencoe, Ill. 1961, S. 226 - 251

Eckstein, H. (1956): Political Theory and the Study of Politics: A Report of a Conference, in: APSR 1956, S. 475 - 487

Edwards, Allen L. (1968): Experimental Design in Psychological Research, New York, 3. Aufl. 1968

Ellis, D.E. (1927): Political Science at the Crossroads, in: APSR 1927, S. 773 - 791

Eldersveld, S. (1964): Political Parties - A Behavioral Analysis, Chicago 1964

Eldersveld, S. et al. (1952): Research in Political Behavior, in: APSR 1952, S. 1003 - 1045

Elliott, W.Y. (1928): The Pragmatic Revolt in Politics, London 1928 (Neudruck New York 1968)

Elliott, W.Y. (1931): The Possibility of a Science of Politics –
With Special Attention to Methods Suggested by William B.
Munro and George E.G. Catlin, in: Rice 1931, S. 70 – 92

Engler, R. (1967): Social Science and Social Consciousness: The
Shame of the Universities, in: Roszak 1967, S. 182 – 207

Eulau, H. (1956): Identification with Class and Political Role
Behavior, in: Public Opinion Quarterly 1956, S. 515 – 529

Eulau, H. (1958): H.D. Lasswell's Developmental Analysis, in:
Western Political Quarterly 1958, S. 229 – 242 (hier zitiert
nach dem Wiederabdruck in Eulau 1969, S. 105 – 118)

Eulau, H. (1959): Political Science, in: Hoselitz, B.F. (Hrsg.),
A Reader's Guide to the Social Sciences, New York 1959, S. 89 – 127

Eulau, H. (1961): Recent Developments in the Behavioral Study
of Politics, Stanford University 1961, 36 S.

Eulau, H. (1962): Segments of Political Science Most Susceptible
to Behavioralistic Treatment, in: Charlesworth 1962 (Wiederabdruck in Charlesworth 1967, S. 32 – 50)

Eulau, H. (1962a): Class and Party in the Eisenhower Years, New York 1962

Eulau, H. (1963): The Behavioral Persuasion in Politics, New York 1963

Eulau, H. (1968): "Political Behavior", in: IESS, Bd. 12, S. 203 – 214

Eulau, H. (1968a): The Behavioral Movement in Political Science –
A Personal Document, in: Social Research 1968, S. 1 – 29
(Wiederabdruck in Eulau 1969, S. 370 – 390)

Eulau, H. (1968b): Values and Behavioral Science – Neutrality
Revisited, in: Antioch Review 1968, S. 160 – 167 (Wiederabdruck in Eulau 1969, S. 364 – 369)

Eulau, H. (1968c): The Maddening Methods of Harold D. Lasswell –
Some Philosophical Underpinnings, in: The Journal of Politics
1968, S. 3 – 24

Eulau, H. (1969): Micro-Macro Political Analysis, Chicago 1969

Eulau, H. (1969a): Hrsg.: Behavioralism in Political Science,
New York 1969

Eulau, H. (1969b): Tradition and Innovation – On the Tension
Between Ancient and Modern Ways in the Study of Politics,
in: Eulau 1969a

Eulau, H. (1969c): Political Matrix and Political Representation,
in: APSR 1969, S. 427 – 441 (gemeinsam mit K. Prewitt;
Wiederabdruck in Eulau 1969, S. 300 – 324)

Eulau, H. (1970): Political Science, in: Hoselitz, B.F. (Hrsg.),
A Reader's Guide to the Social Sciences, 2. Aufl. New York 1970

Eulau, H. (1976): Understanding Political Life in America -
The Contribution of Political Science, in: Social Science
Quarterly 1976, S. 112 - 153

Eulau, H., Eldersveld, S. & Janowitz, M. (1956), Hrsg.: Political
Behavior, Glencoe, Ill. 1956

Eulau, H. & March, J. (1969), Hrsg.: Political Science, Englewood
Cliffs 1969

Eulau, H. & Prewitt, K. (1973): Labyrinths of Democracy, New York 1973

Eulau, H. et al. (1977): Political Science - Theory, Method,
Substance, in: American Behavioral Scientist 1977, Heft 1

Eysenck, H.-J. (1953): Uses and Abuses of Psychology, Baltimore
and Harmondsworth 1953

Eysenck, H.-J. (1954): The Psychology of Politics, London 1954

Eysenck, H.-J. (1974/75): Psychoanalyse - Wissenschaft oder
Ideologie? in: H. von Dittfurth (Hrsg.), Ein Panorama der
Naturwissenschaften - Mannheimer Forum 1974/75, Studien-
reihe Sozialwissenschaften, Mannheim (o.J.), S. 9 - 42

Faculty Opinion Survey (1970): in: PS 1970, S. 382 - 386
(vollständig in Lipset & Ladd 1973)

Falter, J.W. (1972): Ein Modell zur Analyse individuellen politischen Verhaltens, in: Politische Vierteljahresschrift 1972,
S. 547 - 566

Falter, J.W. (1973): Wählerbewegungen in Westdeutschland
(Rezension von Iwand 1972), in: Politische Vierteljahresschrift 1973, S. 453 - 454

Falter, J.W. (1973a): Faktoren der Wahlentscheidung, Köln 1973

Falter, J.W. (1977): Einmal mehr - Läßt sich das Konzept der
Parteiidentifikation auf deutsche Verhältnisse übertragen?
in: Politische Vierteljahresschrift 1977, S. 476 - 500

Falter, J.W. (1977a): Zur Validierung theoretischer Konstrukte -
Wissenschaftstheoretische Aspekte des Validierungskonzepts,
in: Zeitschrift für Soziologie 1977, S. 349 - 369

Falter, J.W. (1978): Some Theoretical and Methodological
Problems of Multilevel Analysis Reconsidered, in: Social
Science Information 1978, S. 841 - 869

Falter, J.W. (1979): Die Behavioralismus-Kontroverse in der
amerikanischen Politikwissenschaft, in: Kölner Zeitschrift
für Soziologie und Sozialpsychologie 1979, S. 1 - 24

Falter, J.W. (1979a): Die bayerische Landtagswahl vom 15. Oktober
1978 - Anti-Strauß-Wahl oder Mobilisierungsschwäche einer
'Staatspartei'? in: Zeitschrift für Parlamentsfragen 1979,
S. 50 - 64

Falter, J.W. & Ulbricht, K. (1980): Zur Kausalanalyse von Kontingenztafeln, in: Forschungsberichte des Fachbereichs Pädagogik, Hochschule der Bundeswehr München, 80.05, München 1980 (ca. 200 S.)

Falter, J.W. & Rattinger, H. (1982): Parteien, Kandidaten und politische Streitfragen bei der Bundestagswahl 1980 - Möglichkeiten und Grenzen der Normal-Vote-Analyse, in: Kaase, M. & Klingemann, H.D. (Hrsg.), Wahlen und Politische Kultur - Studien zur Bundestagswahl 1980, Opladen 1982

Falter, J.W. & Ulbricht, K. (1982): Zur Kausalanalyse qualitativer Daten - Grundlagen, Theorie und Anwendungen in Wahlforschung und Hochschuldidaktik, Frankfurt/Bern 1982

Faris, E.L. (1967): Chicago Sociology, 1920 - 1932, San Francisco 1967

Feigl, H. (1974): "Positivism and Logical Empiricism", in: Encyclopedia Britannica, Bd. 14, S. 827 - 833, Chicago 1974

Festinger, L. & Katz, D. (1953), Hrsg.: Research Methods in the Behavioral Sciences, New York 1953

Fischer, G.A. (1968), Hrsg.: Psychologische Testtheorie, Bern und Stuttgart 1968

Fischer, G.A. (1974): Einführung in die Theorie psychologischer Tests, Bern 1974

Fishbein, M. (1967), Hrsg.: Readings in Attitude Theory and Measurement, New York 1967

Fiszman, J.R. (1961), Hrsg.: The American Political Arena, Boston 1961

Flanigan, W. & Fogelman, E. (1965): Functionalism in Political Science, in: Martindale, D. (Hrsg.), Functionalism in the Social Sciences, Philadelphia 1965, S. 111 - 126

Flew, A. (1969): On Not Deriving 'Ought' From 'Is', in: Hudson 1969, S. 135 - 143

Ford Foundation (1949): Study Committee - Report of the Study for the Ford Foundation on Policy and Program, Detroit November 1949

Ford Foundation (1950 ff.): Annual Reports, New York 1950 etc.

Ford Foundation (1953): The Ford Foundation Behavioral Sciences Division, Report June 1953, New York 1953

Frankel, Ch. (1968): "Dewey, John", in: IESS, Bd. 4, S. 155 - 159

Franklin, M.A. & Mugham, A. (1978): The Decline of Class Voting in Britain, in: APSR 1978, S. 523 - 534

Friedrich, C.J. (1937): A Sketch of the Scope and Method of Political Science (Kap. XXV der 1. Aufl. von: Constitutional Government and Politics), London und New York 1937, S. 567 - 594

Fuchs, L.H. (1956): The Political Behavior of American
    Jews, Glencoe, Ill. 1956

Garceau, O. (1951): Research in the Political Process, in:
    APSR 1951, S. 69 - 85

Garceau, O. (1968), Hrsg.: Political Research and Political
    Theory, Cambridge 1968

Gellner, E. (1968): Der neue Idealismus - Ursache und Sinn
    in den Sozialwissenschaften, in: Albert 1972, S. 87 - 112
    (ursprünglich erschienen in: Lakatos, I. & Musgrave, A.,
    Hrsg., Problems in the Philosophy of Science, Amsterdam 1968)

Germino, D. (1967): Beyond Ideology - The Revival of Political
    Theory, New York 1967 (hierin v.a. Kap. 9: Behavioralism
    and the Idea of the Closed Society)

Gerth, H. & Mills, C.W. (1946), Hrsg.: From Max Weber - Essays
    in Sociology, New York 1946

Gessenharter, W. u.a. (1978): Rechtsextremismus als normativ-
    praktisches Forschungsproblem, Weinheim und Basel 1978

Gluchowski, P. (1978): Parteiidentifikation im politischen System
    der Bundesrepublik Deutschland, in: Oberndörfer, D. (Hrsg.),
    Wählerverhalten in der Bundesrepublik Deutschland, Berlin 1978,
    S. 265 - 323

Gosnell, H.F. (1927): Getting Out the Vote, Chicago 1927

Gosnell, H.F. (1942): Grass Root Politics, Washington 1942

Graham, G.J. & Carey, G.W. (1972), Hrsg.: The Post-Behavioral
    Era - Perspectives on Political Science, New York 1972

Grazia, A. de (1951): The Process of Theory-Research
    Interaction, in: Journal of Politics 1951, S. 88 - 99

Grazia, A. de (1952): The Elements of Political Science,
    Bd. 1 (Political Behavior), New York 1952 (Neuauflage 1962)

Greenstein, F.I. (1965): Children and Politics, New Haven,
    Conn. 1965

Greenstein, F.I. (1975): Personality and Politics, in: ders. &
    Polsby 1975, Bd. 2, S. 1 - 92

Greenstein, F.I. & Polsby, N.W. (1975), Hrsg.: Handbook of
    Political Science, 5 Bde., Reading, Mass. 1975

Gregor, J.A. (1968): Political Science and the Uses of
    Functional Analysis, in: APSR 1968, S. 425 - 439

Griffith, E.S. (1948): The Methods and Problems of Research,
    in: ders. 1948b, S. 205 - 218

Griffith, E.S. (1948a): The Frontiers of Political Science, in: ders. 1948b, S. 219 - 238

Griffith, E.S. (1948b), Hrsg.: Research in Political Science - The Work of the Panels of the Research Committee, APSA-Committee on Government, Chapel Hill 1948

Gross, B.R. (1970): Analytic Philosophy, New York 1970

Gunnell, J.G. (1969): Deduction, Explanation, and Social Scientific Inquiry, in: APSR 1969, S. 1233 - 1246 und S. 1259 - 1262

Guetzkow, H. et al. (1963): Simulation in International Relations, Englewood Cliffs 1963

Guttman, L. (1944): A Basis for Scaling Qualitative Data, in: American Sociological Review 1944, S. 139 - 150

Guttman, L. (1950): The Scalogram Board Technique for Scale Analysis, in: Stouffer et al. 1950, S. 91 - 121

Haas, M. (1970): The Rise of a Science of Politics, in: Haas & Kariel 1970, S. 3 - 48

Haas, M. & Kariel, H.S. (1970), Hrsg.: Approaches to the Study of Political Science, Scranton, Pa. 1970

Haas, M. & Becker, Th.L. (1970): The Behavioral Revolution and After, in: Haas & Kariel 1970, S. 479 - 510

Haddow, A. (1939): Political Science in American Colleges and Universities 1636 - 1900 (mit einem Schlußkapitel von William Anderson über die amerikanische Politikwissenschaft zwischen 1900 und 1938), New York 1939

Hall, A.B. et al. (1924): Reports of the National Conference on the Science of Politics, Madison, Wisc. Sept. 1923, in: APSR 1924, S. 119 - 166

Hallowell, J.H. (1944): Politics and Ethics, in: APSR 1944, S. 639 - 655

Hallowell, J.H. (1946): A Rejoinder to William F. Whyte, in: APSR 1946, S. 307 - 312

Hamlyn, D.W. (1967): "Empiricism", in: Edwards, P. (Hrsg.), Encyclopedia of Philosophy, Bd. 2, S. 499 - 505, New York und London 1967

Handy, R. & Kurtz, P. (1964): A Current Appraisal of the Behavioral Sciences, Great Barrington, Mass. 1964

Handy, R. & Harwood, E.C. (1973): A Current Appraisal of the Behavioral Sciences, rev. ed., Great Barrington, Mass. 1973

Harbold, W.H. & Hitchner, G.D. (1958): Some Reflections on Method in the Study of Politics, in: Western Political Quarterly 1958, S. 753 - 773

Hare, R.M. (1969: The Promising Game, in: Hudson 1969, S. 144 - 156

Hare, R.M. (1969a): Descriptivism, in: Hudson 1969, S. 240 - 258

Hawley, C.E. & Dexter, L.A. (1952): Recent Political Science Research in American Universities, in: APSR 1952, S. 420 - 485

Hayek, F.A. v. (1942 - 1944): Scientism and the Study of Society, in: Economica 1942, S. 267 - 291; 1943, S. 34 - 63; 1944, S. 27 - 39

Hayek, F.A. v. (1952): The Counter-Revolution of Science, Glencoe, Ill. 1952

Hayes, L.D. & Hedlund, R.D. (1970), Hrsg.: The Conduct of Political Inquiry - Behavioral Political Analysis, Englewood Cliffs 1970

Heard, A. (1949): Research on Political Behavior - Report of a Conference, in: Social Science Research Council - Items 1949, S. 41 - 44

Hempel, C.G. (1965): Aspects of Scientific Explanation, New York und London 1965

Hendel, Ch.W. (1955), Hrsg.: David Hume, An Inquiry Concerning Human Understanding, with a Supplement: An Abstract of A Treatise of Human Nature (sowie einer Einleitung des Herausgebers, S. VII - LI), New York 1955

Hennis, W. (1963): Praktische Philosophie und politische Wissenschaft, Neuwied 1963

Herring, P. (1950): Basic Social Science Development - The Role of the Council in a New Program of Support, in: Social Science Research Council - Items 1950, S. 25 - 26

Herring, P. (1947): The Social Sciences in Modern Society, in: Social Science Research Council - Items 1947, S. 2 - 6

Herring, P. (1953): On the Study of Government - Presidential Address 1953, in: APSR 1953, S. 961 - 974

Herz, J.H. (1957): The Rise and Demise of the Territorial State, in: World Politics 1957, S. 473 - 493 (hier zitiert nach dem Wiederabdruck in: Rosenau 1961, S. 80 - 86)

Herz, J.H. (1968): The Territorial State Revisited - Reflections on the Future of the Nation-State, in: Polity 1968, S. 12 - 34 (Wiederabdruck in: Rosenau 1969, S. 76 - 89)

Hess, R.D. & Torney, J.V. (1967): The Development of Political Attitudes in Children, Chicago 1967

Hilgard, E.R. (1956): Theories of Learning, 2. Aufl. New York 1956

Hocking, W.E. (1956): The Coming of World Civilization, New York 1956

Hoffer, E. (1951): The True Believer, New York 1951

Holsti, O. et al. (1968): Perception and Action in the
1914 Crisis, in: Singer 1968

Homans, G.C. (1961): Social Behavior - Its Elementary Forms,
New York 1961

Horowitz, I.L. & Horowitz, R.L. (1971): Tax-Exempt Foundations -
Their Effects on National Policy, in: Horowitz, I.L. (Hrsg.),
The Use and Abuse of Social Science - Behavioral Science and
National Policy-Making, New Brunswick 1971, S. 170 - 195

House of Representatives (1953): Committee on Tax-Exempt
Foundations - Washington 1952, Nov./Dec., Washington 1953

House of Representatives (1954): Hearings of the Special
Committee to Investigate Tax-Exempt Foundations and
Comparable Organizations, 1954, 83rd Congress, Washington 1954

House of Representatives (1955): Report of the Special
Committee to Investigate Tax-Exempt Foundations and
Comparable Organizations, 83rd Congress, 2nd Session
on H.Res. 217, Dec. 1954, Washington 1955 (o.J.)

Hudson, H. (1966): Tell the Time to None, New York 1966

Hudson, W.D. (1969), Hrsg.: The Is-Ought Question, London 1969

Hüther, J. (1975): Massenmedien als Sozialisationsinstanzen,
in: Knoll, J.H. und ders. (Hrsg.), Medienpädagogik,
München 1976, S. 160 - 170

Hume, D. (1740): An Abstract of A Treatise of Human Nature,
hier zitiert nach dem Wiederabdruck in Hendel 1955,
S. 181 - 198

Hume, D. (1748): An Inquiry Concerning Human Understanding,
hier zitiert nach dem Wiederabdruck in Hendel 1955,
S. 15 - 182

Hume, D. (1776): My Own Life, hier zitiert nach dem Wiederabdruck in Hendel 1955, S. 3 - 11

Hunter, F. (1953): Community Power Structure, Chapel Hill 1953

Hyman, H.H. (1953): The Value Systems of Different Classes,
in: Bendix, R. & Lipset, S.M. (Hrsg.), Class, Status,
and Power, New York 1953

Hyman, H.H. et al. (1954): Interviewing in Social Research,
Chicago 1954

Hyman, H.H. (1959): Political Socialisation, Glencoe, Ill. 1959

Hyneman, Ch.S. (1959): The Study of Politics - The Present
State of American Political Science, Urbana, Ill. 1959

Infas (1976): Transfer 2 - Wahlforschung, Sonden im politischen Markt, Wiesbaden 1976

Irish, M.D. (1968): Advance of the Discipline? Einleitung zum Sonderheft des Journal of Politics über den Stand politikwissenschaftlicher Forschung, in: Journal of Politics 1968, S. 291 ff. (hier zitiert nach der Buchausgabe "Political Science - Advance of the Discipline", Englewood Cliffs 1968, S. 1 - 20)

Irish, M.D. (1968), Hrsg.: Political Science - Advance of the Discipline, Englewood Cliffs 1968

Iwand, W.M. (1972): Wählerfluktuation in der Bundesrepublik, Wiesbaden und Frankfurt 1972

Jaffe, A.J. (1968): "Ogburn, William Fielding", in: IESS, Bd. 11, S. 277 - 281

James, W. (1907): Pragmatism - A New Name for Some Old Ways of Thinking, New York 1907 (hier zitiert nach dem auszugsweisen Abdruck in Konvitz & Kennedy 1960, S. 28 - 44)

James, W. (1909): The Meaning of Truth, New York 1909 (hier zitiert nach der auszugsweisen Wiedergabe in Konvitz & Kennedy 1960, S. 61 - 77)

Janowitz, M. (1968): "Political Sociology", in: IESS, Bd. 12, S. 298 - 307

Janowitz, M. & Marvick, D. (1956): Competitive Pressure and Democratic Consent - An Interpretation of the 1952 Presidential Elections, Ann Arbor 1956

Jennings, M.K. (1964): Community Influentials - The Elites of Atlanta, Glencoe, Ill. 1964

Jennings, M.K. & Niemi, R.G. (1974): The Political Character of Adolescence, Princeton 1974

Jennings, M.K. & Niemi, R.G. (1981): Generations and Politics - A Panel Study of Young Adults and Their Parents, Princeton 1981

Jonas, F. (1969): Geschichte der Soziologie, Bd. 4: Deutsche und amerikanische Soziologie, Reinbek 1969

Jordan, Z.A. (1963): Philosophy and Ideology, Dordrecht 1963

Jouvenel, B. de (1961): On the Nature of Political Science, in: APSR 1961, S. 773 - 779

Jung, H.Y. (1967): Leo Strauss's Conception of Political Philosophy - A Critique, in: The Review of Politics 1967, S. 492 - 517

Jung, H.Y. (1971): The Political Relevance of Existential Phenomenology, in: The Review of Politics 1971, S. 538 - 563

Kalenski, W.G. u.a. (1971): Politologie in den USA - Zur
    Kritik imperialistischer Machtkonzeptionen, Berlin (Ost) 1971

Kalleberg, A.S. (1969): Concept Formation in Normative and
    Empirical Studies - Toward Reconciliation in Political
    Theory, in: APSR 1969, S. 26 - 39

Kaplan, A. (1964): The Conduct of Inquiry - Methodology of
    Behavioral Science, San Francisco 1964

Kaplan, M.A. (1968): Systems Analysis - International Systems,
    in: IESS, Bd. 15, S. 479 - 486

Kariel, H.S. (1967): The Political Relevance of Behavioral
    and Existential Psychology, in: APSR 1967, S. 334 - 342

Kariel, H.S. (1970a): Creating Political Reality, in:
    APSR 1970, S. 1088 - 1098

Kariel, H.S. (1970b): Normative Theory, in: Haas & Kariel
    1970, S. 110 - 121

Karl, B.D. (1974): Charles E. Merriam and the Study of
    Politics, Chicago 1974

Kaufmann, A.A. (1967): "Behaviorism", in: Edwards, P. (Hrsg.),
    Encyclopedia of Philosophy 1967, Bd. 1, S. 286 - 273

Keech, W. & Prothro, J.W. (1968): American Government, in:
    Irish 1968, S. 127 - 152

Kelman, H. (1965), Hrsg.: International Behavior - A Social-
    Psychological Analysis, New York 1965

Kelsen, H. (1951): Science and Politics, in: APSR 1951, S. 641 - 661

Keuth, H. (1975): Objektivität und Parteilichkeit in der
    Wissenschaft, in: Zeitschrift für allgemeine Wissen-
    schaftstheorie 1975, S. 19 ff.

Key, V.O. (1949): Southern Politics, New York 1949

Key, V.O. (1956): American State Politics, New York 1956

Key, V.O. (1958): The State of the Discipline - Presidential
    Address 1958, in: APSR 1958, S. 961 - 971

Kim, J.O. et al. (1975): Voter Turnout Among the American
    States - Systematic and Individual Components, in: APSR
    1975, S. 107 - 123

Kim, K.W. (1965): The Limits of Behavioral Explanation in
    Politics, in: The Canadian Journal of Economics and
    Political Science 1965, S. 315 - 327 (wieder abgedruckt
    in: McCoy & Playford 1967, S. 38 - 54)

Kirk, R. (1962): Segments of Political Science not Amenable to Behavioristic Treatment, in: Charlesworth 1962, S. 49 - 67

Kirkpatrick, E. (1958): The 'Political Behavior' Approach, in: PROD 1958, S. 9 - 13

Kirkpatrick, E. (1962): The Impact of the Behavioral Approach on Traditional Political Science, in: Ranney 1962, S. 1 - 29

Kirscht, J.P. & Dillehay, R.C. (1967): Dimensions of Authoritarianism, Lexington 1967

Knorr, K. & Verba, S. (1961): The International System - Theoretical Essays, Princeton 1961

Konvitz, M.J. & Kennedy, G. (1960), Hrsg.: The American Pragmatists - Selected Writings, Cleveland and New York 1960

Kornhauser, W. (1959): The Politics of Mass Society, New York 1959

Krauth, L. (1970): Die Philosophie Carnaps, Wien 1970

Kreutz, H. & Titscher, St. (1974): Die Konstruktion von Frage-bögen, in: van Koolwijk, J. & Wieken-Mayser, M. (Hrsg.), Techniken der empirischen Sozialforschung, Bd. 4 (Erhebungs-methoden: Die Befragung), München 1974, S. 24 - 82

Kuhn, Th. (1962): The Structure of Scientific Revolutions, Chicago 1962

Kuhn, Th. (1969): Postscript 1969, in: ders., The Structure of Scientific Revolutions, 2. Aufl. Chicago 1970 (hier zitiert nach der deutschen Neuausgabe Frankfurt 1978)

Kurtz, P. (1968): Neo-Behaviorism and the Behavioral Sciences, in: de Grazia, A. et al., The Behavioral Sciences - Essays in Honor of George A. Lundberg, Great Barrington, Mass. 1968, S. 63 - 85

Ladd, E.C. & Lipset, S.M. (1973): Academics, Politics, and the 1972 Election, Washington 1973

Ladd, E.C. & Lipset, S.M. (1973a): Professors, Unions, and American Higher Education, Washington 1973

Landau, M. (1961): On the Use of Metaphor in Political Analysis, in: Social Research 1961, S. 331 - 335

Landau, M. (1968): The Myth of Hyperfactualism in the Study of American Politics, in: Political Science Quarterly 1968, S. 378 - 399

Landau, M. (1972): Comment - On Objectivity, in: APSR 1972, S. 846 - 856

Lane, R.E. (1959): Political Life, Glencoe, Ill. 1959

Lane, R.E. (1962): Political Ideology, Glencoe, Ill. 1962

Lane, R.E. (1972): Political Man, London/New York 1972

Lasswell, H.D. (1930): Psychopathology and Politics, Chicago 1930

Lasswell, H.D. (1935): World Politics and Personal
    Insecurity, New York 1935

Lasswell, H.D. (1936): Politics - Who Gets What, When, How,
    New York 1936 (hier zitiert nach der mit einem Postskriptum
    von 1958 versehenen Taschenbuchausgabe, Cleveland 1958)

Lasswell, H.D. (1948): The Analysis of Political Behavior -
    An Empirical Approach, New York 1948

Lasswell, H.D. (1948a): Power and Personality, New York 1948

Lasswell, H.D. (1951): The Immediate Future of Research Policy
    and Methods in Political Science, in: APSR 1951, S. 133 - 142

Lasswell, H.D. (1956): The Political Science of Science -
    An Inquiry into the Possible Reconciliation of Mastery
    and Freedom (Presidential Address 1956), in: APSR 1956,
    S. 961 - 979

Lasswell, H.D. (1964): The Future of Political Science, New York 1964

Lasswell, H.D. & Kaplan, A. (1950): Power and Society - A
    Framework for Political Inquiry, New Haven, Conn. 1950

Latham, E. (1974): "Political Science", in: Encyclopaedia
    Britannica, Bd. 14, S. 702 - 707, Chicago 1974

Laumann, E.O. & Pappi, F.U. (1976): Networks of Collective
    Action - A Perspective on Community Influence Systems,
    New York 1976

Lazarsfeld, P.F. et al. (1944): The People's Choice,
    New York 1944 (und 1948)

Lazarsfeld, P.F. & Katz, E. (1955): Personal Influence, New York 1955

Lazarsfeld, P.F. & Menzel, H. (1961): On the Relation between
    Individual and Collective Properties, in: Etzioni, A.
    (Hrsg.), A Sociological Reader on Complex Organizations,
    New York 1961

Lehner, F. (1974): Nostalgie einer Disziplin oder die Revo-
    lution, die nie stattgefunden hat, in: Politische Viertel-
    jahresschrift 1974, S. 245 - 256

Leiserson, A. (1951): Systematic Research in Political Behavior -
    A Preliminary Report, in: Social Science Research Council -
    Items 1951, S. 29 - 32

Leiserson, A. (1953): Problems of Methodology in Political
    Research, in: Political Science Quarterly 1953, S. 558 - 584

Leiserson, A. (1958): Parties and Politics - An Institutional
and Behavioral Approach, New York 1958

Leiserson, A. (1960): The Problems of Contemporary Political
Science, in: PROD 1960, S. 3 - 7

Leiserson, A. (1965): The Behavioral Approach, in: Connery, R.H.
(Hrsg.), Teaching Political Science, Durham 1965, S. 51 - 71

Leiserson, A. & Wahlke, J.C. (1971): Doctrines, Ideologies,
and Theories, in: Wahlke, J.C. & Dragnich, A.N. (Hrsg.),
Government and Politics, 2.Aufl. New York 1971, S. 671 - 695

Lerner, D. & Lasswell, H.D. (1951), Hrsg.: The Policy Sciences,
Stanford 1951

Levinson, A.B. (1974): Knowledge and Society - An Introduction
to the Philosophy of the Social Sciences, New York 1974

Leyburn, J.G. (1968): "Sumner, William Graham", in: IESS,
Bd. 15, S. 406 - 409

Lippincott, B. (1940): The Bias of American Political Science,
in: APSR 1940, S. 125 - 139

Lipset, S.M. (1959): Political Sociology, in: Merton, R.K. et al.
(Hrsg.), Sociology Today, New York 1959

Lipset, S.M. (1960): Political Man, Garden City 1960

Lipset, S.M. et al. (1954): The Psychology of Voting - An
Analysis of Political Behavior, in: Lindzey, G. (Hrsg.),
Handbook of Social Psychology, Bd. 2, Reading, Mass.

Lipset, S.M. et al. (1956): Union Democracy, Glencoe, Ill. 1956

Lipset, S.M. & Wolin, Sh. (1965), Hrsg.: The Berkeley Student
Revolt, Garden City 1965

Lipset, S.M. & Raab, E. (1970): The Politics of Unreason -
Right-Wing Extremism in America, 1790 - 1970, New York 1970

Lipsitz, L. (1971): The Wolfe Who Cried Caucus - Reform and
the Political Science Profession, in: Politics and Society
1971, S. 539 - 541

Lipsitz, L. (1972): Vulture, Mantis, and Seal - Proposals for
Political Science, in: Graham & Carey 1972, S. 171 - 191

Loevinger, J. (1957): Objective Tests as Instruments of Psychological Theory, in: Psychological Reports 1957, S. 635 - 694

Lowell, A.L. (1892): Essays on Government, Boston 1892

Lowi, Th.J. (1972): The Politics of Higher Education - Political
Science as a Case Study, in: Graham & Carey 1972, S. 11 - 36

Ludz, P.Ch. (1968): Parteielite im Wandel, Köln/Opladen 1968

Lundberg, G. (1939): Foundations of Sociology, New York 1939

Lundberg, G. (1947): Can Science Save Us? London 1947

MacCorquodale, K. & Meehl, P.E. (1948): On a Distinction between Hypothetical Constructs and Intervening Variables, in: Psychological Review 1948, S. 95 - 107

Macdonald, D. (1955): The Ford Foundation, New York 1955

McDonald, L.C. (1957): Voegelin and the Positivists - A New Science of Politics? in: Midwest Journal of Political Science 1957, S. 233 - 251

MacMahon, A. (1955): Besprechung der verschiedenen Reports "On the Behavioral Sciences ... " von den Universitäten Harvard, Chicago, Michigan (Ann Arbor), North Carolina (Chapel Hill) und Stanford, in: APSR 1955, S. 857 - 863

Macpherson, C.B. (1953): World Trends in Political Science Research, in: APSR 1953, S. 427 - 449

MacRae, D. (1958): Dimensions of Congressional Voting, University of California Publications in Sociology and Social Institutions, Bd. 1, Nr. 3, S. 203 - 390, Berkeley 1958

Macridis, R. (1952): Comparative Politics - Method and Research, in: Social Science Research Council - Items 1952, S. 45 - 49

Macridis, R. (1955): The Study of Comparative Government, Garden City 1955

Macridis, R. & Cox, R. (1953): Research in Comparative Politics - Seminar-Report and Discussion, in: APSR 1953, S. 641 - 657 und 658 - 675 (Discussion)

Madge, J. (1964): The Origins of Scientific Sociology, Glencoe, Ill. 1964

Malcolm, N. (1964): Behaviorism as a Philosophy of Psychology, in: Wann, T.W. (Hrsg.), Behaviorism and Phenomenology, Chicago 1964, S. 141 - 154 (hier zitiert nach dem Wiederabdruck in: Broudy et al. 1973, S. 725 - 738)

March, J.G. & Simon, H.A. (1958): Organizations, New York 1958

Margolis, J. (1958): Difficulties in T.D. Weldon's Political Philosophy, in: APSR 1958, S. 1113 - 1117

Martindale, D. (1960): The Nature and Types of Sociological Theory, Boston 1960

Matthews, D.R. & Prothro, J.W. (1966): Negroes and the New Southern Politics, New York 1966

May, M.A. (1968): "Angell, James Rowland", in: IESS, Bd. 1,
   S. 287 - 289

Mayntz, R. u.a. (1969): Einführung in die Methoden der empirischen Soziologie, Köln/Opladen 1969

McClelland, Ch. (1974): "Theories of International Relations",
   in: Encyclopaedia Britannica, Bd. 9, S. 778 - 785, Chicago 1974

McClosky, H. (1958): Conservatism and Personality, in: APSR
   1958, S. 27 - 45

McCoy, Ch.A. & Playford, J. (1967), Hrsg.: Apolitical Politics -
   A Critique of Behavioralism, New York 1967

Mead, G.H. (1930): Cooley's Contribution to American Social
   Thought, in: American Journal of Sociology 1930, S. 693 - 706

Mead, G.H. (1934): Mind, Self, and Society (Charles W. Morris,
   ed.), Chicago 1934

Mead, G.H. (1956): The Social Psychology of George Herbert
   Mead (herausgegeben und eingeleitet von Anselm Strauss),
   Chicago 1956

Meehan, E.J. (1967): Contemporary Political Thought, Homewood 1967

Merriam, Ch.E. (1921): The Present State of the Study of
   Politics, in: APSR 1921, S. 173 - 185

Merriam, Ch.E. (1922): Political Research, in: APSR 1922, S. 315 - 321

Merriam, Ch.E. (1924): The Significance of Psychology for
   the Study of Politics, in: APSR 1924, S. 469 - 488

Merriam, Ch.E. (1925): New Aspects of Politics, Chicago 1925

Merriam, Ch.E. (1926): Progress in Political Research, in:
   APSR 1926, S. 1 - 13 (Presidential Address 1925)

Merriam, Ch.E. (1950): Political Science in the United States,
   in: UNESCO 1950, S. 233 - 248

Merriam, Ch.E. et al. (1923): Progress Report of the Committee
   on Political Research, in: APSR 1923, S. 274 - 312

Merriam, Ch.E. & Gosnell, H.F. (1924): Non-Voting - Causes
   and Methods of Control, Chicago 1924

Merritt, R.L. (1965): The Emergence of American Nationalism,
   in: The American Quarterly 1965, S. 319 - 335

Merton, R.K. (1945): Sociological Theory, in: American
   Journal of Sociology 1945

Merton, R.K. (1949): The Bearing of Empirical Research on
    Sociological Theory, in: ders., Social Theory and Social
    Structure, New York 1949 (hier zitiert nach ders., On
    Theoretical Sociology, New York 1967, S. 156 - 171)

Milbrath, L.W. (1965): Political Participation, Chicago 1965

Mill, J.St. (1843): A System of Logic, 2 Bde., London 1843

Miller, A.H. & Miller, W.E. (1977): Partisanship and Per-
    formance - Rational Choice in the 1976 Presidential
    Election, Paper presented at the annual meeting of the
    APSA 1977

Miller, E.F. (1972): Positivism, Historicism, and Political
    Inquiry, in: APSR 1972, S. 796 - 817

Miller, E.F. (1971): Hume's Contribution to Behavioral
    Science, in: Journal of the History of Behavioral
    Science 1971, S. 154 - 168

Miller, J.G. (1956): Towards a General Theory for the Behavioral
    Sciences, in: White, L.D. (Hrsg.), The State of the Social
    Sciences, Chicago 1956, S. 29 - 65

Miller, W.E. & Stokes, D.E. (1963): Constituency Influence
    in Congress, in: APSR 1963, S. 45 - 56

Miller, W.E. & Stokes, D.E. (1967): Representation in Congress,
    Englewood Cliffs 1967

Mills, C.W. (1953): Introduction to the Mentor Edition of
    Thorsten Veblen's "The Theory of the Leisure Class",
    New York 1953, S. VI - XIX

Mills, C.W. (1959): The Sociological Imagination, New York 1959

Mitchell, W.C. (1962): The American Polity - A Social and
    Cultural Interpretation, New York 1962

Mitchell, W.C. (1967): Sociological Analysis and Politics -
    The Theories of Talcott Parsons, Englewood Cliffs 1967

Moore, B. (1953): The New Scholasticism and the Study of
    Politics, in: World Politics 1953, S. 122 - 138

Morgenthau, H.J. (1955): Reflections on the State of Political
    Science, in: Review of Politics 1955, S. 431 - 460

Morgenthau, H.J. (1966): The Purpose of Political Science,
    in: Charlesworth 1966, S. 63 - 79

Mosteller, F. et al. (1949): The Pre-Election Polls of 1948,
    Bulletin No. 60, Social Science Research Council, New York 1949

Mosteller, F. & Wallace, L.D. (1964): Inference and Disputed
    Authorship - The Federalist, Reading, Mass. 1964

Munro, W.B. (1928): Physics and Politics - An Old Analogy
    Revised, in: APSR 1928, S. 1 - 11

Murdock, G.P. (1950): Behavior Science Outlines, New York 1950

Murray, A.H. (1945): Professor Hayek's Philosophy, in:
    Economica 1945, S. 149 - 162

Myrdal, G. (1944): An American Dilemma, New York 1944

Nagel, E. (1961): The Structure of Science, New York 1961

Narr, W.-D. (1969): Logik der Politikwissenschaft - eine
    propädeutische Skizze, in: Kress, G. & Senghaas, D.
    (Hrsg.), Politikwissenschaft, Frankfurt 1969, S. 9 - 37

Narr, W.D. (1969a): Einführung in die moderne politische
    Theorie, Bd. I: Theoriebegriffe und Systemtheorie,
    Stuttgart 1969

Natanson, M. (1978): "Schutz, Alfred", in: IESS, Bd. 14, S. 72 - 74

National Academy of Sciences & Social Science Research Council
    (1969): The Behavioral and Social Sciences - Outlook and
    Needs. Report of the Behavioral and Social Sciences
    Survey Committee, Englewood Cliffs 1969

Newcomb, Th.M. et al. (1965): Social Psychology - The Study
    of Human Interaction, New York 1965

Nie, N. et al. (1976): The Changing American Voter, Cambridge, Mass. 1976

Nigsch, O. (1977): Theoretische und praktische Bedeutung
    der Mehrebenenanalyse, in: Kölner Zeitschrift für So-
    ziologie und Sozialpsychologie 1977, S. 561 - 576

Norpoth, H. (1978): Party Identification in West Germany -
    Tracing an Elusive Concept, in: Comparative Political
    Studies 1978, S. 36 - 61

North, R.C. et al. (1963): Content Analysis - A Handbook
    with Applications for the Study of International Crisis,
    Evanston, Ill. 1963

Odum, H.W. (1927), Hrsg.: American Masters of Political
    Science, New York 1927 (mit Kapiteln über Burgess, H.B.
    Adams, W.A. Dunning etc.)

Opp, K.-D. (1970): Methodologie der Sozialwissenschaften, Reinbek 1970

Opp, K.-D. & Schmidt, P. (1976): Einführung in die Mehr-
    variablenanalyse, Reinbek 1976

Oppenheim, F. (1950): Relativism, Absolutism, and Democracy,
    in: APSR 1950, S. 951 - 960

Oppenheim, F. (1957): The Natural Law Thesis - Affirmation
    or Denial, in: APSR 1957, S. 41 - 53

Parenti, M. (1969): Communication, in: PS 1969, S. 700

Park, R.E. & Burgess, E.W. (1921): An Introduction to the Science of Sociology, Chicago 1921

Parsons, T. (1937): The Structure of Social Action, Glencoe 1937 (Neudruck 1949)

Parsons, T. (1951): The Social System, Glencoe, Ill. 1951

Parsons, T. (1968): "Social Interaction", in: IESS, Bd. 7, S. 429 - 441

Parsons, T. & Shils, E.A. (1951), Hrsg.: Toward a General Theory of Action, Cambridge 1951

Passmore, J. (1967): "Logical Positivism", in: Edwards, P. (Hrsg.), Encyclopedia of Philosophy, Bd. 5, S. 52 - 57, New York and London 1967

Pearson, K. (1892): The Grammar of Science, London 1892 (veränderte Neuauflage 1905)

Pennock, J.R. (1944): Reason, Value Theory, and the Theory of Democracy, in: APSR 1944, S. 855 - 875

Pennock, J.R. (1953): Political Science and Political Philosophy, in: APSR 1953

Perry, Ch. (1950): The Semantics of Political Science, in: APSR 1950, S. 394 - 406 (S. 407 ff. Diskussion durch H.A. Simon, M. Radin, G.A. Lundberg und H.D. Lasswell)

Petras, J. (1965): Ideology and United States Political Scientists, in: Science and Society 1965, S. 192 - 216 (hier zitiert nach dem Wiederabdruck in: McCoy & Playford 1967, S. 76 - 98)

Pinner, F.A. (1968): "Cross Pressure", in: IESS, Bd. 3, S. 519 - 522

Pinner, F.A. et al. (1959): Old Age and Political Behavior, Berkeley 1959

Pool, I. de Sola (1967), Hrsg.: Contemporary Political Science - Toward Empirical Theory, New York 1967

Pool, I. de Sola (1970): Some Facts about Values, in: PS 1970, S. 102 - 106

Popper, K.R. (1934): Logik der Forschung (hier zitiert nach der deutschen erweiterten Neuauflage Tübingen 1966)

Popper, K.R. (1950): The Open Society and Its Enemies, Princeton 1950

Popper, K.R. (1957): The Poverty of Historicism, New York 1957 (ursprünglich erschienen in: Economica 1943/44)

Popper, K.R. (1963): Conjectures and Refutations - The Growth of Scientific Knowledge, New York 1963 (ursprünglich 1962)

Popper, K.R. (1972): Objective Knowledge - An Evolutionary Approach, Oxford 1972

Popper, K.R. (1974): Replies to My Critics, in: Schilpp, Paul A. (Hrsg.), The Philosophy of Karl Popper, 2 Bde., LaSalle, Ill. 1974

Price, H.D. (1957): The Negro and Southern Politics, New York 1957

Pritchett, H. (1948): The Roosevelt Court, New York 1948

Pritchett, H. (1964): The Supreme Court and the Urban Majority, in: APSR 1964, S. 869 - 875 (hier zitiert nach dem Wiederabdruck in Ball & Lauth 1971, S. 268 - 278)

Prothro, J.W. (1956): The Nonsense Fight over Scientific Method - A Plea for Peace, in: Journal of Politics 1956, S. 565 - 570

Pye, L.W. (1962): Politics, Personality, and Nation Building, New Haven, Conn. 1962

Pye, L.W. (1966): Aspects of Political Development, Boston 1966

Pye, L.W. (1968): Description, Analysis, and Sensitivity to Change, in: Ranney, A. (Hrsg.), Political Science and Public Policy, Chicago 1968, S. 239 - 261

Ranney, A. (1958): The Governing of Men, New York 1958 (weitere Auflagen 1966, 1971 usw.)

Ranney, A. (1962), Hrsg.: Essays on the Behavioral Study of Politics, Urbana 1962

Rapoport, A. (1958): Various Meanings of 'Theory', in: APSR 1958, S. 972 - 988

Rapoport, A. (1975): Semantics, New York 1975

Redford, E.S. (1961): Reflections on a Discipline (Presidential Address 1961), in: APSR 1961, S. 755 - 762

Reichel, P. (1977): "Politische Kultur", in: Sontheimer, K. & Röhring, H.H. (Hrsg.), Handbuch des politischen Systems der Bundesrepublik Deutschland, München 1977, S. 503 - 513

Reichenbach, H. (1938): Experience and Prediction - An Analysis of the Foundations and the Structure of Knowledge, Chicago 1938

Reichenbach, H. (1951): The Rise of Scientific Philosophy, Berkeley 1951 (deutsche Ausgabe Braunschweig 1968)

Reid, H.G. (1972): Contemporary American Political Science
in the Crisis of Industrial Society, in: Midwest Journal
of Political Science 1972, S. 339 - 366

Reid, H.G. & Yamarella, E.J. (1975): Political Science and
the Post-Modern Critique of Scientism and Domination,
in: The Review of Politics 1975, S. 286 - 316

Reif, K. (1966): Das sozialwissenschaftliche Kloster, in:
Der Politologe - Berliner Zeitschrift für Politische
Wissenschaft 1966, Nr. 21, S. 55

Reports of the Second National Conference of the Science of
Politics, Chicago, Ill., Sept. 1924, in: APSR 1925, S. 104 - 162

Rice, St.A. (1924): Farmers and Workers in American Politics,
New York 1924

Rice, St.A. (1926): Some Applications of Statistical Method
to Political Research, in: APSR 1926, S. 313 - 329

Rice, St.A. (1928): Quantitative Methods in Politics, New York 1928

Rice, St.A. (1931), Hrsg.: Methods in Social Science -
A Case Book, Chicago 1931

Richter, M. (1980), Hrsg.: Political Theory and Political
Education, Princeton 1980

Riker, W.H. (1962): The Theory of Political Coalitions,
New Haven, Conn. 1962

Ritzer, G. (1975): Sociology - A Multiple Paradigm Science, Boston 1975

Robinson, J.P. et al. (1968): Measures of Political Attitudes,
Ann Arbor 1968

Roche, J.P. (1958): Political Science and Science Fiction,
in: APSR 1958, S. 1026 - 1029

Rockefeller Foundation & The General Education Board (o.J.):
Statement before the Special Committee to Investigate
Tax-Exempt Foundations, House of Representatives, 83rd
Congress (wahrscheinlich 1954; ohne Ort)

Rockefeller Foundation (1951): Annual Report - 1951, New York 1951

Rockman, B. (1969): A 'Behavioral' Evaluation of the Critique
of Behavioralism, Paper Presented for the Caucus for a New
Political Science, APSA Convention 1969

Rogow, A.A. (1957): Comment on Smith and Apter - Or, Whatever
Happened to the Great Issues, in: APSR 1957, S. 763 - 775

Rokeach, M. (1960): The Open and Closed Mind, New York 1960

Rokeach, M. (1968): "The Nature of Attitudes", in: IESS, Bd. 1,
S. 449 - 458

Rose, A.M. (1954): Theory and Method in the Social Sciences, Minneapolis 1954

Rose, A.M. (1962): A Systematic Summary of Symbolic Interaction Theory, in: Rose 1962a, S. 3 - 19

Rose, A.M. (1962a), Hrsg.: Human Behavior and Social Processes - An Interactionist Approach, London 1962

Roseman, C. et al. (1966), Hrsg.: Dimensions of Political Analysis, Englewood Cliffs 1966

Rosenau, J.N. (1961), Hrsg.: International Politics and Foreign Policy, New York 1961

Rosenau, J.N. (1969), Hrsg.: International Politics and Foreign Policy, rev. ed. New York 1969

Roszak, Th. (1967), Hrsg.: The Dissenting Academy, New York 1967

Rothbard, M.N. (1960): The Mantel of Science, in: Schoeck & Wiggins 1960, S. 159 - 180

Rothman, St. (1962): Rejoinder to Cropsey, in: APSR 1962, S. 682 - 685

Rothman, St. (1962a): The Revival of Classical Political Philosophy - A Critique, in: APSR 1962, S. 341 - 352

Rudner, R.S. (1972): Comment - On Evolving Standard Views in Philosophy of Science, in: APSR 1972, S. 827 - 845

Russett, B.M. et al. (1964): World Handbook of Political and Social Indicators, New Haven, Conn. 1964

Ryan, A. (1972): 'Normal' Science or Ideology? in: Laslett, P. et al. (Hrsg.), Philosophy, Politics and Society, Oxford 1972, S. 86 - 100

Sabine, G.H. (1937): A History of Political Theory, New York 1937

Sanders, C. (1978): Die behavioristische Revolution in der Psychologie, Salzburg 1978

Sandoz, E. (1972): The Philosophical Science of Politics Beyond Behavioralism, in: Graham & Carey 1972, S. 285 - 305

Sartori, G. (1970): Concept Misformation in Comparative Politics, in: APSR 1970, S. 1033 - 1053

Schaar, J.H. & Wolin, Sh.S. (1963): Review Essay on: "Essays on the Scientific Study of Politics - A Critique", in: APSR 1963, S. 125 - 150

Schelling, Th. (1960): The Strategy of Conflict, Cambridge, Mass. 1960

Scheuch, E.K. (1967): "Methoden", in: König, R. (Hrsg.),
   Fischer-Lexikon Soziologie, Frankfurt, 2. Aufl. 1967,
   S. 194 - 224

Scheuch, E.K. & Zehnpfennig, H. (1974): Skalierungsverfahren
   in der Sozialforschung, in: König, R. (Hrsg.), Handbuch
   der empirischen Sozialforschung, Bd. 3a, Stuttgart, 3. Aufl.
   1974, S. 97 - 203

Schoeck, H. & Wiggins, J.W. (1960), Hrsg.: Scientism and
   Values, Princeton 1960

Schoeck, H. (1960a): Knowledge - Unused and Misused, in:
   Schoeck & Wiggins 1960, S. 119 - 143

Schubert, G.A. (1958): The Study of Judicial Decision-Making as
   an Aspect of Political Behavior, in: APSR 1958, S. 1007 - 1025

Schubert, G.A. (1959): Quantitative Analysis of Judicial
   Behavior, Glencoe, Ill. 1959

Schubert, G.A. (1960): Constitutional Politics - The Political
   Behavior of Supreme Court Justices, New York 1960

Schubert, G.A. (1965): Judicial Policy-Making - The Political
   Role of Courts, Glenwood, Ill. 1965

Schubert, G.A. (1969): The Third Cla't Theme - Wild in the
   Corridors, in: PS 1969, S. 591 - 597

Schütz, A. (1960): The Social World and the Theory of Social
   Action, in: Sociological Research 1960, S. 203 - 221

Searle, J.R. (1969): How to Derive 'Ought' from 'Is', in:
   Hudson 1969, S. 120 - 134

Senn, P.S. (1966): What Is 'Behavioral Science' - Notes
   toward a History, in: Journal of the History of the
   Behavioral Sciences 1966, S. 107 - 122

Sherif, M. & Sherif, C.W. (1964): Reference Groups - Explorations into Conformity and Deviation of Adolescents,
   New York 1964

Shibutani, T. (1968): "Mead, George Herbert", in: IESS,
   Bd. 10, S. 83 - 87

Sibley, M.Q. (1958): The Place of Classical Political Theory
   in the Study of Politics - The Legitimate Spell of Plato,
   in: Young 1958, S. 125 - 148

Sibley, M.Q. (1962): The Limitations of Behavioralism, in:
   Charlesworth 1962, S. 68 - 93

Simon, H.A. (1947): Administrative Behavior, New York 1947

Singer, J.D. (1966): The Behavioral Science Approach to International Relations - Payoff and Prospects, in: SAIS-Review 1966, S. 12 - 20 (Wiederabdruck in: Rosenau 1969, S. 65 - 69)

Singer, J.D. (1968), Hrsg.: Quantitative International Politics, New York 1968

Singer, J.D. & Small, M. (1966): National Alliance Commitments and War Involvement, in: Papers of the Peace Research Society 1966, S. 109 - 140 (Wiederabdruck in: Rosenau 1969, S. 513 - 542)

Skinner, B.F. (1953): Science and Human Behavior, New York 1953

Skinner, B.F. (1957): Verbal Behavior, New York 1957

Skinner, B.F. (1964): Behaviorism at Fifty, in: Wann, T.W. (Hrsg.), Behaviorism and Phenomenology, Chicago 1964 (hier zitiert nach dem Wiederabdruck in: Broudy 1973, S. 707 - 724)

Smith, B.L. et al. (1976): Political Research Methods - Foundations and Techniques, Boston 1976

Smith, D.G. (1957): Political Science and Political Theory, in: APSR 1957, S. 734 - 746

Snyder, R.C. et al. (1954): Decision-Making as an Approach to the Study of International Politics, Monograph No. 3 - Foreign Policy Analysis Project Series 1954

Snyder, R.C. et al. (1962), Hrsg.: Foreign Policy Decision-Making, New York 1962

Social Science Research Council (1944 ff.): Annual Reports 1944 - 1964

Social Science Research Center, University of Minnesota (1951): The Social Sciences at Mid-Century, St. Paul 1951

Somit, A. & Tanenhaus, J. (1963): Trends in American Political Science - Some Analytical Notes, in: APSR 1963, S. 993 - 947

Somit, A. & Tanenhaus, J. (1964): American Political Science - A Profile of a Discipline, New York 1964

Somit, A. & Tanenhaus, J. (1967): The Development of American Political Science: From Burgess to Behavioralism, Boston 1967

Sorauf, F.J. (1965): Political Science - An Informal Overview, Columbus/Ohio 1965

Sorokin, P.A. (1956): Fads and Foibles in Modern Sociology and Related Sciences, Hinsdale/Ill. 1956

Sorokin, P.A. (1958): Physicalist and Mechanist School, in: Roucek, J.S. (Hrsg.), Contemporary Sociology, New York 1958, S. 1127 - 1176

Spence, K.W. (1948): The Postulates and Methods of "Behaviorism", in: Psychological Review 1948, S. 67 - 78

Spengler, J.J. (1950): Generalists versus Specialists in Social Science - An Economist's View, in: APSR 1950, S. 348 - 379

Sperlich, P. (1971): Conflict and Harmony in Human Affairs - A Study of Cross-Pressures and Political Behavior, Chicago 1971

Spiro, H.J. (1970): Politics as the Master Science - From Plato to Mao, New York 1970

Spiro, H.J. (1971): Critique of Behavioralism in Political Science, in: Beyme, K. von (Hrsg.), Theory and Politics (Festschrift für C.J. Friedrich), Den Haag 1971, S. 314 - 327

Stegmüller, W. (1960): Das Problem der Kausalität, in: Topitsch, E. (Hrsg.), Probleme der Wissenschaftstheorie (Festschrift für V. Kraft), Wien 1960, S. 171 - 190

Stegmüller, W. (1969): Wissenschaftliche Erklärung und Begründung, Berlin 1969

Stegmüller, W. (1970): Theorie und Erfahrung, Berlin 1970

Stegmüller, W. (1973): Personelle und statistische Wahrscheinlichkeit, Heidelberg/New York 1973

Stinnes, M. (1975): Kritik an F. Lehner (1974), in: Politische Vierteljahresschrift 1975, S. 123 - 126

Stonier, A. & Bode, K. (1937): A New Approach to the Methodology of the Social Sciences, in: Economica 1937, S. 406 - 424

Storing, H.J. (1962), Hrsg.: Essays on the Scientific Study of Politics - A Critique, New York 1962

Storing, H.J. (1962a): The Science of Administration - Herbert A. Simon, in: Storing 1962, S. 63 - 150

Stouffer, S.A. (1950): An Overview of the Contributions to Scaling and Scale Theory, in: ders. et al. 1950, S. 3 - 45

Stouffer, S.A. (1955): Communism, Conformity and Civil Liberties, Garden City 1955

Stouffer, S.A. et al. (1949): The American Soldier, 3 Bde., Princeton 1949

Stouffer, S.A. et al. (1950): Measurement and Prediction
    (Bd. 4 des "American Soldier"), New York 1950

Strauss, L. (1953): Natural Right and History, Chicago 1953

Strauss, L. (1957): What Is Political Philosophy? in: The
    Journal of Politics 1957, S. 343 - 355 (hier zitiert
    nach dem Wiederabdruck in Eulau 1969a)

Strauss, L. (1962): An Epilogue, in: Storing 1962, S. 307 - 327

Strauss, L. (1964): Political Philosophy and the Crisis of
    Our Time, in: Spaeth, H. (Hrsg.), The Predicament of
    Modern Politics, Detroit 1964 (hier zitiert nach dem
    Wiederabdruck in Graham & Carey 1972, S. 217 - 242)

Strauss, L. (1971): Philosophy as Rigorous Science and
    Political Philosophy, in: Interpretation - A Journal
    of Political Philosophy 1971, S. 1 - 9

Strausz-Hupé, R. (1968): Social Values and Politics - The Un-
    invited Guests, in: The Review of Politics 1968, S. 59 - 78

Stryker, Sh. (1962): Conditions of Accurate Role-Taking -
    A Test of Mead's Theory, in: Rose 1962a, S. 41 - 62

Sumner, W.G. (1906): Folkways - A Study of the Sociological
    Importance of Usages, Manners, Customs, Mores, and Morals,
    New York 1906

Suppes, P. (1970): A Probabilistic Theory of Causality, in:
    Acta Philosophica Finnica, Fasc. XXIV, Amsterdam 1970

Surkin, M. (1970): Sense and Non-Sense in Political Science,
    in: ders. & Wolfe 1970, S. 13 - 33 (ursprünglich in PS
    1969, S. 574 - 581)

Surkin, M. & Wolfe, A. (1969): The Political Dimension of
    American Political Science, in: Acta Politica 1969,
    S. 43 - 61

Surkin, M. & Wolfe, A. (1970): Introduction - An End to
    Political Science, in: dies. 1970a, S. 3 - 8

Surkin, M. & Wolfe, A. (1970a), Hrsg.: An End to Political
    Science - The Caucus Papers, New York 1970

Sweetser, D.A. (1964):"Behaviorism", in: Gould, J. & Kolb, W.L.
    (Hrsg.), A Dictionary of the Social Sciences, Glencoe, Ill. 1964

Taylor, Ch. (1967): "Psychological Behaviorism", in:
    Encyclopedia of Philosophy, Bd. 6, S. 516 - 520,
    New York und London 1967

Taylor, Ch. (1969): Neutrality in Political Science, in:
    Laslett, P. & Runciman, W.G. (Hrsg.), Philosophy,
    Politics and Society, Oxford 1969

Taylor, Ch. (1980): The Philosophy of the Social Sciences, in: Richter 1980, S. 76 - 93

Thayer, H.S. (1967): "Pragmatism", in: Encyclopedia of Philosophy, Bd. 6, S. 430 - 436, London and New York 1967

Thurstone, L.L. (1928): Attitudes Can Be Measured, in: American Journal of Sociology 1928, S. 529 - 544

Timasheff, N.S. (1967): Sociological Theory - Its Nature and Growth, 3. Aufl. New York 1967

Tinder, G. (1961): The Necessity of Historicism, in: APSR 1961, S. 560 - 565

Tolman, E.C. (1922): A New Formula for Behaviorism, in: Psychological Review 1922, S. 44 - 53 (hier zitiert nach dem Wiederabdruck in Tolman 1958, S. 1 - 8)

Tolman, E.C. (1926): A Behavioristic Theory of Ideas, in: Psychological Review 1926, (hier zitiert nach dem Wiederabdruck in Tolman 1958, S. 48 - 62)

Tolman, E.C. (1958): Behavior and Psychological Man, Berkeley 1958

Travers, R.M. (1967): Essentials of Learning, 2. Aufl. New York 1967

Truman, D.B. (1951): The Implications of Political Behavior Research, in: Social Science Research Council - Items 1951, S. 37 - 39

Truman, D.B. (1951a): The Governmental Process, New York 1951

Truman, D.B. (1956): The Impact on Political Science of the Revolution in the Behavioral Sciences, in: Brookings Lectures 1955/56 (hier zitiert nach Eulau 1969a, S. 38 - 67)

Truman, D.B. (1965): Disillusion and Regeneration - The Quest for a Discipline (Presidential Address 1965), in: APSR 1965, S. 865 - 873

Ulmer, S. (1961), Hrsg.: Introductory Readings in Political Behavior, Chicago 1961

Ulmer, S. (1965): Toward a Theory of Sub-Group Formation in the United States Supreme Court, in: The Journal of Politics 1965, S. 133 - 152 (hier zitiert nach dem Wiederabdruck in Ball & Lauth 1971, S. 299 - 317)

UNESCO (1950): Contemporary Political Science - A Survey of Method, Research and Teaching, Paris 1950

Verba, S. (1961): Small Groups and Political Behavior - A Study of Leadership, Princeton 1961

Verba, S. & Nie, N. (1972): Participation in America - Political Democracy and Social Equality, New York 1972

Vivas, E. (1960): Science and the Study of Man, in: Schoeck & Wiggins 1960, S. 50 - 82

Voegelin, E. (1948): The Origins of Scientism, in: Social Research 1948, S. 462 - 494

Voegelin, E. (1952): The New Science of Politics - An Introduction, Chicago 1952

Volkart, E.H. (1968): "Thomas, W.I.", in: IESS, Bd. 16, S. 1 - 6, New York 1968

Wahlke, J.C. (1979): Pre-Behavioralism in Political Science, in: APSR 1979, S. 9 - 31 (Presidential Address 1978)

Wahlke, J.C. & Eulau, H. (1959), Hrsg.: Legislative Behavior - A Reader in Theory and Research, New York 1959

Wahlke, J.C. et al. (1962): The Legislative System - Explorations in Legislative Behavior, New York 1962

Waldo, D.W. (1956): Political Science in the United States of America - A Trend Report, Paris 1956

Waldo, D.W. (1958): 'Values' in the Political Science Curriculum, in: Young 1958, S. 96 - 111

Waldo, D.W. (1975): Political Science - Tradition, Discipline, Profession, Science, Enterprise, in: Greenstein & Polsby 1975, Bd. 1, S. 1 - 130

Wallas, G. (1908): Human Nature in Politics, New York 1908

Wallerstein, I. & Starr, P. (1971), Hrsg.: The University Crisis Reader, 2 Bde., New York 1971

Wann, T.W. (1964), Hrsg.: Behaviorism and Phenomenology, Chicago 1964

Ward, L.F. (1903): Pure Sociology - A Treatise on the Origin and Spontaneous Development of Society, New York 1903

Ward, L.F. (1906): Applied Sociology - A Treatise on the Conscious Improvement of Society by Society, Boston 1906

Watkins, J.W.N. (1972): Karl Raimund Popper - Die Einheit seines Denkens, in: Speck, J. (Hrsg.), Grundprobleme der großen Philosophen, Göttingen 1972, S. 151 - 214

Watson, J.B. (1913): Psychology as the Behaviorist Views It, in: Psychological Review 1913, S. 158 - 177 (hier zitiert nach dem Wiederabdruck in Vandenplas, J.M. (Hrsg.), Controversial Issues in Psychology, Boston 1966, S. 70 - 84)

Weinstein, M.A. (1971): Systematical Political Theory, Columbus/Ohio 1971

Weinstein, M.A. (1973): New Ways and Old to Talk About Politics, in: The Review of Politics 1973, S. 41 - 60

Weldon, Th. (1953): The Vocabulary of Politics, Baltimore 1953

White, L.D. (1950): Political Science, Mid-Century, in: Journal of Politics 1950, S. 13 - 19

Whyte, W.F. (1943): A Challenge to Political Scientists, in: APSR 1943, S. 692 - 697

Whyte, W.F. (1946): Politics and Ethics - A Reply to John H. Hallowell, in: APSR 1946, S. 301 - 307

Wilson, F.G. et al. (1944): Research in Political Theory - A Symposium, in: APSR 1944, S. 726 - 754

Wilson, R.B. (1961): System and Process - Polar Concepts for Political Research, in: Western Political Quarterly 1961, S. 748 - 763

Wilson, W. (1885): Congressional Government, Boston 1885

Winch, P. (1958): The Idea of a Social Science, London 1958 (hier zitiert nach der deutschen Taschenbuchausgabe Frankfurt 1974)

Wiseman, H.V. (1969): Politics - The Master Science, London 1969

Wittgenstein, L. (1921): Tractatus Logico-Philosophicus, London 1921 (1922)

Wolfe, A. (1969): Practising the Pluralism We Preach, in: Antioch Review 1969, S. 353 - 373

Wolfe, A. (1970): The Professional Mystique, in: Surkin & Wolfe 1970, S. 288 - 309

Wolfe, A. (1971): Unthinking about the Thinkable - Reflections on the Failure of the Caucus for a New Political Science, in: Politics & Society 1971, S. 393 - 406

Wolfe, A. (1971a): Antwort auf Lipsitz 1971, in: Politics & Society 1971, S. 543 - 544

Wolfe, A. & McCoy, Ch.A. (1972): Political Analysis - An Unorthodox Approach, New York 1972

Wolin, Sh.S. (1960): Politics and Vision, Boston 1960

Wolin, Sh.S. (1969): Political Theory as a Vocation, in: APSR 1969, S. 1062 - 1082

Woolsey, Th. (1879): Political Science, or the State Theoretically and Practically Considered, New York 1879

Wormuth, F. (1967): Matched-Dependent Behavioralism - The Cargo Cult in Political Science, in: Western Political Quarterly 1967, S. 809 - 840

Young, R. (1958), Hrsg.: Approaches to the Study of Politics, Evanston, Ill. 1958

Abkürzungen im Literaturverzeichnis

APSR: American Political Science Review, 1906 ff.

IESS: International Encyclopedia of the Social Sciences,
       17 Bände, David L. Sills, Hrsg., New York und London 1968

PS: Abkürzung für Political Science, Begleitzeitschrift zur
       APSR 1967 ff.

Printed in Poland
by Amazon Fulfillment
Poland Sp. z o.o., Wrocław